President Economics

대통령 경제사

2012년 4월 23일   초판 1쇄
2019년 1월 23일   2판 1쇄
2023년 11월 1일   3판 1쇄

글 김동호
펴낸곳 HadA 하다
펴낸이 전미정
교정·교열 황진아
디자인 윤종욱 정윤혜
출판등록 2009년 12월 3일, 제301-2009-230호
주소 서울 중구 퇴계로 243 평광빌딩 10층
전화 02-2275-5326
팩스 02-2275-5327
이메일 go5326@naver.com
홈페이지 www.npplus.co.kr
ISBN 978-89-97170-72-2   03320

정가 23,000원

ⓒ 김동호, 2023

제3판

대통령 12명과 떠나는 한국 경제 오디세이!

대통령 경제사

President Economics

HadA

대한민국 역대 정부 및 경제부처장

공화국	연도	역대 대통령	역대 경제부처장(임기)	부처명
1공화국	1948~1960	1~3대 **이승만**		
2공화국	1960 1960~1962 1961~1963	4대 **윤보선**	허정 과도정부 장면 내각(1960~1961) 군사정부	
3공화국	1963~1979	5~9대 **박정희**	김유택(1963.12~1964.05) 장기영(1964.05~1967.10) 박충훈(1967.10~1969.06) 김학렬(1969.06~1972.01) 태완선(1972.01~1974.09) 남덕우(1974.09~1978.12) 신현확(1978.12~1979.12)	경제기획원
4공화국	1979~1980	10대 **최규하**	이한빈(1979.12~1980.05) 김원기(1980.05~1980.09)	
5공화국	1980~1988	11~12대 **전두환**	신병현(1980.09~1982.10) 김준성(1982.01~1983.07) 서석준(1983.07~1983.10) 신병현(1983.10~1986.01) 김만제(1986.01~1987.05) 정인용(1987.05~1988.02)	
6공화국	1988~1993	13대 **노태우**	나웅배(1988.02~1988.12) 조 순(1988.12~1990.03) 이승윤(1990.03~1991.02) 최각규(1991.02~1993.02)	

공화국	연도		역대 대통령	역대 경제부처장(임기)	부처명
6공화국	1993~1998	14대	김영삼	이경식(1993.02~1993.12) 정재석(1993.12~1994.10) 홍재형(1994.10~1994.12) 홍재형(1994.12~1995.12) 나웅배(1995.12~1996.08) 한승수(1996.08~1997.03) 강경식(1997.03~1997.11) 임창열(1997.11~1998.03)	재정경제원
	1998~2003	15대	김대중	이규성(1998.03~1999.05) 강봉균(1999.05~2000.01) 이헌재(2000.01~2000.08) 진 념(2000.08~2002.04) 전윤철(2002.04~2003.02)	재정경제부
	2003~2008	16대	노무현	김진표(2003.02~2004.02) 이헌재(2004.02~2005.03) 한덕수(2005.03~2006.07) 권오규(2006.07~2008.02)	
	2008~2013	17대	이명박	강만수(2008.02~2009.02) 윤증현(2009.02~2011.06) 박재완(2011.06~2013.03)	기획재정부
	2013~2017	18대	박근혜	현오석(2013.03~2014.07) 최경환(2014.07~2016.01) 유일호(2016.01~2017.06)	
	2017~2022	19대	문재인	김동연(2017.06~2018.12) 홍남기(2018.12~2022.05)	

1인당 국민소득 및 경제성장률

단위: 달러($), %

연도	1인당 국민소득	경제 성장률	연도	1인당 국민소득	경제 성장률	연도	1인당 국민소득	경제 성장률
1953	67	0.0	1977	1,053	12.3	2001	11,484	4.9
1954	70	7.5	1978	1,464	11	2002	13,115	7.7
1955	65	5.6	1979	1,720	8.7	2003	14,618	3.1
1956	66	0.6	1980	1,699	−1.6	2004	16,477	5.2
1957	74	9.4	1981	1,857	7.2	2005	19,262	4.3
1958	81	6.6	1982	1,973	8.3	2006	21,664	5.3
1959	82	5.6	1983	2,175	13.4	2007	24,029	5.8
1960	80	2.3	1984	2,379	10.6	2008	21,345	3.0
1961	85	6.9	1985	2,427	7.8	2009	19,122	0.8
1962	91	3.9	1986	2,774	11.3	2010	23,118	6.8
1963	104	9.0	1987	3,512	12.7	2011	25,256	3.7
1964	107	9.5	1988	4,717	12.0	2012	25,724	2.4
1965	110	7.3	1989	5,801	7.1	2013	27,351	3.2
1966	131	12.0	1990	6,602	9.9	2014	29,384	3.2
1967	150	9.1	1991	7,627	10.8	2015	28,814	2.8
1968	178	13.2	1992	8,114	6.2	2016	29,394	2.9
1969	221	14.6	1993	8,872	6.9	2017	31,734	3.2
1970	258	10.1	1994	10,357	9.3	2018	33,564	2.9
1971	292	10.5	1995	12,522	9.6	2019	32,204	2.2
1972	325	7.2	1996	13,351	7.9	2020	32,004	−0.7
1973	407	14.9	1997	12,334	6.2	2021	35,523	4.3
1974	565	9.5	1998	8,190	−5.1	2022	32,886	2.6
1975	613	7.8	1999	10,549	11.5			
1976	830	13.2	2000	12,179	9.1			

* 국민소득: 국민총소득·GNI 기준, ** 경제성장률: 실질GDP 기준, ** 자료: 한국은행

주요국 GDP 추이

단위: 억 달러

연도	미국	중국	일본	한국	연도	미국	중국	일본	한국	연도	미국	중국	일본	한국
1990	59,630	3,600	31,320	2,830	2001	105,810	13,390	43,740	5,470	2012	162,530	85,320	62,720	12,780
1991	61,580	3,830	35,840	3,300	2002	109,290	14,700	41,820	6,270	2013	168,430	95,700	52,120	13,700
1992	65,200	4,260	39,080	3,550	2003	114,560	16,600	45,190	7,020	2014	175,500	104,750	48,960	14,840
1993	68,580	4,440	44,540	3,920	2004	122,170	19,550	48,930	7,930	2015	182,060	110,610	44,440	14,650
1994	72,870	5,640	49,980	4,630	2005	130,390	22,850	48,310	9,340	2016	186,950	112,330	50,030	15,000
1995	76,390	7,340	55,450	5,660	2006	138,150	27,520	46,010	10,530	2017	194,770	123,100	49,300	16,230
1996	80,730	8,630	49,230	6,100	2007	144,740	35,500	45,790	11,720	2018	205,330	138,940	50,400	17,240
1997	85,770	9,610	44,920	5,690	2008	147,690	45,940	51,060	10,470	2019	213,800	142,790	51,170	16,510
1998	90,620	10,290	40,980	3,830	2009	144,780	51,010	52,890	9,430	2020	210,600	146,870	50,480	16,440
1999	96,310	10,940	46,350	4,970	2010	150,480	60,870	57,590	11,440	2021	233,150	178,200	50,050	18,100
2000	102,500	12,110	49,680	5,760	2011	155,990	75,510	62,330	12,530	2022	254,620	179,630	42,310	16,650

* 자료: IMF

국가채무 및 GDP 대비 비중

단위: 조 원, %

연도	국가채무	GDP 대비 비중	연도	국가채무	GDP 대비 비중	연도	국가채무	GDP 대비 비중
1997	60.3	11.1	2008	309.0	26.8	2019	723.2	37.6
1998	80.4	15.0	2009	359.6	29.8	2020	846.6	43.6
1999	98.6	16.7	2010	392.2	29.7	2021	970.7	46.7
2000	111.2	17.1	2011	420.5	30.3	2022	1067.4	49.4
2001	121.8	17.2	2012	443.1	30.8	2023	1134.4	50.4
2002	133.8	17.0	2013	489.8	32.6	2024	1196.2	51.0
2003	165.8	19.8	2014	533.2	34.1	2025	1273.3	51.9
2004	203.7	22.4	2015	591.5	35.7	2026	1346.7	52.5
2005	247.9	25.9	2016	626.9	36.0	2027	1417.6	53.0
2006	282.7	28.1	2017	660.2	36.0			
2007	299.2	27.5	2018	680.5	35.9			

* 2023년 이후는 '2022~2026 국가채무관리계획 전망', ** 자료: 기획재정부

1인당 국민소득

최빈국에서 선진국 진입

대한민국은 1953년 1인당 국민소득 67달러 최빈국에서 2017년 3만 달러 국가로 도약했다.
식민지와 참혹한 전쟁을 겪은 국가에서 유례없는 경제 기적이다.

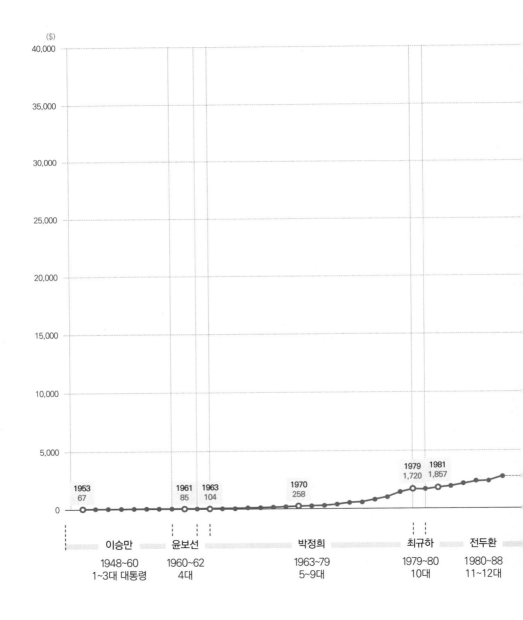

* 국민총소득·GNI 기준 ** 자료 : 한국은행

단위: 달러, 연도

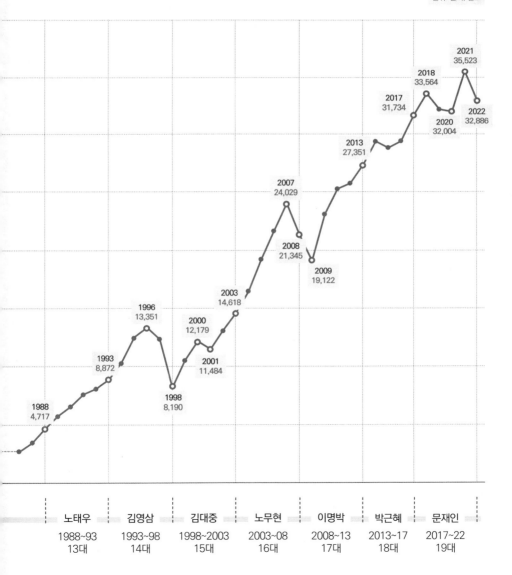

2021
35,523

2018
33,564

2017
31,734

2020
32,004

2022
32,886

2013
27,351

2007
24,029

2008
21,345

2009
19,122

2003
14,618

1996
13,351

2000
12,179

2001
11,484

1993
8,872

1998
8,190

1988
4,717

노태우	김영삼	김대중	노무현	이명박	박근혜	문재인
1988~93	1993~98	1998~2003	2003~08	2008~13	2013~17	2017~22
13대	14대	15대	16대	17대	18대	19대

저성장 궤도로 들어선 한국 경제

한국 경제는 박정희 정부에서 연평균 10% 안팎의 고도성장을 이루고
김영삼 정부 이후 성장률이 둔화되고 노무현 정부 이래 저성장 궤도로 들어서기 시작했다.

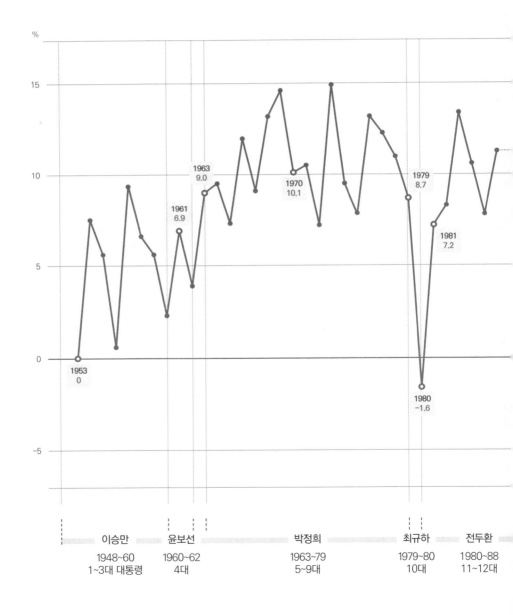

* 실질GDP 기준 ** 자료 : 한국은행

단위: %, 연도

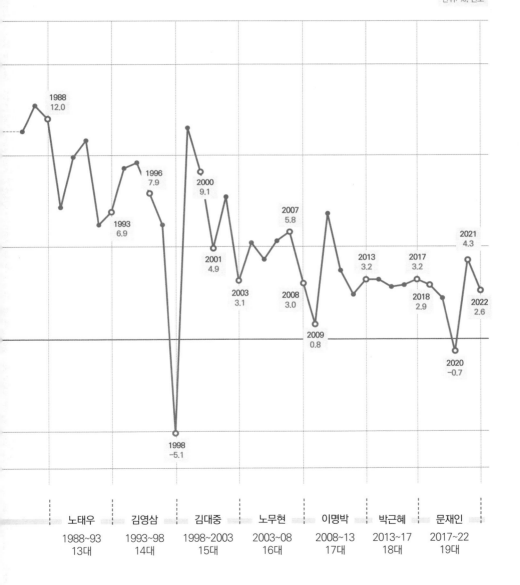

1988
12.0

1996
7.9

1993
6.9

2000
9.1

2001
4.9

2003
3.1

2007
5.8

2008
3.0

2009
0.8

2013
3.2

2017
3.2

2018
2.9

2021
4.3

2022
2.6

2020
-0.7

1998
-5.1

노태우	김영삼	김대중	노무현	이명박	박근혜	문재인
1988~93	1993~98	1998~2003	2003~08	2008~13	2013~17	2017~22
13대	14대	15대	16대	17대	18대	19대

경제대국 '빅3'와 한국 경제 규모

한국은 경제규모 10위권 국가로 꼽힌다. 그러나 미국, 중국, 일본과는 비교가 안 된다.
인구와 국토, 내수시장이 작고 글로벌 기업도 반도체와 자동차 기업 이외에는 많지 않다.
저성장 국면에 접어든 한국 경제가 성장과 쇠락의 갈림길에 직면하고 있다.

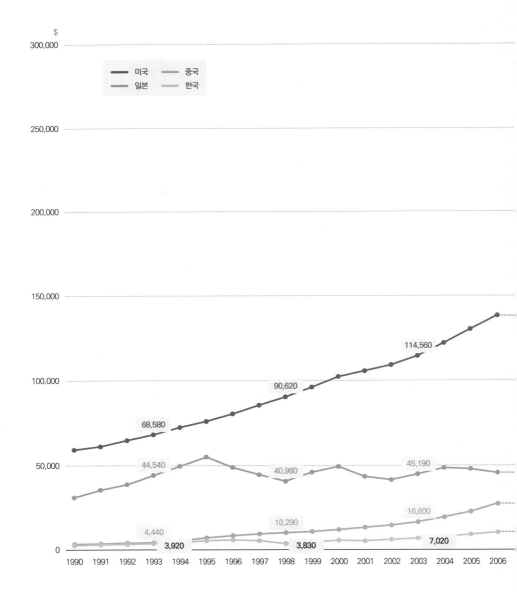

단위: 억 달러, 연도

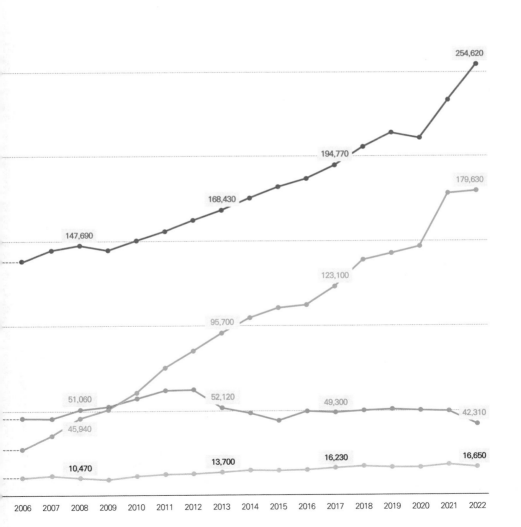

254,620

194,770

179,630

168,430

147,690

123,100

95,700

51,060

52,120

49,300

45,940

42,310

10,470

13,700

16,230

16,650

2006 2007 2008 2009 2010 2011 2012 2013 2014 2015 2016 2017 2018 2019 2020 2021 2022

눈덩이처럼 불어나는 나랏빚

대한민국은 재정이 튼튼한 국가였으나 국가채무가 눈덩이처럼 불어나고 있다.
1997년 외환위기 극복에 재정을 투입하고 급격한 저출산·고령화 여파로 복지 수요가 급증한 결과다.

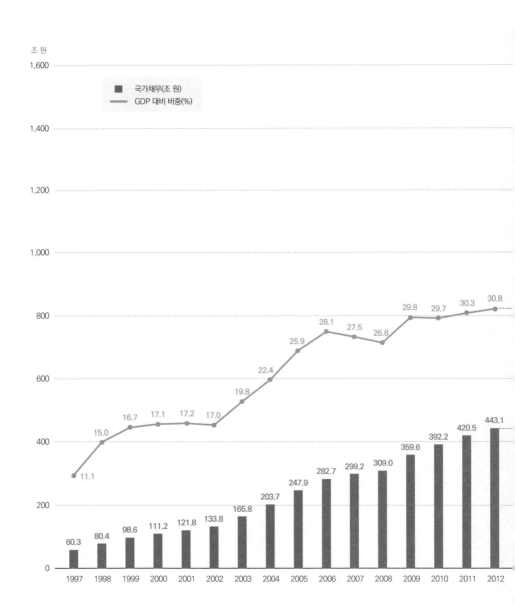

* 2023년 이후는 '2022~2026 국가채무관리계획 전망' ** 자료 : 기획재정부

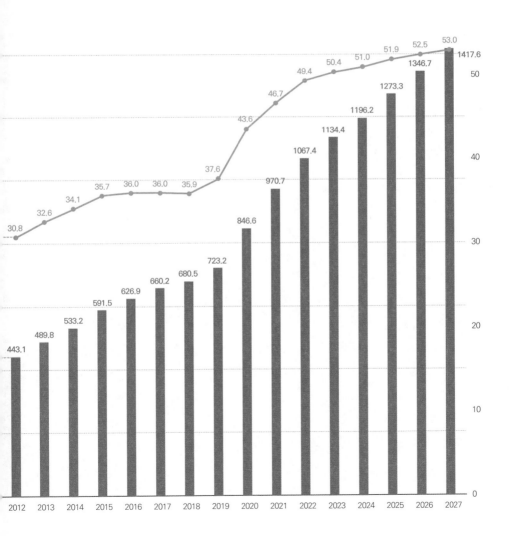

단위: 조 원, %, 연도

미래는 과거와 현재의 진행형이다
역대 대통령의 경제정책은 지금도 살아 있다

한국경제를 읽어내는 가장 정확한 길잡이,
대통령들이 펼친 경제정책으로 미래를 읽는다!

이 책은 한국 경제발전 과정에 지대한 영향을 미친 역대 대통령들의 경제 정책과 그 업적을 담았다. 초판부터 밝혔듯이 좌우 또는 당파 같은 이념적인 요인은 최대한 배제했다. 오로지 국가발전을 위한 실용과 중용의 관점에서 공과를 따져봤다.

대통령 경제사에서는 폐허 속에서 시작한 이승만부터 한강의 기적을 거쳐 선진국에 들어선 지금까지 12명에 이르는 역대 대통령들의 정책 철학이 엿보인다. 역대 대통령들의 공·과 가운데 '과'를 냉철하게 직시하면서도 '공'에 주목했다. 그동안 정치논리에서 바라본 대한민국 경제발전사는 과거에 대한 부정적 시각이 적지 않았다.

그 결과 대통령과 주변 참모들은 과거의 경험을 살리지 못하고 과거와 단절하려는 경향을 보였다. 대통령이 바뀔 때마다 경제정책이 바뀌고 기업들이 새로운 정치세력의 눈치를 보는 일이 되풀이되곤 했다. 그러나 전임 대통령이 폈던 정책들은 퇴임 후에도 계속 영향을 미치고 있다. 인기가 없던 정책이 후세에 긍정적인 영향을 미치기도 하고 몰아붙였던 정책이 두고두고 부작용을 일으키기도 한다.

3판을 쓰면서 가장 안타까운 것은 2012년 초판에서 우려한 대로 성장률 추락이 심각해졌다. 한국의 경제성장률은 1970년대 연평균 10%에 이어 1980년대 9%대를 기록했지만 1990년대 6%대, 2010년대에는 3%대로 뚝 떨어졌다. 이제는 1%대를 향해 내려가고 있다. 앞만 보고 달려온 고도성장은 막을 내렸다.

우리 경제는 기로에 서 있다. 지금까지 이룬 성취를 토대로 안정적인 사회를 만들어 낼지, 선진국 문턱에서 다시 밀려날지는 우리의 선택에 달려 있다. 21세기 한국 경제를 이끌고 나갈 미래의 대통령은 전임 대통령들의 경제정책을 치밀하게 분석해 시행착오를 줄이고 최적의 성장 전략과 복지정책의 조화를 이뤄야 한다.

성장 속도는 둔화하고 있지만 복지 수요는 커지고 있다. 성장 위주의 경제 발전과 무한 경쟁 체제의 글로벌 경제 확산에 따른 부작용으로 양극화의 골도 깊어졌다. 복지화 요구는 피할 수 없는 추세다. 그 방법론을 둘러싼 논쟁은 갈수록 가열되고 있다. 사실상 그 방법을 국민이 선택하는 대통령 선거의 중요성은 더 커졌다. 대통령의 정책 선택이 짧게는 5년, 길게는 대한민국의 미래를 결정하기 때문이다.

누가 대통령이 되든 '튼튼한 시장경제, 함께 잘사는 나라'를 만들어주기 바란다.

2023년 10월 서울에서

대한민국의 역대 대통령은 박근혜를 포함해 11명이다. 이들의 핵심과업은 두 가지, 안보와 민생이다. 결국 국민이 마음 편하게 두 발 뻗고 잘살게 하는 것이다. 대통령들은 굴곡을 거치면서도 대체로 옳은 방향으로 나아갔다.

이 오랜 여정에서 잘못과 실정도 거듭됐다. 부정 선거와 군사독재, 외환위기가 있었고, 산업 구조개편의 골든타임을 허비하기도 했다. 정치 불안으로 정변이 거듭됐고 탄핵이 실현되기도 했다. 모든 게 완벽하지는 않았지만, 경제는 뻗어나가 국민소득 3만 달러 시대를 맞았다. 역대 대통령들이 앞장서고 국민이 땀 흘린 덕분이다.

그러나 현실은 녹록지 않다. 저출산·고령화로 경제활동인구가 줄어드는 가운데 극심한 청년 취업난은 기업의 일자리 창출능력 상실을 의미한다. 자동차 스마트폰에 이어 반도체가 중국에 쫓기고 4차 산업혁명에서는 열등생으로 전락한 처지다. 어느새 2%대 저성장 터널에 갇히게 됐을 만큼 성장동력이 꺼져가고 있다는 신호들이다.

한때 제왕적이라던 대통령의 권한은 활짝 핀 민주화로 예전 같지 않다. 5년 단임의 직선제 도입 이후 대통령의 영향력은 갈수록 줄어들고 있다. 이는 경제정책에도 영향을 미친다. 대통령이 5년마다 바뀌면서 미래를 내다본 백년대계는 어려워지고 포퓰리즘 정책이 넘친다. 대선 공약들도 표로 연결되는 장밋빛 이슈가 많아진다.

이처럼 사회적 욕구는 분출하지만, 효율적인 경제정책을 선택하기 어렵고 통합의 리더십도 발휘하기 어려워졌다. 대통령 경제사는 그런 논의를 위한 하나의 사료이자 재료로 마련됐다. 대한민국 경제발전 과정은 우리가 걸어온 발자취다.

지금은 4차 산업의 도래에 맞춰 경제 체제를 혁신해야 한다. 이를 위해 과감한 경제 리더십을 발휘해야 한다. 그래야 저출산·고령화에 대처하고 힘빠진 성장동력을 다시 활성화할 수 있다. 미래는 과거에 뿌리를 두고 있다. 결코 쉽지만은 않았던 우리의 과거 경제적 도전과 모색 과정을 살핀 이 책이 글로벌 시대에 필요한 세계관을 넓히고 싶은 이들에게 조그만 이정표로 작용했으면 좋겠다. 사실의 오류와 분석의 편향이 있다면 독자들의 제언과 공론을 통해 보완해 나가겠다.

2018년 1월 서울에서

영국의 역사학자 에드워드 카E. H. Carr는 '역사는 과거와 현재의 끊임없는 대화'라는 명언을 남겼다. 역사는 사실에 기초해 기록자가 의미를 부여함으로써 비로소 후세에 가치 있는 교훈을 전달한다는 뜻으로 해석된다. 이는 더 나아가 '역사는 과거와 현재의 끊임없는 대화를 통해 계속 미래를 향해 나아가는 과정'이라고 풀이할 수 있다. 미래의 일은 이미 과거에 뿌리를 두고 있기 때문이다.

대한민국의 경제발전 과정이 그렇다. 21세기 한국의 경제적 성취는 어느 날 갑자기 우리 앞에 나타나지 않았다. 앞세대가 씨앗을 뿌리고 뒤를 이은 세대가 가꾸고 그다음 세대가 키워서 비로소 오늘의 번영을 누리게 된 것이다. 대한민국은 2차 대전 이후 세계에서 가장 압축적인 경제발전을 달성했다.

그 역동적인 과정은 역대 대통령들의 국가 발전전략과 경제정책에 고스란히 담겨 있다. 그러나 아쉽게도 이들의 리더십과 경제정책을 연속적인 흐름 속에서 파악하는 것은 쉽지 않다. 결국 과거를 모르기 때문에 갈수록 세대 간 단절과 대립이 심화되는 양상이 나타났다. 더 나아가 대한민국의 발전 과정이 왜곡되고 긍정의 역사가 부정의 역사로 둔갑되는 현상마저 나타났다.

이런 동기에서 역대 대통령들의 경제정책을 하나의 흐름으로 연결해 보기로 했다. 그 흐름을 담는 과정은 쉽지 않았다. 그동안 역대 대통령에 대한 연구가 없었던 것은 아니지만, 그들이 펼친 경제정책과 그들의 철학이 담긴

'대통령의 경제학' 관점에서 한국 경제발전을 담아낸 시도는 찾아보기 어려웠기 때문이다.

그 결과 기존 자료로는 해방 이후 한반도의 경제 상황부터 건국과 분단, 한국전쟁에 이어 산업화·민주화를 거쳐 복지화까지 한국 경제발전의 연속적 흐름을 이어주지 못했다. 역대 대통령의 경제정책과 업적이 이렇게 흩어져 있는 채로는 한국경제발전 과정의 인과 관계를 알기 어렵고 교훈도 찾기 어렵다.

이런 현실이 대통령 경제사 집필의 필요성을 자극했다. 1948년 건국 이후 대한민국에는 10명의 대통령이 등장했고 이들 가운데 임기가 짧았던 두 대통령을 제외한 8명의 대통령은 경제발전에 지대한 영향력을 발휘하며 크고 작은 족적을 남겼다. 그런 대한민국의 발전 과정에서 대통령들의 경제철학과 업적을 연결해 보기로 했다.

2012년 10월 서울에서

목차

대통령 경제사

이
승
만
—
시장경제 씨앗 뿌리다

재임기간 1948년 8월~1960년 4월

1875년 3월 26일	황해도 평산 출생
1895년	배재학당
1896년	협성회보 주필
1898년	독립협회 사건으로 7년간 옥고
1904년	석방, 미국으로 건너감
1907년	미 조지워싱턴대 학사
1908년	미 하버드대 석사
1910년	미 프린스턴대 박사
1912년	세계감리교대회 한국대표
1913년	하와이에서 태평양잡지 창간
1917년	호놀룰루에 한인기독학원 설립
1919년	상해임시정부 대통령 취임
1925년	상해임시정부 대통령 사임. 미국서 독립운동
1945년	귀국. 독립촉성중앙협의회 총재
1948년~	제헌국회의장, 초대 대통령 취임
1951년~	자유당 총재
1952년~1956년	제2대 대통령
1956년~1960년	제3대 대통령
1960년	제4대 대통령 당선
1960년~	4·19혁명으로 하야. 하와이 망명
1965년 7월 19일	서거

"뭉치면 살고 흩어지면 죽는다."

1950년 10월 27일 평양 탈환 환영 시민대회

이승만은 자본주의 시장경제에 대한 확고한 신념의 소유자였다. 아울러 세계의 흐름을 이끌고 편성했던 미국 주도의 질서 속에서 자유와 민주, 시장경제의 가치를 확고하게 세워 대한민국을 번영의 반석에 올라설 수 있도록 한 대통령이었다.

망해가는 조선의 그림자를 지켜본 봉건 질서 속 반항아였고, 국권을 빼앗긴 뒤 일본에 저항한 독립운동가였으며, 당시 한반도 사람으로서는 드물게 신흥 강대국으로 떠오른 미국에 유학하며 새로 재편되는 국제 질서를 목격한 사람이었다.

1875년에 태어난 그는 따라서 동시대 지식인 어느 누구보다 자본주의 시장경제에 대해 확고한 신념을 지녔다. 그 신념은 운명적으로 찾아왔다. 20대 청년 이승만은 수구보수파들에 의해 부패하고 무능해진 대한제국1897년 10월~1910년 8월 정부를 비판하고 민주적 자문 기관인 중추원을 설치하자고 주장했다.

이에 맞서 대한제국은 1898년 친일 어용 단체인 황국협회의 무고를 통해 이승만을 투옥시켰다. 정부 전복을 획책했다는 혐의였다. 7년 옥고를 치르고 풀려난 그는 1904년 겨울 미국으로 건너갔다. 이때 한반도는 풍전등화의 처지였다.

일본이 청·일전쟁1894~1895년에 이어 러·일전쟁1904~1905년에서도 승리하면서 한반도는 일제의 손 안에 들어가고 있었다. 일본을 상대할 수 있는 나라는 미국밖에 없었다. 이승만은 1905년 8월 4일 뉴욕 롱아일랜드로 찾아가 시어도어 루스벨트T.D. Roosevelt 대통령을 만났다. 미국의 중재로 러·일 양국이 포츠머스 강화조약Treaty of Portsmouth을 앞둔 시점에서 "한국이 독립을 유지할 수 있도록 도와 달라"고 호소하기 위해서였다. 하지만 이런 외교적 노력은 아무 효과도 없었다. 힘의 논리로 움직이는 냉혹한 국제 사회에서 강대국 중심의 '약육강식' 체제 앞에 약소국가가 설 자리는 없었기 때문이다.

도리어 미·일 양국은 이듬해 7월 가쓰라-태프트 밀약을 맺으면서 한국을 벼랑 끝으로 내몰았다. 일본은 미국의 필리핀 점령을 묵인하고, 미국은 일본의 조선 합병을 묵인한 것이다. 자국 이익 챙기기에 열중했던 제국주의 시대가 펼쳐지면서 강대국들의 파워게임 앞에 한국은 망국의 운명을 피해갈 수 없었다.

그는 뜻을 이루지 못하자 미국에 남아 배움의 길로 들어섰다. 조지워싱턴대에 입학해 1907년 졸업했다. 1908년 하버드대에서 석사 학위를 받고, 1910년 프린스턴대에서 《미국의 영향을 받은 영세중립론》[1]으로 철학박사 학위를 받았다.

미국 체류 중 자본주의와 시장경제의 진수를 느끼고 경험했다. 미국의 주요 도시들은 이미 세계의 경제 허브중심로 발전하고 있었다. 뉴욕은 이미 금융과 상업은 물론 패션과 문화의 세계 중심이었다. 누구나 노력하고 능력만 있으면 일자리를 구할 수 있었고, 아이디어만 있으면 기업을 일으켜 경제적인 풍요를 누릴 수 있었다.

자본주의 사회는 이승만이 꿈꾸던 건국 체제의 이상향이었다. 신분 이동이 불가능한 조선 사회와 달리 개인의 능력과 성과에 따라 얼마든지 신분 이동이 가능한 체제였기 때문이다. 자본주의는 식민지에서 해방된 한국인들이 먹고사는 문제와 새로운 사회질서 구축을 한꺼번에 해결할 수 있는 제도였다. 이승만은 미국에서 자본주의를 체험하면서 누구나 노력하는 만큼 풍요를 누릴 수 있는 시장경제의 작동원리를 잘 인식하고 있었던 것이다.

남북한 운명 가른 자본주의

그의 선택은 신생 대한민국의 운명을 갈랐다. 당시 많은 지식인들이 사회주의에 빠져 있었지만, 이승만은 자본주의 시장경제 체제를 도입해 한반도 전체의 공산화를 막았다. 그 과정은 험난했다. 오랜 식민지 생활의 여파로 이념 대립과 사회적 혼란이 거듭됐다. 그래도 이승만이 자본주의 시장경제를 국시國是로 내세우면서 한국은 경제 발전의 발판을 굳혔다.

당시 다른 신생 독립국들은 대부분 사회주의 바람에 휩쓸렸다. 흐름에서 뒤떨어져 근대적 사회제도를 뿌리내리지 못해 다양성을 존중하지 않는 사회에서는 '결과적 평등'만을 중시하는 사회주의가 '절대 정의'로 보였기 때문이다.

그래서 아시아와 아프리카의 많은 신생국가들, 동유럽의 많은 신생국가와 소련의 위성국가들은 궁극적으로 공산화를 지향하는 사회주의 체제를 선택했다.

이들 국가는 이후 수십 년간 전체주의 체제 아래에서 경제, 사회, 정치 발전이 뒤처지고 가난과 독

이승만 대통령 집무광경(1956)

재의 사슬에 묶이는 대가를 치러야 했다. 이런 점에서 건국 대통령이 시장경제의 심장인 미국에서 직접 자본주의를 체험한 것은 한국 경제 발전에 중대한 영향을 미쳤다고 볼 수 있다.

재임 12년 동안 그는 한국 경제 곳곳에 씨앗을 뿌렸다. 주거 환경을 바꾸고 주택과 건물을 짓는 작은 일에서부터 국가재정 정비와 외국인 투자자 유치, 공업화 추진을 위한 주요 생필품 공장 건설 등 대형 사업을 추진했다. 그는 국정 활동의 상당 부분을 경제 발전에 쏟아부었다. 농업 근대화를 독려하고 초가집 투성이었던 농촌 마을의 환경 개선을 촉구했다.

재정의 중요성도 누누이 강조했다. 국가가 독립을 유지하기 위해서는 경제력을 갖춰야 하며 이를 위해서는 공업화를 촉진해 많은 회사와 일자리를 만들어 내야 한다고 주장했다. 회사와 일자리가 있어야 국민이 세금을 납부할 수 있고 국가 경제가 건전하게 돌아갈 수 있다는 생각에서였다.

이승만은 대한민국 경제 발전의 시발점이자 기초 인프라였던 농지개혁과 화폐 개혁의 주역이다. 새 나라 건국에 나선 그는 농지 소유 체계부터 바꿔야 한다는 신념을 갖고 있었다. 소수의 지주에게 집중된 농지를 많은 소작농들에게 분배해야 국민 대다수가 안정적인 민생을 유지할 수 있다고 본 것이다. 당시 농지 개혁은 소수의 지주들이 가진 사유재산권을 제한했다는 점에서 큰 논란을 일으켰다. 하지만 정부가 국민 다수를 위해 시장에 개입하는 것은 서구 사회민주주의 방식이라는 점에서 이승만 경제정책의 유연성을 드러낸다. 한쪽으로 과도하게 부富가 쏠리는 사회적 불균형에 대해서는 적절한 제도적 시정을 통해 오히려 자본주의 발전을 촉진할 수 있다고 본 것이다.

경제 활동의 혈액과 같은 한국은행권이 안정적으로 정착한 것도 이 대통령의 결단력 덕분이었다. 그는 일제가 식민지 경제 수탈을 위해 유통시켰던 조선은행권을 폐기하고 한국은행권 발행을 추진했지만, 한국전쟁이 발발하면서 위기를 맞았다. 그러나 전시 체제에서도 한국은행권 발행에 대한 의지를 굽히지 않았다. 미국의 도움을 받아 한국은행권을 발행했지만 안정화를 위한 길은 험난했다. 한국전쟁 중 조선은행권을 한국은행권으로 교환했지만 전쟁 비용 마련과 물자 부족에 따른 극심한 인플레에 시달려야 했다. 하지만 그는 과감하게 화폐 단위를 바꾸는 추가 화폐 개혁을 실시했다.

한국 경제를 미국 주도의 국제 무역 체제에 참가시킨 점도 한국 경제 번영의 결정적인 계기였다. 그는 한국전쟁 이후 전후 복구를 명분으로 '한·미 상호방위조약' 체결을 성사시킴으로써 미국의 경제 지원을 제도적으로 보장받았다. 농민을 위한 양곡수매와 근로자를 위한 근로기준법도 그의 작품이다. 지금 우리가 누리고 있는 경제 번영은 건국 대통령의 경제정책에서 출발한 것이다. 박정희는 이승만이 뿌린 씨앗을 본격적으로 가꿔 후임 대통령들이 꽃을 피울 수 있게 했다. 거슬러 올라가보면 '한강의 기적'은 이승만 시대에서 비롯되고 있었던 것이다.

한국 경제 발전 밑그림 그려

미국에서 독립운동을 하던 이승만은 1945년 8월 15일 일본 국왕 히로히토裕仁, 1901~1989년의 항복 선언으로 조국이 해방되자 귀국길에 올랐다. 그는 새 국가 건설에 대한 기대감으로 환희와 희망에 넘친 표정으로 돌아왔다.

주로 미국에서 독립운동을 펼쳐왔던 이승만은 미국 군용기를 타고 10월 16일 김포공항에 도착했다. 바로 다음날 그는 미 군정청에서 기자회견을 가진 후 서울 중앙방송국의 마이크 앞에 섰다. 이때 연설 요지가 그 유명한 "뭉치면 살고 흩어지면 죽습니다"였다.

하지만 정국은 혼미했다. 정당과 단체들이 우후죽순처럼 등장해 새 국가 건설에 대한 방법론을 둘러싸고 사분오열로 갈라져 있었기 때문이다. 이런 혼란을 해소하기 위해 한국민주당·국민당·건국동맹·조선공산당을 비롯해 정당, 사회·문화 200여 단체는 1945년 10월 23일 독립촉성중앙협의회를 출범시키면서 이승만을 총재로 추대했다. 상하이 임시정부에서 대통령을 지낸 뒤 미국에서 줄곧 독립운동을 해 온 그가 가장 덕망 있는 지도자로 인정받은 것이다.

그는 자주독립을 외치면서 의욕적으로 새 국가 건설에 나섰다. 하지만 38도선 북쪽에 소련군이 진주1945년 8월 26일하자 이에 맞서 남쪽에 미군이 들어오면서1945년 9월 9일 한반도는 분단의 소용돌이에 휘말렸다. 한반도가 국제 정치판에서 미·소 간 체제 경쟁의 축소판으로 바뀌고 있었고 그 여파로 사회 혼란은 더욱 깊어졌다.

당시 남한은 주권 국가로 일어설 수 있는 경제적 자립 기반이 취약했다. 이는 1945년 12월 미국·영국·소련 3국 외상이 참여한 '모스크바 3상 회의'에서 신탁통치를 추진하는 배경으로 작용했다. 북쪽은 소련, 남쪽은 미국이 각각 맡아 자립 기반이 마련될 때까지 5년간 신탁통치를 한다는 방안이었다. 한반도가 조선시대 말 흥선대원군의 쇄국정책으로 근대화에서 완전히 뒤처진 데다 36년간의 일제 수탈로 자생적인 산업이 성장하지 않아 정부를 수립할 역량이 낮다고 평가됐기 때문이다.

실제로 일제강점 36년이 남긴 상처는 깊고 후유증은 컸다. 자생적인 생산 능력은 부족했고 일제의 물자 수탈로 만성적인 물자 부족에 시달렸다. 일제가 생필품 가격을 통제하고 배급제까지 실시하면서 삶의 질은 악화일로였다. 그들이 끼친 식민지 근성을 청산하는 일과 가난에서 탈출하는 일도 결코 쉽지 않았다.

딛고 일어설 기반이 없어 민족 경제는 자립이 거의 불가능했다. 일제의 토지 조사를 통해 농지 대부분이 일본인의 손에 넘어가 있었고, 제조업 공장과 상권은 물론 금융업도 일본인이 장악했기 때문이다. 산업자본 가운데 일본 자본은 95%에 달했고 민족자본은 5%가량에 불과했다.

김일성과 끊임없는 체제 경쟁

이승만은 사회주의 체제를 선택한 김일성과 끊임없는 체제경쟁을 벌여야 했다. 남한 내부에서도 남조선노동당과 사회주의 세력의 도전을 받았다. 단일정부 수립 노력에도 불구하고 1948년에 접어들어 해방 이후 이어진 좌우 이념 대립은 종착역을 향하고 있었다. 자본주의 시장경제 체제 세력과 사회주의 공산국가를 지지하는 세력 사이에 벌어진 치열한 대립이 절정기에 달한 것이다.

남쪽에서는 대한민국의 운명을 결정할 1948년 5월 10일 제헌 국회의원 선거를 반대하는 움직임이 제주 4·3 사건으로 터져 나왔다. 수많은 사람이 죽거나 다쳤고, 제주도민 일부는 일본으로 도피했다. 그 여파는 정부 수립

두 달 뒤 여순 10·19 사건으로 이어졌다. 많은 이들이 이념 대결의 광풍에 휩쓸려 희생됐다.

이승만은 이처럼 공산화 바람과 맞서 싸우면서 내부적으로는 경제 체제의 기틀을 만들어야 했다. 그 과정은 매우 험난해 사실상 무에서 유를 창조하는 수준이었다. 건국 초기 경제 기틀 마련에 나선 그의 고뇌와 비전은 1949년 3월 7일 '납세와 국민'에 대한 담화문에 담겨 있다.[2]

> "독립국의 자유민이 되는 것은 국가의 지위가 높아지는 동시에 개인의 지위와 권리가 높아지는 것이므로 권리의 증진에 따라서 직책이 또한 많아지는 것이다. (중략) 국민으로서 국가에 대한 직책이 여러 가지가 있겠지만 먼저 세금을 정당한 법규대로 납부하여서 정공의 수입으로 국가재정을 유지하며 발전시켜야 될 것이니 이것은 일반 동포가 다 알고 힘써 준행해야 할 것은 조금도 의심이 없는 것이다.
>
> 국권이 회복된 지 얼마 되지 못했으나 그동안 당국자의 보고를 보건대 국가 세납 총액이 전보다 많이 늘어서 내외국인들이 칭송하며 일반 국민이 민국정부를 애호하는 성심이 표명된다고 하니 이는 정권수립 후 당국에서 세납수봉에 많이 노력할 여유도 없었음에도 불구하고 민간에서 각각 스스로 각오하고 전에 세금을 내지 않던 사람들도 자의로 납부하며 전에 증세를 피하려 하던 사람들도 자각하고 납세하게 되어 이 같이 수입이 증가한 것이니 정부에서 힘써 수봉하게 되면 효과가 더욱 충분이 나타나서 국가의 지위가 정치와 경제 양 방면으로 더욱 공고해질 것이다.
>
> 납세주간을 실시함에 있어서 나는 일반 동포에게 감사한 뜻을 표하며 아직도 충분히 양해를 못하고 있는 동포가 있으면 서로 알려주며 권고해서 한 사람도 빠지지 말고 국가에 대한 직책을 행함으로써 국가 건설에 많은 공헌이 되기를 부탁하는 바이다."

이 담화문을 통해 우리는 이승만의 경제정책이 상당한 수준이었음을 알 수 있다. 부정 선거의 책임을 지고 물러난 그를 우리 역사는 오랫동안 객관적으로 조명하지 못했다. 특히 그가 건국 초기부터 하야할 때까지 12년간 고뇌하고 노력한 경제정책에 대해서는 거의 제대로 평가한 적이 없다.

그러나 건국 6개월여 만에 밝힌 '납세와 국민' 담화문은 그의 경제철학과 비전을 잘 드러내고 있다. 그는 이 담화문에서 신생 독립국가였던 대한민국에서는 당시 생소한 개념이었던 국가재정의 중요성을 강조했다. 독립국가의 국민으로서 권리와 자유를 누리려면 그에 마땅한 책임이 뒤따른다면서 납세의 필요성과 중요성을 논리적으로 주장했다. 또한 독립국의 자유민으로 살기 위해서는 재정을 유지·발전시켜야 하고 모든 국민이 자진해서 세금을 납부해야 하며 그래야 정치와 경제가 모두 안정될 수 있다는 점을 역설했다.

조세제도는 현대 민주국가 운영의 가장 기본적인 요소다. 세금 납부 없이는 국가 존립이 불가능하고 국민 생활 안정도 없다. 이승만은 조세제도의 확립과 재정안정이 이뤄져야 경제 발전도 가능하다고 본 것이다.

일제 수탈로 한반도 경제 피폐

건국 초기 대한민국은 자립 경제가 불가능할 정도로 상황이 좋지 않았다. 해방 직후 일본 자본이 썰물처럼 한반도를 빠져나갔기 때문에 정부 수립 이후 대한민국은 심각한 경제난에 봉착해 있었다. 생산 활동이 크게 떨어지면서 만성적인 공급 부족상태가 이어지고 물가는 천정부지로 급등했다. 농촌은 피폐해 있었고 도시에는 직장다운 직장이 없었다. 실업자가 넘칠 수밖에 없었다. 36년간 한반도를 점령해 자신의 입맛대로 운영해 온 일제강점기 정책의 피해가 한꺼번에 드러난 것이다.

한반도 경제가 피폐해진 것은 일제가 대륙 침략과 식민지 수탈에 열을 올린 결과다. 주요 산업은 일본인이 장악한 상태였고 자생적인 산업은 모두 고사돼 있었다. 일제가 남긴 산업시설은 만주 등 식민지 개척에 활용된 경부선 철도와 북한에 집중된 광산과 수력발전소 정도에 불과했다. 자생적인 산업은 양조장이나 포목점 같은 전통 산업이 고작이었다. 훗날 현대와 삼성을 세계적인 초일류 기업으로 일으킨 정주영과 이병철도 당시 기업은 운영하고 있었으나 그 규모는 아직 미미하기 그지없었다. 세계 최고 기업으로 성장한 이들 기업의 변화는 기적에 가깝다고 볼 수 있다.

해방 이후 한반도에 정부 체제가 수립되는 데 3년이 소요된 것도 산업다운 산업이 없고, 인적 자원도 고갈된 상태였던 탓이 크다. 여기에다 국가 정체성 결정과 관련해 이념 대립이 치열해지면서 사회는 극단적인 혼란을 겪었다. 결국 한반도 남쪽에서는 자본주의 시장경제를 주축으로 한 정부가 1948년 8월 15일, 북쪽에서는 공산주의 체제의 정부가 같은 해 9월 9일 출범했다. 양쪽 다 세계 최빈국으로 출발했다.

그나마 북한에는 산업을 일으킬 최소한의 기반이 있었다. 일제가 천연자원이 많고 지정학적으로 대륙 침략에 유리한 위치에 있는 한반도 북부에 생산 시설을 만들었기 때문이다. 북한 지역은 일제가 중국 침략을 위한 전초기지로 관동군關東軍을 주둔시킨 만주와 바로 맞닿아 있어 개발을 집중시켰다. 반면 남한 지역에는 천연자원이 빈약했다. 남한은 사회적, 경제적 개발에 필요한 인프라도 제대로 형성돼 있지 않았다. 일제가 수탈한 곡물과 식품 등을 일본으로 반출하거나 전쟁 물자를 조달하는 통로로 활용됐다. 부산항과 인천항이 그랬다.

이승만이 해방 직후 미국에서 돌아왔을 때 서울에는 조선총독부·서울역·한국은행 등 식민지 지배의 상징들만 남아 있었다. 이승만은 무에서 유를 창조해야 했다. 무엇보다 나라를 일으키는 데 필요한 전문지식과 기술이 부족했다. 일제의 차별정책으로 고등교육을 접할 기회가 드물었던 한국인들은 사실상 국가 운영에 필요한 전문지식을 축적할 수 없었다. 대신 일제는 이 땅에 화투를 널리 전파시켰고 그 결과 도시·농촌을 막론하고 도박판이 벌어졌다.

일제의 이 같은 우민화정책으로 건국 초기 이승만은 극심한 인재난에 시달려야 했다. 일부 지식인과 권문대가 출신 자제들은 일본 유학을 하거나 일제 침략과 통치에 협력하면서 신분 상승이 가능했지만 국민 대다수는 아직

기초적인 지식 수준에만 머물렀기 때문이었다. 우리말 금지와 일본어 전용 정책으로 국민 상당수가 문맹이었다. 문맹률은 80%에 달했다. 사회 전체의 지적 능력 하락은 불문가지였다. 축적된 지식이 없었기 때문에 직장도 없었고 번듯한 직업을 갖는 것도 구조적으로 불가능했다.

나라 건국했지만 빚더미로 출발

쓸 만한 산업과 그에 따른 일자리 창출이 어려워 정부 재정도 빈약했다. 1949년 정부 예산에서 조세 비중은 10.8%에 그쳤다. 원조자금이 13.9%였으며 차입자금이 46.4%에 달했다. 나라를 건국했지만 살림살이는 빚더미로 출발했던 것이다. 이승만이 국민의 책무로 성실한 납세를 강조한 것도 이 같은 건국 초기의 재정 형편 때문이었다. 재정 형편은 금세 개선될 수 없었다. 국민이 당장 입에 풀칠하기 어려운 상황은 계속됐다. 일제의 수탈과 민족경제 붕괴로 극심했던 보릿고개가 해방 이후에도 이어졌던 까닭에 가을걷이로 마련한 식량이 모두 떨어진 5~6월 춘궁기마다 마찬가지 고비를 겪어야 했다.

이에 따라 건국 초의 이승만은 농업 생산 증산을 강조했다. 일제의 수탈과 자력 경제 기반의 붕괴로 국민들이 겪어야 하는 보릿고개의 고질적 되풀이 현상을 그냥 두고 볼 수 없었기 때문이다. 이승만은 대통령에 취임하자 농정 개혁부터 실시했다. 1948년 9월 30일 미곡 수집에 대한 담화문에는 그의 획기적인 농정정책이 담겨 있다.[3]

> "민생 문제 해결이 시급하므로 정권 이양 이후 백방으로 연구하여 소위 공출이라는 제도를 폐지하고 정부에서 미곡을 매입하여 국민의 식량을 균형있게 확보하고자 금월 10일자로 이 법안을 국회에 제출하였으나 다소간 의견 차이가 있어 금일까지 통과를 보지 못하였다. 일편으로 추수는 진행되어 신곡이 시장에서 판매케 되니 법률 통과가 금일에 된다하더라도 그 시행을 위한 대통령령 등의 세칙이 제정되고 이를 실시하기 위하여 지방 장

관회의 기타의 행정적 조치를 행하려면 또다시 상당한 시일을 요할 것이다.

그래서 시기를 놓쳐서 배급량에 충당할 만한 양곡의 수집이 불능하면 오는 일 년간 국민의 일부분은 기아를 면치 못할 뿐만 아니라 세계식량위원회에서 원칙적으로 수집제도가 안 되는 국가에는 원조가 없게 되어 우리의 부족한 식량 수입이 절망될 우려가 있고, 따라서 수억 원 가치의 비료, 기타 긴급용품의 원조까지 두절될 것이다.

이는 구주 각국에서 현행되는 실정이니 어떤 국가는 원조를 얻고자 자기 국법까지 변경하여 세계식량위원회의 규례에 적합하도록 법을 작성하고 있다. 이 원조는 과거 3년간 우리가 받아왔는데, 금년에 두절이 된다면 실로 경제적으로 중대한 결과를 초래할 것이니 나는 일시도 이를 방임할 수 없다. 그러므로 본 대통령은 잠정적으로 이 위기를 면코자 일반 동포에게 부득이 종래 실시하던 군정법령 212호에 의하여 미곡수집을 계속할 수밖에 없는 고충을 발표하는 바이다.

그런데 미곡의 가격은 적당히 결정할 것이요, 자가용과 종곡을 제하고는 모다 정부 판매로 해서 민생 문제의 초급을 해결케 하기를 바라는 바이다."

이 담화문에 나타난 것처럼 이승만은 지속 가능한 농정정책 도입을 시도했다. 전근대적인 공출이라는 제도를 폐지하고 시장경제 원리에 따라 정부가 미곡을 매입해 안정적으로 식량을 확보하면서 수급에 맞춰 시장에 내놓는 정부매입제도를 도입하려고 했다. 그러나 식량이 절대적으로 부족한 시절이었던 만큼 그의 구상대로는 되지 않았다. 시급한 민생 문제 해결이 급선무였다.

이승만은 돌파구를 해외에서 찾았다. 그가 1950년 2월 15일 '외자도입의 문을 열자'라는 제목으로 발표한 담화문에는 시장 개방의 중요성이 강조되고 있다.[4]

"세계 역사 이래 처음으로서 양인들이 차차 동양에 오기 시작해서 선교사들이 험난을 무릅쓰고 앞길을 열매 그 뒤로 상인들이 따라와서 저의 나라 국세를 빙자하고 상업을 강제로 열게 될 적에 어떤 나라에서는 선교사 명의로 남의 강토를 점령하며 또 상업보호라는 명의로 아편전쟁을 열어 불의한 일을 감행케 되었으니 본래 선교사들이 남의 땅을 빼앗자거나 상업가들이 남과 싸워서 강권을 잡자는 주의가 아니었겠지만 약육강식의 제국주의를 가진 자들이 이것을 다 이용해서 그렇게 되는 중에 선교사들과 상업가들이 동양 각국에서 많은 오해를 받아 도처에서 장애가 크게 되었던 것이다.

그 결과로는 동양 각국 사람들이 서양 상업가들을 의심하며 두려워해서 그 물건은 사면서도 적재적 관찰은 면하지 못했던 것이오. 이 중에서도 우리나라는 과거에 이웃 나라들이 손해 받은 경험으로 인연해서 외국 통상이 우리에게 해가 되는 줄로만 알게 되었고 더욱 일인이 동양에서 상권을 잡게 된 후로는 관민합심으로 주장하기를 일인의 권리가 미치는 데마다 모든 상업상 이익은 그들이 독점하고 타국인은 조금도 참여치 못하게 만들며 한국에 와서 모든 외국 상권을 다 배척하는 중 더욱 한인의 이권은 모조리 빼앗아서 한인은 살수 없이 만든 결과로 한인들이 자연 국제 통상에 적개심을 가지게 된 것이 또한 지연한 실정이었다. (중략)

우리의 현재 법률을 얼마간 개정해서 어떠한 한도 내에서 외국자본이 들어올 수 있을 만한 문을 열어놓아야 될 것이오. 이 문이 열리게 되면 정당한 외국 상업가와 경제대가들이 우리와 교섭할 길을 열어서 이익을 같이 누리도록 도모할 것이니 이것이 우리의 장래 경제 대책 중 가장 긴급한 조건이다."

통찰력이 돋보이는 대목이다. 영국과 청나라 사이에 일어난 아편전쟁1840~1842년이 아시아 각국의 대외개방정책에 미친 영향과 부작용을 꿰뚫고 있었다. 그는 선진국이 만든 물건을 사들이면서도 외국과의 통상을 기피하는 것은 앞뒤가 모순이라고 지적했다. 더구나 그 결과 손실만 불어난다는 논리를 제시하면서 과감하게 시장을 개방하라고 주장하고 있다. 대한민국의 공업화가 가시화되기도 전에 자유무역의 중요성을 간파하고 외국과의 통상 강화를 중시한 것이다.

...

공업화 시동 걸고 시장경제 도입

대한민국이 건국 이후 이룬 모든 성취는 1948년 건국과 함께 강력하게 도입한 자본주의 시장경제 체제에서 비롯됐다고 해도 지나친 말이 아니다. 식민지 출신 국가로서 유례없이 경제 발전과 민주화를 동시에 추진할 수 있었던 원동력은 자본주의를 통한 국민소득 증가 때문이다. 이승만은 지금 기준으로 봐도 손색없는 그 방면의 이론가였다. 그는 대한민국이 빈국에서 벗어나 독립국가로 생존하기 위해서는 경제 자립이 필요하다는 주장을 기회가 있을 때마다 설파했다.

그가 자본주의 시장경제의 신봉자가 된 것은 공산주의를 정확하게 이해하고 있었기 때문이다. 대한민국은 건국 과정에서 자칫 공산화 바람에 휘말려들 뻔했다. 남북 분단도 결국 때마침 전 세계를 휩쓸던 공산주의 망령의 영향을 받았다. 전제군주 체제에서 벗어나 모든 민중이 평등하게 살아갈 수 있다는 그 이념은 식민통치의 억압에 눌려 있던 사람들에게 오아시스 같은 소식일 수밖에 없었다. 이미 1920년대부터 한반도에 상륙한 공산주의 망령은 해방이 되자 북한은 물론 남한에서도 전염병처럼 급속히 퍼져 나갔다. 김일성이 장악한 북한은 스탈린의 지원을 받으면서 공산주의 체제를 본격적으로 구축했다.

한강철교 개통식(1952)

당시 많은 지식인들 사이에서 그 이념적 지향은 매력적이었다. 서구 열강이 18세기 산업혁명을 계기로 세계를 지배하면서 19~20세기 아시아는 강대국들의 먹이가 됐다. 그 결과 자본주의는 서구 열강의 이데올로기로 여겨지는 경향도 있었다. 건국 과정에서 두 이념 가운데 어느 쪽을 택할지는 체제 논쟁의 필연이었다. 적지 않은 사람들이 칼 마르크스1818~1883년의 비판이론에 경도돼 결정적으로 공산주의의 길을 걸었다.

공산주의 망령은 당시 자본주의의 폐해를 반영하고 있다. 마르크스가 자신의 이념이 현실로 나타나리라고 주장한 이유는 19세기 영국에서 아동 노동이 사회 문제화하면서 심각한 폐해를 드러내고 있었기 때문이다. 마르크스는 자본주의가 발전하면 계급이 양극화돼 투쟁을 펼치게 되고 결국 프롤레타리아 혁명을 통해 그 제도가 소멸된다는 주장을 폈다. 그는 이 같은 주장을 1867년 『자본론』에 담았다. 이렇게 출발해 19~20세기 초 세계를 떠돌던 공산주의 망령은 1920년대에 이미 한반도에 전파되기 시작해 해방을 맞이하자 본격적으로 확산됐다.

공산주의 확산 막고 자본주의 채택

이승만은 이에 맞서 공산주의 확산을 막고 자본주의를 강력하게 채택했다. 이는 곧 남북한의 체제 경쟁을 의미했으며 이후 한국전쟁과 동서 냉전과도 직결됐다. 남한에는 미국과 영국을 중심으로 발전한 민주주의를 기본 질서로 하는 정부 수립이 추진됐다. 그는 미국을 무대로 독립운동을 하면서 자본주의는 풍요와 번영의 보증수표라고 생각했다.

그의 선택은 남한과 북한의 운명을 갈라놓았다. 남북 분단 이후 북한 주민들의 처지는 별반 달라진 게 없다. 식민지 체제에서 사실상 다시 왕조 체제로 돌아간 셈이었다. 소수의 기득권층은 호사를 누리지만 국민 대다수는 억

압과 빈곤 속에서 살고 있다. 북한 주민들은 하루 세 끼 걱정에서 해방되지 못했다. 1960년대를 넘기면서 식량 문제를 해결한 한국과는 전혀 다른 길을 간 결과다. 1990년대에는 자연재해까지 반복되면서 일제강점기에도 없었던 대량 아사餓死까지 발생했다. 직업 선택의 자유를 누리지 못하고 주거 이전의 자유는 물론 해외여행은 꿈도 꾸지 못하는 것이 북한의 현실이다. 지구상에서 남한과 가장 대조적인 체제가 맞붙어 있는 아이러니가 엄연한 현실로 존재하고 있는 것이다. 이런 차이는 이승만이 구축한 자유민주주의와 시장경제 체제의 기틀에서 비롯됐다.

어려운 상황이었지만 이승만은 경제를 일으키기 위해 분투했다. 하지만 해방 직후에는 축적된 자본이 없었기 때문에 자본주의 전파가 쉽지 않았다. 자본주의와 시장경제를 제대로 이해하는 국민도 적었다. 설상가상으로 1950년 6월 25일 북한의 기습 남침으로 국토가 잿더미가 되면서 경제 재건의 길은 더욱 험난해졌다. 물가가 폭등 하고 민생은 악화됐다. 3년여 만에 전쟁이 끝났을 무렵 대한민국의 경제 수준은 여전히 세계 최빈국이었다. 1953년 국내총생산GDP이 13억 달러, 1인당 국민소득은 67달러 선에 불과했다.[5] 그러나 이승만은 폐허에서 다시 시작했다. 자본주의 시장경제 체제에 필요한 각종 제도를 잇따라 도입하고, 공업화와 산업화를 강력하게 추진했다.

이승만의 공업화정책은 1958년 3월 4일 광주공업고등학교 실습장 준공식에서 밝힌 담화문[6]에 잘 드러나 있다. 이는 대한민국 경제 발전사에서 중요한 역사적 의미를 갖는다. 공업과 제조업을 통해 경제발전을 도모할 수밖에 없는 운명 같은 비전이 이미 그의 정책 구상에 담겨 있었기 때문이다.

"우리가 친구들에게 은혜를 받으면 힘자라는 데까지 은혜를 아는 것인데 오늘 준공된 새 학교의 실습장 준공식을 하는 자리에 모여서 성대하게 거행하게 된 것을 축하하며 오늘 제일 긴요한 분은 콜터 장군인데 이 분은 우리가 다 알아야 할 분이며 이 분이 재정을 잘

써서 우리나라에 많은 건설을 해 놓은 것이다.

우리가 유감으로 아는 것은 미국 사람이 한국을 원조하는데 그 재정을 콜터 장군이 주장하게 했다면 지금보다 더 여러 십 갑절이 될 수 있었을 것이다. 그런데 친일하는 미인美人들이 한국을 도울 재정을 가지고 일본의 경제를 돕는 데 많이 써서 우리에게 들어온 것은 소비 물자를 들어오게 해서 일본이 팔 데가 없는 물건을 우리에게 주어서 도왔던 것인데 이것이 고맙기는 하나 우리가 불만한 생각을 갖게 되는 것은 한국의 건설과 공업의 발전을 아니 시켰다는 것이다.

그래서 1953년 말과 1954년 초부터 우리를 돕는 친구들이 와서 이것을 붙잡고 한국의 경제 원조를 위해서 돈을 크게 대었던 것이다. 그때부터 비료, 발전소, 시멘트 등을 만들게 되어서 우리의 환산율과 물가가 오르지 않게 되었던 것이다. 이것은 우리 정부와 민중이 다 잘해서 된 것이지만 일인을 위해서 쓰든 경제를 한국을 위해서 쓰게 되니까 이만치 된 것이니 멀지 않아서 우리는 자급자족할 수 있는 나라가 될 것이다.

오늘 여기에 우리의 공업 발전을 위한 시설을 만들어 놓았으니 축하하지 않을 수 없는 것이며 이것은 광주뿐만 아니라 이것이 전국에 퍼져서 우리가 모든 것을 만들어 내게 되며 다른 나라에서 물건을 들여오지 않고 살 수가 있게 되는 것이다.

우리는 콜터 장군을 잊지 말며 이 시설을 잘 이용해서 더욱 큰 것을 만들며 또 더욱 더 나은 것을 만들어서 남이 갖다 주는 것만 가지고 쓰고 먹고 하지 말아야만 우리의 장래가 있는 것이다. 우리가 잘 해나가면 멀지 않은 장래에 우리가 새 나라를 건설하게 될 것이니 그 복리는 우리 대만이 아니고 우리 뒤에 오는 사람들에게도 있게 되는 것이다.

전 광주고등보통학교인 광주제1고등학교에 오니 무한한 감상을 갖게 되는고 여기에서 우리 학생들이 나라를 위하는 감상을 갖게 되는데 우리 학생들이 나라를 위하는 정신을 가지고 한국의 용맹스런 뜻을 기미년 만세운동이 있은 지 10년 후인 1929년에 세상에 알리었던 것이니 즉 우리의 만세운동을 일군이 군력으로 눌러서 아무 일이 없도록 한 지 10년 후에 우리 학생들이 이 마당에서 운동을 일으켜서 세상을 떠들어 놓았던 것이다.

이것은 우리 학생들이 선열의 나라를 위하는 정신을 가지고 일으켜서 세상에 공포해서 감동 안 할 수 없고 깜짝 놀라게 만들었던 것이다. (중략) 일본은 군기 군물을 배워서 동양을 먹이려고 했었는데 그때 우리나라에서는 무엇인지도 모르고 당파 싸움만 하고 있었던 것이며 일인은 우리의 애국자를 많이 죽였던 것이다.”

이 연설은 당시 한국 경제의 처지와 현실을 적나라하게 보여준다. 한국이 빈곤에서 벗어나려면 어떤 경제정책을 펴야 하는지도 잘 드러나 있다. 이승만은 일본과 치열한 경쟁을 했으며 미국과는 애증의 관계를 드러냈다. 미국이 일본의 공업 발전을 지원한 결과 생산된 제품을 한국에 원조하는 것은 환영할 일이지만 제조하지 않고 수입만 해서는 한국 경제의 자립은 요원할 수밖에 없다는 현실을 직시하고 있었다.

이승만은 한국이 자립하기 위해서는 미국의 적극적인 원조를 받아야 하며, 미국 원조를 재원으로 공업 발전의 기틀을 세워야 한다고 역설했다. 그는 이미 1953년부터 이 같은 미국 원조를 통해 공업화에 필요한 비료와 시멘트 제조, 발전소 건설을 강력하게 추진해왔다. 그 결과 1958년에는 물가와 환율이 다소 안정세를 보이기 시작했다는 것을 광주 연설에서 알 수 있다. 이승만은 이를 통해 결국 자립 경제만이 살길이라는 점을 강조했다. 또 한국이 일제의 식민지가 된 것도 일본은 시장을 개방해 문물을 배웠지만 우리는 밖으로는 문을 걸어 잠그고 안에서는 당파싸움만 벌이다가 자립 경제를 일으키지 못한 결과라고 지적했다.

자본도 인재도 없이 출발한 공업화

공업화 노력이 즉각 결실을 보지는 못했다. 자원과 인재가 없던 시절이었기 때문이다. 그러나 식민지와 전쟁으로 폐허가 된 황무지에 뿌린 씨앗은 1960년대를 넘기면서 싹을 틔웠다. 1960년대 초 국가 예산의 상당 부분을 미국 원조에 의존했지만 이승만 때 시동을 건 공업화정책이 박정희 정부에 들어 속도를 내면서 대한민국은 세계 11위 경제 강국으로 성장했다. 세계에서 유례없는 압축성장의 성과를 보여준 것이다.

당시 공업화정책은 훗날 민주화의 디딤돌이 됐다. 근대화의 핵심적 두 가치인 경제적 산업화와 정치적 민주화가 모두 성공적으로 이룩된 셈이다. 1945년 제2차 세계대전 이후 독립한 140여 개의 신생국가 중 유사한 사례를 찾기 힘들다.

이승만은 시장경제를 가장 강력하게 이끌고 갈 통치 구조는 대통령제라고 봤다. 당초 헌법 초안에는 대한민국의 정부 형태가 내각제로 추진됐지만 상하이 임시정부 때부터 대통령제를 주장해 왔던 그의 강력한 요청이 현실화됐다. 헌법 초안 작성을 주도했던 유진오를 비롯한 일각의 우려대로 훗날 대통령제는 장기 집권의 수단으로도 활용됐다. 또한 제왕적 대통령의 폐해도 있었다. 하지만 압축성장 과정에서 이 제도가 있었기에 한국은 강력한 추진력을 바탕으로 세계의 변방에서 중심으로 진입하는 경제 발전을 이뤄낼 수 있었다. 오히려 내각제를 채택하고 있는 일본은 1990년대 들어 의원내각제의 한계 때문에 총리가 1년에 한 명꼴로 바뀌면서 심각한 정치불안을 겪고 있다. 일본에서도 한국의 급부상은 강력한 추진력을 가진 대통령제 덕분이라고 보고 있다. 이런 정치적 요소가 한국 경제 발전에 어떤 영향을 미쳤는지는 역대 대통령들이 발휘한 추진력을 통해 확인할 수 있다.

···

농지 개혁으로 근대화 길 열다

대통령제를 통해 이승만은 강력한 리더십을 발휘했다. 민주주의 시장경제로 국가 발전의 초석을 다지고 농지 개혁과 화폐 개혁으로 경제발전의 뼈대를 세워나갔다. 이 중에서도 농지 개혁정책은 세계에서 가장 성공적인 시장경제 방식의 토지 재분배를 이뤄냈다. 강력한 추진력 없이는 불가능한 정책들이었다.

전제 체제의 왕조에서 농업은 조세제도와 신분 질서의 바탕이었다. 이는 토지를 통한 국가통치와 사회질서 유지를 의미했다. 토지는 깨기 어려운 기득권의 상징이었지만 이승만은 민주주의 시장경제 체제를 도입하면서 과감하게 농지 개혁에 나섰다. 소수의 기득권층이 장악하고 있던 토지를 시장경제 원리에 따라 자본만 있으면 누구든 소유할 수 있게 함으로써 토지 유동화에 나선 것이다.

조선시대를 거치면서 굳어진 소작제도는 일제강점기 이후 더욱 심화됐다. 1945년 광복 이후 농지는 222만ha로 자작농自作農이 전 농토의 37%인 82만ha, 소작농이 63%인 140만ha를 보유하고 있었다.[7]

이승만은 1950년 3월 농지 개혁 법안을 마련하면서 유상매입·유상분배·경자유전耕者有田 원칙을 적용했다.[8] 국민이면 누구든 땅을 갖도록 길을 열어주면서 소작농을 없애 일시에 근대화를 앞당기는 정책이었다. 지주 출신이 많았던 국회가 거세게 반발했고 소작농 역시 불만이었다. 지주들은 개인 소유권을 인정하지 않는 사회주의와 다를 게 뭐가 있느냐고 불만을 토로했고, 농민들은 북한에선 무상 몰수·무상 분배를 하고 있는데 가난한 농민들이 무슨 돈으로 농지를 살 수 있느냐는 불만을 쏟아냈다.

농지 개혁, 한국 자본주의 출발점

그러나 이승만은 개인의 이윤 동기에 의해 작동하는 시장경제 원리를 적용해 지주들의 반발을 누그러뜨리고 농민들에게도 호응을 얻었다. 정부가 대지주들에게 지가증권을 발행해주고 자작농은 연차적으로 농지값을 정부에 납부하는 방식을 활용했기 때문이다. 첨단 금융거래에서 쓰이는 획기적인 방안이었다. 즉 지주들에게는 3정보町步를 상한으로 기득권을 인정해주고 그 이상의 농지에 대해서는 매각 대금유상 매입을 받게 한 것이다. 이렇게 유상 매입을 통해 시장에 나온 농지는 3정보 한도에서 다시 영세 농민들에게 유상 분배했다. 1정보는 3000평으로 9917.4㎡ 가량이다. 또 유상 분배는 정부가 지주의 토지를 연평균 생산액의 1.5배 가격으로 사들여 소작인들에게 분배하고 5년간 현물로 땅값을 상환하도록 했다. 열심히 일하기만 하면 누구든지 자영농가가 될 수 있도록 길을 열어준 것이다. 이승만의 결단과 추진력이 없었다면 결코 이뤄질 수 없는 농지 혁명이었다.

구호에 그친 김일성의 농지 개혁

당시 좌익 세력은 북한의 김일성이 무상 몰수·무상 분배를 실시했다는 점을 들어 남한의 농지 개혁을 비판했다. 하지만 북한의 농지 개혁이 허망한 사회주의 구호를 장식하기 위한 한낱 허구에 불과하다는 것이 알려지는 데는 많은 시간이 걸리지 않았다. 김일성의 혹세무민과 달리 북한에서는 실질적으로 모든 농지가 국유화됐다. 북한에서 분배된 토지는 소유권 없는 경작권(소작권)에 불과했고, 이마저도 얼마 가지 않아 모두 회수해 집단농장으로 귀속됐다. 이는 훗날 남북한 경제 격차의 근본적인 출발점이 됐다.

이승만의 농지 개혁은 한국전쟁으로 일시 중단됐다가 1951년 농지개혁법 시행규정을 통해 재개되면서 남한 전역에서 실시됐다. 그 효과는 빠르게 나타났다. 개혁 이전 37%가량이었던 자작농은 농지 개혁 이후 90%를 넘어섰다.

이는 한국 경제사에서 중대한 의미를 갖는다. 토지가 소수의 독점 자본재에서 벗어나 시장에 나옴으로써 상업 발전을 촉진하는 추동력을 제공했기 때문이다. 결국 토지자본의 산업자본화는 한국 자본주의의 출발점이 됐다고 볼 수 있다. 농지 개혁은 기존 의식의 변화까지 촉발했다. '사농공상士農工商'의 정신적 틀을 깬 것이다. 당시 사회 기반이 된 농민은 남한 인구의 70%에 달했다. 이런 사회 구조는 근대화를 가로막는 구조적인 장애물로 작용했으며, 조선이 개화를 거부하고 쇄국의 길을 걸었던 배경이기도 하다. 사회 체제의 정점에 선 사대부는 옛것을 따르고 기존 질서를 지키는 데 최고의 가치를 둬 공업과 상업이 경시될 수밖에 없었던 것이다.

당시의 개혁은 새로운 변화를 가로막는 전통적 가치의 사슬을 끊고, 일제 강점기 친일 지주들이 갖고 있던 토지가 농민에게 분배되는 길을 열었다는 점에서 식민 청산의 효과도 있었다. 더 나아가 한국전쟁 때 남한의 공산화를 저지하는 역할도 했다.

김일성은 전쟁 기간 중 모든 인민이 평등한 사회주의 체제에서는 토지를 무상으로 소유할 수 있다고 선전했다. 하지만 남한 농민들은 이승만의 농지 개혁을 통해 무상 분배의 허구성을 잘 알고 있었기 때문에 동요하지 않았다. 오히려 노력 여하에 따라 얼마든지 토지를 소유할 수도 있다는 점을 간파한 농민들은 인민군의 선동에 속아 넘어가지 않았다.

농지 개혁은 이후 경제 발전에 적지 않은 영향을 미쳤다. 한국이 국토를 잿더미로 만든 한국전쟁 이후 1954~1959년 사이 연평균 4.3%의 경제성장률을 달성한 데는 미국의 원조 외에 토지의 산업자본화를 통해 자본주의 마인드가 작동했기 때문에 가능했다고 볼 수 있다.

이승만이 추진했던 개혁은 세계적으로 유례를 찾기 어렵다. 소수의 지주들이 가진 농지를 평화적으로 분산했기 때문이다. 북한을 포함한 사회주의 국가에서는 집단농장화함으로써 실패로 끝났고 아시아는 물론 중남미 대부분의 국가에서는 시도조차 하지 못했다.

인도 독립운동의 지도자이자 인도의 국부國父 마하트마 간디1869~1948년는 비폭력 저항을 벌여 세계적인 위인이 됐지만 토지 개혁에는 손을 대지 못했다. 1960년대 한국이 부러워했던 필리핀도 농지 개혁을 하지 못해 사회·경제 발전에 어려움을 겪고 있는 나라다. 소수의 지주와 재벌들이 국토의 상당 부분을 차지하고 있기 때문에 필리핀 경제가 활력을 갖지 못하는 것이다.

많은 중남미 국가에서도 소수의 지주가 농지의 대부분을 차지하고 있다. 이 같은 구조적인 빈부격차로 이들 국가들은 어떤 경제정책을 써도 효과를 내지 못하고 있다. 선진국으로 도약하는 데도 걸림돌이 되고 있는 것이다.

이승만은 기본적으로 자유민주주의자였지만, 농지 개혁과 관련해서는 사회민주주의적 입장을 취했다. 그는 1948년 8월 15일 정부수립 국민축하식에서 "토지 개혁의 기본 목표는 전제적專制的 자본제적資本制的 토지제도의 모순을 제거하여 농가 경제의 자립성을 부여함으로써 토지 생산력의 증가와 농촌문화의 발전에 기여하도록 하기 위해 먼저 소작제도를 철폐하겠다"고 말했다. 농지 소유에 대해서는 이 같이 혁명적인 생각을 갖고 있었기 때문에 농림 장관에 죽산竹山 조봉암1898~1959년을 선택했다.

조봉암은 적극적으로 사회민주주의 이념을 실현하고자 했던 정치인으로 평가받고 있다. 사회민주주의는 급진적인 혁명 대신 의회민주주의를 기반으로 점진적인 제도 개혁을 통해 사회주의를 추구하는 정치 이념으로 사회복지와 재분배정책을 중시한다. 조봉암이 실무를 책임진 농지 개혁은 이 같은 이념의 구체적인 실현이라고 볼 수 있다.

그는 1956년 대통령 선거에서 이승만 후보에 맞서 진보당으로 출마해 200만 표 넘는 지지율23.8%로 세상을 놀라게 했다. 그러나 2년 뒤 북한 간첩들과 접선하여 북한의 통일론을 주장했다는 누명을 쓰고 법원에서 사형이 확정돼 1959년 7월 30일 형장의 이슬로 사라졌다. 그로부터 52년이 흐른 2011년 1월 대법원 전원합의체는 그에 대한 재심에서 무죄를 선고했다.

...

한국전쟁 중 꽃 피운 화폐 개혁

한국은 해방 이후 3차에 걸쳐 화폐의 교환 비율과 명칭을 바꾸는 디노미네이션denomination을 단행했다. 돈은 '경제의 혈액'이다. 상거래와 재산 축적, 소유권 이전이 가능하기 때문이다. 모든 경제 활동은 이를 매개로 이뤄지는 것이다. 이런 의미에서 화폐 체제의 구축은 경제 활동의 출발선이라고 할 수 있다. 그 첫 출발은 이승만의 개혁에서 시작됐다.

한국은 해방 이후에도 일제가 만들어 놓은 조선은행권을 사용했다. 조선은행권은 일본의 한반도 경제 침탈 도구로 사용됐다. 일제강점기 전당포와 고리대금업이 횡행한 것도 이를 통해 일본인들이 경제력을 장악한 여파였다. 독립국가에 걸맞게 교체가 필요했지만 해방 직후에는 그럴 만한 형편이 되지 못했다.

이승만은 신생국가 경제 체제의 근본 인프라가 화폐라고 판단하고 한국은행 설립을 강력하게 추진했다. 이에 힘입어 1950년 6월 12일 한국은행이 설립됐지만 업무 개시 13일 만에 한국전쟁이 일어나면서 한국은행권 발행은 큰 위기를 맞았다. 그러나 이승만은 전쟁 중에도 화폐 개혁을 미루지 않았다.[9] 오히려 전시 체제는 국가비상 상황이기 때문에 화폐 개혁을 포함한 전시 금융·통화 및 외환 체계를 신속하게 구축하는 여건을 만들어줬다. 이런 조치들은 자칫 경제적 혼란을 불러일으킬 수 있어 평시에는 추진이 어렵다.

한국전쟁 발발 직후 이승만 정부는 전시 자금 수요에 따른 현금 부족 사태를 막기 위해 급히 한국은행권 발행에 나섰다. 최초의 한국은행권은 1950년 6월 29일 한국은행이 도쿄지점에 지시해 일본 정부에 요청하고 일본점령연합군 최고사령부SCAP의 도움을 받아 불과 10여 일 만에 일본 내각 인쇄국에서 제조됐다. 이승만 정부는 미 군용기 편으로 1000원권 152억 원, 100원권 2억 3000만 원 등 모두 154억 3000만 원을 김해공항으로 들여와 7월 22일 피난지인 대구에서 유통시켰다.

이때 발행된 1000원권은 당시 주일대표부에 걸려 있던 이승만의 초상화가, 100원권은 주일대표부에 있던 책 중에서 골라낸 광화문 사진이 각각 도안으로 사용됐다. 이후 전세가 다소 호전되고 한국조폐공사가 설립돼 1951년 10월 1일부터 원판은 일본에서 제작했지만 제조는 조폐공사가 맡게 됐다. 발행 초기에는 한국은행권이 조선은행권과 함께 사용됐는데 전쟁 혼란을 틈타 불법으로 발행된 화폐가 남발되고 인민군들이 가져온 화폐까지 유통되면서 경제 질서를 교란시켰다.

이승만은 비상사태를 수습하기 위해 1차 화폐 개혁의 보완에 나섰다. 한국은행에 따르면 1950년 8월 28일 '대통령 긴급명령'을 내려 조선은행권 100원권의 유통을 정지하고 이를 한국은행권과 1대 1로 무제한 등가 교환하도록 했다. 교환은 9월 15일부터 1953년 1월 16일까지 다섯 차례에 걸쳐 실시됐다. 그 결과 777억 원의 조선은행권이 한국은행권으로 교환됐다.

2차 화폐 개혁 역시 전쟁 중이던 1953년 2월 15일 단행됐다. 막대한 전비 지출에 따른 통화 증발로 1952년 초부터 물가 상승이 급속도로 진행돼 취하지 않을 수 없던 조치였다.

이승만은 인플레에 따른 시중 과잉 유동성의 흡수와 체납 국세의 해소 등을 목적으로 '대통령 긴급명령'을 발동했다. 당시 남한에서는 전쟁 때문에 생산 활동이 위축되고 막대한 군사비용 지출로 인플레 압력이 극심했다. 난리통에 세금이 제대로 걷힐 리도 없었다. 이는 세수 감소로 이어져 극심한 재정 적자를 초래했다.

한국은행 금고에 신권 두고 피난

1953년 2월 15일에는 화폐 단위를 100분의 1로 평가절하하는 리디노미네이션redenomination을 단행했다. 화폐 명칭도 '원'에서 '환'으로 변경됐다. 이때 발행된 5종의 한국은행권은 실은 미 군정 때 최순주 당시 조선은행 이사가 미국에 인쇄를 의뢰해 미 재무부 인쇄청에서 제조한 것으로, 국내 반입 후 한·미 간에 공동 봉인해 한국은행 금고에 보관된 채 한국전쟁을 맞았다.

이 화폐는 북한의 기습 남침으로 미처 후송을 못했지만 다행히 북한이 손을 대지 않았다. 1951년 1·4 후퇴 때 이를 부산으로 보내 조선방직회사 창고에 보관하던 중 통화 개혁으로 빛을 보게 되었는데, 이는 당시 발행된 어떤 은행권보다 고급종이를 사용했고 형광물질과 색사를 넣어 위조가 어렵게 특수 제조된 것이었다.

두 차례의 화폐 개혁은 전시 체제에서 긴급 조치로 실시됐지만 화폐 체제 안정에 큰 성과를 냈다. 한국은행권 발행을 통해 시중의 현금이 예금으로 전환되면서 인플레 수습은 물론 은행자본 증가를 통해 산업자본의 기반을 제공했다.

전시 체제여서 가능한 비상 조치도 취해졌다. 2차 화폐 개혁 때는 긴급 금융 조치가 함께 실시되면서 화폐를 교환할 때 일부 예금을 봉쇄계정에 동결했다. 이 조치로 전체 예금의 24%가 동결되면서 경제 부흥을 위한 자금 동원에 기여했다.

이렇게 실시된 두 차례의 화폐 개혁 노하우는 훗날 박정희 정부에서 실시된 3차 화폐 개혁에 큰 도움이 됐다. 박정희는 이승만 정부에서 재정 및 금융 확장정책에 의해 누적된 과잉통화를 흡수하기 위해 1962년 6월 10일 화폐 개혁을 단행했다.

당시 10대 1로 평가절하된 환은 원으로 바뀌어 지금까지 사용되고 있다. 이때 발행된 은행권은 500원·100원·50원·10원·5원·1원권 등 모두 6종으로 영국의 토머스 데 라루Thomas de La Rue & Co사에서 제조해 반입됐다.

'긴급통화 조치법'에 따라 시행한 이 개혁은 물가 상승 요인을 선제적으로 제거하고 지하자금을 양성화하기 위해 실시됐다. 박정희 정부 역시 당시 화폐 개혁으로 경제개발계획에 필요한 산업자금을 마련할 수 있었다.

1966년 8월 16일에는 그간 통용되던 50환·10환 주화를 대체해 10원·5원·1원 등 원화 표시 주화가 발행돼 원화 체계는 완전히 자리를 잡았다. 그 후 경제 규모 확대에 따라 1972년 7월 1일 5000원권이, 1973년 6월 12일 1만 원권이 새로 등장했고 1982년 6월 12일에는 500원권 주화가 첫 선을 보였다.

지폐와 주화는 그동안 도안·색상·크기를 여러 번 손질해 지금 쓰이고 있는 모습으로 발전했다. 이후 한국은행은 지폐 크기의 축소 추세에 맞춰 1만 원·5000원·1000원권 지폐의 크기를 줄였다. 2009년에는 신사임당이 들어간 5만 원권이 처음 도입됐다.

...

중화학·원자력 산업 토대 구축

비료 제조는 당시 꿈의 산업이었다. 농업 비중이 컸던 1950년대 식량 증산은 안정적인 경제 기반의 첫걸음이었다. 당시 1인당 국민소득은 100달러를 밑도는 수준이었다. 식량 부족은 말할 것도 없고 과일, 채소 등 먹거리 자체가 부족한 절대빈곤의 시대였다. 춘궁기에는 보릿고개를 넘겨야 했고 초근목피로 연명했다. 이승만은 이런 상황에서 획기적으로 식량을 증산하고 과일과 채소를 가꿀 수 있는 화학 비료질소비료 생산에 박차를 가했다. 기업의 최첨단 제조업도 당시에는 비료공장이었다. 박정희 정부가 들어서고도 비료 생산은 국가적 핵심 과업이었다. 1960년대 초반 삼성그룹 창업자 이병철이 비료 제조업에 뛰어든 이유다. 그러나 비료 제조에 필요한 자본을 조달하고 선진국에서 기술을 도입하는 과정은 멀고 험난했다.

충주 비료 공장에서 시작된 한국의 중공업

이승만의 독려로 건국 이후 첫 비료 공장 건설계획이 작동된 것은 1955년부터였다.[10] 당초 1958년 4월 충주 비료 공장을 준공할 예정이었으나 공사가 지연되면서 1959년 10월 시운전에 들어가 1961년 4월에야 준공됐다. 계획보다 5년 이상 지연된 것이다. 미국 정부의 적극적인 지원이 있었지만 건설을 담당한 미국 맥그로 하드로 카본사가 공사대금 상승을 이유로 추가 자금이 필요하게 되자 공사가 지연되었다. 완공에 든 건설비는 외자 3154만 달러와 국내 자금 28억 환으로 당초 계약 때보다 50% 이상 늘어난 금액이 었다.

우여곡절 끝에 완공된 충주 비료 공장은 박정희 정부가 들어선 뒤 우리나라 농업 발전의 강력한 견인차가 됐다. 1963년부터는 연산 8만 5000톤을 초과 생산하는 실적을 기록했다. 두 번째 비료 공장은 호남 비료 공장전남 나주으로 1954년 10월 건설 계약을 체결하고 1958년 5월 착공해 1962년 12월 준공됐다. 이 공장도 이승만이 씨앗을 뿌리고 과실은 박정희가 땄다. 나주 공장은 충주 비료 공장이 중유를 사용하는 것과 다르게 무연탄을 사용했다. 이후 가스화용탄의 공급이 원활하지 못하자 1968년 나프타가스화 시설을 추가했다. 대한민국 산업화의 바퀴는 이승만이 강력하게 추진한 비료 제조업에서 이미 굴러가고 있었던 것이다. 이는 1960년대 이후 식량 증산의 원천이 되면서 국민이 먹거리 걱정에서 벗어나는 한편 한국 경제 발전의 원동력이 됐다.

이제 충주 비료 공장을 아는 사람은 많지 않다. 하지만 이승만이 건설한 이 화학 공장은 대한민국 번영의 견인차였던 중화학공업의 요람이 됐다. 철강·조선·자동차·기계·반도체 산업을 일으키는 시발점이라 할 수 있다. 충주에 비료 공장 건설을 지시한 것은 이곳이 중원의 땅이기 때문이었다. 충주는 남한강의 물을 이용할 수 있고 남한 어디를 가든 사통팔달의 위치에 있다. 이런 지정학적 요인까지 고려돼 탄생한 최초의 현대적 화학 비료 공장이 가동되면서 한국의 산업화도 시동이 걸렸다.

이를 토대로 박정희는 본격적으로 중화학공업에 뛰어들 수 있었다. 충주 비료 공장 건설, 운전 기술과 거대 설비의 유지보수 경험은 1970년대 중화학공업이 궤도에 오르면서 한국 최초의 석유화학단지인 울산석유화학단지와 1970년대 여수석유화학단지 건설의 근간이 됐다. 국내 화학 비료 사업은 남해화학을 중심으로 재편됐지만 충주 비료 공장에서 일했던 사람들의 기술과 경험은 '한강의 기적'을 일으키는 원동력이 됐다. 석유 화학 산업은 이후 민영화를 통해 민간기업으로 이전되면서 세계 5위까지 발전했다. 미국·중국·사우디아라비아·일본·한국 순이다.

1957년 시작된 원자력 개발

에너지 자립을 위해 원자력 개발에도 뛰어들었다. 우수한 과학 인재를 모아 국비 유학을 보냈고 이들이 귀국해 첫 원자로 기공식이 열렸다. 대한민국이 세계 원전 강국들과 어깨를 나란히 할 수 있는 초석을 놓은 사람도 이승만이었던 것이다. 그는 일본이 원자폭탄을 맞고 패망한 사실을 통해 그 위력을 절감하고 있었다. 또한 평화적 이용에 대한 세계적 추세를 놓치지 않았다. 1955년 스위스 제네바에서 '원자력의 평화적 이용'에 관한 국제 회의가 개최되자 1956년 문교부 기술교육국 산하에 원자력과를 설치하고 요원 양성에 적극적으로 나서 네 명의 연수생들을 미국 알곤국립연구소ANL에 파견했다. 장기적인 인력 양성을 위해 1958년 한양대학교를 시작으로 국내 대학에 원자력공학과가 잇따라 신설됐다.

하루아침에 결실을 보지는 못했다. 원자력 공학이 본격적으로 연구되기 시작한 것은 1957년 연구용 원자로를 설치하면서부터다. 미국 정부로부터 '원자력의 평화적 이용계획'의 일환으로 35만 달러의 원조를 얻어 실험용 원자로인 TRIGA Mark-2를 구입한 뒤 40만 달러를 더 들여 1962년 3월 첫 불을 켜게 됐다. 우리나라는 이 원자로를 이용해 물리·화학·생물 분야의 기초 실험을 할 수 있었고, 방사선과 방사성 동위원소를 산업적으로 활용하는 기초 지식을 축적하기 시작했다.

1958년에는 원자력법을 공포함으로써 에너지의 안정적 수급을 위한 길을 열었다. 석유 한 방울 나지 않는 척박한 땅에서 에너지를 소비하고 공산품을 만들어 해외에 수출하려면 이만한 효율적인 에너지 자원이 없다고 본 것이다. 이를 토대로 박정희는 원자력 발전소를 가동할 수 있었다. 1968년 건설 계획이 구체화되면서 이승만이 뿌린 원자력 개발의 결실이 생겨나기 시작했다. 설계와 운전 경험이 거의 없어 첫 발전소는 미국 웨스팅하우스의 기술에 의존할 수밖에 없었지만 차츰 자체 기술력을 확보하면서 획기적인 기술 도약을 실현했다.

　　에너지정책에 대한 이승만의 백년대계는 적중했다. 1950년대부터 축적된 원자력 기술은 1970년대 두 차례에 걸친 석유파동 때 진가를 발휘했다.

　　박정희는 이승만이 닦아놓은 기반을 활용해 실용화에 나설 수 있었다. 대한민국 최초의 원자력 발전 상업가동을 시작한 고리 원자력 발전소 1호기는 1971년 11월 착공한 지 6년여 만에 전기를 생산하기 시작했다. 1977년 6월 원자로에 처음 점화한 뒤 각종 시험을 거쳐 1978년 4월부터 본격적인 상업 가동에 들어갔다. 총 공사비는 외자 1억 5700만 달러를 포함해 1428억 원이 투입됐다. 가동 초기 고리 원자력 발전소 1호기는 웨스팅하우스가 제작한 것으로 가압경수형PWR에 시설용량은 58만 7000㎾였다. 이 가동으로 한국은 세계에서 스무 번째, 아시아에서는 일본·인도에 이어 세 번째의 원자력 발전국으로 도약했다.

　　원자력 발전소 가동은 에너지원의 다원화에 의한 안정적 에너지 확보의 길을 열었고, 원자력 산업 육성에 필요한 기술 축적과 고급 기술 인력 양성에도 기여했다. 그 후 1983년 7월에는 시설용량 68만㎾의 고리 2호기, 1985년 9월에는 시설용량 95만㎾의 고리 3호기, 이어 1986년 4월에는 역시 시설용량 95만㎾의 고리 4호기가 잇따라 준공됐다.

　　이후에도 원자력 발전소를 지속적으로 건설해 현재 고리·월성·영광·울진 등 5개 지역에 모두 25기를 보유하고 있다. 2023.06월 기준 한국수력원자력과 통계청에 따르면 2022년 기준 발전설비는 24,650MW로 세계 6위 규모다. 국내 발전량은 17만 6054GWh로 국내 총 발전량의 29.6%를 차지한다.

소중한 에너지원이 되고 있는 원자력은 안전성 측면에서는 더욱 철저한 관리가 요구되고 있다. 1973년 미국 스리마일 섬, 1986년 옛 소련 체르노빌에 이어 2011년 동일본 대지진으로 일본 후쿠시마福島에서 잇따라 원전 사고가 발생하면서 안전성 논란이 증폭되고 있기 때문이다. 한국에서도 2012년 2월 9일 고리 1호기의 완전 정전blackout 사고가 은폐된 것으로 드러나 안전불감증 논란이 일어났다. 어렵게 구축한 기술인 만큼 안전성 제고가 앞으로의 과제로 떠오르게 됐다. 2017년 5월 10일 출범한 문재인 정부는 '탈원전'을 공약으로 제시하며 원전 신규 건설을 중단하고 기존 원전의 운영 기간을 단축해 극심한 반발과 논란을 불러일으켰다.

···

번영 주춧돌 '한·미 상호방위조약'

북한의 침략에 맞서 민주주의 시장경제 체제를 지킨 것은 자유민주주의 국가 건설에 못지않은 이승만의 또 다른 업적이다. 이때 남한을 지키지 못해 한반도 전체가 공산화됐다면 한국인들이 자유와 민주제도, 번영을 누릴 기회는 없었을 것이다. 더구나 우리는 사회주의 종주국인 중국·러시아와 국경을 맞대고 있다. 한반도가 적화통일됐다면 이런 지정학적 여건 때문에 이 땅에는 장기간 사회주의 체제가 유지되면서 아시아의 가난한 변방국가에서 벗어나지 못했을 가능성이 크다.

1950년 6월 25일 북한의 기습 남침은 대한민국을 위기에 빠뜨렸다. 당시 한국은 온 국민이 먹고사는 것도 급급했던 시절이어서 전쟁을 치를 여력이 없었다. 갑작스런 전쟁은 이승만의 경제 발전 구상을 크게 뒤흔들었다. 농지 개혁과 화폐 개혁, 근로기준법 등 한국 경제의 근간이 되는 정책들은 모두 전쟁 때문에 일시적으로 중단되거나 차질이 빚어졌다. 하지만 이승만은 혈맹이 된 미국과의 관계를 극대화하면서 전시 중에도 경제 발전의 기틀을 만들어 나갔다.

서울이 인민군에 점령되자 이승만은 속수무책으로 서울을 빠져나갔다. 북한의 남하를 막기 위해 한강 다리를 폭파시키면서 시간을 끌었지만 소련제 탱크로 기동력을 갖춘 북한군의 남하를 막을 수는 없었다. 한반도 남북에 정권이 수립된 지 채 2년도 안 된 기간에 양측의 군사력은 하늘과 땅 차이로 벌어져 있었다. 이는 곧 경제력의 격차였다. 북한에는 일제가 남긴 발전시설과 지하자원이 남한보다 상대적으로 많았다.

북한이 스탈린의 지원을 받아 소련제 탱크를 앞세우며 전격적으로 남하했지만 한국은 미군의 도움을 받는 것도 불가능했다. 남한에 정부가 수립되자 미국은 주둔하던 미군을 철수시켰고, 북한의 남침 때는 이미 철수가 마무리된 시점이었다. 당시 이승만은 미군 철수를 심각하게 우려해 1949년 4월 미국에 한·미 상호방위조약 체결을 요청했다. 그는 "한국과 아시아에 대한 공산주의 침략이라는 심각한 위협에 대처하기 위해 한·미 상호방위조약이 필요하다"고 주장했다.

하지만 미국은 미온적이었다. 한국 같은 작은 나라와 방위조약을 맺을 필요성을 느끼지 못한 것이다. 미국은 연간 약 1000만 달러의 군사원조를 제공하는 한·미 상호방위원조협정1950년 1월 26일을 체결하는 것으로 대신했다. 이후에도 한·미 상호방위조약의 필요성을 절감하고 있던 이승만은 한국전쟁을 그 계기로 활용했다.

전쟁은 순식간에 한국 전역을 미국 경제의 최전선으로 만들었다. 탱크와 비행기, 군함과 총 같은 무기의 조달은 물론 식량 등 전쟁에 필요한 물자를 전략적으로 배치하는 것이 전쟁의 승패를 가르는 결정적 요인이기 때문이다. 군인들을 먹이고 입히는 것도 제조업 발전과 무역업 진흥을 촉진했다. 제도와 인프라 차원에서도 큰 진전이 있었다. 전쟁 와중이지만 빠른 속도로 미국의 기술과 인력 운용 노하우 등을 흡수했기에 가능한 일이었다. 효율적인 인적 자원은 경제 성장의 핵심적인 요소라는 점에서 한국전쟁은 한국의 경제 성장에 값비싼 밑거름을 제공한 셈이다.

원해서 벌어진 전쟁은 아니었지만 한국은 이 전쟁을 통해 경공업과 건설업의 초석을 쌓게 된다. 토목 공사, 자전거 수리, 재봉틀 수리와 같은 당시로선 고난도 기술도 전쟁을 통해 급속도로 발전했다. 오늘날 세계적인 기업으로 성장한 국내 기업들도 이런 과정을 거치면서 성장의 발판을 다질 수 있었다.

현대를 일으킨 정주영은 "우리 현대건설은 건설업체 중에서 유일하게 미8군 발주 공사를 거의 독점하고 있었다"[11]며 당시 미군을 상대로 한 공사가 기업 성장의 도약대가 됐음을 밝혔다.

전쟁 과정에서 저절로 경제 발전에 필요한 기술과 노하우를 얻은 것은 아니었다. 전쟁 초기에는 모든 물자가 완제품으로 들어왔다. 한국에서는 물자를 만들어 낼 공장과 설비는 물론 숙련공도 거의 없었던 탓이다. 이에 반해 일본은 한국전쟁을 통해 국가의 명운을 바꿀 수 있었다. 전쟁 초기 군수 물자는 미국에서 왔지만 전쟁이 장기화하면서 차츰 일본이 핵심 생산기지로 떠올랐기 때문이다. 2차 대전 패배로 다 죽어가던 일본은 전쟁 특수를 만나 기사회생의 기회를 잡은 것이다.

죽어가던 일본 살려낸 한국전쟁

일본은 한국전쟁이 벌어졌던 1950~1953년에도 아시아·태평양전쟁 패전의 대가로 연합군의 통치를 받고 있었다. 잿더미로 변해 있었기 때문에 끼니 걱정과 물자 부족, 극심한 인플레에 시달렸고 일자리 구하기는 하늘의 별 따기였다. 도요타자동차·미쓰비시중공업·소니 등 수많은 일본 기업들이 세계적인 기업이 되는 기틀을 마련한 것도 한국전쟁 특수를 만난 덕분이었다. 수요가 없어 곳곳에 쌓여 있던 각종 원자재는 순식간에 동이 났고, 패망 직전 미군의 공습으로 크게 파괴되거나 녹슬었던 군수 공장들은 다시 힘차게 돌아갔다. 군수품 수요가 급증하자 벤처 기업이던 소니는 그 사이에 덩치가 커졌다. 도요타는 매달 20여 대였던 트럭 판매 대수를 순식간에 1500대로 늘릴 수 있었다. 불경기와 인플레로 죽어가던 일본 경제는 일순간에 일어났다.

일본의 이 같은 부활은 전쟁이 끝난 뒤 재건을 해야 하는 이승만에게 많은 점을 시사했다. 안전 보장이 없으면 경제 발전도 없고 이 땅에 자본주의가 뿌리내릴 수도 없다는 게 전쟁을 치른 이승만의 판단이었다. 그는 전쟁을 통해 일본이 기사회생하는 것을 보면서 미국과의 안보 동맹과 공업화가 절실하다고 판단하게 됐다. 잿더미가 된 땅에서 경제 발전을 이루기 위해서는 미국의 지원을 받아 공업화를 서둘러야 한다는 점을 잘 알고 있었기 때문이다.

한국전쟁 휴전 협상이 막바지로 향하고 있던 1953년 4월 이승만은 미국을 상대로 안보 외교를 본격화했다. 미국이 내부 사정으로 휴전을 추진하자 그는 공산주의를 한반도에서 몰아내기 위해 한국군 단독 북진론을 추진했다. 그는 한국전쟁의 영웅으로 평가되는 백선엽 장군의 탁월한 리더십을 신뢰하고 있었다. 한국군은 전쟁 초기 맥없이 밀려났지만 3년간 전쟁을 치르면서 백선엽의 지략과 미군의 병참 지원으로 강군이 돼 있었다.[12]

그러나 미국은 정전을 추진했다. 이승만은 휴전에 동의하는 대가로 한·미 상호방위조약 체결을 미국에 제의했다. 미국은 1950년 1월 26일 한·미 상호방위원조협정을 체결할 때처럼 미온적이었다. 그러자 이승만은 한국군 단독 북진론을 강하게 주장하면서 미국의 승인 없이 공산 포로 중 북한 송환을 거부한 반공포로 2만 7000여 명을 석방시켰다. 이는 미국을 크게 압박했다. 이승만은 조약 체결과 한국군 증강 약속을 받아내고서야 정전협정을 받아들였다. 대한민국은 이때 미국으로부터 7억 달러의 경제·군사 원조를 받아냈다. 잿더미에서 나라를 일으켜 세울 수 있는 귀중한 재원이었다.

1953년 7월 27일 휴전협정이 조인되자 한·미 양국은 휴전 후에도 긴밀한 유대관계를 유지하기 위해 상호방위조약을 체결했다. 서울에서 조약이 가조인되던 1953년 8월 8일 이승만은 그 의미를 정확하게 내다봤다.

> "우리는 앞으로 여러 세대에 걸쳐 많은 혜택을 받게 될 것이다. 이 조약이 있기 때문에 우리는 앞으로 번영을 누릴 것이며 우리의 안보를 보장받게 될 것이다."

당시 후진국 가운데 미국과 개별적으로 동맹을 맺은 나라는 한국이 유일하다. 이 같은 한·미 관계는 한국이 미국의 안전 보장 우산 아래에 들어갔음을 의미한다. 북한의 추가 도발을 억제하면서 경제개발에 전력할 수 있었기 때문이다.

이승만의 통찰대로 1953년 10월 조인된 한·미 상호방위조약은 한국 안보와 경제 발전의 버팀목이 됐다. 한국은 박정희의 개발연대를 거치면서 기적적인 번영을 누리게 됐다. 변변한 개인 소총조차 없었던 한국은 이를 통해 스스로를 지킬 수 있는 군사력을 갖출 수 있었다. 건국 초 5만 명이었던 한국군은 1960년에 이미 65만 명으로 증강됐다.

전쟁의 후유증은 컸다. 생산시설은 파괴되고 부존자원은 빈약해 경제 재건에 쓸 원자재 조달도 쉽지 않았다. 국토까지 황폐해져 전국의 산은 민둥산으로 변했고 극심한 인플레에 시달렸다.

잿더미에서 한국 일으킨 원조경제

이승만은 국민에게 재건 의지를 갖도록 당부하면서 미국에 경제 원조를 강력하게 요청했다. 1954년부터 복구사업이 본격화하면서 그는 미국 공법 480호에 의한 잉여 농산물 원조를 적극적으로 활용했다. 미국의 잉여 농산물 원조가 한국 정부의 재정, 민간 소비, 농업 생산 구조 등에 상당한 영향을 미친 것은 불문가지였다.

경제원조는 신생 대한민국의 경제정책에서 중대한 의미를 갖는다. 이를 토대로 이승만 정부는 소폭이지만 꾸준한 경제 성장을 달성할 수 있었다. 1954년부터 본격화된 전후 복구 공사도 미국의 지원이 있었기에 가능했다. 휴전 이후 1960년까지 한국 경제가 느린 속도이긴 하지만 기초체력을 형성할 수 있는 밑거름이 됐기 때문이다. 한국은 1954~1959년 사이 연평균 4.3%의 경제성장률을 기록했다. 미국은 한국에 자국의 잉여 농산물 가운데서도 설탕·밀가루·면화를 집중적으로 원조했다. 모두 색깔이 하얗다고 해서 삼백三白으로 불렸던 품목이다.

미국의 무상 원조를 통해 이들 삼백 산업은 한국 경제 발전의 마중물 역할을 했다. 오늘날 세계적인 글로벌 기업이 된 삼성그룹도 설탕을 만들었던 제일제당에서 출발했다. 지금은 흔하지만 당시는 귀한 식품이었다. 미국의 경제 원조가 한국 경제의 기초가 되고 훗날 굴지의 글로벌 기업의 토대가 된 것이다.

경제 원조는 최대한 효율적으로 활용됐다. 원조받은 잉여 농산물을 무상으로 국민들에게 나눠준 게 아니라 돈을 받고 팔았다. 이렇게 조성된 대충자금對充資金을 한국은행에 예치했고 적립된 돈을 한·미 간의 협의하에 무기 구입이나 공장 설립 등에 투자하도록 했다.

휴전 후 1955년부터 전쟁의 참화에서 벗어나면서 베이비 부머1955~1963년

사이에 출생한 714만 명가 태어나기 시작해 인구가 급격히 늘어나기 시작했다.

미국에서 막대한 원조를 받아 경제 재건의 밑거름으로 쓰면서 경제에도 온기가 돌았다. 그러나 그 과정에서 부정부패가 판을 쳤다. 공무원과 군인들이 원조 물량을 빼돌렸고 검은 돈은 정치 자금으로 흘러들어 갔다. 안보 불안도 가시지 않았다. 사회 혼란이 거듭되면서 경제 발전의 속도는 느렸다. 이런 혼란과 희망이 교차하는 당시 상황은 1958년 신년사에서 잘 드러나 있다.[13]

> "공산국들은 우리를 정복할 욕심으로 소련의 막대한 군기·군무를 가져다가 극비리에 전쟁을 준비하여 침략했지만 우방에서 이것을 살피고 새 무기와 기계로 우리를 도와 어떤 나라에서 침공해오든지 우리가 두려워하지 않아도 된다.
> 또 근자에 이르러서는 미국에서 들어오는 원조 재정으로 전과 같이 일본 물자를 사다가 궁핍하게 우리나라 사람들을 구급해간다는 것은 다 정지하고 원조 체증으로 우리 생산을 증진할 산업에 전력해서 중공업과 중소공업을 다 같이 발전시켜나가 지금부터는 우리가 생산하는 물자를 가지고 자급자족할 만한 길에 이르게 된 것입니다.
> 전과 같이 생산물을 달마다 갑절씩 올려서 우리나라 사람들이 살 수 없게 한 것은 다 없어지고 지금부터는 모든 물가가 날마다 떨어지고 있으니 이때에 국민들이 다 합심, 합력해서 일만 잘해나간다면 월밀물산을 가지고는 우리가 살 수 없다는 그러한 비참한 시기는 머지않은 장래에 역사에 사라지고 말 것입니다.
> 또 작년부터 모든 도시와 촌락에 일시적으로나마 발전되어 도처에서 새 건축을 전력해 나가고 있으니 도시에서만 보더라도 층집에 시멘트 및 타일과 기와로 곱게 화려한 자리를 만들어가고 있으며 시골 촌락에서도 진흙에서도 진흙벽이나 쓰러져 가는 초가를 덮어놓고 살려는 사람은 하나도 없게 된 것입니다."

이승만은 신년사에서 경제 발전의 중요성을 강조했다. 원조 재정으로 생산 증진과 중소공업 발전, 물가 안정을 추구하자고 독려했다. 도처에 새로운 건물이 들어서고 시골 초가지붕이 개량된다면서 국민들에게 희망과 비전을 제시했다.

그러나 1958년 경제 원조가 차관 형태로 전환되자 한국 경제는 위기를 맞았다. 이는 얼마 후 한국 사회 변혁에 영향을 미쳤다. 1960년 4·19 혁명의 직접적인 계기는 3·15 부정 선거였지만 당시 혁명의 배경에는 경제적 혼란이 작용하고 있었다.

민주당은 조병옥·장면을 정·부통령 후보로 내세워 "못살겠다. 갈아보자!"고 국민을 설득했다. 이 구호만 보더라도 당시 원조 중단이 한국 경제에 던진 충격이 얼마나 컸는지 알 수 있다. 한국전쟁 이후 1960년까지 약간의 경제 성장이 있었다고는 하지만 1인당 국민소득은 여전히 60~70달러에 불과해 최빈국 상태에 머물렀다.

...

민주혁명이 멈춰 세운 장기 집권

이승만은 해방 이후 건국에서 4·19 혁명까지 격동의 시대를 보냈다. 가혹한 식민지에서 해방됐지만 극단의 혼란을 거쳐 대한민국을 건국할 수 있었다. 그러나 한국전쟁으로 잿더미가 된 대한민국의 기틀을 다지기 위해 고난의 길을 걸었다.

건국 후 경제·사회 인프라들을 하나에서 열까지 새로 구축해야 했다. 근대화 시기를 놓친데다 36년에 걸친 식민 통치로 한국에는 자본은 물론 기술과 인적 자원이 전혀 축적돼 있지 않았기 때문이다. 이승만이 뿌린 민주주의와 시장경제의 씨앗이 이 땅에 자본주의 발전의 방향과 국가 정체성을 결정지었다.

한국은 전제왕조에서 식민지를 거쳐 갑자기 민주정부가 되면서 어떠한 근대적인 제도와 시스템도 갖추지 못했다. 이승만은 농지·화폐 개혁뿐만 아니라 교육·노동·어업 등 자본주의 시장경제 작동에 필요한 기본 장치들을 모두 마련했다. 이 경제정책들은 자본주의 효율성을 높이는 데 중대한 역할을 했다.

이 중에서도 가장 중요한 사회 인프라는 교육 시스템이었다. 1950년대 경제 발전을 위해서는 자본과 토지도 필요했지만 무엇보다 인적 자원 부족이 심각했다. 일제강점기를 거치면서 교육 받을 기회가 많지 않았기 때문이다. 토지나 자본과 같은 생산 요소를 효율적으로 운영해 성과를 내는 주체는 결국 사람이다.

그는 어린 시절 한학을 배우고 미국의 감리교 목사 아펜젤러가 서울에 세운 한국 최초의 근대식 중등교육 기관인 배재학당에서 서양 학문을 접하면서 교육의 중요성을 절감했다. 미국 선교사들과 만나 영어를 배울 수 있는 기회를 얻은 것도 그가 훗날 미국에서 공부를 할 수 있게 된 배경이었다.

일찍이 국제 정세에 밝았던 이승만은 교육과 자유, 부국강병富國强兵의 중요성을 강조했다. 그의 이런 생각은 정부 전복 혐의로 한성감옥에 수감됐을 때 쓴 『독립정신』1904년에 잘 나타나 있다.[14]

> "모든 사람들이 힘껏 일하고 공부하여 성공할 수 있도록 자유의 길을 열어 놓아야 한다. 그렇게 해야만 나라에 활력이 생겨 몇십 년 뒤에는 부유하고 강력한 나라가 될 것이다."

80%에서 4%로 낮아진 문맹률

이승만은 교육은 백년대계이자 부국강병의 밑거름이라는 점을 설파했다. 국가와 개인이 빈곤에서 벗어나는 가장 강력한 수단이자 지름길은 교육이라는 것을 잘 알고 있었던 것이다.

1950년 6월부터는 초등학교 의무교육에 나서 문맹퇴치운동을 벌였다. 헌법에도 이미 "모든 국민은 능력에 따라 균등하게 교육을 받을 권리를 가진다"고 명시한 상태였다. 어려운 여건 속에서도 초등학교 무상교육을 추진한 것이다.

그러나 이 계획은 한국전쟁으로 실행이 지연됐다. 교육과학기술부에 따르면 이승만 정부는 정전협정이 체결된 1953년 7월 의무교육완성 6개년 계획을 수립했다. 이 계획은 1954~1959학년도에 걸쳐 6~11세 아동 취학률을 96%로 설정했다. 이를 통해 한국은 문맹률을 80%에서 4%대로 급격히 낮출 수 있었다.

교육은 세계적으로 민주주의 보급과 경제 발전에 없어서는 안 될 요인이다. 교육을 통해 지식과 기술을 흡수해야 스스로 자립할 수 있기 때문이다. 유엔이 후진국을 지원하면서 교육을 중시하는 것도 바로 이런 이유에서다. 박정희가 '한강의 기적'을 실현한 것도 이승만이 힘을 쏟아 길러놓은 세대들이 성인이 되면서 본격적으로 산업 현장에 투입됐기 때문에 가능했다고 볼수 있다.

어업자원 보호수역 설정도 한국 어업 발전에 중대한 영향을 미쳤다. 이승만은 전쟁 와중이던 1952년 1월 18일 우리나라 연안수역 보호와 일본으로부터의 해양 주권을 확보하기 위해 독도를 포함시킨 평화선平和線, 이승만 라인을 선포했다. 오늘날 배타적 경제수역EEZ과 비슷한 개념이다. 공식 명칭은 '대한민국 인접해양에 대한 대통령 선언'이었다.

이는 주변국과의 어업분쟁 가능성을 사전에 봉쇄하는 것이 목적이었지만 북한의 연안 침투를 방지하는 효과도 갖고 있었다. 이승만은 평화선을 국내 법적으로 뒷받침하기 위해 1953년 '어업자원보호법'을 제정해 이 수역 내에서의 외국 선박의 불법 어로 행위를 엄격히 단속했다. 우려대로 일본·중국 선박이 불법 조업을 하는 경우가 많았지만 평화선은 중요한 단속의 근거로 활용됐다. 이때 이런 근거 마련에 소홀했다면 중국 어선의 서해상 불법 어로 단속이 더욱 어렵게 됐을지도 모른다. 2008년과 2011년에는 중국 어선을 단속하던 해경들이 중국 선원에 살해당하는 등 사고가 발생했다. 이승만이 우려했던 대로 해양에 대한 주권을 철저히 확립하지 않으면 국민이 피해를 보는 것이다.

이승만은 우리 바다를 지키기 위해 일본과의 국교 정상화 협상에서도 강경한 입장을 고수했다. 우리나라는 당시 국교 정상화를 통해 대일청구권 명목으로 식민지 침략에 대한 보상금을 받으면 경제 발전의 재원을 확보할 수 있었다. 그러나 양국은 과거사를 비롯해 모든 현안을 놓고 첨예한 대립을 보였다. 국교 정상화를 위한 한·일 예비회담은 한·일 양국의 현안 해결을 바라는 미국의 알선으로 1951년 10월 개시됐다. 이후 1952년 2월부터 본 회담으로 바뀌어 1965년 6월 22일 한·일 양국이 국교를 정상화하기까지는 13년 8개월이 소요됐다.

한·일 국교 정상화 막은 '구보다 망언'

타결까지 많은 시간이 걸린 것은 1910년 한·일합병조약의 합법성과 식민지 통치 36년에 대한 피해 보상을 둘러싸고 일본이 억지 주장을 폈기 때문이다. 한국은 강제에 의한 무효라는 주장이고 일본은 국제법을 따랐다는 주장을 되풀이했다. 동해의 어업권 문제, 재일 한국인의 처우 문제를 둘러싸고도 이견이 노출됐다.

협상을 결정적으로 어렵게 만든 것은 "일제 통치 36년간 일본이 한국을 발전시켜주었으므로 배상을 할 필요가 없다"는 '구보다 망언'이었다. 1953년 10월 6일 열린 제3차 회담에서 일본 측 수석대표 구보다 간이치로久保田貫一郎는 "일본의 조선 통치는 조선인에게 은혜를 베푼 점이 있으며, 만약 일본이 조선에 진출하지 않았다면 중국이나 러시아가 조선을 식민지화하였을 것"이라는 취지의 망언을 했다.[15]

이런 망언에 한국 측 대표로 참석한 홍진기1917~1986년 당시 법무국장은 구보다의 망언을 명쾌한 논리로 반박했다. 당시 양측 공방의 일부를 소개한다. 구보다는 먼저 이렇게 도발했다. "일본 측으로서는 대한청구권이 있다는 태도를 견지하고 있다. 그러나 양보하여 접근하려는 마음도 충분히 갖고 있다. 당신들에게는 청구권이 있고, 우리에게는 없다는 것은 곤란하다."

그러자 홍진기는 "한국의 국회에서는 수원의 학살사건, 한·일 합병조약 직후의 학살사건, 또는 36년간의 통치 동안 치안유지법으로 투옥, 사망한 점 등에 대한 청구권을 내지 않으면 안 된다. 또 조선 쌀을 세계시장보다 부당하게 싼 값으로 일본으로 가져갔다. 그러나 우리는 순법률적인 청구권만을 내고, 정치적 색채가 있는 것은 그만두었다. 그런데도 일본 측이 36년간의 축적을 돌려달라고 한다면, 한국 측으로서도 36년간의 피해를 보상하라고 하는 수밖에 없다"고 반박했다.

이에 구보다는 "한국 측에서 국회의 의견이 있다고 해서 그러한 청구권을 낸다면, 일본으로서도 조선의 철도나 항만을 만들고, 농지를 조성하고, 대장성이 당시 많은 해는 2000만 엔도 내놓았다. 이것들을 돌려달라고 주장해서 한국 측의 청구권과 상쇄하면 되지 않겠는가"라며 망언을 이어나갔다.

홍진기는 "당신은 일본인이 오지 않았다면 한국인은 잠만 자고 있었을 것이라는 전제에서 말하는 것인가. 일본인이 오지 않았다면 우리는 더 잘하고 있었을지도 모른다"고 응수했다.

구보다는 홍진기의 논리정연한 반박에 결국 잘못을 시인할 수밖에 없었다. 홍진기는 법무부 조사국장 때부터 대일 배상청구를 주장했다. 그는 이승만에게 대일강화회의 준비위원회를 만들어 일본에 대한 손해배상청구 작업을 서둘러야 한다고 건의했다. 그는 해방의 논리에 입각한 '원상회복의 원칙'을 내세운 증빙 자료로 방대한 대일 배상청구조사서를 작성했다. 이 자료는 대일 청구권의 유일한 기초자료로 활용됐다. 그는 또 1951년 미 국무부가 대일 강화조약을 체결하기 위해 조약안을 만들 때 초안에 대일청구권, 귀속재산 처리, 재일동포 법적 지위 문제 등 한국에 관한 조항이 누락된 사실을 발견했다. 정부는 즉각 대미교섭에 나서 우리의 입장을 관철시켰다.

이런 노력을 토대로 박정희는 한·일 국교를 정상화할 수 있었다. 박정희는 이를 통해 받아낸 배상금을 포항제철 건설에 투입하는 등 경제개발 재원으로 활용했다. 이승만의 대일청구권 협상 개시가 한국 산업화의 밑거름이 된 것이다. 이승만 정부가 일본과의 협상을 허술하게 했다면 역사가 달라졌을 수도 있다. 일본이 주장하는 대로 덜컥 쥐꼬리만한 보상금을 받아 보릿고개 해소를 위해 식량 등의 소비재 수입에 소비했다면 박정희의 포항제철 건설 구상은 애초에 태어나지 않았을지도 모르기 때문이다.

이승만은 근로자 보호 장치에 일찌감치 주목해 근로기준법을 제정했다. 근로자 보호는 제헌 과정에서부터 경제 체제의 구체적인 요소들을 규정하는 과정에서 농지 개혁을 포함해 가장 많이 논의됐다. 고용안정과 강제노동 금지, 중간착취 금지 원칙을 포함하도록 했다. 전쟁 중이던 1952년 8월 13일 국회를 통과한 이 법안은 이듬해 5월 13일 공포됐다.

박정희 정부가 1967년 제정한 '직업안정법'은 이 원칙을 그대로 이어받았다. 직업고용의 안정을 도모하기 위해 그 책임을 국가의 의무로 하고 유료 직업소개와 근로자 공급 및 모집 때 금품수수 금지 등을 명문화했다.

그러나 이런 안전장치는 외환위기 때 국제통화기금IMF으로부터 경제 개혁 조치가 강제되면서 유명무실해졌다. 김대중 정부는 노사정 합의를 거쳐 1998년 7월 '근로자 파견법'을 제정하면서 비정규직 근로자는 2012년 860만 명으로 불어났다. 이승만 때 근로기준법이 만들어지고 박정희 때 직업안정법으로 보호장치가 강화됐지만 외환위기라는 국난을 맞아 고용안정이 크게 훼손된 것이다.

'경제 개발 밑그림' 처음 입안

　이승만은 경제개발 3개년 계획안1960~1962년이라는 이름으로 국가 경제 발전의 청사진도 입안했다. 1959년 3월 부흥부 산하 산업개발위원회에서 작성한 것으로 경제개발계획의 첫 단추가 됐다. 이는 제2공화국 장면 내각에서 경제개발 5개년 계획1961~1966년으로 구체화됐으나 5·16 군사 정변으로 실행 기회를 놓쳤다.

　박정희가 한국 경제의 '한강의 기적'을 일으킬 수 있었던 것은 이승만이 그려놓은 밑그림 덕분이다. 박정희는 이에 의거해 1962년부터 경제개발 5개년 계획을 실행했다. 대한민국의 성취는 이승만이 만든 터전 위에서 출발했다고 볼 수 있다.

　그러나 그의 성과는 민주주의 절차를 무시한 3·15 부정 선거와 이에 항

4·19 혁명 가두행진 및 시위 모습(1960)

대통령 경제사

거한 4·19 혁명 과정에서 시민 상당수가 희생되면서 빛을 잃었다. 이승만의 '과'는 간과할 수 있는 부분이 아니다. 자신의 장기 집권을 위해 여러 차례 불법적인 개헌을 하고 정적과 야당을 탄압했다. 그가 3·15 부정 선거를 직접 지시하고 시위대에 발포 명령을 내리지 않았다고 해도 모든 책임은 최고권력자에게 지워진다. 그에 대한 부정적 이미지는 자유당 정권의 부패로 더욱 강렬해진다.

이승만은 4·19 정신을 높이 평가했다. 그는 시대의 흐름을 수용했다. 시위 부상자들의 병실을 찾았고 희생당한 젊은이들을 생각하며 마음 아파했다. 그는 부상 학생들을 위문하면서 "내가 받을 총탄을 너희들이 받았구나. 불의를 보고 일어나지 않는 백성은 죽은 백성"이라는 말도 남겼다고 전해진다.

4·19 혁명을 계기로 그의 업적과 이미지는 부정적으로 묘사되기 시작했다. 하지만 역사적 인물의 공과는 객관적으로 균형 있게 평가해야 한다.

이승만 대통령 동상

그런 의미에서 이승만의 공을 간과해선 안 된다. 그는 독립운동을 했고 대한민국을 세웠고, 6·25 남침을 막았으며 시장경제 체제를 도입했다.

통계청의 '2022 북한의 통계지표'에 따르면 2022년 북한의 명목 국내총생산GDP은 35조 9000억 원으로 전년34조 7000억 원보다 소폭 감소했다. 이는 한국2071조 7000억 원의 1.7% 수준으로 전년도와 비교해 더욱 격차가 벌어졌다. 북한 주민 1인당 소득은 142만 원으로 한국의 28분의 1 수준에 불과했다. 1990년대에는 아사자가 속출했고 지금도 국제기구로부터 약품과 식량을 원조받는다.

이 모든 차이는 지도자의 정책에 의해 결정됐다. 이승만은 민주주의와 자본주의를 선택했다. 반면 북한은 세계에서 가장 실패한 국가 모델이 됐다. 김일성이 세운 조선민주주의인민공화국북한은 민주주의라는 미명 아래 개인의 자유가 제한되고 아직도 밥을 해결하지 못하는 세계 최빈국 수준에 머물고 있다.

대한민국의 성취는 이승만이 그린 밑그림에서 시작되고 4월 혁명으로 강화된 민주화 정신에 박정희의 산업화 정신이 어우러지면서 이뤄졌다. 4월 혁명 정신은 앞만 보고 달린 산업화 세력을 견제했고 민주화는 산업화로 더욱 공고해질 수 있었다.

이승만은 기념관조차 없었으나 세월이 흐르면서 공과를 새롭게 평가받기 시작했다. 그런 사회적 분위기가 누적되자 2023년 기념관 건립이 본격적으로 추진되면서 국내외에서 성금이 답지하고 기념관 부지를 제공하는 국민도 나왔다.

윤보선 —— 빈곤 해방을 향해 달리다

재임기간 1960년 8월~1962년 3월

1897년 8월 26일	충남 아산 출생
1922년	대한임시의정원 의원
1930년	에든버러대학교 고고학 학사
1945년	미군정청 농상국 고문
1946년	민중일보 사장
1948년~1949년	제4대 서울시 시장
1949년~1950년	제2대 상공부 장관
1950년~1952년	제2대 대한적십자사 총재
1949년~1950년	상이군인신생회 회장
1949년	한·영협회 회장
1954년	제3대 민의원(민국당, 종로)
1957년	민주당 중앙위원장
1958년~1960년	제4, 5대 민의원(민주당)
1959년	민주당 최고의원
1960년~1962년	제4대 대통령
1963년	민정당 창당. 대통령 입후보
1963년	제6대 국회의원(민정당, 전국)
1965년	민중당 창당
1966년	신한당 창당. 총재
1967년	신민당 후보로 대통령 입후보
1967년	신민당 고문
1971년	국민당 총재
1979년	신민당 총재 상임고문
1985년	경희대학교 법학 명예박사
1985년	인터내셔널대학교 법학 명예박사
1979년~1990년	민족사바로잡기 국민회의 의장
1990년 7월 18일	서거

"민주유산이 별로 없는 후진국인 우리나라에서는
지키는 것 보다는 새로운 것을 만들어 내는 적극적이고
창의적인 행정으로 좋은 전통을 이룩해야겠다."

1960년 8월 13일 대통령 취임사

제2공화국의 초대 대통령으로 당선된 윤보선은 격동기에 대한민국의 선장이 됐다. 4·19 혁명의 소용돌이가 가라앉지 않은 시절이었기에 정치는 여전히 혼란스러웠고 경제는 더욱 어려운 상황에 직면하고 있었다.

그의 의지는 1960년 8월 13일 대한민국 제4대 대통령 취임사에 고스란히 담겨 있다. 당파를 초월해 탕평책을 쓰고 빈곤해방의 국가적 목표를 제시했다. 그야말로 빈곤해방이 당시 대통령의 1호 과제였다는 점을 그대로 보여준 취임사였다. 당시 1인당 국민소득이 80달러였으니 빈곤해방은 곧 시대적 과제였다.

"앞으로 구성되는 정부는 적극적이고 강력한 정책수행을 하여야만 하겠습니다. 그러기 위하여는 당파를 초월해서라도 먼저 적재적소의 인물 본위로 내각의 자세를 갖추고 슬기로운 지혜와 향기로운 인화로서 혼연일체의 행정의 미를 거두어야겠습니다. 거룩한 사월 혁명이 한 개 정당의 집권의 전리품이 아니요 대다수 국민의 민권탈환의 금자탑이요 빈곤해방의 기점이라 할진대 오고 가는 집권보다도 하나도 둘도 그리고 셋도 있을 수도 있고 없을 수도 있는 정당이나 단체보다도 오직 하나밖에 다시 없는 국민과 영원히 존재해야 하는 국가를 위해서는 모두를 다바치는 것이 젊은 학도들이 흘린 고귀한 피의 값을 보상하는 길인가 합니다."

윤보선은 당시 시대적 과제를 직시하고 있었다. 충남 아산에서 태어난 그는 영국 에든버러대에서 고고학을 공부하고 해방 이후 미군정청에서 농상국 고문을 지냈다. 일찌감치 국제적 마인드를 갖추었던 윤보선은 해방 이후 서울시장과 상공부 장관을 거치면서 경제의 중요성을 누구보다 잘 알고 있었다.

정치 안정이 경제 발전 초석

무엇보다 정치 안정이 경제 발전의 초석이라는 점을 윤보선은 잘 알고 있었고, 경제적 자유가 있어야 정치적 자유가 비로소 완성된다는 점을 강조했다. 아무리 어렵고 힘들게 정치적 자유를 쟁취했더라도 국민이 다 함께 풍요를 누릴 수 있는 경제적 자유를 마련하지 않으면 사상누각이라는 실용적 경제철학을 설파했다. 그의 경제관은 대통령 취임사에 고스란히 스며들어 있다.

> "사월혁명으로부터 정치적 자유의 유산을 물려받은 제2공화국 정부는 이제는 국민이 다 먹고살 수 있는 경제적 자유를 마련하지 않으면 안되겠습니다. 경제적 자유에 뿌리를 박지 않는 정치적 자유는 마치 꽃병에 꽂힌 꽃과 같이 곧 시들어 지는 것입니다. 피를 무서워했던 독재는 정녕코 물러났기에 오늘 우리의 정치활동은 자유로왔습니다. 그러나 독재에 따라다니던 경제부패는 아직도 그대로 남아 있어 이 소탕작업은 그 여정이 요원하고 험준한 데다가 이제는 탕진될 대로 탕진된 나라 살림살이가 누란의 위기에 봉착하고 있읍니다. 이 경제적 위기를 극복하지 못하는 날에는 한낱 내각의 수명만이 아니라 국가의 운명이 또한 여기 달려 있다 하겠읍니다."

행정 혁신과 작은 정부 강조

조선시대에 소수의 사대부 지배체제에서 상업과 공업이 배척되고 근대화에 뒤처져 나라를 잃고 다시 이념에 따라 전쟁을 치른 뒤 들어선 대한민국은 쉽사리 경제를 일으키지 못했다. 이승만 정부에서 경제적 토대를 닦았지만 역부족이었다. 경제적 기반이 취약하다는 것을 잘 알고 있는 윤보선은 우선 정치적 혼란과 만연한 부패 척결을 외치면서, 효율적인 정부의 필요성을 강조했다. 정부가 바로 서야 비로소 혁신이 가능하고 민간의 창의가 발현된다고 본 것이다.

윤보선 대통령 취임선서(1960)

요컨대 윤보선의 경제관은 빈곤 해방을 위한 '경제 제일주의'였다. 이를 위해 정부 관료들에겐 혁신을 주문하고, 민간에는 절제와 창의, 노력을 강조했다.

> "정부의 시책은 무엇보다도 경제 제일주의로 나가야겠고 현명한 국민에게는 내핍과 절제 그리고 창의와 노력이 요청되는 바입니다. 행정부는 독재가 뿌렸던 반민주성과 부패요소를 조속히 제거하고 민주주의 원칙 밑에서 과감한 혁신행정을 수행해야 하겠습니다.
> 민주유산이 별로 없는 후진국인 우리나라에서는 지키는 것 보다는 새로운 것을 만들어 내는 적극적이고 창의적인 행정을 하여 좋은 전통과 역사를 이룩하여야겠습니다. 그리고 정권의 잉여 가치를 감소시켜 정권 만능주의를 근절해야겠습니다."

윤보선의 재임은 19개월에 그쳤다. 그의 공식 어록도 많지 않은 편이다. 하지만 그의 취임사는 대한민국이 어떤 방향으로 가야 할지를 정확하게 제시하고 있다. 맨손 외에는 아무런 자원도 없는 한국이 경제적 자유를 확보하기 위해서는 효율적인 정부가 혁신에 나서고, 민간의 창의가 촉진돼야 한다는 방향은 지금도 여전히 유효하다. 정치적 안정은 이를 위한 전제조건이라는 점도 변함없다.

박정희

한강의 기적 일으키다

재임기간 1963년 12월~1979년 10월

1917년 11월 14일	경북 구미 출생
1937년	국립 대구사범학교 졸업
1937년~1940년	문경소(초등)학교 교사
1942년	중국 만주군관학교
1944년	일본 육군사관학교 졸업
1946년	육군사관학교 졸업
1950년	육군 정보국 제1과장
1953년	육군 준장
1955년	제5사단장
1957년	제7사단장
1958년	육군 소장
1960년	제2군 부사령관
1961년	5·16 주도
1961년~1963년	제2대 국가재건최고회의 의장
1962년~1963년	대통령 직무대행
1963년	육군 대장 예편
1963년~1979년	제2대 민주공화당 총재
1963년~1967년	제5대 대통령
1965년	미국 방문
1967년~1971년	제6대 대통령
1971년~1972년	제7대 대통령
1972년	통일주체국민회의 의장
1972년~1978년	제8대 대통령
1978년~1979년	제9대 대통령
1979년 10월 26일	서거

> **"우리 모두 함께 잘살 수 있는 복지사회를 건설하고,**
> **우리의 국력을 바탕으로**
> **민족의 숙원인 통일 대업을 이룩하자."**
>
> 1969년 3월 11일 근로자의 날

일본에게 나라를 빼앗기고 저들이 물러간 뒤에는 세계 최빈국이기도 했던 대한민국이 오늘날의 번영을 이룩한 것은 사실 기적에 가깝다. 세계 경제 전문가 어느 누구도 그 점은 인정한다. 그 기적의 최고 연출자는 박정희다. 그는 전임 이승만이 뿌린 기적의 씨앗을 충실하게 가꾸었다. 그 과정에서 보여준 그의 리더십과 국가 발전 전략은 세계적인 경제개발 모델이 됐다.

박정희의 인생 역정은 암울했던 우리의 과거를 그대로 투영하고 있다. 일제강점하에서 가난한 농부의 아들로 태어난 그는 사범학교를 나와 소학교 교사를 했지만 적성에 맞지 않아 스스로 고난의 길을 걸었다.

그는 육군학교를 세 차례나 다녔다. 중국 만주군관학교에서 군사훈련을 받은 뒤 일본 육군사관학교를 나와 일본군으로 해방을 맞이했다. 해방 후에는 다시 대한민국 육사 2기로 졸업해 대위로 임관했다. 나라를 잃은 국민이기 때문에 걸어야 했던 기구한 운명이었다. 훗날 이런 시련과 경험은 그를 강한 지도자로 만드는 자양분이 됐다

박정희는 한때 공산주의 이데올로기에 경도돼 남로당 활동을 한 적도

있다. 당시 많은 사람들은 이상향이라는 망상에 사로잡혀 공산주의에 심취했다. 외세의 개입과 함께 남북 분단의 결정적인 원인이기도 했다. 박정희는 1948년 군대 내부 좌익 척결 작업에서 한때 남로당 활동을 한 것으로 드러나 군사재판에서 사형을 선고받았다가 한국전쟁의 영웅인 백선엽 장군의 중재로 가까스로 구명되기도 했다.

한국전쟁 때도 그는 계속 좌익이라는 의심을 받았다. 한강 다리가 폭파돼 한강 이남에서 만나기로 했던 그의 동료들은 그가 나타나지 않을 것으로 생각했다. 하지만 박정희는 이들 앞에 나타나 북한군과 맞서 싸웠다. 그의 인생 전반은 그렇게 파란만장했다. 암울했던 격동의 시대를 축소판처럼 보여주는 삶이었다.

그의 내부에서 꿈틀거리던 야심은 5·16 군사정변을 통해 뿜어져 나왔다. 자유당 체제의 사회 혼란을 종식하고 잘사는 나라를 만든다는 명분으로 쿠데타를 일으킨 그는 유신 체제를 통해 18년간 장기 집권했다. 그 과정에서 상당 기간 민주주의 정신이 훼손되고 민주화 세력은 탄압을 받았다. '개발독재'로 불릴 만큼 앞만 보고 달리는 성장 중심의 경제정책은 '한강의 기적'을 일으켰지만 자본주의 경쟁 체제에 순응하지 못하거나 낙오한 사람들은 소외계층으로 전락하기도 했다.

박정희의 공과功過는 분리해 평가해야 한다. 세계적인 연구 기관과 국제기구, 개발도상국들 중 박정희의 경제개발 모델을 가장 성공적이라고 보는 이들이 많다. 결과론이지만 박정희의 공은 국민이 잘살 수 있는 길을 만들기 위해 국가의 모든 힘을 집중했고, 또 국가 경제를 잘 운용해 놀랄 만하고 대단한 '성적'을 냈다는 점이다.

박정희는 경제개발을 위해 강력한 개발독재 체제를 가동했다. 하지만 실용주의를 바탕으로 신속하고 강력한 리더십을 발휘해 세계적으로 유례없는 초고속 경제 발전을 이룩했다. 박정희의 경제정책은 책상머리에서 갑자기 나타나지 않았다. 건국 대통령 이승만이 12년간 시행착오를 겪으면서 뿌린 씨앗이 있었기 때문에 가능했다.

이를 토대로 한국 경제의 뼈와 살을 튼튼하게 만들었다. 인간으로 치면 박정희 시대의 한국 경제는 10대 소년에서 20대 청년으로 성장하는, 한국 경제의 도약을 위한 가장 중요한 시기였다.

박정희는 냉전 체제 속에서 북한과의 체제 경쟁을 역전승으로 이끌었다. 박정희 집권 이후에도 남한의 경제 여건은 하루아침에 달라지지 않았다. 그는 자금이 부족한 가운데 반대 여론이 내내 발목을 잡는 상황에서 외로운 결정을 해야 했다.

가난 악순환 끊어낸 경제 인프라 구축

그는 경제개발에 필요한 인프라 구축부터 손을 댔다. 소비재를 수입하고 경공업 제품을 수출해서는 결코 가난의 악순환에서 벗어나지 못한다는 것을 그는 잘 알고 있었다. 그래서 경제의, 산업의 동맥인 고속도로를 뚫고 산업의 쌀인 제철소 건설에 나섰다. 하지만 자금이 문제였다. 박정희는 해외로 눈을 돌렸다. 독일을 방문해 차관을 요청했지만 상환이 불투명하다는 이유로 뜻을 이루지 못했다.

돌파구는 대일청구권에서 나왔다. 이승만 시절 시작된 한·일 국교정상화를 박정희가 다시 추진하자 국민 반대는 극심했다. 이런 반대를 무릅쓰고 이승만 때 시작된 양국 국교 정상화를 13년 8개월 만에 타결했다. 박정희는 대일청구권 자금을 국가경제의 발전 토대를 만드는 불쏘시개로 썼다. 포항제철은 조선·자동차·기계·가전제품 등 모든 산업의 기반이자 출발점이 돼 훗날 한국 경제를 빠르게 살찌웠다.

경부고속도로는 경제 발전의 동맥 역할을 했다. 야당의 극렬한 반대와 정부 내부에서의 이견을 뚫고 건설된 이 고속도로는 대한민국 경제의 흐름을 바꿔놓았다. 경부선을 축으로 경제가 급성장함에 따라 박정희 시대 이후에는 지속적으로 만들어져 전국은 거미줄 같은 고속도로망으로 연결됐다. 이 '빠르고 곧은 길'은 물류를 원활하게 해 한국 경제 발전에 핵심적인 기동력을 제공했다.

새마을운동은 세계적인 빈곤퇴치운동의 모델이 됐다. 박정희는 지방 순시 중 우연히 단정하게 가꾼 마을을 본 뒤 전국적인 차원에서 농촌 잘살기 운동을 벌였다. 농촌은 1970년대 한국 경제의 기반이었다. 박정희는 농촌의식 개혁을 통해 한국이 바뀔 수 있다는 통찰력을 가졌던 인물이었다.

중화학공업과 수출산업을 본격 추진함으로써 한국 경제가 세계의 중심으로 진출할 수 있는 계기를 만들었다. 이승만이 충주 비료 공장 건설로 씨앗을 뿌린 화학공업은 박정희가 석유 화학을 시작하면서 중화학공업으로 성장할 수 있었다. 철강·조선·자동차·중장비·인프라 산업의 골격이 갖춰진 것은 중화학공업을 중점적으로 추진하면서 비로소 가능해졌다.

이승만 정부에서 비롯해 장면 내각을 거치며 기초가 그려졌던 경제개발 5개년 계획을 체계적으로 이행한 것도 '한강의 기적'을 이룬 배경이다. 그러나 그 과정은 험난했다. 경제개발 초기에는 에너지·식량 확보가 급선무였다. 북한 경제를 추월할 무렵에는 오일쇼크가 잇따라 터져 그 여파로 국가부도 위기에 몰리기도 했지만 그때마다 박정희는 오뚝이처럼 위기를 극복했다.

박정희 시대는 결국 10·26 사태로 막을 내렸다. 그러나 한국 경제는 그가 구축한 경제적 토대를 바탕으로 '한강의 기적'을 일으켰다. 그의 사후 한국 경제는 단군 이래 최대의 호황을 맞이했다. 그 시대 국민이 뿌린 땀과 노력의 결실이었다. 세계가 경탄하는 이 기적의 드라마는 '작은 거인' 박정희의 지휘 아래 펼쳐졌다.

개발독재로 빚어낸 '경제 기적'

　박정희가 5·16 군사정변을 일으키기 한 해 전인 1960년 대한민국의 1인당 국민소득은 80달러였다. 50여 년이 흐른 2017년에는 370배가 넘는 2만 9744달러로 늘었다. 경제학 입문서 『맨큐의 경제학』에는 1960년부터 1991년까지 30여 년간 국가별 연평균 1인당 소득 증가율을 비교한 표가 실려 있다. 여기서 한국은 단연 1위를 차지했다. 후진국은 물론 개발도상국이 가장 본받을 만한 국가 발전 모델로 성장한 것이다.[16]

　스위스 국제경영개발원은 2023년 평가대상 64개국 가운데 한국을 28위로 평가했다.[17] 상위권에는 싱가포르·홍콩 등 사실상 도시국가로 불리는 강소국들, 그리고 미국·영국·프랑스·독일과 같은 전통적인 선진국들이 포진하고 있다. 이 틈새에서 동북아의 작은 반도국가가 22위를 기록한 것은 놀라운 일이다. 그것도 세계 최하위권 빈국 북한 때문에 안보 불안이 지속되는 상황에서 이룬 성취다.

　실질적인 삶의 수준도 세계를 놀라게 하고 있다. 유엔개발계획이 2022년 발표한 2021년 기준 인간개발지수에서 한국은 19위를 차지했다. 제2차 세계대전 이후 독립한 모든 신흥국 중 1위였고, 아시아에서는 홍콩4위에 이어 두 번째, 일본과는 같은 19위를 기록했다. 인간개발지수는 인도 출신의 노벨경제학상1998년 수상자 아마르티아 센의 '후생 및 빈곤지표' 이론에 큰 영향을 받았다. 이 이론은 국민소득만 보는 게 아니라 평균수명, 교육수준을 종합해 산출한다. 이런 기준으로 볼 때 한국은 경제 규모뿐 아니라 삶의 질에서도 큰 진전을 이룬 것으로 평가받았다.

　그 사이 어떤 일이 있었던 것일까. '한강의 기적'은 하루아침에 일어난 것이 아니었다. 이승만의 분투에도 불구하고 박정희 집권 초기까지 한국 경제는 칠흑 같은 어둠 속에 있었다. 박정희는 그 실낱같은 희망을 이승만이 물려준 비료 공장에서 찾았다. 1964년 호남 비료 공장 인수식 치사에서 박정희는 이렇게 말했다.

> "재작년 12월 20일 준공한 나주 비료 공장을 우리 정부가 인수하게 된 것을 나는 무한히 기쁘게 생각합니다. 이 공장 건립에 온갖 열의를 기울인 서독 기술진 및 관계 종업원의 노고에 높은 치하를 아끼지 않는 바입니다. 농업국인 우리나라에서 가장 중요한 부분을 차지하고 있는 비료의 수급에 있어 지금까지 그 대부분을 외국 비료에 의존해야 할 실정이었으나 당 공장의 정상 가동으로 비료의 적기 공급 및 연간 800만 달러 이상의 외화 절약을 기하게 되었음은 이 나라 농업근대화를 위하여 희망적 계기를 마련하였다고 하겠습니다.
>
> 새 공화국의 가장 중요한 당면 목표가 생산과 건설로써 하루 속히 경제적 자립을 달성함에 있으며, 특히 식량 자급자족이라는 긴박한 과제의 해결이 무엇보다도 앞서야 함은 주지의 사실입니다. 따라서 농업에 있어서 일대증산운동을 전개하여 한 치의 땅도 더 갈고 한 알의 곡식이라도 더 증산시키기 위하여 온 국민의 굳은 결의를 새로이 하는 오늘, 이 공장의 가동은 그 의의가 매우 큰 것이라 하겠습니다. (중략) 이것은 바로 여러분의 열의와 노력에 달려 있습니다. 기업의 경영을 합리화하고 아울러 부단한 연구와 창의적 노력을 경주함으로써 계획된 목표량의 생산에 온갖 힘을 기울여 나가야 하겠습니다. 특히 기술교육을 강화하여 우리 기술진의 독자적인 힘으로 앞으로 건립될 모든 공장의 운영에 임할 수 있도록 만전을 기할 것을 당부해 마지않습니다."

박정희의 말대로 당시 대한민국은 한 톨의 곡식이라도 더 증산해야 보릿고개를 넘길 수 있는 시대였다. 그런 최빈국 수준의 나라가 이룬 경제적 성취를 세계는 '한강의 기적'이라고 부르고 있다. 기적이라고까지 불리는 것은 한국 경제가 얼마나 초라했는지를 역설적으로 보여준다. 그가 나주 공장 인수식 치사에서 밝힌 것처럼 한국은 당시 먹고살 길도, 기술도 없었다. 한국은 해방 이후 이승만의 자유당 정부를 거치면서 경제개발에 나섰지만 여전히 일제강점기 36년과 한국전쟁 3년의 깊은 상처와 후유증에서 벗어나지 못하고 있었다.

필리핀 기술·자본으로 세운 장충체육관

1963년 2월 개장된 서울 장충체육관의 건설 과정은 한국의 기술 수준을 단적으로 보여준다. 우리나라 최초의 돔식 실내체육관인 장충체육관은 1960~1980년대 실내 스포츠의 산실이었다. 홍수환 선수의 권투, 박치기 왕 김일의 프로레슬링, 배구, 농구 등 인기 실내 스포츠의 대부분이 이곳에서 치러졌다. 지금 젊은이들은 이 체육관의 위치를 모르는 경우도 적지 않지만 7080세대의 열광이 담겨 있는 곳이다.

박정희 정부는 이런 용도의 국민 스포츠 시설을 짓기로 했지만 자금도 기술도 없었다.[18] 그래서 도움을 청한 곳이 한국전쟁 때 참전해 한국을 도운 필리핀이다. 처음엔 자금 지원만 추진했지만 돔식 체육관을 지을 기술이 없어 나중에는 건설까지 맡겼다. 장충체육관을 완공했을 때 한국의 1인당 국민소득은 104달러였고, 필리핀은 220달러로 한국의 3배에 가까웠다. 아시아에서는 일본 다음으로 잘사는 나라였다. 필리핀은 한국의 로망이었다. 우리는 그들의 건설기술과 경제 발전 노하우를 배우려 했고, 저들은 아시아의 노벨상이라 불리던 막사이사이상을 제정하면서 대대적으로 홍보를 하던 시절이었다. 부유층에선 필리핀으로 유학을 가는 사람도 적지 않았다.

하지만 지금은 그들이 한국을 배우고 있다. 우리나라에 체육관을 지어줬던 필리핀은 지금도 홍콩에 15만 명이 넘는 가정부를 내보내고 있다. 이들의 상당수는 대학을 졸업한 엘리트들이다. 이들이 벌어오는 외화는 자국 경제에 상당한 역할을 한다. 필리핀이 거의 제자리걸음을 할 때 한국은 비약적 발전을 한 것이다. 지금은 많은 나라들이 한국 발전을 롤 모델로 삼고 있다. 정부의 싱크탱크인 한국개발연구원KDI 국제정책대학원에는 '한강의 기적'을 배우려는 아시아·중남미·아프리카의 개발도상국 공무원들이 해마다 유학을 오고 있다. '한강의 기적'과 박정희의 개발경제는 이들의 핵심 연구 테마다.

세계은행은 1993년 펴낸 『아시아의 기적』에서 한국의 경제 기적을 심층적으로 분석했다.[19] 홍콩·싱가포르·대만의 경제 발전을 함께 분석했는데 한국이 이 가운데서 단연 돋보였다. 식민지로 경제 기반이 와해되고 전쟁으로 강산이 폐허가 된 불모의 땅이 세계 경제의 중심부로 들어왔기 때문이다.

1960년대에는 경공업, 1970~1980년대에는 중화학공업에 주력했던 우리나라는[20] 1990년대 이후에는 선진국 공업과 어깨를 나란히 할 정도가 됐다.

1961년 5·16 군사정변을 통해 집권한 육군 소장 박정희는 당시 2군 부사령관이었다. 그를 도왔던 '5·16 주체 세력'은 중앙정보부장을 지낸 육사 8기 출신 김종필을 비롯한 30대 중반의 영관급 장교들이었다. 자유당 정권에 이어 들어선 장면 총리 체제1960~1961년에서도 정치권이 정쟁政爭에 급급해 민생을 챙기지 못한 것도 쿠데타의 빌미가 됐다. 군 고급 장성의 부정부패와 인사 적체에 따른 승진 불만도 고조되면서 이들은 1960년 9월부터 정변을 준비했다. 5월 16일 새벽, 이들은 장교 250여 명과 사병 3500명을 동원해 주요 관공서를 장악했다. 헌정 질서를 파괴한 이들은 정권을 장악한 뒤 "구국의 일념이었다"고 밝히면서 반공을 국시로 삼고, 자유우방과의 유대를 강화하며, 민생고를 시급히 해결해 국가자주경제를 재건하는 등의 6대 혁명공약을 내세웠다.

정권 이양 약속 뒤집고 대통령 취임

박정희는 정국이 안정되면 민간에게 정권을 이양하겠다고 약속했지만 말을 뒤집고 3공화국1963~1972년 대통령이 된 뒤 1979년 10·26사태까지 18년간 집권했다. 이 기간에 박정희는 6대 혁명공약의 대부분을 강력 실천했다. 끊임없이 적화통일을 노리는 북한과 총성 없는 전쟁을 하면서 국민을 배고품에서 벗어나게 했다. 그러나 혁명공약의 마지막 항목은 지키지 못했다. 당초 '양심적인 정치인에게 정권을 이양하고 군인인 본연의 임무로 돌아간다'고 약속했었다. '한강의 기적'을 이루는 과정에서 가장 큰 허물로 평가되는 대목이다.

그러나 외세의 침략과 내부 혼란에 절어 있던 한국인들이 풍요를 맛보고 나라가 세계의 변방에서 중심으로 들어간 '한강의 기적'을 일으킨 공功이 그의 과過를 크게 압도하고 있는 것이 현실이다. 다시 등장시키고 싶은 대통령 1순위에 언제나 그가 꼽히는 것도 공과를 따져본 뒤 객관적으로 내려진 평가라고 할 수 있다.

신우파新右派 운동의 기관지 역할을 하는 '시대정신'의 이사장 안병직 서울대 명예교수는 박정희 개발독재의 대척점에 서 있던 이론가다. 그는 1970년대까지 저명한 좌파 경제학자로 꼽혔다. 이른바 '식민지 반半봉건사회론'의 주창자였다. 한국을 강대국의 경제적 식민지로 보는 이론이다.

2011년 5월 26일자 중앙일보에 따르면 그의 이론이 먹혔던 1980년대 중반, 정작 이론의 주창자인 그는 '전향'했다. 좌초할 수밖에 없을 것이라고 예견했던 대한민국 경제가 오히려 1980년대 이후 폭발적으로 성장하면서 한국의 자본주의 체제를 인정한 것이다.

좌파 운동권에서 보수정치인으로 전향한 김문수 경기도지사도 비슷한 경우다. 1990년대 초 서울 구로구에서 노동인권운동을 시작한 그는 재야의 투사이자 좌파 운동가의 이미지가 강했다. 자본주의의 장점보다는 단점과 폐해를 더 강조하는 입장이었다.

그러던 그는 20여 년 후 시장경제의 대변자가 됐다. 중국·일본을 오가며 외자유치를 하는 비즈니스맨이자 최고경영자CEO의 모습으로 변했다. 젊은 시절 독재자라고 불렀던 박정희에 대한 그의 평가도 바뀌어 있었다. 그는 2011년 6월 14일 경북 구미시 박정희 생가를 방문해 "박정희 대통령, 대한민국 산업혁명을 성공시킨 탁월한 지도력!"이라고 방명록에 기록했다. 그는 "많은 사람들이 당시 정책에 반대했지만 누가 옳았는지 이제 판가름이 났다"고도 했다.

...

북한과의 체제 경쟁에서 역전승

그 시대엔 대부분 그랬지만 박정희의 집안도 극도로 가난했다. 구미보통학교를 졸업한 뒤 상급 학교 진학이 어려울 정도였다. 그러나 배움에 대한 열망은 강렬했다. 이런 사정을 안타깝게 여긴 학교 선생님의 권유로 그는 어렵사리 대구사범학교에 진학했다.

하지만 학비를 내지 못할 때가 많았고 그럴 때마다 자신의 처지를 자책하면서 결석을 했다. 가난이 지긋지긋했다. 이런 어린 시절 때문에 박정희는 『국가와 혁명과 나』1963에 자신이 서민이라는 사실을 강조한다.[21] "나는 서민 속에서 나고 자라고 그리하여 그 서민의 인정 속에서 생이 끝나기를 염원한다." 이런 정신은 그를 언제나 불굴의 정신으로 무장시켰다. 가난은 그가 언제나 갈망하고 언제나 무모하리만큼 강력한 추진력을 발휘하는 원동력이 되기도 했다.

대구사범학교를 나와 문경소학교 교사가 됐던 1937년 그는 약관의 나이였다. 일제의 식민지 압박이 절정기로 치달을 때였고 일제강점기에 태어나 어릴 때부터 일제 교육을 받고 성장한 젊은이들은 일본 국왕에 충성하는 황국신민교육에 길들여져 있었다. 젊은이들은 더 이상 꿈과 희망을 가질 수 없었다. 박정희도 예외가 아니었다. 그는 그저 군국주의 시절이었던 당시, 최고의 직업이었던 군인이 되겠다는 자신만의 꿈을 꾸고 있었다. 그래서 교사에 만족하지 못한 그는 만주군관학교를 거쳐 일본 육군사관학교에 들어갔다가 해방을 맞이했다. 군인에 대한 꿈은 그를 해방 후에도 육군사관학교로 가게 한 원동력이었다. 이렇게 암울했던 시대적 환경은 그에게 강한 도전정신을 가르쳤다. 그런 고난이 박정희 리더십의 원동력이었다.

박정희는 마음속에 응축된 강렬한 에너지를 국가 건설에 쏟아부었다. 목표는 북한과의 체제 경쟁에서의 승리와 평소 꿈꾸던 부국강병富國强兵이었다. 20대를 군인으로 보낸 그에게는 부국은 곧 강병을 위한 전제 조건이었다. 하지만 꿈과 현실의 괴리는 컸다. 문제는 경제개발에 필요한 돈이었다. 국토의 70%가 산악지대인데다 쓸 만한 지하자원도 없는 한국으로선 산업을 일으키려면 공장 건설과 원자재 구입에 필요한 외화가 필요했다. 박정희의 이런 의지는 1964년 12월 독일을 방문했을 때 교포조찬회 즉석연설에서 활화산처럼 타오르기 시작했다.

"한·독 양국은 2차 대전 이후 타율에 의해 분단된 슬픔을 함께 지녀 왔습니다. 이 점에 대하여 뤼브케 대통령도 합쳐야만 된다는 데는 실로 절실한 생각을 가지고 있었습니다. 이 분단이야말로 세기의 최대 비극이며, 이 같은 부조리와 모순이 제거되지 않는 한 진정한 평가는 보장되지 아니할 것입니다.

역사의 철칙은 하나에로의 환원이며 통일인 것이고 또 이것은 정당한 역사의 방향인 것입니다. 이 통일은 다만 그 방법과 시기가 남아 있을 뿐입니다. 여기에는 오직 온 국민들의 확고한 신념과 결의만이 남아 있을 뿐이며, 특히 여러분과 같은 젊은 세대의 분발과 의욕에 기대되는바 절대한 것이 있습니다.

민주·공산 양대 진영은 지금 세계 도처에서 의연히 대립과 마찰을 계속 중에 있을 뿐만 아니라 아시아 전역에 있어 중공은 거대한 팽창의 위협을 가하고 있습니다. 지난날 우리 한국은 이 공산진영으로 말미암아 역사에 없는 참혹한 전쟁을 치렀을 뿐만 아니라 전국 재화의 8할 이상을 잿더미로 만든 바 있습니다. 우리와 똑같은 경우에서 동서분단의 비운을 강요당한 독일은 오늘 소위 라인강의 기적이란 경제부흥을 이룩함으로써 승공의 산 표본으로 등장하고 있습니다. 통일은 꼭 해야 될 것이지만 한 가지 분명한 사실은 무력에 의한 통일은 있을 수 없다는 사실입니다. (중략)

내가 이곳에 와서 직접 독일을 보고 느낀 소감은 오늘날 그들의 부흥이 절대로 기적을 위한 기적이 아니었다는 사실입니다. 그것은 오직 저 처참하였던 전후를 통해 온 독일인이 먹을 것을 먹지 않고 입을 것을 입지 않으며 쓸 것을 쓰지 아니한 철저한 내핍·절약과 근면의 소산이요, 조국의 재건 없이 독일인이 있을 수 없다는 불굴의 신조와 불패의 민족성에 기인한 피맺힌 노력의 결과였다는 것입니다. 이리하여 독일은 재건 부흥됐지만 우리는 아직껏 혼미와 진통의 와중에서 몸부림치고 있습니다.

우리는 과연 어찌하여야 되겠는가. 시기는 아직도 늦은 것이 아닙니다. 하루 바삐 우리도 밖에 있는 이나 안에 있는 이나 온 국민이 일치단결해 자신과 신념을 가지고 저들 독일 국민처럼 일어설 수 있다면 반드시 우리에게도 경제재건을 이룩되고야 말 것입니다."

이 교포조찬회 즉석연설은 '한강의 기적'을 예고한 '서독 선언'이었다. 북한과 당시 중공으로 불렸던 중국의 공산화 위협에서 생존하려면 불굴의 노력으로 반드시 경제를 부흥시켜야 한다는 경제성장 목표가 세워졌던 것이다. 박정희는 이 즉석연설에서 승공勝共을 강조하면서 무력에 의한 통일은 없다고 강조했다. 이를 위해서는 대한민국도 라인강의 기적을 모델로 삼아 반드시 경제의 우월성으로 북한을 이겨야 한다는 각오와 비전을 천명한 것이다.

서독 방문 목적은 경제를 일으키는 데 필요한 자금 지원 요청에 있었다. 민생 안정을 명분으로 군사정변을 일으켰지만 경제를 일으킬 묘안은 없었다. 당장 먹을 식량도 부족했고 쓸 만한 공장도 없었다. 무엇보다 극심한 외화 갈증을 풀어야 했다. 그 첫 돌파구가 서독이었다. 박정희는 1963년부터 1977년까지 서독에 근로자 2만여 명을 보냈다. 이른바 파독派獨 광부와 간호사들이다. 1963년 모집에 나서자 지원자는 인산인해를 이뤘다. 당시 인구 2400만 명에 실업자는 250만 명이 넘던 시절이었다. 광부들은 깊은 땅속에서 비지땀을 흘렸고 간호사들은 허드렛일을 마다하지 않았다. 이들이 한국 경제에 미치는 영향은 막대했다.

함보른 탄광에서 눈물의 다짐

광부 파견 한 해 뒤인 1964년 12월 박정희는 서독 루르지역 함보른 광산까지 찾아갔다. 그리고 이렇게 연설했다. "여러분, 난 지금 대한민국 대통령으로서 몹시 가슴이 아픕니다. 그러나 우리 자손들에게는 이런 불행을 겪게 하지 맙시다. 잘사는 나라를 남겨 줍시다." 강당은 온통 눈물바다가 됐다. 박정희도 목이 메여 연설을 제대로 하지 못했다. 부인 육영수와 함께 그 자리를 빠져 나온 박정희는 한동안 침묵한 채 반드시 잘사는 나라를 만들겠다는 다짐을 했다.

액수는 많지 않았지만 한국 정부는 이들의 급여를 담보로 차관을 빌릴 수 있었다. 이들이야말로 나라 경제를 살린 영웅들이었다. 동북아의 작은 분단국가이자 공업화가 전혀 돼 있지 않은 세계 최빈국에 돈을 빌려주는 것이 사실상 불가능하던 시절 이들의 헌신으로 귀중한 외화를 확보했기 때문이다.

박정희는 서독 방문에서 많은 것을 얻었다. 우리도 '한강의 기적'을 일으킬 수 있다는 확신과 도전정신이었다. 서독은 2차 세계대전으로 잿더미가 된 데다 분단국가였지만 이미 1960년대 초 '라인강의 기적'을 일으켰다. 그는 서독의 푸른 숲과 쭉쭉 뻗은 아우토반을 보면서 경제적·문화적 충격을 받았다. 전쟁으로 잿더미가 되고 분단됐다는 점에서 한국과 비슷한 처지에 있던 나라가 경제개발로 잘사는 나라가 된 것이다. 서독의 발전상을 목격한 박정희는 본격적인 경제개발 구상에 나선다. 이승만 정부에서 추진해 온 한·일 국교 정상화를 타결해 대일청구권을 받아내기로 했다. 경제개발 자금을 조달하기 위해서였다.

이승만 정부 당시 일본 측 대표 구보다의 망언으로 중단됐던 한·일 협상은 1961년 재개됐다. 실질적 2인자였던 김종필 중앙정보부장이 이듬해 일본으로 건너가 오히라 마사요시大平正芳 외상과 비밀메모까지 교환한 상태였지만 극심한 반대 여론 때문에 교착상태에 빠져 있었다. 박정희는 서독을 다녀온 뒤 정면 돌파를 결심했다. 36년간 식민 지배에 대한 앙금이 컸던 만큼 대학생·시민의 반발은 격렬했다. 반대 여론이 절정에 달했던 1964년 6월 3일 박정희는 비상계엄령을 내려 시위에 맞설 정도였다. 이런 반대를 무릅쓰고 1965년 6월 22일 한일어업협정·경제협력협정 등 4개 협정을 포함한 한일기본조약을 체결했다.

이를 통해 한국은 단돈 1달러가 아쉽던 시절 무상원조 3억 달러, 차관 2억 달러 등 모두 5억 달러의 대일청구권 자금을 확보했다. 36년간 일제가 한국인에게 입힌 피해를 생각하면 국교 정상화 자체를 찬성할 수 없다는 반발이 잇따랐지만 박정희는 실리를 선택했다. 경제개발에 필요한 재원을 구할 수 있는 길이 달리 없었기 때문이다. 이런 선택을 하지 않았다면 한국은 외화부족에 시달리고 경제 발전도 한참 늦어질 수밖에 없었다.

파독 광부·간호사가 보내오는 외화에 이어 1966~1975년에 걸쳐 도입된 대일청구권 자금을 확보하게 되자 한국은 본격적인 경제개발에 나설 수 있었다. 이로써 '경제개발 5개년 계획'도 구체화할 수 있었다. 이승만 때 마련돼 자유당 정권 붕괴 이후 과도기적으로 들어선 제2공화국에서 진지하게 검토됐던 한국 최초의 경제개발 5개년 계획이 박정희 체제에서 외화 확보를 통해 실천력을 갖추면서 빛을 발하게 된 것이다.

박정희는 변혁기의 혼란을 수습하면서 경제 발전에 전력을 기울였다. 사회제도의 구축과 경제 건설에 주력했다. 오로지 가난에서 벗어나자는 생각뿐이었다.

일본이 한국전쟁으로 기사회생한 것처럼 그에겐 베트남전쟁이 호기였다. 파병을 자청해 1964년부터 1973년까지 베트남에 32만 명의 군인을 보냈다. 비슷한 시기 서독에 파견된 광부와 간호사들처럼 이들도 귀중한 달러를 벌어들였다. 박정희 정부는 파월派越 군인들의 전투수당, 파견 근로자의 수입, 물품 군납, 건설과 용역 등으로 달러를 벌어들였고 이는 경제 발전에 귀중한 투자 재원으로 쓰였다. 한국 경제가 폐허에서 기적적으로 도약하는 발판을 만든 것이다. 파병된 군인 가운데 5099명이 사망하고 수많은 생존자들이 고엽제 후유증에 시달리는 등 목숨을 내놓고 얻은 값진 대가였다.

북한 군비 확장으로 실물경제 후퇴

북한과의 체제 경쟁에서 반드시 이긴다는 박정희의 불타는 의지는 1970년대 초를 넘기면서 가속도를 냈다. 북한은 한반도 사회주의 실현이라는 목표 아래 남한을 무력으로 공산화시키기 위해 군비 확장에 박차를 가했다. 그러나 무기 제조와 같은 군비 확장에 투자가 집중된 결과 실물경제가 서서히 후퇴하기 시작했다. 남한이 보릿고개를 벗어날 무렵 북한은 만성적인 식량 부족과 생필품 부족사태에 빠져들기 시작한 것이다.

김일성의 '중앙지령指令 경제 체제'는 시간이 갈수록 비효율과 부작용을 낳기 시작했다. 남한이 시장경제를 도입하고 북한이 공산주의를 도입한 처음부터 승부의 주사위는 이미 던져진 셈이다. 체제경쟁에서의 승리는 시간 문제였을 뿐이다.

북한에서는 김일성이 현장지도라는 이름으로 전국의 공장을 순시하면서 경영지침을 설파했다. 한 번 지침이 떨어지면 지상과제가 됐다. 솔방울로 수류탄을 만든다고 해도 검증 없이 무조건 따르는 방식이다. 현장에서의 창의성은 완전히 실종될 수밖에 없었다. 이 방식은 김정일에 이어 김정은도 답습하고 있다. 북한 경제가 갈수록 피폐해지는 것은 피할 수 없는 일이다.

반면 남한은 자유시장경제 체제가 뿌리를 내리면서 누구나 자본과 아이디어만 있으면 언제 어디서 어떤 사업을 해도 되는 관행이 뿌리를 내렸다.

이런 시장경제 체제는 물이 높은 곳에서 낮은 곳으로 흐르듯 자원과 인재가 저절로 유망한 기업에 몰려들게 했다. 그러나 이승만 시대처럼 완전 자유방임의 시장경제는 아니었다. 박정희는 경제개발의 효율성을 위해 선택과 집중 전략을 구사했다. 그 결과 1970년대부터 본격화한 전기·전자·반도체·조선·철강·자동차·화학 같은 중화학공업은 한국 경제 발전의 견인차 역할을 했다.

한국 사회에서는 이들 대기업을 중심으로 중견기업과 중소기업이 거미줄처럼 관계를 형성하는 자본주의가 자리를 잡으면서 경제가 비약적으로 발전했다. 공기업을 적극적으로 육성한 것도 한국 경제 발전에 한몫했다.

포항제철·산업은행·한국통신·도로공사·주택공사 등 수백 개의 주요 공기업도 정부 주도의 경제개발 과정에서 탄생했다. 시장원리에 따라 주요 산업은 민간의 자율적인 참여에 맡겼지만 막대한 투자가 필요한 분야의 산업이나 사회간접자본 구축을 담당한 이들 공기업은 민간기업과 함께 한국 경제성장의 주역이 됐다. 박정희는 1969년에 접어들자 자신감을 드러내기 시작했다. 그해 3월 10일 제11회 근로자의 날 치사에는 한국 경제가 어느 정도 자리를 잡았고 북한에 대해서도 경제적으로 앞설 수 있다는 자신감과 의욕을 표시했다.

"오늘 제11회 근로자의 날을 맞이하여 나는 조국 근대화 작업에 앞장서고 있는 근로자 동지 여러분과 더불어 자립 경제와 통일 과업 달성을 위한 우리들의 결의를 새로이 다짐하게 된 것을 매우 기쁘게 생각하는 바입니다.

지난해 북괴 무장공비의 준동, 연 2년에 겹친 대한발 등 여러 가지 시련과 난관이 많았습니다만, 우리는 이를 모두 극복하고 13%라는 고도 경제성장을 이룩하였고, 5억 달러의 수출 목표를 무난히 달성했습니다. 우리가 이러한 성과를 거둘 수 있었던 밑바닥에는 근로자 여러분의 피나는 노력과 희생이 밑거름이 되었다고 믿습니다. (중략) 우리는 지난 6, 7년간의 피땀 어린 노력의 보람으로 혼란과 빈곤으로 얼룩졌던 욕된 과거를 청산하고, 이제 자립과 번영과 통일의 새날을 기약하는 민족사 전환의 시점에 다다랐습니다. 앞으로 몇 년만 더 줄기차게 전진해 나간다면, 우리 모두가 함께 잘살 수 있는 복지사회를 건설하고, 우리의 국력을 바탕으로 민족의 숙원인 통일 대업을 이룩할 수 있는 단계에 온 것입니다."

이 연설에서는 두 가지가 강조되고 있다. 자립 경제와 통일 과업 달성이다. 고도성장에 힘입어 수출과 경제성장이 가시적으로 늘어나고 복지사회와 통일까지 바라볼 수 있다는 꿈과 비전을 표현한 것이다.

그러나 앞만 보고 달린 성장 위주의 개발연대는 극심한 부작용도 초래했다. 1970년 11월 13일 500여 명의 근로자가 제대로 지켜지지 않는 근로기준법 화형식을 치르기 위해 서울 동대문 평화시장 앞에 모여 있었다. 열악한 노동 환경 개선을 요구하던 근로자들의 모임이었다. 그때 갑자기 한 청년이 자신의 몸에 기름을 붓고 불을 붙였다. 청계천 봉제공장 재단사 전태일이었다.

몸이 타들어 가는데도 그는 "근로기준법을 지켜라. 우리는 기계가 아니다"라고 외치며 앞으로 나아갔다. 그는 병원에 옮겨졌으나 어머니 앞에서 끝내 숨졌다. 스물두 살 전태일은 법대로만 하면 인간답게 살 수 있다고 생각했다. 그래서 자기 몸을 던져 사회를 향해 노동자의 권리를 외친 것이다.

앞만 보고 달렸던 개발연대에는 수많은 사용자들이 근로자들을 혹독하게 일터로 내몰았다. 노동집약적인 제조업 중심의 시대였기 때문에 근로자들은 낮은 임금을 받아가며 과도한 작업에 동원돼야 했다. 가난에서 벗어나기 위해 도시로 몰려나오면서 힘든 노동 환경을 묵묵히 받아들일 수밖에 없었다.

사회적으로도 고속성장에 함몰돼 앞만 보고 달리던 시대였기 때문에 근로자의 희생은 당연한 것처럼 여겨졌다. 이런 과정을 거치면서 1970년대는 근로자의 임금 인상과 노동 환경 개선에 대한 욕구가 분출했다.

이 시대 이들의 희생과 노력이 밑거름이 되면서 1990년대 이후 한국의 근로조건은 급속도로 선진화됐다. 일부 제조업에서는 순수한 노조활동에서 벗어나 기업에 과도한 요구를 하거나 노조간부들이 정치판을 기웃거리며 호사를 누리는 '귀족노조'가 등장할 만큼 근로 환경이 선진화됐다.

이에 비해 체제 경쟁에서 패배한 북한은 1970년대를 넘기면서 일반 국민이 살기 어려운 국가로 전락했다. 사회주의 이념 아래 노동당이 정하면 무조건 해야 하기 때문에 북한 사람들은 사실상 강제노동을 하고 있다. 아무리 열심히 일해도 개인의 성과는 달라지지 않는다. 오히려 끼니 걱정, 의료 걱정, 살림살이 걱정에 시달리고 있으며 유엔에 따르면 1990년대에는 굶어 죽은 주민이 수십만 명에 달하는 것으로 알려졌다. 북한은 3대 세습 체제를 공식화한 2012년에도 전 세계를 상대로 식량을 구걸하고 있었다. 배고픔을 참지 못해 목숨을 건 탈북 행렬도 줄을 잇고 있다. 남한에서는 1990년대 이후 탈북자 수용시설을 지속적으로 확충하고 있을 정도로 탈북자가 넘치고 있다.

1970년대 초만 해도 누구도 이 같은 남북한의 경제력 역전을 상상하지 못했다. 당시 상황은 미국 워싱턴의 외교안보전문연구소인 우드로월슨센터가 2011년 11월 2일 공개한 『한반도에서의 데탕트 부상과 추락: 1970~1974』 자료집에 수록된 김일성과 니콜라에 차우셰스쿠 당시 루마니아 국가평의회 의장의 대화록에 남아 있다. 김일성은 1971년 6월 북한을 방문한 차우셰스쿠 의장에게 당시 박정희의 통일정책을 설명하면서 "그박정희는 한국이 북한보다 경제적으로나 군사적으로 더욱 강력하게 될 때 그것통일이 가능해질 것이라고 말하고 있는데 이는 그의 단순한 꿈이라는 게 내 생각"이라고 말했다.[22]

체제 경쟁 실패하자 북한 도끼 만행

그러나 김일성이 이런 판단을 하고 있던 1970년대 초에는 이미 남한이 북한의 경제력을 앞지르기 시작했다. 체제 경쟁에서 실패한 김일성 정권은 국

지적 도발이나 테러를 감행하기 시작했다. 남한에 사회불안을 조장해 남한의 경제·정치 체제를 도탄에 빠뜨리겠다는 의도에서다. 첫 신호탄은 1972년 판문점 도끼 만행이었다. 판문점에서 미루나무 가지치기 작업을 하던 미군 2명을 북한군이 도끼로 살해한 것이다. 지하철 1호선 개통식이 있던 1974년 8월 15일에는 재일교포 문세광을 사주해 박정희 암살을 시도하기도 했다.

박정희는 총탄에 맞지 않았으나 부인 육영수를 잃었다. 개발독재로 불리는 그의 경제신화가 절정기를 향해 치닫고 있을 때였다. 폭력이 정당화되는 공산주의 체제였던 북한은 초조해진 나머지 박정희 암살을 시도한 것이다. 당시 대다수 재일교포들은 북한에 우호적이었다. 북한의 선동에 넘어가 남한에선 박정희가 독재를 일삼고 있으며 북한은 지상낙원이자 재일동포의 조국이라고 믿었다.

그래서 북한이 1959년부터 북송사업을 시작하자 수많은 재일동포들은 일본 서북부 니가타新潟현에서 북송선 만경봉호에 올랐다. 일본도 자국 내 한국인들을 말끔히 정리할 수 있는 호기라고 판단해 북송을 적극적으로 지원했다. 한국 정부의 강력한 외교적 반대에도 북한과 일본의 이해관계가 맞아떨어진 것이다. 이렇게 북한에 입국한 재일교포는 1967년까지 8만 8000명에 달했다.

이들이 찾아간 '지상낙원'이 세계 유일의 '지상지옥'이라는 것을 깨닫는 데는 많은 시간이 필요하지 않았다. 북송 동포들은 북한 땅을 밟는 순간부터 개인의 자유가 억압되는 사회주의 체제 속으로 들어가야 했다. 북한당국이 지정한 지역에만 살아야 했고, 만성적으로 식량이 부족해 함께 간 아내와 자식들을 굶겨야 했다. 이런 부정적인 비극의 관계에도 불구하고 북한은 동포를 볼모로 삼아 일본에서 영향력을 높여 나갔다. 재일교포들 상당수는 조총련에 가입해야 했다.

북한은 동포 출신 문세광을 사주했지만 박정희의 심장을 멈추게 하지는 못했다. 따라서 남북한의 경제력 역전도 멈추게 할 수 없었다. 오히려 1974년 무렵에는 남한 경제가 비약적으로 도약하던 때였다. 동네에 한두 집씩 TV와 선풍기가 들어오기 시작했다. 드물게는 전화를 설치하는 집도 등장했다. 경제개발의 과실이 맺히기 시작한 것이다. 북한과의 체제 경쟁에서 승리했다는 명백한 증거였다.

통계청이 발표한 '2022 북한 주요통계지표'에 따르면 2021년 북한의 국민총소득GNI·36조 3000억 원을 인구수2548만 명로 나눈 1인당 GNI는 142만 3000원으로 한국의 4048만 2000원과 비교하면 남북 격차는 28배로 확대됐다.

북한의 기대수명은 남자 67.0세, 여자 73.8세로 남한의 남자 80.9세, 여자 86.8세에 비해 각각 13.9세, 13.0세 짧았다.

2022년 7월 기준 북한은 전 세계 159개 국가와 수교를 맺고 있어 한국191개국에 비해 32개국이 적었다. 대사관, 총영사관 및 국제기구 등 주재 공관을 두고 있는 나라는 34개에 불과해 한국147개국과는 큰 격차를 보였다.

...

국민과 함께 이뤄 낸 새마을운동

새마을운동은 전국적이고 전 국민 차원의 생활습관 개조작업이었다. 일제강점기 한국인들은 식민통치의 영향으로 노예근성에 빠져든 경향을 보였다. 1970년대만 해도 전국 어디서든 어쩌다 동네 도랑을 치면 부패한 흙을 도랑 둑에 올려놓는 광경이 드물지 않았다. 비가 오면 금세 휩쓸려 도랑은 다시 넘치고 썩기 일쑤였다. 어떤 일이 벌어져도 근본적인 해결을 하려고 하지 않았다. 나라를 잃고 36년간 수동적으로 살아온 탓이다.

이 운동은 수동적이면서 눈 가리고 아웅하는 습성을 바꾸는 데 결정적인 영향을 미쳤다. 우리도 할 수 있다는 자립심과 함께 협력해야 할 수 있다는 협동심, 그리고 의식 개혁도 새마을운동이 몰고 온 한국 사회의 변화였다. 새마을운동 DNA유전자에 한국인 고유의 근면·자조·협동 정신이 흐르고 있기 때문이었다. 그 정신은 일제강점기와 한국전쟁을 거치면서 우리 사회에 만연해 있던 패배의식을 치유하고 국민들에게 자신감을 심어 줬다.

부산 가던 중 신도마을에서 '새마을' 착상

박정희는 1969년 8월 4일 경상남도 수해복구 현장을 시찰하기 위해 부산으로 가던 중 한 마을의 단아한 풍경에 신선한 충격을 받고 이에 착안했다고 전해진다. 경부선 철로 근처에 있던 경북 청도읍 신도마을의 말끔하게 정돈된 지붕과 시원하게 닦인 마을길이 박정희의 눈길을 사로잡은 것이다.

신도마을 사례에서 아이디어를 얻은 박정희는 1970년 4월 22일 부산에서 열린 한해旱害 대책 지방관서장회의에서 이를 공식적으로 추진하고 나섰다. 그는 이날 특유의 중저음으로 그 개시를 선포했다.

> "우리 스스로가 우리 마을은 우리 손으로 가꿔 나간다는 자조·자립정신을 불러일으켜 땀 흘려 일한다면 모든 마을이 머지않아 잘살고 아담한 마을로 바꿔지리라 확신합니다. 이 운동을 새마을 가꾸기 운동이라 해도 좋을 것입니다."

이전에도 농촌운동은 존재했지만 '새마을'이란 명칭은 이때부터 사용됐다는 것이 새마을운동중앙회의 설명이다. 박정희는 이후 남긴 친필에서 "확실히 이 운동은 우리 농촌 사회에서 일어나고 있는 새 바람이요 서광이요 희망이라고 본다"고 밝혔다. 이후 김현옥 당시 내무부 장관이 1~3기 대책을 발표하고 "1980년까지 도시와 농촌생활 환경의 격차가 없도록 하겠다"고 말했다. 시작은 농촌 환경 개선 프로젝트였다.

우리의 시골길은 1970년 이전까지 대부분 구불구불했다. 한 사람이 간신히 지나갈 수 있는 정도였다. 이에 길을 넓히고 초가지붕을 걷어 내는 생활 환경 개선 작업부터 시작됐다. 길이 넓어지자 사람들의 생활습관은 획기적으로 변했다. 농촌이 정비되면서 경운기가 오갈 수 있게 됐고 물자 수송이 빨라졌다. 해가 거듭될수록 달라지는 농촌 환경에 국민들은 자부심을 가졌다. 정부가 주도한 운동이지만 국민들은 내 손으로 지역 사회를 바꿀 수 있다는 희망을 보게 됐기 때문이다.

1973년부터는 전국 3만 5000개 마을을 대상으로 시멘트를 나눠주면서 각 마을 실정에 적합한 새마을운동을 하도록 지원했다.[23] 이렇게 제공된 시멘트는 마을을 새로운 모습을 바꿔 놓았다. 학생들도 적극적으로 참여했다. 초·중·고 학생들은 여름방학이 끝난 뒤 개학할 때 한 묶음씩의 풀을 제출했다. 풀은 운동장 한구석에 쌓아 놓고 퇴비로 활용했다. 집과 마을 주변의 잡초를 제거하고 화학 비료를 대체해 돈을 절약하는 일석이조의 효과였다.

이런 분위기는 자발적인 노력과 에너지로 연결됐다. 2011년 5월 13일자 중앙일보에 따르면 새마을운동중앙회 회장을 지낸 강문규 지구촌나눔운동 이사장은 "기쁜 마음으로 동원돼 자발적으로 일하는 모습을 볼 수 있었고, 회원들을 움직이는 것은 권력의 지시라기보다는 애향심이었다"고 말했다. 이런 자발성은 시대를 초월해 새마을운동의 정신을 잇는 원동력이 되고 있다.

새마을운동은 자본주의 체제에서 전개된 농촌 잘살기 운동이었다. 마을끼리 창의적으로 잘사는 방법을 앞다퉈 도입했고 개인마다 노력하고 투자하는 만큼 결과가 달라졌다. 당시 농촌의 발전은 경제 발전과 직결됐다. 농촌 인구가 압도적으로 많았기 때문에 농촌은 경제의 기반이었다. 농촌이 새롭게 정비되면 경제 발전이 자연적으로 뒤따르는 효과가 있었다.

이런 필요성에도 불구하고 새마을운동은 당시 극심한 반대와 폄훼의 대상이기도 했다. 운동이 본격화된 1970년은 박정희가 3선 개헌1969년을 통과시킨 직후로 1972년 장기 독재를 겨냥한 유신 체제 구축에 나서려던 무렵이었다. 헌정 질서를 뒤집고 장기 집권 체제 구축에 나서면서 사회적 반발이 커지자 지지기반 강화를 위해 전국적으로 새마을운동을 전개한 것이라는 비판을 받은 것이다.

이런 논란에도 불구하고 빠른 속도로 가시적인 성과가 나타나면서 국민적인 호응을 얻었다. 당시는 남북한 체제 경쟁이 절정기를 치닫고 있던 때로 1972년 남한은 드디어 1인당 국민총생산GNP에서 북한을 추월했다. 이런 성과가 전해지면서 '하면 된다'는 자신감은 새마을 노래와 함께 방방곡곡으로 퍼져 나갔고 이미 궤도에 오른 경제개발 5개년 계획과 함께 근대화의 견인차 역할을 했다.

한국농촌경제연구원에 따르면 1970년 농가 연평균 소득은 25만 원가량이었는데 10년 후인 1979년의 농가 연평균 소득은 223만 원가량으로 급증했다. 새마을운동의 절정기였던 1970~1979년엔 농가 소득 증가율이 연평균 26.5%에 달했다. 세계적으로 유례가 없는 기록이다. 비슷한 시기 다른 나라에서도 한국과 비슷한 사회운동 성격을 띤 경제 실험이 진행되고 있었지만 모두 실패했다. 그 차이는 자발성 여부다. 새마을운동의 기본원리는 시장 자율과 정부 간섭의 최소화였다.

소련에서는 인류 초유의 사회주의 경제 체제가 계속 실험되고 있었다. 농촌에서는 콜호즈집단농장가 운영됐다. 1928년 스탈린이 시행한 제1차 경제개발 5개년 계획의 중핵인 콜호즈는 농지의 사회주의화를 위해 만든 집단농장이었다. 1991년 소련의 해체로 없어질 때까지 콜호즈는 최대 2만 6400개, 농민 수는 1390만 명을 기록하며 전 농지의 23.8%를 경영했다.

1960~1970년대 소련은 만성적인 생필품 부족에 시달렸다. 콜호즈는 기

본적으로 공동생산, 공동소비였다. 개인의 창의와 노력이 필요하지 않았다. 어떤 노력을 해도 결과는 달라지지 않는 방식이었기 때문에 어느 누구도 자발적으로 일하려 하지 않았다. 그 결과는 1991년 소련의 붕괴로 이어졌다.

중국에서도 경제개발을 위한 드라이브가 걸렸다. 마오쩌둥毛澤東은 1958년에서 1960년까지 대약진大躍進운동을 전개했다. 일거에 선진 산업국가를 따라잡고 경제를 고도화한다는 전략으로 궁극적으로는 사회주의 건설을 목표로 했다. 그러나 농민의 태업과 반항으로 농업생산은 대풍작이었던 1958년 2억 2500만 톤에서 1960년에는 1억 8000만 톤으로 떨어졌고, 수만 개의 재래식 제철소를 만들어 밥솥까지 몰수해 철을 생산했지만 함량 부족의 무용지물이 되고 말았다.

이렇게 시간을 허비한 중국은 박정희가 경제개발에 본격적으로 나서던 1960년대 중반 다시 한번 역사의 수레바퀴를 뒤로 돌리는 문화혁명에 나섰다. 박정희가 군사정변을 일으킨 지 5년 만인 1966년 5월 16일 중국 정치국 상무위원회는 마오쩌둥이 내민 통지를 채택했다. 이 통지 하나로 중국에서는 마오쩌둥이 사망한 1976년까지 10년간 최대 2000만 명이 굶어 죽는 문화대혁명이 시작됐다. 5년 차이로 한국과 중국의 현대 경제사가 다른 길을 걸어간 것이다.

극심한 반대 딛고 국가 발전 1위 기여

새마을운동은 수십 년이 지난 지금도 각종 여론조사에서 '대한민국 정부 수립 이후 국가 발전에 가장 큰 영향을 미친 정책'으로 꼽힌다. 2010년 영남대 박정희리더십연구원이 만 19세 이상 남녀 1500명을 대상으로 설문조사를 실시한 결과에 따르면 정부 수립 후 국가 발전에 가장 큰 영향을 끼친 정책으로 새마을운동59.1%이 1위를 차지했다. 이 설문복수응답에서 2위는 경제

　　　　　　　　　　　　　　　　　　　　　　　대통령 경제사

개발 5개년 계획46.8%, 전자산업 육성27.1%, 과학기술 육성19.3% 등이 뒤를 이었다.[24]

박정희는 역사의 뒤안길로 사라졌지만 그가 남긴 새마을운동은 아직도 전승되고 있다. 비록 제5공화국 들어 민간주도 체제로 전환되면서 활력을 잃었음에도 농어촌 후계자 양성사업 같은 골격은 유지됐다.

1986년 서울아시안게임과 1988년 서울올림픽에 대비한 '질서 지키기 캠페인'등을 펼쳤다. 제6공화국 때는 '새 질서 새 생활 실천운동'으로 계승됐다. 1990년대 말에는 외환위기 극복을 위한 금 모으기 운동 등을 벌였다. 2000년 6월 15일 남북 정상회담을 계기로 대북교류사업이 진전되자 새마을운동 차원의 교류사업도 추진됐다. 국회는 운동이 시작된 지 41년이 흐른 2011년 4월 22일을 '새마을의 날'로 정했다. 2023년 현재 새마을운동중앙회 회원은 200만 명에 육박한다.

새마을운동은 해외에서도 개발정책의 모델로 주목받는다. 전 지구 차원의 빈곤퇴치와 환경보호 문제를 다룬 『빈곤의 종말The End of Poverty』[25]로 유

모심기 행사 참석(1978)

명한 미국 컬럼비아대의 석학 제프리 삭스 교수는 "한국의 성공에서 가장 흥미로운 것은 새마을운동"이라고 지적했다. 주민 조직이 만들어 낸 정신혁명, 기술 향상, 교육수준 향상, 농업생산성 향상 등을 높게 평가한 것이다.

그는 주요 20개국G20 서울회의 참석차 2010년 11월 한국을 방문한 자리에서 "전 세계 개도국이 새마을운동을 배우고 있다"며 "세계 빈곤퇴치의 모범사례"라고 강조했다. 그러면서 "새마을운동으로 빈곤을 퇴치한 한국을 본받으면 2015년까지 지구촌의 빈곤은 절반으로 줄어들고, 2025년이면 대부분 빈곤을 퇴치할 수 있을 것"이라고 전망했다.

유엔 아·태경제사회이사회UNESCAP, 유엔 세계식량계획UNWFP 등 국제기구는 개도국 빈곤 문제 해결 방안으로 새마을운동을 내세우고 있다. 박정희는 죽었지만 그가 이를 통해 보여준 정신은 개발도상국의 발전 모델이자 세계적 빈곤퇴치운동의 핵심 벤치마킹 수단으로 살아 있는 것이다.

...

기적의 경제개발 5개년 계획

남한이 결정적으로 북한을 누르고 경제 발전의 기틀을 마련한 바탕은 4차에 걸친 경제개발 5개년 계획의 수립과 시행이었다. 경제개발 5개년 계획은 이승만 정부에서 초기 구상을 한 뒤 제2공화국에서 장면 내각이 들어서면서 더욱 구체화돼 있었다. 박정희는 대통령 취임 이전 군사정부 체제에서 이를 보완해 즉각 실행에 착수했다. 총괄 지휘는 이승만 정부 때 기획처로 출발했던 부흥부를 모태로 한 경제기획원에게 맡겼다. 각 부처에 분산돼 있던 경제정책 수립 기능을 흡수해 경제개발을 총괄하도록 한 것이다.

박정희는 1963년 12월 경제기획원 장관을 부총리로 격상시켜 경제기획원의 위상을 강화했다. 이는 권력의 최고 목표를 북한과의 체제경쟁에서 이기고 고도경제성장까지 추구한 박정희의 소신이 반영된 것이었다. 한국은 1962~1966년 1차 계획을 시작으로 박정희가 중도에 사망한 1977~1981년 4차 계획을 거치면서 선진국으로 도약하는 발판을 만들 수 있었다. 그러나 그 과정은 위기극복의 연속이었다.

경제개발 5개년 계획의 핵심 방향은 공업화를 중심으로 한 수출입국輸出立國 성장 전략이었다. 노동력밖에는 별다른 부존자원이 없었던 한국으로선 해외에서 원자재를 수입해 완성품을 만드는 제조업이 가장 효율적인 돌파구였다.

경제 발전 초기에는 경공업으로 출발했다. 공업이라고 해야 여성들이 자른 머리카락으로 가발을 만들고 옷감을 짜는 직물산업과 조잡한 신발제조 정도였다. 그러나 소규모 경공업으로는 고용 창출과 산업 파급효과가 적었다.

박정희의 계획대로 한국은 빠른 속도로 중화학공업의 기틀을 잡기 시작했다. 석유화학과 제철산업이 본격화하자 자동차, 전기부품산업이 빠르게 성장했다. 이 같은 중화학공업은 급속도로 한국 경제를 발전시켰다. 1970년대 초반 한국이 보릿고개에서 벗어나 세계시장에 본격적으로 진출하는 원동력이 되기도 했다.

제1차 경제개발 5개년 계획1962~1966년의 기본 목표는 모든 사회 경제적인 문제점들을 바로잡고 자립 경제 달성을 위한 기반을 확보하는 데 있었다. 경제성장 여건의 조성에 주력하면서 전력·석탄 등의 에너지 공급원 확보와 기간산업·사회간접자본SOC 확충에도 자원을 집중시켰다. 수출과 기술진흥에도 자원을 배분하면서 기초 다지기에 초점이 맞춰져 있던 시기였다. 그 결과 1차 계획은 상당한 성과를 거뒀다. 계획 마지막 해인 1966년 2억 5575만 달러의 수출을 기록하면서 당초 수출목표1억 1750만 달러를 218% 초과 달성했다. 빈곤과 절망에 빠져 있던 한국인에게 근대화와 번영이라는 새로운 희망을 제시한 것이다.

제2차 5개년 계획은 1967~1971년 시행됐다. 산업 구조의 근대화가 추진되고 북한 경제 추월에 속도를 내던 시기였다. 식량 자급은 여전히 최우선 과제였다. 이때는 공업 구조가 고도화하면서 철강·기계·화학 공업이 궤도에 오르던 무렵이었다. 박정희가 한국전쟁 이후 1960년 초반까지 시도됐던 수입대체산업ISI-Import Substituting Industrialization의 비중을 획기적으로 줄여 나갔던 시기다.

수입대체산업 대신 수출로 정면돌파

수입대체산업은 당시 라틴아메리카를 중심으로 한 개발도상국의 전형적인 핵심 성장 전략이었다. 원자재를 수출해 선진공업국이 만든 완성품을 수입할 바에는 국내 기술로 직접 완성품을 만든다는 전략이었다. 기술 종속에서 벗어나고 자본재 수입의존도를 줄일 수 있다는 점에서 남미의 중진국들이 한 단계 도약하는 전략이었다. 하지만 수입대체산업은 효율성이 떨어졌다. 국내시장이 좁아 대량 생산이 불가능하기 때문에 가격을 낮추기 어려웠고 선진국과의 기술격차를 좁히기도 어려웠다. 남미의 상당수 국가들은 수입대체산업에 매달리다 경제 체질을 크게 약화시켰다.

박정희는 이처럼 장기적으로는 경제 발전을 가로막는 수입대체산업에서 과감하게 벗어나 수출 주도의 중화학공업을 추진했다. 남미와 달리 원자재를 수입에 의존해야 하는 것도 수입대체산업의 비중을 줄일 수밖에 없는 요인이었다. 수출 전략은 빠르게 효과를 나타내며 자립 경제와 기업의 국제화 기반을 확충시켰다. 철강·석유화학·자동차·조선·전기전자 제품 분야에서 대형기업들이 등장하면서 어느 정도 경쟁할 수 있는 규모의 경제를 갖추기 시작한 것이다.

고용 사정은 여전히 좋지 않았다. 인구가 팽창하고 있는 가운데 일자리는

대통령 경제사

그 속도를 따라가지 못했기 때문이다. 그래서 박정희는 고용증대와 인구팽창 억제정책을 취했다. 산아제한을 위해 남성들에게는 정관수술을 권유했다. 당시 예비군훈련에 참가한 30대 남성들에게는 정관을 틀어막는 수술을 받으면 훈련 면제 등의 혜택을 주기도 했다. "아들딸 구별 말고 둘만 낳아 잘 키우자"는 운동도 전개됐다.

이 바람에 영국 고전학파 경제학자 토머스 맬서스의 『인구론』1798이 큰 주목을 받았다. 인구가 급격히 증가하면 식량 부족으로 살기 어려워진다는 주장은 보릿고개를 걱정하던 시절 큰 반향을 일으킬 수밖에 없었다. 그러나 훗날 사정은 달라졌다. 한 나라가 수출의존도를 줄이고 내수경제의 힘으로 어느 정도 유지되려면 인구가 1억 명은 돼야 한다고 보는 시각이 우세해졌다.

이웃나라 일본의 경우가 그렇다. 1억 2700만 명의 인구를 유지하고 있는 일본은 경제성장에 대한 내수內需 기여도가 70%를 웃돈다. 미국·중국에 이어 세계 3위 경제대국을 유지하는 핵심 원동력이 내수 성장에서 나오고 있는 것이다.

이런 점에서 당시 과도한 산아제한정책은 아쉬움을 남긴다. 1990년 이후 여성의 사회 진출이 본격화하였으나 육아 환경은 크게 개선되지 못하면서 저출산 현상이 심화했다. 이는 경제 활동 인구의 감소와 경제활력 저하로 이어지고 있다. 하지만 개발연대 시절 인구 억제는 부족한 일자리와 부족한 파이를 나눠 먹는 가장 빠르고 효율적이며 강력한 정책이었다는 점을 부정하기는 어렵다.

오일쇼크로 부도위기 직면한 한국

제3차 5개년 계획이 본격화되던 1972~1976년은 국제 정세가 크게 요동을 치던 시기다. 우선 경제적으로 1973년 제1차 오일쇼크가 발생했다.

1973년 10월 6일 이집트의 이스라엘 선제공격으로 발발한 제4차 중동전쟁이 도화선이었다. 페르시아만의 6개국은 석유수출국기구OPEC 회의에서 원유 가격 인상17%을 발표한 데 이어 이스라엘이 아랍 점령지역에서부터 철수할 때까지 원유 생산을 줄이겠다고 발표했다.

이 여파로 1973년 초 배럴당 2달러 59센트였던 중동산 기준 원유값은 1년 만에 11달러 65센트로 4배 가까이 폭등했다. 제1차 석유파동은 한국·일본처럼 석유 한 방울 나지 않는 석유 수입국들에게 심각한 타격을 입혔다.

오일쇼크의 충격은 쉽게 가라앉지 않았다. 박정희는 전력·석유의 공급 삭감, 민간인에 대한 에너지 절약운동을 벌이도록 했다. 설상가상으로 국내 정치상황은 최악이었다. 1969년 3선 개헌과 유신헌법의 여파로 정치적 불안이 지속되는 가운데 오일쇼크의 충격으로 극심한 스태그플레이션과 외환위기·금융경색이 동시에 발생했다. 국제 사회에는 한국의 부도설이 떠돌았다.

기업들은 의욕을 잃고 자포자기 상태에 빠져들기 시작했다. 궁지에 몰린 박정희는 기업들에게 과도한 금융부담을 줄여줌으로써 위기를 돌파하기로 했다. 1972년 이른바 8·3 사채私債동결 조치로 불리는 긴급명령 조치를 통해 기업 의욕을 고무시킨 것이다. 당시 사채 금리는 두 달만 쓰면 이자가 원금만큼 불어날 정도로 높아 기업은 물론 개인들도 고금리에 시달렸다.

박정희는 기업의 건실한 성장 없는 경제 발전과 국민생활의 안정을 기대할 수 없다는 명분을 내세웠다. 긴급 조치는 "기업과 사채권자의 모든 채권·채무 관계를 무효화하고, 정부가 2000억 원을 마련해 기업이 은행에서 빌린 단기고리대출금의 일부를 장기저리연 8%로 대체해 준다"는 내용이었다.

한국은 이를 통해 위기에서 탈출하는 계기를 만들었지만 세계 경제는 그다지 활력을 찾지 못했다. 박정희는 1973년 12월 최규하 당시 외교특보를 사우디아라비아로 급파해 끈질긴 설득 끝에 석유공급에 대한 약속을 받아냈다.[26]

그럼에도 세계 경제는 성장률이 크게 떨어져 1975년에는 주요 선진국들이 마이너스 성장을 했고, 인플레이션이 가속화됐다.[27] 유일하게 성장가도를 달리던 일본 기업들이 세계시장을 주름잡기 시작했고 미국 경제는 상대적으로 주춤하던 무렵이었다.

1차 석유파동으로 인해 OPEC은 국제석유자본Oil Major이 독점하고 있던 원유 가격의 결정권을 장악했고, 자원민족주의의 대두를 초래했다. 이 와중에 박정희는 질적인 성장을 중시하면서 비로소 균형개발에도 관심을 가졌다.

제4차 5개년 계획은 박정희 개발경제의 절정기였다. 1~3차 경제개발로 기초체력을 쌓은 한국 경제는 1977~1981년이 사회개발을 통한 형평의 증진과 기술혁신에 초점을 맞추었다. 공업화 전략은 완성도를 높였던 시기였고 국제 경쟁력을 본격적으로 고민하던 때이기도 했다.

고비는 역시 1979년 2차 오일쇼크였다. 마침 미국은 극심한 인플레이션을 겪고 있었다. 미국 경제의 불안에 오일쇼크까지 겹치면서 세계 경제는 극도로 불안해졌다. 다행히 1~3차 경제개발로 기초체력을 쌓아 온 한국은 경제 효율을 높이고 중화학 분야에서 성과를 거두며 경제 체질을 강화하는 계기로 삼았다. 앞만 보고 달려온 개발독재의 그늘을 해소하기 위한 노력도 시작됐다. 누적된 소득분배의 불균형과 산업 간 불균형을 극복하기 위해 각 부문에서의 균형성장 전략으로 전환을 시도했다.

박정희 주도의 경제개발계획은 1979년 10월 26일 그가 궁정동 안가安家에서 김재규 중앙정보부장의 총을 맞고 쓰러지면서 막을 내렸다. 박정희의 뒤를 이은 전두환은 경제개발계획을 계승해 나아갔다. 하지만 경제안정화정책으로 방향을 틀어 성장 일변도의 양적 성장이 가져온 부작용 해소에 나섰다. 기본 목표를 경제성장의 지속과 사회발전을 통한 국민복지 향상에 둠으로써 명칭도 '경제개발계획'에서 '경제사회발전계획'으로 바꾸었다.

이 같은 정책 변화는 앞만 보고 달려온 중화학공업 중심 경제개발이 초래한 부작용을 치유하기 위해서였다. 무엇보다 수출 중심의 중화학공업은 과도한 수입의존형 경제 구조를 초래했다는 지적을 받고 있다. 한국이 수출에 필요한 부품들을 해외에서 대량수입한 결과 수출하는 만큼 수입도 많이 해야 한다는 우려다. 이런 수출의존형 경제는 내수 기반이 상대적으로 취약한 경제 체제를 만들었다. 오일쇼크·원자재 가격 상승 등 해외 경제 변수에 곧바로 영향을 받기 때문이다.

실제로 두 차례의 오일쇼크로 한국 경제는 벼랑 끝에 몰렸다. 이는 수입의존형 경제 구조에 따른 불균형 성장의 결과라는 지적으로 이어진다. 한국의 대기업 중심-수출주도형 경제 구조가 대외경제 환경에 취약할 수밖에 없다는 것이다. 특히 일본에서 부품 수입이 급증하면서 한·일 무역수지 역조는 눈덩이처럼 불어났다. 2000년대 중반이 넘어서면서 한 해 300억 달러를 넘어설 정도로 악화됐다.

"한국 망한다" 일본전문가 비평 속출

수출을 많이 할수록 해외에 지불해야 하는 부품값도 함께 늘어나는 상황은 '가마우지鸕 경제 체제'라는 지적을 받게 만들었다. 가마우지는 물고기를 잡아 어부에게 제공할 뿐 자신은 먹지 않는다. 한국의 취약한 부품·소재 산업 때문에 완제품을 수출해도 부품과 소재를 수입하는 나라인 일본에게 실익을 빼앗기는 게 현실이다. 일본의 경제평론가 고무로 나오키小室直樹는 『한국의 붕괴』1988에서 이 같은 한국 경제의 취약점을 신랄하게 지적했다. 또 다른 일본인 경제평론가 오마에 겐이치大前研一도 1999년 "무역수지를 떠받치고 있는 가장 중요한 요소는 부품산업인데 한국은 부품산업을 육성하지 않았기 때문에 환율 하나에 국가 전체의 흥망성쇠가 달려 있는 외부의존형 국가 경제를 벗어날 수 없다"고 진단한 바 있다.

그러나 오마에는 2009~2010년 삼성전자가 일본 경쟁기업들을 압도적으로 누르고 미국 애플과 함께 글로벌 최고의 IT 기업으로 떠오르자 한국을 다시 보기 시작했다. 한국 기업의 저력을 인정하고 과감하게 일본 기업에게 분발을 촉구한 것이다. 일본 언론들도 한국 기업의 경쟁력을 소개하면서 일본 기업들이 배워야 할 점이라고 채찍질했다. 한국 경제에 대해 부정적이었던 일본의 시각 변화는 박정희가 시작한 수출주도형 경제성장의 승리를 의미한다.

정부 주도 경제개발은 당시 한국에서만 추진된 정책은 아니었다. 1950~1970년대 세계 곳곳에서 비슷한 시도가 있었다. 2차 세계대전 이후 사회민주주의 성격이 짙은 정책을 취했던 서유럽은 물론이고 중남미와 옛 소련, 중국, 동유럽 사회주의 진영에서도 정부 주도의 경제개발이 추진됐다.

하지만 반세기가 지난 후 가장 가시적인 성과를 거둔 국가는 한국뿐이었다. 앞만 보고 달린 결과 불균형 성장이라는 부작용을 낳았지만 한국 경제가 기적적으로 성장한 것은 체계적인 경제개발계획이 있었기에 가능했다. 정치적 라이벌이었던 김대중은 대통령 재임 중이던 1999년 5월 대구에서 "박정희 전 대통령이 이젠 역사 속에서 존경받는 지도자가 돼야 한다"고 평가했다.

...

경부고속도로와 포항제철 신화

경부고속도로 건설은 1964년 서독 방문 때 아우토반고속도로을 달려 본 박정희가 국가 발전을 위해 고속도로가 반드시 필요하다고 마음먹으면서 시작됐다.

2010년 7월 9일자 중앙일보에 따르면 박정희 지시로 비공식 조직을 만들어 공사를 이끌었던 당시 육군본부 조달감실의 윤영호 대령은 "대통령 집무실에 들어갔더니 한쪽 벽에 갖가지 지도가 빼곡히 걸려 있었다"고 회고했다.

1967년 4월 박정희가 밝힌 경부고속도로 건설계획은 처음부터 극심한 반대에 부딪쳤다. 국회와 일부 언론이 앞장섰다. 7대 국회1967~1971년에서 당시 야당인 신민당은 연일 "면밀한 예산 검토도 없이 착공한 것은 헌법의 예산법 정주의를 위반한 것", "건설계획 자체가 71년 8대 총선을 위한 전시효과"라는 비판을 쏟아 냈다.

야당의 반대는 극심했다. 이들은 고속도로 건설 현장에 드러누워 "우량농지 훼손이 웬 말이냐, 쌀도 모자라는데 웬 고속도로냐, 부유층 전유물인 고속도로 건설 끝까지 결사반대"라는 구호를 외쳤다. 당시 김대중·김영삼·유진오 의원 등이 소속된 신민당은 경부고속도로 건설계획을 신랄하게 비판했다. 헌법을 기초起草한 유진오 당시 신민당 당수는 1968년 한 언론과의 인터뷰에서 '독재자'라는 말까지 꺼내며 경부고속도로 계획을 비판했다. 그는 "독재자 히틀러의 그 유명한 아우토반을 연상했다. 자고로 독재자는 거대한 건조물을 남기기 좋아한다. 경부고속도로 계획은 현 경제실정에 비춰 사업의 우선순위에 의문을 갖게 한다"고 주장했다. 언론 반대도 극심했다. 당시 한 일간지는 '의욕만 앞선 경부 간 고속도로의 문제점' 기사에서 "심각한 주택난 하나도 제대로 해소시킬 능력을 갖추지 못한 우리 재정 형편에 어떻게 이처럼 방대한 사업을 그나마도 4년 안에 완성시킬 수 있다는 건가"라고 지적했다.

경제 관료들도 부정적 입장이었다. 경제기획원과 재무부 등 경제부처는 재정파탄을 걱정했다. 서울~부산보다 서울~강릉, 포항~부산~순천~여수~광주 등 가로 방향의 도로 건설이 급하다는 국제부흥개발은행IBRD의 지적을 금과옥조처럼 여겼기 때문이다. 이처럼 당시 대한민국에선 중소도시의 몰락, 경부선 철도 사양화, 전시행정, 지역 불균형발전 등 온갖 반대 논리가 총

동원됐다.[28]

그러나 박정희의 생각은 흔들리지 않았다. 특정 정파나 정치적 이익과 무관하게 국가지도자로서 일을 판단했다. 서독 방문 때 직접 달려 보면서 가슴을 뛰게 했던 경제의 대동맥을 건설하지 않고는 경제개발도 불가능하다고 믿었다. 도로는 자고로 국가 발전의 기본 조건이었다. 로마가 유럽을 정복할 수 있었던 것은 길 때문이었다. 빠르게 물자를 수송하고 원정을 떠날 수 있도록 도로를 정비했다. 그 결과 로마가 당시 유럽의 중심이 된 것이다. 박정희도 한국의 경제성장을 위해서는 국토의 동맥을 뚫어야 한다고 본 것이다.

대형 국책사업은 '반대의 역사'

돌아보면 대형 국책사업은 '반대의 역사'라고 할 만큼 언제나 정략적인 반대 때문에 막대한 사회적 비용을 치르고 차질을 빚었다. 포항제철·인천공항·고속철도·새만금 등 역대 대형 국책사업은 모두 '무모하다', '시기상조다', '부동산 투기가 우려된다', '환경이 파괴된다'는 등의 부정적 논리에 따라 강력한 반대에 봉착했다. 서울올림픽과 대전엑스포 유치, 한·일월드컵 개최, 여의도광장 공원화, 청계천 복구도 이런저런 이유를 들며 반대를 위한 반대의 목소리가 컸던 사업들이다.[29]

이들 가운데 어느 것 하나 국민에게 소중하지 않은 것이 없다. 반대에 직면해 좌초됐다면 국가적 손실인 것은 물론이고 국민복지와 편의도 막대한 손상을 입었을 것이다. 경부고속도로 없는 한국의 경제발전을 상상할 수 없고, KTX와 인천공항이 없는 국민생활도 상상 밖이다. 숨 막히는 청계고가도로가 지금까지 있었다면 서울시민의 생활의 질은 어떻게 됐을까.

경부고속도로는 이 같은 반대의 역사를 뚫고 만들어진 대한민국 최초의 국책사업이었다. 인력과 장비가 부족하자 박정희는 공병대를 중심으로 한

군부대까지 공사에 투입했다. 1968년 1월 21일 북한 124군 특수부대가 "박정희 목을 따러 왔다"며 청와대 뒷산까지 침투하는 사건이 벌어졌을 때도 박정희는 "전쟁이 터지지 않는 한 예정대로 간다"며 경부고속도로 개통에 총력을 기울였다.

1968년 2월 1일 착공해 1970년 7월 7일 완공된 경부고속도로의 공사비는 전액 국민 세금으로 충당됐다. 공기단축을 위해 겨울에는 도로 위에 불을 질러 땅을 녹이는 비상수단을 동원했다. 중장비와 기술자도 부족했다. 당시 국내 보유 중장비는 한국전쟁 전후에 도입된 낡은 것들이었다. 미국과 영국, 프랑스, 스웨덴 등의 중장비업체를 설득해 1969년 2월 외상으로 장비를 들여왔다. 또 육사 출신 위관급 장교들을 단기교육해 기술자로 투입하는 고육지책도 썼다.

희생도 적지 않았다. 교량과 터널공사 과정에서 77명이 사망했다. 경부고속도로 중간지점인 추풍령휴게소에 있는 준공기념탑과 각종 역사자료에는 이들의 숭고한 희생이 기록돼 있다. 경부고속도로 건설은 많은 진기록을 세웠다. 경부고속도로 416km를 2년 6개월 만에 완공한 것은 전 세계 고속도로 건설 사상 유례가 없다. 공사비429억 원도 km당 1억 원으로 세계적인 저비용 건설이었다.

이렇게 완성된 경부고속도로는 한국 사회를 확 바꿨다. 서울에서 부산까지 15시간 걸리던 것이 4시간대로 줄었다. 경부고속도로를 따라 각종 산업단지가 들어섰고 물류비용도 획기적으로 감소했다. 말 그대로 국가 발전의 기폭제이자 원동력이었다. 경부고속도로는 그 자체만으로 11조 7933억 원의 가치를 지닌다2010년 기획재정부. 국토연구원은 우리 국민이 경부고속도로를 통해 차량운행 비용절감, 시간가치 비용절감 등 13조 6000억 원2005년 기준의 직접효과를 보고 있는 것으로 분석했다. 유류비용 절감액만 매년 2704억 원이다.

경부고속도로를 시작으로 고속도로 시대가 본격적으로 열렸다. 1973년 엔 호남·남해고속도로가, 1975년엔 영동·동해고속도로가 뚫렸다. 반대론 자들이 말하던 경부축 편중개발은 반대를 위한 구호였다는 것이 입증되는 데는 많은 시간이 걸리지 않았다. 건설업체들은 고속도로 건설 경험을 살려 중동에 활발히 진출해 '오일 머니'를 국내로 들여왔다. 경부고속도로라는 혈 맥을 따라 1인당 국민소득은 1970년 257달러에서 2017년 2만 9744달러로 115배 이상 뛰었다.

경부고속도로가 국가의 동맥이라면 포항제철2002년 3월 15일부터 포스코·POSCO 은 한국 산업의 심장이자 맏형이다. 또 포항제철은 박정희가 한·일 국교 정 상화를 통해 일본에서 들여온 외화가 가장 값지게 사용된 곳이기도 하다. 포 항제철을 건설하지 못했다면 한국의 고도경제성장도 불가능했을지 모른다. '산업의 쌀'로 불리는 철강 생산 없이는 다른 모든 경제 발전이 불가능하기 때문이다.

제철소 건설은 이승만 정부에서도 국가적 숙원사업이었다. 그러나 실천

경부고속도로 건설현장 시찰(1968)

에 옮기지 못했다. 제철소 없는 제조업은 사상누각이자 공염불이었지만 자금부족과 정국혼란 때문에 종합제철소 건설계획은 다섯 차례나 무산됐다.

다섯 차례 무산되고 시작된 포철

사업이 본격적으로 추진된 것은 박정희가 1963년 12월 대통령에 취임하면서부터다. 그는 제철산업이 모든 산업의 기초라는 사실을 꿰뚫고 있었다. 부존자원이 없는 한국이 수출 위주의 자립형 경제구조로 발전하기 위해서는 철강 없이는 불가능하다고 생각한 것이다

모든 산업에는 반드시 철이 필요하다. 자동차와 선박산업이 발전한 것도 철강산업이 뒷받침하고 있었기에 가능했다. 초가집이 슬레이트집으로 바뀌고 양옥을 거쳐 아파트로 진화한 것도 철근을 만들어 내는 제철산업의 발전에 힘입었다. 철을 빼고는 이 모든 것을 말할 수 없을 만큼 철은 문명의 척도라고도 볼 수 있다.

포항제철은 박정희 경제학의 핵심원칙인 선택과 집중의 산물이었다. 지도자는 선견지명과 결단력, 추진력이 있어야 한다. 박정희의 포항제철 건설은 이런 리더십의 조건들이 모두 버무려졌기 때문에 가능했다.

의욕은 넘쳤지만 과정은 순탄치 않았다. 문제는 자금이었다. 1968년 세계은행World Bank과 미국국제개발처USAID는 한국의 제철사업은 시기상조란 내용의 보고서를 냈다. 선진국들은 일제의 식민지를 거쳐 김일성의 남침으로 폐허가 된 한국의 경제 형편과 기술력으로는 선진국 산업인 제철이 불가능하다고 판단했다. 아직 끼니 걱정을 하는 나라에서 제철소를 짓겠다는 것이 선진국 경제전문가의 시각으로는 불가능해 보였을 것이다.

이들의 우려대로 한국은 당시 먹고살기가 급급하던 시절이었다. 경부고속도로 건설에 이어서 포항제철을 만들고자 했을 때 상당수 국민들의 반응

은 시큰둥했다. 당시 한국은 여전히 식량 부족을 겪고 있었다. 학생들은 도시락에 보리·조·감자 등이 섞여 있는지 검사를 받아야 했다. 쌀은 주식이지만 귀한 식량이었다. 쇠고기나 돼지고기와 같은 육식 소비는 일반화되지 못한 시절이었다. 설탕·밀가루 등 생필품과 소비재도 넉넉지 않았다.

하지만 박정희는 국가 발전에서 무엇을 우선해야 하는지를 구분하는 선견지명과 일을 추진하는 리더십이 탁월했다. 당장 힘들더라도 때를 놓칠 수 없다는 판단에 따라 포항제철 건설을 과감하게 추진했다. 안팎의 부정적 시각과 자금부족 등의 어려움은 '철의 사나이' 박태준1927~2011년의 강력한 리더십으로 뚫을 수 있었다. 박태준은 육사 6기 출신으로 1961년 5·16 군사정변 이후 박정희 국가재건최고회의 의장 비서실장으로 발탁되면서 박정희와 돈독한 관계를 맺었다. 이를 계기로 박태준의 그릇을 알아본 박정희는 1968년 설립된 포항제철 사장으로 그를 임명했다. 포항제철 신화는 '인사人事가 만사萬事'임을 확인시켜줬다. 박정희와 박태준의 만남이 있었기에 황무지 같은 벌판에서 세계적인 제철소가 탄생할 수 있었다.

"실패하면 영일만에 빠져죽자"던 박태준

박태준의 열정은 '우향우 정신'으로 설명된다. 그는 포항 영일만 백사장에서 제철소 건설의 첫 삽을 뜨면서 이렇게 말했다. "우리가 제철소를 짓는 일에 실패하면 역사와 국민에게 죄를 짓는 것이다. (실패하면) '우향우'해 영일만에 몸을 던져야 한다." 박태준은 한 달에 한 켤레씩 신발을 갈아 신을 정도로 건설 현장을 열심히 뛰어다녔다. 80%까지 공사를 진행한 발전설비가 부실로 밝혀지자 단번에 폭파할 정도의 강단도 보였다.

그는 기술도입에도 열정적이었다. 당시 세계 최고수준의 제철기술을 보유한 신일본제철에서 기술을 들여오기 위해 온갖 설득과 인간적인 감동, 신뢰를 보여줬다. 그런 인연으로 포스코와 신일본제철은 지금도 상생의 라이벌 관계를 유지하고 있다.

한국은 포항제철을 통해 선진공업국에 뒤처졌던 근대적 공업국가의 기틀을 빠른 속도로 구축할 수 있었다. 그 가능성은 1970년 4월 1일 박정희가 참석한 가운데 열린 착공식 때만 해도 커 보이지 않았다. 그저 경부고속도로에 이어 또 하나의 무모한 일을 벌인다고 여기는 사람들이 많았을 뿐이다.

이런 의구심과 패배의식은 착공한 지 3년 만인 1973년 6월 9일 포항제철 제1고로高爐·용광로에서 첫 쇳물이 쏟아져 나오면서 희망으로 바뀌기 시작했다. 한국은 제철소 보유국가가 되면서 자동차·선박·기계·가전제품 등 모든 제조업이 안정적으로 성장할 수 있는 기반을 확보했다. 착공식 이후 40년이 지난 2010년 포스코는 포항에서 1420만 톤, 광양에서 1950만 톤 등 총 3370만 톤의 쇳물을 생산했다.

박정희는 포항제철 이외에도 한국전력·한국통신·산업은행·수출입은행 등 국가경제의 근간인 공기업을 만들어 냈다. 당시 초라하기 짝이 없던 민간 부문이 감당할 수 없는 분야에 정부 재정을 투입해 핵심 전략산업을 구축한 것이다.

이후 공기업은 1990년대부터 시대적 소명을 끝내기 시작했다. 포항제철포스코·한국통신KT 등 대형 공기업들은 잇따라 민영화의 길을 걸었다. 이 과정에서 이들 기업의 주식은 국민주라는 이름으로 민간에게 분산돼 국내 증시의 기반을 다지는 데도 기여했다. 일부 공기업은 여전히 정부 주도의 운영이 불가피해 민영화되지 않고 있으나 효율성이 떨어져 방만경영의 대명사가 되는 곳들도 있다.

그럼에도 전체적으로는 한국의 공기업은 국가 발전의 견인차 역할을 해 왔다. 1970년대 외국의 많은 국가들도 제철소를 포함해 공기업 설립에 국가적인 에너지를 투입했다. 하지만 성공한 국가는 드물다. 강력한 리더십과 효율적인 자원배분, 적절한 인재 등용처럼 모든 요인들이 부합해야 가능하기 때문이다.

...

기업인과 관료들도 뛰었다

'한강의 기적'은 박정희 개인의 원맨쇼로 이뤄진 것은 아니다. 훗날 세계적인 기업을 키워낸 '경영의 신'들이 있었기에 가능했다. 대표적인 두 인물은 이병철1910~1987년 삼성 창업자와 정주영1915~2001년 현대 창업자였다.

삼성과 현대의 성장은 한국 경제 발전사와 궤를 함께한다. 박정희가 국가경영의 리더십을 발휘했다면 이병철과 정주영은 세계적인 우량기업의 경영모델을 만들었다. 이들의 출발은 처음엔 작고 미미했다. 자본도 기술도 인재도 없었다.

영국의 한 언론이 한국을 빗대 '쓰레기통 속에서 어떻게 장미가 필 수 있나'라고 표현한 것처럼 한국은 민주주의와 시장경제가 꽃을 피울 토양을 갖추지 못하고 있었다. 그런 절망적인 환경에서 삼성과 현대 같은 초일류 글로벌 기업이 탄생한 것은 이병철·정주영 같은 100년에 한 번 나올까 말까한 경영의 신들 덕분이었다.

왜 이런 평가를 받는지를 증언하는 일화도 드물지 않다. 2011년 1월 6일자 중앙일보에 따르면 경부고속도로 건설이 계획된 1967년 말, 당시 대령으로 육군본부 조달감실에서 근무 중이던 윤영호 씨는 공사 총감독관을 맡았다. 경부고속도로 건설에 참여했던 정주영을 자주 만났던 윤씨는 "당시 기업인들이 어떻게 일하는지 알 수 있었다"고 했다. "새벽 5시에 현장에 가니 정주영 사장 차가 있는 거야. 운전기사한테 어디 갔느냐고 물으니 이미 정비공장에 가서 장비를 둘러보고 있다더라고. 만나 뵙고 '참 부지런하십니다'고

하니 정 사장의 답이 걸작이야. '삼성 이병철 씨는 운전기사를 옆방에 재우다가 새벽 2시고 3시고 상관없이 나가자고 하는데 내가 뭐가 부지런합니까' 그땐 다들 그렇게 일했지."

이들에 대한 평가는 해외에서 더욱 활발하다. 일본에서는 학문적 연구 차원에서 접근하고 있다. 일본 게이오대慶應大 종합정책학부 야나기마치 이사오柳町功 교수는 학자로서 오랫동안 삼성을 연구해 왔다. 야나기마치는 2010년 2월 호암湖巖 이병철 탄생 100년을 맞아 중앙일보와 가진 인터뷰에서 이렇게 말했다.

"이병철은 지난 1세기 최고의 경영자라고 평가할 수 있다. 이병철 같은 경영자는 현재 일본엔 없다. 그런 스케일과 원대한 철학을 가진 경영자는, 일본에서는 미쓰비시三菱를 창업한 이와사키 야타로岩崎弥郎 정도가 있다고 생각한다. 이와사키는 일본이 메이지明治유신 이후 급속도로 근대화할 때 기업을 일으켜 일본 경제의 급성장에 앞장섰던 인물이다. 한국에서도 개발도상단계에서 경제가 올라갈 때 그런 대단한 인물이 나타났다."

이병철은 '한국 최초의 제조업자'

이병철은 한국에서 처음으로 제조업을 일으킨 사람이다. 해방 후 전쟁 전까지 한국의 산업은 외부에서 받은 원조 물자의 교류가 아니면 모두 무역에 의존했다. 내부에서 물건을 만든다는 것은 생각하지 못하던 시절이었다. 삼성물산도 무역업에서 시작했다. 그러나 그는 무역에 머물지 않고 곧바로 제조업을 시작했다. 주변에선 왜 생고생해가며 제조업을 하느냐고 말했다.

하지만 이병철은 '무역만 해서는 안 된다. 들여온 재료로 물건을 만들어서 국민에 공급해야 한다'는 소신을 갖고 있었다. 그래서 만든 회사가 제일제당이다. 당시 국민에게 가장 필요한 것은 먹을 것이라고 생각했다.

1960년대 말 삼성전자를 만들었고, 1970년대 중반부터 중화학공업에 들어갔다. 늘 시대적 요청에 부응했다. 나라가 필요하다고 생각하는 분야를 만들고 그 다음에 다른 분야로 다각화했다. 야나기마치는 "삼성이 한국 경제 발전의 압축판이라고 보는 이유는 여기에 있다"고 말했다.

이병철은 박정희처럼 사람을 중시했다. 일본에서 경영의 신으로 추앙받는 파나소닉옛 마쓰시타·松下 창업자 마쓰시타 고노스케松下幸之助, 혼다자동차 창업자 혼다 소이치로本田宗一郎, 이병철의 공통점은 사람을 중요하게 여겼다는 것이다. 한국과 일본은 부존자원이 없다. 사람밖에 없다. 사람이 기술을 개발하고 제품을 만든다는 것이 이들의 기본 생각이었다. 이들은 언제나 우수한 인재 발굴에 관심을 기울였다.

이병철은 삼성사관학교라는 별명이 있을 정도로 인재를 키우고 육성했다. 이따금 인재들이 다른 데로 떠나도 대한민국이라는 국가를 위해 일하는 것은 마찬가지라고 봤다. 그러면서도 그는 스스로 공부하는 경영인이었다. 이는 강력한 리더십을 갖고 중앙집권적인 톱 다운의 의사결정 시스템을 만들 수 있는 배경이 됐다. 하지만 모든 것을 그가 결정하지는 않았다. 상당 부분을 유능한 전문경영인에게 맡겼다. 통상 오너는 모든 것을 챙기고 밑에는 권한을 주지 않는다는 부정적 이미지가 있는데 이병철은 그렇지 않았다는 게 야나기마치의 진단이다.

이 같은 효율적인 의사결정 시스템에 오너경영 체제가 가동되면서 삼성은 빠른 성장을 할 수 있었다. 삼성을 세계적 기업으로 성장시키고 한국 경제가 세계의 중심에 진입할 수 있게 한 반도체산업은 이 같은 의사 결정 구조 때문에 가능했다. 1980년대 중반부터 반도체산업은 일본·미국·유럽 기업들이 주도하면서 이미 과잉 경쟁 상태였다. 당시 일본 기업들은 대부분 소극적인 태도로 시장에서 빠져나갔다.

삼성은 앞서 있는 일본 기업들이 후퇴하는 사이 과감하게 투자했다. 경영이 모든 자원을 배합하고 이를 잘 이끌어 가는 리더십의 종합예술이라고 본다면 새로운 사업 도전에는 기술적·창조적 힘을 잘 발휘하는 것이 성패의 관건이다. 이런 것은 결국 사람이 해야 하는 일이고 그 현장에 이병철이 있어서 가능했다. '한강의 기적'은 이병철 같은 세기의 경영자가 있었기에 가능했다는 의미다.

아버지 소 판 돈으로 기업 일군 정주영

아산峨山 정주영도 박정희 신화의 주인공이다. 현대자동차·현대건설·현대중공업 없이는 한국 경제를 말할 수 없다.

강원도 통천에서 태어난 그는 사업가 기질을 타고났다. 반드시 사업으로 성공하겠다며 아버지의 소를 판 돈을 들고 가출을 했다. 하루 종일 손이 부르트게 일해도 입에 풀칠하기 어려운 일제강점기 농촌생활은 어린 정주영의 눈에도 절망에 가까울 정도로 희망을 찾아보기 어려웠기 때문이다. 늘 결과는 실패였지만 아산은 포기하지 않았다. 가출은 모두 네 차례나 이어졌다.

경부고속도로 건설도 그가 있었기에 가능했다. 한국전쟁 때부터 미군 부대의 토목 공사를 도맡으면서 근면성과 능력을 인정받아 경부고속도로 공정의 상당 부분을 담당했다.

한국이 안정적으로 전력을 사용할 수 있는 원동력이 된 고리원자력발전소 1호기도 정주영의 작품이다. 1972년에는 현대조선소를 기공했고, 이듬해에는 울산조선소를 기공한 후 현대조선중공업주식회사를 설립했다. 배를 건조하는 도크도 완공되지 않은 상태에서 500원짜리 지폐의 거북선을 보여주면서 유조선을 인수한 일화는 그의 열정 앞에서는 안 되는 것이 없다는 신화를 만들었다.

서울올림픽 유치를 비롯해 온갖 국제 행사 유치에서도 그의 리더십과 추진력이 결정적 기여를 했다. 1998년 6월 16일 남북 화해를 기원하는 마음으로 소 1000마리를 북한으로 보내는 드라마도 연출했다. 그는 "청운의 꿈을 안고 소 판 돈 70원을 갖고 집을 나섰다. 이제 그 한 마리의 소가 1000마리가 되어 (아버지에게) 그 빚을 갚으러 그리운 고향 산천을 찾아간다"고 감회를 밝혔다.

고리원자력발전소 기공식 참석(1971)

제조업의 꽃인 자동차산업에서 현대자동차는 벤츠·BMW·아우디·도요타와 경쟁하는 글로벌 기업이 됐다. "해봤어?" 일이 막혀 쩔쩔매는 현대 직원들에게 그가 자주 하던 말이다. 도전하면 못할 게 없다는 경영의 신들이 있었기에 '한강의 기적'이 가능했던 것이다.

SK·LG·한화·두산·한진·금호아시아나·롯데그룹 창업주들도 '한강의 기적'을 일으킨 주역들이었다. 이들은 수출 드라이브정책의 첨병들이었고 이들의 성장과 함께 한국 경제도 성장했다. 박정희 집권 초기만 해도 한국은 주요 수출품이 가발일 정도로 후진국이었다. 1960년 북한의 수출액은 연간 2억 달러에 달했지만 남한은 3280만 달러에 불과했다. 박정희는 수출입국을 경제 발전의 핵심방향으로 설정했다. 수출은 정권이 안정기에 들어선 1964년부터 본격화했다. 그해 한국은 수출액이 처음으로 1억 달러를 넘어서고, 무역 규모는 5억 달러세계 68위를 기록했다. 그러자 박정희는 "수출만이 살 길"이라는 생각을 갖게 됐다. 1965년부터 수출진흥회의를 직접 주재하며 수출에 드라이브를 걸었다.

박정희는 북한과의 체제 경쟁에서 앞서기 시작했던 1970년대로 들어서면서 경제 발전에 더욱 매진했다. 민주주의 질서가 파괴되면서 출범된 유신체제의 경제적 목표는 100억 달러 수출, 1000달러 국민소득 달성이었다. 그 수단으로 중화학공업을 선택했다. 그는 1973년 1월 12일 연두기자회견에서 "우리나라의 공업은 이제 바야흐로 중화학공업화 시대에 들어갔습니다. 따라서 정부는 이제부터 중화학공업 육성의 시책에 중점을 두는 중화학공업 정책을 선언하는 바입니다"라고 말했다.

그는 중화학공업 육성만이 북한과의 체제 경쟁에서 이기고 한국 경제의 압축성장을 가능하게 한다고 판단했다. 북한의 군사적 위협 때문에 중화학공업은 언제라도 군수품을 만들어 낼 수 있다는 점도 집중적인 육성 배경이었다.

이를 계기로 한국의 중화학공업은 철강·석유화학·전자공업·조선·자동차·전력 등 다양한 분야에서 추진됐다. 이들 분야는 모두 무에서 유를 창조하는 과정이었다. 박정희는 미국·일본 등 선진국에서 생산시설과 기술의 도입을 지원한 것은 물론 정부의 금융 지원까지 중화학공업에 집중시켰다. 한국은행에 따르면 1975년 중화학 분야의 대출금리는 연 12%였지만 물가상승률은 25.2%에 달했다. 중화학공업 육성에 따라 땅값이 뛰고 수요가 급증하면서 나타난 현상이었다.

경제가 발전하는 과정에서 물가 상승은 불가피하다. 일반 서민은 물가 상승에 따른 고통을 피할 수 없다. 정부가 선택과 집중을 통해 될성부른 기업만 집중적으로 지원한 결과 금융 지원과 경제력이 특정 대기업에 집중되고, 대기업과 중소기업과의 격차도 벌어졌다. 중화학공업정책의 그늘로 꼽히는 부분들이다.

하지만 한국은 이를 통해 고도성장을 이룰 수 있었다. 더구나 중화학공업은 훗날 한국이 가까운 일본·중국은 물론 서구 선진국과 당당하게 경쟁할수 있는 기반이 됐다. 국내 기업들은 대규모 사업을 통해 조직관리와 해외시장 개척, 대규모 물류 체계를 구축하고 선진기업 경영기법도 터득해 글로벌 기업으로 성장했다. 국민들은 국산 자동차·가전제품 등을 보유함으로써 생활수준을 높일 수 있게 됐다. 세계 최고수준의 도로·교량·항만·공항·지하철 등 국민이 이용하는 각종 생활인프라와 수출입 시설도 중화학공업의 발전에 크게 힘입었다.

수출 주도와 중화학공업 육성정책 덕분에 한국은 1970년 10억 달러에 이어 1977년 100억 달러 수출을 달성했다. 10억 달러에서 100억 달러가 되는데 일본은 16년, 서독은 11년이 걸렸다. 한국은 불과 7년이 걸렸다. 박정희는 100억 달러를 달성했을 때 "이제 우리의 새로운 출발점으로 삼자"고 말했다.

훗날 한국은 세계 9위권의 무역대국으로 성장한다. 박정희가 뿌린 수출 드라이브정책이 꽃을 피운 것이다. 한국은 2011년 수출액과 수입액을 합친 연간 무역 규모가 1조 달러를 돌파했다. 1962년 경제개발 5개년 계획이 시작된 지 50년 만의 성과로 그 사이 무역 규모는 4억 7800만 달러에서 2000배 이상 증가해 세계 65위에서 9위로 올라섰다. 수출액은 처음으로 5000억 달러를 넘어서 세계 7위를 기록했다. 우리보다 앞서 무역 1조 달러를 달성한 나라는 미국·독일·중국·일본·프랑스·네덜란드·이탈리아·영국 등 8개국이다. 한국은 아홉 번째로 1조 달러 클럽에 가입한 것이다.

'경제컨트롤 타워' 경제기획원

박정희는 재임 18년 동안 우수한 테크노크라트technocrat를 적극적으로 발굴하고 육성했다. 그 통로는 경제기획원EPB·Economic Planning Board이었다. 경제기획원은 군사정변의 서슬이 퍼렇던 1961년 7월 22일 설립됐다. 이승만 정부에서 운영됐던 기획처와 부흥부가 모태가 됐다. 군 출신인 박정희는 참모 조직처럼 경제 전체를 총괄하는 경제사령탑의 기능과 필요성을 중시했던 것이다. 영문 명칭이 뜻하는 그대로 기획과 예산을 총괄하는 경제사령탑이었다.

일사불란하게 경제정책을 펴 온 박정희 스타일답게 경제기획원은 한국 경제를 지휘하는 헤드쿼터 역할을 했다. 경제개발 5개년 계획도 모두 이곳 관료들의 머리와 손에서 구체화됐다. 기획원이 계획을 세우면 재무부와 상공부가 실천에 나섰다.

기업의 제품 생산과 은행의 융자 대상도 이들 정부부처를 통해 결정됐다. 선택과 집중의 경제개발이 가능했던 배경이다. 그 바람에 한국 경제는 관치경제, 관치금융의 부작용도 겪어야 했다. 1960~1970년대는 재무부 장관이 은행장은 물론 부장급 인사까지 챙기던 시절이었다. 정부가 효율적인 경제 성장을 위해 키울 기업과 산업을 결정했기 때문에 자금줄을 꽉 쥐고 있었던 것이다. 이런 구조는 세계에서 유례없이 짧은 기간에 압축성장을 달성하게 된 원동력이기도 했다.

경제기획원 장관은 부총리를 겸하면서 경제부처 전체를 이끌었다. 장기영·김학렬·남덕우·신현확 등이 대표적인 인물들이다. 이들은 책상에만 앉아 있지 않았다. 예를 들면 포항제철은 박정희를 축으로 경제사령탑 김학렬과 야전사령관 박태준의 쌍두마차가 일으켜 세운 회심의 작품이었다. 1969년 경제부총리에 오른 김학렬은 특유의 조직 장악력과 추진력으로 개발연대의 경제사령관 역할을 했다.

박정희가 '한강의 기적'을 일으키는 데는 이처럼 탁월한 경제 관료들의 역할이 컸다. 부총리를 지낸 강경식이 2010년 발간한 『국가가 해야 할 일, 하지 말아야 할 일』에는 숨 가쁜 경제개발 과정에서 경제관료들이 겪은 애환이 드러나 있다.[30]

그는 경제 관료로 있으면서 박정희부터 김영삼까지 대통령 여럿을 보좌

했다. 그는 "어려운 나라 경제를 위해 일한다고 생각했지 대통령을 중심에 두고 일한다고 생각하지 않았다"고 회고했다. 개발연대에는 매일 전쟁을 치르는 것처럼 일했다. 1972년 말 물가정책국장을 맡았을 때였다. 그의 임무는 '3% 물가안정'이었다. 8·3 조치로 불렸던 사채동결 조치를 하면서 정부가 물가를 3% 이내로 안정시킨다고 약속한 데 따른 것이었다. 물가안정 없는 경제성장은 물거품이기 때문이다.

물가와의 전쟁에서 에피소드도 많았다. 소주 원료인 주정 가격은 올랐지만 소주 가격은 계속 묶어두자 업계는 소주 도수를 낮췄다. 이렇게 내려가기 시작한 소주 도수는 훗날 20도 이하까지 내려왔다. 정부의 물가 잡기와 업계의 물가 올리기 숨바꼭질 과정에서 상품이 다양화한 것이다.

강경식은 당시를 회고하며 "정부가 해야 할 일인가 아닌가를 가리는 일은 한 번으로 끝나지 않는다. 늘 관심을 가지고 주의 깊게 챙겨야 한다. 다른 길로 갈 기미가 보이면 바로 나서서 이를 바로 잡아야 한다. 이는 정부에게만 맡겨둘 일이 아니다"라고 강조했다.

그린벨트·부가가치세·건강보험 도입 견인차

경제기획원을 중심으로 육성된 경제 관료들은 1970년대부터 고도의 전문성을 발휘하기 시작했다. 개발제한구역그린벨트과 부가가치세 같은 경제제도는 이 같은 경제 관료들의 노력과 전문성이 있었기 때문에 가능했다.

이런 노력에도 불구하고 모든 정책이 최상의 결과를 가져온 것은 아니다. 부동산정책은 역대 어느 정부에서도 완벽한 정책이 있을 수 없다는 점을 단적으로 보여주는 이슈였다. 이승만이 사실상 자본주의 원리를 부정해가면서 추진한 농지 개혁 이후 역대 대통령들에게 부동산만큼 풀기 어려운 문제는 없었다. 부동산은 한국 경제성장 과정에서 최대의 골칫거리이자 많은 사람들에게 기회이기도 했다. 본격적인 투기대상이 되기 시작한 것은 경제개발이 본격화된 박정희 정부 때부터다.

당시 정부는 산업화 진전에 따라 급속도로 도시가 팽창하자 수도권 집중을 막기 위해 개발제한구역제도를 도입했다. 이 제도는 시가지가 무한대로 팽창하는 것을 막고 전 국토 산림녹화를 위한 목적으로 추진됐다. 아이디어는 박정희가 선진국을 방문할 때 받은 깊은 인상에서 비롯됐다. 그가 본 서구 선진국은 고층 빌딩도 많았지만 산은 나무들로 빽빽이 들어차 있었다. 우리나라 산은 이미 일제강점기 때 땔감으로 나무가 베이고 민둥산이 된 이후 한국전쟁으로 완전히 벌거숭이가 됐었다.

1971년 7월 서울 지역에 최초로 그린벨트가 지정됐다. 국토해양부에 따르면 1972년 8월에는 수도권 안에서 두 배로 확대됐다. 이후 1977년까지 전 국토의 5.4%가 편입됐다. 그린벨트 정착으로 난개발과 무허가 건축에 제

경제기획원·재무부 초도 순시(1964)

동이 걸리고 붉은 산은 푸른 숲으로 변모했다. 이를 강화하기 위해 박정희 정부는 '입산금지入山禁止'라는 푯말을 전국 방방곡곡에 세웠다. 이런 노력으로 한국에선 선진국 못지않게 산림이 풍요로워지면서 홍수 피해도 점차 줄어들었다.

선진 제도가 앞선 일본조차 부러워하는 부가가치세는 1977년 7월 도입됐다. 모든 경제 활동의 단계마다 10%의 세금이 부과되는 간접세다. 선진국에서는 '소비세'로 불리는 이 세제는 주요 국가에서 시행되고 있다.

선진국 중에는 유일하게 일본만 소비세가 없었는데 뒤늦게 이 제도를 도입하느라 심한 조세저항에 부닥쳤다. 일본에서는 1989년 4월 다케시타 노보루竹下登 내각이 3%의 소비세를 처음 도입하자 자민당이 참의원 선거에서 대패했다. 이후 1997년 4월 세율을 5%로 인상하자 호소카와 모리히로細川護熙 총리 역시 참의원 선거에서 참패한 뒤 퇴진해야 했다. 이후 일본은 증세가 필요했지만 조세저항에 부닥쳐 한 발자국도 나가지 못하고 있다. 경제협력개발기구OECD의 평균 세율17.7%보다 한참 낮은 수준인데도 불황이 지속되면서 거센 조세저항에 부닥치고 있는 것이다.

유신체제 종말 앞당긴 부가가치세

한국에서도 부가가치세는 진통 속에 시행됐다. 도입 이듬해 치러진 12·12 총선에서 공화당은 유신 체제에 대한 반발과 맞물려 신민당에 참패했다. 기획재정부에 따르면 부가가치세는 2008년 기준으로 전체 세수에서 가장 큰 비중인 27%를 차지하고 있다.

한국이 세계에서 보기 드문 건강보험 체계를 갖고 있는 것도 테크노크라트들의 기여가 컸다. 박정희는 의료보험이라는 이름으로 1977년 7월 1일 건강보험제도를 처음 도입했다. 처음에는 500인 이상 사업장 근로자를 대상으로 직장의료보험만 시작했으나 1989년 지역의료보험이 도입되면서 자영업자와 전업주부도 가입하는 전 국민 건강보험 시대가 열렸다. 박정희가 닦아놓은 토대 위에 노태우가 범위와 대상을 확대한 것이다. 이를 이어받아 김대중 정부가 건강보험의 운영 효율화를 위해 2002년 1월 국민건강보험 재정건전화 특별법을 제정하면서 2003년 7월 직장·지역 건강보험의 재정 통합이 이뤄졌다.

건강보험 적용인구는 2021년 말 기준으로 5293만 명에 달해 사실상 전 국민이 혜택을 보고 있다. 이 중 65세 이상 노인이 891만 명에 달한다.

국민 전체가 건강보험 혜택을 보는 나라는 드물다. 더구나 노인층이 주요 이용자라는 점에서 없어서는 안 될 제도가 됐다. 소득분배 측면에서도 효율적인 구조를 갖고 있다. 직장 가입자의 경우 건강보험료는 2023년 기준으로 보수월액의 6.99%절반은 회사부담로 책정되기 때문에 소득이 많은 사람일수록 보험료도 많아진다. 평균적으로 보면 고소득자가 저소득층의 보험료를 간접적으로 부담해주는 구조를 갖고 있는 것이다.

...

총성으로 끝난 18년 개발독재

박정희는 한국 현대사에서 가장 논쟁적 인물로 꼽힌다. 만주·일본에 이어 광복 이후 한국까지 육군사관학교만 세 번을 다닌 엘리트 군인이었다. 그 당시 평균 키가 작았다고 해도 그는 유난히 키도 작은 편이었다. 공산주의에 일시적으로 경도돼 있기도 했지만 한국전쟁을 통해 그는 온전히 한국의 군인이 된다. 엘리트 군인으로서 그는 확고한 입지를 다지고 군에서 리더십을 발휘했다.

그를 불러들인 것은 이승만 정권의 부패와 무능이었다. 후진국에서 일상적으로 일어나는 군사 쿠데타를 통해 집권한 그는 18년간 철권을 휘두른다. 북한과의 긴장 관계도 이런 상황을 허용하는 배경이 됐다. 그 기간 중 경제만큼은 경이적인 성과를 거두었다. 장기 집권을 통해 장기적인 국가 주도 경제를 계획할 수 있었다.

반면 그늘도 깊이 드리워졌다. 민주화가 묵살되면서 정권 내부에 피로도와 불만이 쌓여 나갔다. 총성은 1979년 10월 26일 청와대 근처 궁정동 안가에서 울려 퍼졌다. 그의 경북 구미 고향 후배이자 중앙정보부장이었던 김재규가 정권 내 자신의 입지에 불만을 품고 절대권력의 가슴에 총구를 겨냥했다. 김재규는 사형에 앞서 최후진술에서 "독재 정치로 인해 발생하는 많은 국민의 희생을 막기 위해 대통령 한 사람을 제거할 수밖에 없었다"고 밝혔다.

개발독재는 이후 중국 덩샤오핑의 개혁개방에 절대적인 영향을 미친 것을 비롯해 전 세계 빈곤국의 경제 발전 모델로 채택되었다. '한강의 기적'은 세계사에서 유래가 없는 성과였다는 반증이다. 산이 깊으면 골이 깊다고 하듯 그림자도 크다. 대기업과 성장 주도의 경제 발전은 부의 편중을 초래했기 때문이다. 이는 이후 민주화 과정에서 신랄한 비판을 받는 빌미가 된다.

더구나 개발독재를 통해 형성된 제도와 관행이 깊게 뿌리내리면서 편법과 특권이 판을 치는 부작용도 낳았다. 물론 이러한 문제를 제도적으로 개선하는 것은 후대의 역할이기도 하다. 시대와 기술이 바뀌면 과거의 낡은 제도와 관행은 버리고 혁신을 통해 새롭게 고쳐나가야 하기 때문이다. 더구나 노동집약적 산업과 중화학에 의존했던 개발독재 방식의 경제 발전 모델은 국경이 없는 글로벌 경제에서는 통용되기도 어렵다.

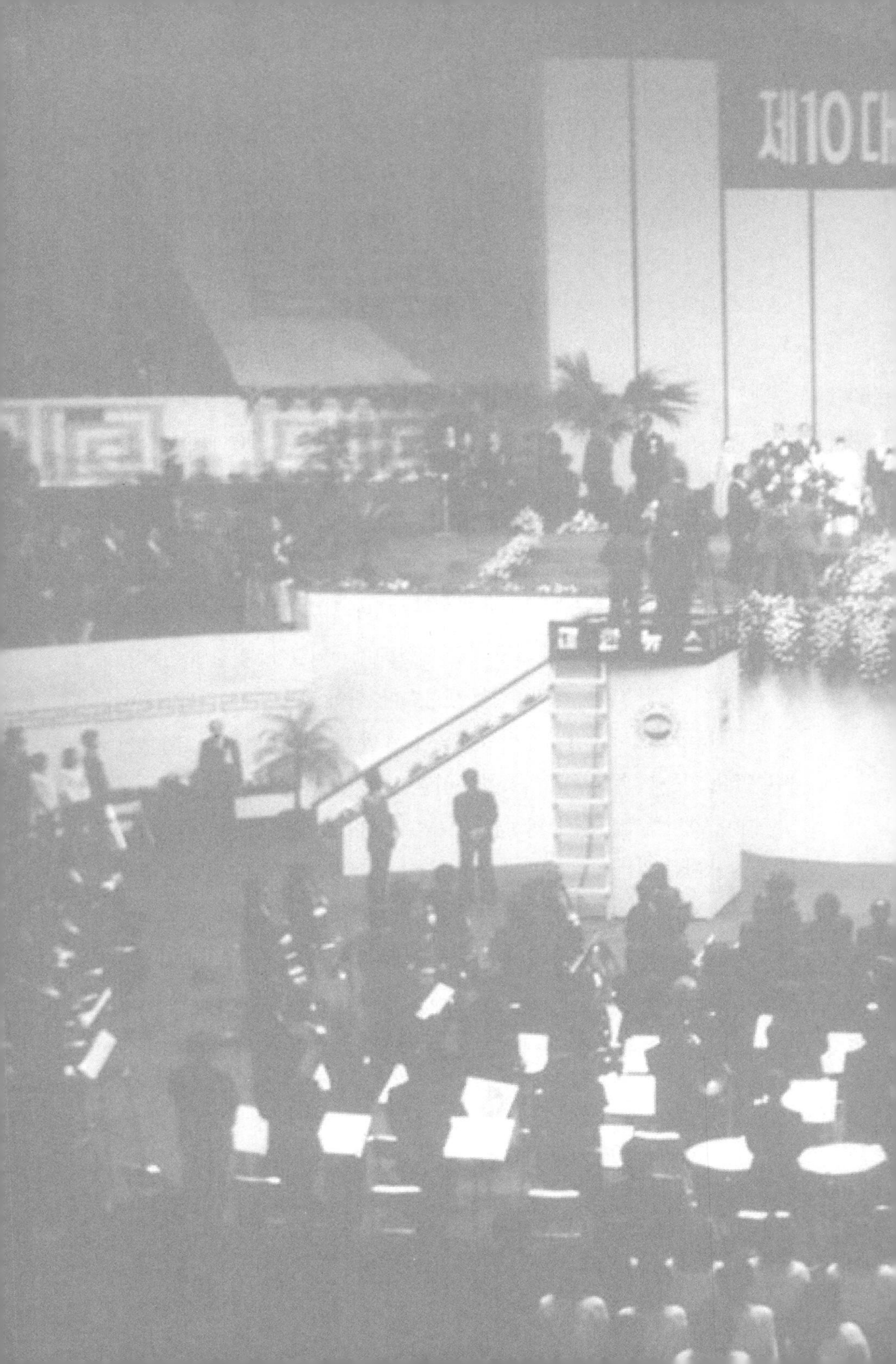
제10
대한뉴스

최규하

개방경제 체제에 올라서다

재임기간 1979년 10월~1980년 8월(권한대행 기간 포함)

1919년 7월 16일	강원도 원주 출생
1937년	경기고등학교
1941년	도쿄고등사범학교 영어영문학
1943년	중국 다퉁학원 정치행정학
1945년~1946년	서울대 사대 교수
1946년~1948년	중앙식량행정처 기획과장
1948년~1951년	농림부 양정과장
1951년~1951년	농림부 귀속농지관리국 국장서리
1951년~1952년	외무부 통상국장
1951년~1952년	ECAFE무역진흥회 수석대표
1952년~1957년	주 일본대표부 총영사
1957년~1959년	주 일본대표부 참사관
1958년	제4차 한일회담 대표
1959년~1959년	주 일본대표부 공사
1959년~1960년	외부부장관 직무대행
1963년~1964년	외무부 본부대사
1963년~1963년	대통령 권한대행 국가재건최고회의 의장 외교담당고문
1964년~1967년	주 말레이지아연방 특명전권대사
1967년~1971년	제14대 외무부 장관
1968년 제19차	콜롬보계획자문위원회 각료회의 의장
1971년~1975년	대통령 외교담당 특별보좌관
1972년~1976년	남북조절위원회 서울측 위원
1972년	남북조절위원회 대표로 평양방문
1975년~1976년	국무총리 서리

1976년~1979년	제12대 국무총리
1979년	한국외국어대학교 명예문학박사
1979년	대통령 직무대행
1979년~1980년	통일주체국민회의 의장
1979년~1980년	제10대 대통령
1980년	국가보위입법회의 의장
1980년	대통령직 사임
1981년~1988년	국정자문회의 의장
1985년	강원대학교 명예법학박사
1991년~1993년	민족사바로잡기국민회의 의장
2006년	10월 22일 서거

"민주주의란 단순히 외형적인 제도의 모방만으로는
정착되기 어렵고, 먼저 국가적인 현실에 입각하여
우리의 사고와 행동양식을 합리화함으로써 구현된다."

1979년 12월 21일 대통령 취임사

격동의 시대였다. '한강의 기적'을 실행한 박정희가 장기집권 끝에 퇴장하
자 민주화의 기대가 무르익었으나 전두환·노태우가 주도한 신군부가 등장
했다. 최규하는 이 격변의 소용돌이 속에 전례 없는 대통령 직무대행을 맡게
됐다.

외풍에 시달리는 불안한 개도국

실질적인 권력은 신군부에게 있었다. 최규하의 재임은 대통령 권한대행
기간을 포함해 10개월에 그쳤다. 그러나 이 기간 대한민국은 경제적으로 절
체절명의 순간에 직면하고 있었다. 오일쇼크가 연이어 발생하고 고금리 충
격이 전 세계를 강타하던 때였다. 한국은 한강의 기적을 통해 가까스로 자립
경제의 기반을 마련했지만 지구촌에서는 간신히 빈곤국에서 벗어난 개발도
상국에 불과했다. 한줄기 외풍이라도 몰아치면 금세 쓰러질 수 있는 취약한
형국이었다.

최규하 대통령 취임식(1979)

1979년 12월 21일 제10대 대통령에 취임사에서 당시 경제적 어려움이 묻어 있다.

"지금 우리가 당면한 어려움 중에서도 세계적인 경제난이야말로 가장 심각한 시련이라고 하지 않을 수 없습니다.
이미 언급한 바 국제경제의 혼미와 침체는 앞으로 각국의 경제에 대하여 공통적으로 물가고와 저성장, 교역의 부진과 실업증대 등의 현상을 심화할 것이 예측되며, 개방체제인 우리나라의 경제도 이에 예외일 수는 없습니다.
이같은 국제경제의 여건은 내년도 우리나라 경제에 큰 어려움을 주게 될 것이며, 예컨대 원자재가격의 앙등 등으로 인한 수출신장세의 둔화, 성장률의 저하, 그리고 고용 면의 문제 등을 가져오게 될 것입니다."

경제 뒤흔든 에너지 위기 직면

무엇보다 석유 한 방울 나지 않는 한국의 처지가 벼랑 끝에 몰렸던 시절이었다. 그때나 지금이나 한국은 오일쇼크에 매우 취약하다. 자동차, 조선, 반도체, 스마트폰 같은 주력 산업으로 외화를 벌어들여도 에너지 파동이 일어나면 밑 빠진 독에 물 붓기가 된다. 애써 벌어들인 외화를 석유 수입에 투입하기 때문이다. 그래서 한국에는 원자력발전이 필수 에너지원이 될 수밖에 없다. 그때나 지금이나 에너지의 효율적인 사용과 절약은 한국의 숙명이라고 할 수 있다.

> "특히 우리 경제는 거듭되는 석유가격의 앙등으로 추가적 부담이 가중되어 국제수지의 불균형이 더욱 확대될 것이 우려됩니다. 최근의 원유가격의 동향으로 보아 내년도 원유확보에 따른 추가적인 부담이 30억 불에 달할 경우마저 상정되고 있습니다. 부언하면 이는 우리 국민의 소득이 그만큼 소멸당함을 뜻하며, 국민생활에 큰 어려움을 안겨 주는 것이라 하겠습니다. 이에 대처하여 정부는 외부의 충격을 가능한 한 완화 흡수하여 우리 경제의 안정화를 도모하고 국민생활의 안정을 이룩하는 데 최대의 노력을 경주할 것입니다.
> 또한 '에너지'를 비롯한 각종 자원의 효율적인 사용을 위하여 기술 및 과학의 진흥에 힘쓰면서 범국민적인 '에너지' 절약운동을 전개해야 하겠습니다. 그러나 솔직히 말하여 정부의 힘만으로는 이같은 난국을 타개하고 우리 경제의 안정적 성장을 이룩하기 어려운 실정입니다. 정부와 국민 전체, 그리고 근로자와 기업인이 각기 참고 견디며, 근검절약하는 가운데 혼연일체가 되어 이 어려운 과제를 해결해 나가야만 하겠습니다."

법치와 민주질서의 회복 강조

이때는 한국이 갈림길에 서 있던 시기였다. 산업화의 기반을 마련해 신생 공업국가로 도약했으나 급격한 산업화 진전에 따라 부동산을 비롯한 경제적 격차가 고개를 들던 시대였다. 국가적으로 고도성장의 궤도에 오르면서 경제 곳곳에 거품이 발생하면서 불균형과 마찰이 파생되기 시작했다.

> "지금 우리는 1970년대를 마무리하고 1980년대를 맞이하는 역사의 큰 전환기에 있습니다. 우리는 지난날 3차에 걸친 경제개발5주년계획의 성공적인 추진으로 이미 산업화의 기반을 마련하고 신생공업국가로 국제무대에 등장하였습니다. 그러나 급속한 산업화의

진전에 따라 경제적, 사회적 변동이 일어나고, 이로 인하여 가치체계의 불안정이 초래됨으로써 부분적으로 마찰과 갈등, 그리고 새로운 문제가 파생되기도 하였습니다.

이러한 문제들과 우리가 요구하는 자유민주주의의 원칙하의 발전과제와는 서로 연관성이 있다고 생각합니다. 그것은 민주주의란 단순히 외형적인 제도의 모방만으로는 정착되기 어렵고, 먼저 국가적인 현실에 입각하여 우리의 사고와 행동양식을 합리화함으로써 구현될 수 있기 때문입니다. 다시 말하면 자유에 대한 책임, 권리에 대한 의무 등이 서로 균형을 이루도록 국민 모두가 노력해야 한다는 것입니다. 또한 우리는 문명국가의 불가결의 요건인 법치국가의 국민이라는 자각과 긍지를 지녀야 할 것입니다."

재임 기간이 짧아도 최규하의 인식은 명확했다. 그는 경제적 안정이 이루어지려면 민주주의와 법치가 함께 자리를 잡아야 한다고 강조했다. 선진국의 양 수레바퀴가 경제성장과 민주 질서의 확립이라는 불변의 진리를 제시했다.

전 두 환

경제 개발 열매를 맺다

재임기간 1980년 9월~1988년 2월

1931년 1월 18일	경남 합천 출생
1951년	대구공업고등학교 졸업
1955년	육군사관학교 졸업
1960년	미국 육군보병학교
1961년	육군본부 특전감식 기획과장대리
	최고회의 의장실 민원비서관
1963년	중앙정보부 인사과장
1966년	제1공수특전단 부단장
1967년	수도경비사령부 제30대대장
1969년	육군참모총장실 수석부관
1970년	제9사단 29연대장
1971년	제1공수특전단 단장
1973년	육군 준장
1976년	청와대경호실 차장보
1977년	육군 소장
1978년	제1사단장
1979년~1980년	국군보안사령관
1980년	육군 중장
	제10대 중앙정보부 부장서리
	국가보위입법회의 상임위원장
	육군 대장
	육군 대장 예편
1980년~1981년	제11대 대통령
1981년~1988년	제12대 대통령
1981년~1987년	초대 민정당 총재
1987년~1988년	민정당 명예총재
1988년	국가원로자문회의 의장
2021년 11월 23일	서거

"우리의 지혜와 땀으로
흑자 경제의 달성이라는 신화를 창조했다."

1986년 11월 28일 수출의 날 기념식

전두환은 이승만이 밑그림을 그리고 박정희가 쌓아 올린 경제적 유산을 고스란히 넘겨받았다. '한강의 기적'이 가져 온 과실을 따먹고 3저 호황을 누린 행운의 대통령이었다. 하지만 언제나 그랬던 것처럼 국내외 경제 여건이 순풍에 돛단 시절은 아니었다.

오히려 그가 집권했을 때 국내외 경제 환경은 극도로 나빠져 있었다. 1970년대 두 차례의 오일쇼크 충격은 에너지를 전적으로 수입에 의존하는 한국 경제를 휘청거리게 만들었다. 설상가상으로 1980년 민주화의 열망이 가득했던 이른바 '서울의 봄'이 신군부에 의해 무산되면서 국내 정치는 불안하고 사회는 혼란스러웠다.

이런 혼란을 수습하고 국민의 불만을 달래기 위해서는 신속한 경제안정 대책이 필요했다. 그는 무엇보다 강력한 물가안정정책을 폈다. 당시 한국 경제는 꾸준히 성장해 1980년 1인당 국민소득은 1686달러를 기록하고 있었다. 국민은 보릿고개에서 벗어나 살림살이가 펴지기 시작했지만 만성적인 인플레 고통에 시달리고 있었다. 물가안정 없이는 경제안정도 기대하기 어려웠다.

한국 경제가 세계의 중심에 진입할 수 있도록 발판이 된 중화학공업도 후유증을 앓고 있었다. 중화학공업 육성정책에 집중한 결과 원자재 수입 가격과 땅값 상승의 여파로 경제가 만성적인 인플레에 시달리고 있었기 때문이다. 전두환은 산업 구조조정을 통해 중화학공업 부문의 중복 투자를 해소했다. 이에 따라 1980년대 국내 기업들은 첨단 분야의 제조업 진출을 본격화했다. 기업들이 박정희 시대에 기틀이 마련된 조선·철강·건설을 토대로 꽃을 피울 수 있었던 반도체·신소재·유전공학·컴퓨터·통신 등에 본격적으로 진출한 것이다. 여기에 1986년부터 본격화한 3저 호황은 이들 분야에 진출한 기업들이 급성장할 수 있는 환경을 제공했다. 한국 경제의 핵심 경쟁 분야가 이때 기반을 구축한 것이다.

강력하게 밀어붙인 물가 안정책

전두환은 집권 초기에 물가안정을 강력하게 밀어붙였다. 가격 인상을 억제하고 임금 인상도 자제하게 했다. 이런 강력한 물가안정 드라이브로 1980년 28.7%에 달했던 물가 상승률은 불과 2년 만에 한 자릿수로 떨어졌다. 1982년 7.19%를 기록한 물가 상승률은 그의 임기 동안 2%대까지 내려갔다.[31] 소비자들은 만성적인 물가고에서 벗어나자 전두환의 경제정책을 환영했다. "경제만큼은 전문가들에게 맡겨야 잘할 수 있다"는 전두환의 소신도 성과를 극대화하는 원동력이 됐다.

그러나 정부 주도의 드라이브를 거는 바람에 어느 정도 시장경제 원리를 거스르는 측면이 있어 후유증이 적지 않았다. 수요공급에 따른 시장원리가 왜곡되면서 기업 자율성이 훼손되고 임금 인상이 억제되면서 임기 후반에 접어들자 노사관계가 극도로 나빠졌다. 수치상으로는 경제안정이 이뤄졌지만 국민의 소득증대 갈증을 해소해주지 못했다. 이런 후유증들은 후임 노태우 정부가 모두 떠안아야 했다. 억눌렸던 근로자의 욕구가 민주화 바람을 타고 한꺼번에 분출되면서 임금 인상만 요구하는 '귀족 노조'가 등장한 것이다.

집권 후반기에는 환율·금리·유가 등 경제 운용의 필수요소들이 모두 한국 경제에 유리한 방향으로 움직였다. 전두환 정부는 3저 호황의 덕을 톡톡히 봤다. 내부에서 물가안정으로 내실을 다지고 밖으로는 훈풍이 불어와 한국 경제는 왕성한 성장세를 보였다. 박정희가 물려준 성과에 살을 붙여 키우고 선진 경제제도 도입에도 힘을 쏟았다. 부패 해소와 효율 제고를 위해 부실기업 정리에 나섰고 더 나아가 공정거래법과 소비자보호법을 시행했다. 기업들을 압박하는 이런 제도들은 훗날 국내 기업의 경쟁력을 높이고 소비자 권리를 보호하는 선진 경제제도 발전에 기여하기도 했다.

서울올림픽을 유치함으로써 한국이 경제, 사회, 국제적으로 크게 업그레이드된 계기도 전두환 정부에서 만들어졌다. 정통성 결여에 따른 대국민 인기정책으로 폄하돼 온 스포츠·스크린영화 진흥, 컬러 TV 도입도 국민 여가 증진과 기업의 글로벌화, 경제 고도화의 디딤돌로 작용했다. 과외 금지와 본고사 폐지, 단계적인 평준화 조치도 고비용 구조를 낮추는 개혁정책이었다. 유신 체제에 대한 반동으로 폐지 목소리가 높았던 경제개발 5개년 계획을 이어나간 것도 안정적인 경제성장의 원동력이 됐다.

단군 이래 첫 호황을 누린 전두환 정부의 경제성장은 결국 국민소득 증가로 이어지고, 이는 시민의식을 높여 한국이 민주화로 가는 디딤돌을 만들었다. 진통은 적지 않았다. 그는 단임제를 약속했으나 임기가 다가오자 우유부단한 태도를 취했다. 그러자 대통령 직선제를 요구하는 학생과 민주화운동 세력의 시위도 갈수록 뜨거워졌다. 측근들이 강경 진압을 건의했으나 올림픽 개최를 앞두고 있는 데다 미국이 민주화를 수용하라고 압력을 넣자 여당 대통령 후보였던 노태우는 6·29 선언을 통해 평화적 정권 이양과 대통령 직선제를 받아들였다. 이는 세계에서 민주화와 경제 발전을 동시에 성취한 유일한 나라를 만든 계기가 됐다.

결국 전두환은 대통령 재임 중 괄목할 만한 경제적 업적을 이뤘다. 박정희의 유산을 고스란히 넘겨받아 과실을 따먹고 3저 호황을 누린 것은 요행이었다고 볼 수 있다. 특히 한국 경제가 침체 위기에 빠졌던 1980년대 중반 이후 달러 환율, 국제 금리, 국제 유가 등 경제 운용에 필요한 필수요소들이 모두 한국 경제에 유리한 방향으로 움직인 3저 호황 덕을 본 것은 큰 행운이었다. 수출에 크게 의존할 수밖에 없는 한국은 원자재 수입액이 많고 공장 가동에 필요한 석유를 100% 해외에서 수입해왔다. 해외 차입이 많은 국내 대기업과 공기업은 물론 정부 차관도 많은 한국으로선 국제 금리가 하향세를 탄 것도 유리한 국면이 됐다. 전두환은 이런 기회를 놓치지 않고 한국 경제의 성장률을 한껏 드높였다.

경제정책의 패러다임 전환

전두환은 경제 문외한이었다. 육사 11기 출신 군인이 하루아침에 대통령이 됐기 때문이다. 하지만 경제를 배우고 이해하려는 노력은 치열했다. 증언에 따르면 경제기획원은 1981년 5월부터 전두환에게 모두 10차례에 걸쳐 제5차 경제사회발전계획을 브리핑했다.

1962~1981년 모두 4차례에 걸쳐 경제개발 5개년 계획이 실시된 뒤 전두환은 그 명칭을 경제사회발전계획으로 변경해 추진했다.[32] 명칭에서 보듯이 전두환은 앞만 보고 달려온 경제성장의 패러다임을 바꾼 대통령이 됐다. 박정희 정부가 경부고속도로 건설의 상징이듯 고속도로를 타고 달려왔다면, 5공 정부는 간선도로와 지방국도를 고루 살피면서 앞으로 나가기 시작한 것이다.

박정희 시절 경제성장은 선택과 집중 전략에 따라 대기업과 중화학공업 중심으로 덩치를 키우는 성장 일변도였기 때문에 피로 현상이 적지 않았다. 배고픔에서 벗어날 수 있다는 것만으로 모든 국민이 인내했고 불만을 표출하지 않았다.

그러나 이 같은 성장 위주의 양적 팽창은 고질적인 인플레 구조를 만들었다. 자고 일어나면 물가가 오르는 시절이었다. 지속 가능한 발전을 위해서는 과감한 정책 전환이 불가피했지만 성장 지상주의는 개발연대의 성역이었다.

브레이크 없는 성장 일변도의 정책 목표는 전두환이 전면에 나서면서 비로소 전환의 계기를 마련할 수 있었다. 마침 5공이 출범할 무렵 세계 경제는 2차 오일쇼크의 여파로 크게 후퇴하고 있었다. 설상가상으로 정치적·사회적 불안까지 가중되면서 1980년 한국은 경제개발 이후 처음으로 마이너스 성장을 기록했다. 물가 상승률은 20%대를 훌쩍 넘었기 때문에 국민들은 극심한 물가고에 시달리고 있었다.

전두환으로선 한국 경제를 다지고 점검하는 새로운 패러다임의 경제정책이 필요했다. 여기에는 그 나름대로의 통찰력이 작용했다. 육사 시절부터 선두주자로 달려온 그는 리더십과 용인술에 일가견이 있었다. 자신이 잘 모르는 일은 전문가를 통해 해결하는 방법을 알고 있었다.

"경제는 전문가에게 맡긴다"

초기에 그 일을 도맡은 전문가는 당시 최고의 테크노크라트였던 김재익 경제수석1938~1983년이었다. 그가 1983년 10월 9일 미얀마 아웅산 테러 사건으로 사망한 뒤에는 사공일이 그 역할을 이어 나갔다. 한국은행 조사역 출신으로 경제기획원에서 경제 관료로 성장한 김재익은 한국 경제가 성장 일변도에서 벗어나 안정화 단계에 들어가야 한다는 견해를 갖고 있었다. 당시 상황은 경제기획원 관료들이 기록한 『祕史 경제기획원 33년 영욕의 한국경제』에 잘 소개돼 있다.[33]

이에 따르면 안정화정책의 기본 인식은 성장 위주의 양적 팽창에 따른 고질적인 인플레 구조가 여러 문제를 야기했기 때문에 과감한 정책 전환이 있어야만 한국 경제의 성장과 발전이 지속될 수 있다는 것이었다.

이런 생각을 구체적으로 구현하는 데는 김재익 수석과 협의를 거친 강경식 당시 경제기획원 차관보가 앞장섰다. 이들 두 경제 관료는 수출지원 축소, 수입자유화 확대, 정책금융 축소, 실질금리 보장, 재정개혁, 중화학공업 지원제도 재검토 등을 주장했다. 하지만 이런 정책은 개발연대의 핵심 경제 노선을 뒤집는 것들이기 때문에 정부 내부는 물론 사회 각계의 우려를 자아냈다.

하지만 안정화는 불가피했다. 수출 지상주의는 원화 가치를 낮게 유지함으로써 수입물가를 높여 만성적인 인플레 구조를 만들고 있었다. 그러나 안정화 조치에 따른 수입자유화 확대는 물가안정 효과를 직접적으로 겨냥할 수 있었다. 더 나아가 중화학공업까지 조정함으로써 외자에 대한 수요를 줄일 수 있었다.

경제의 키워드는 성장에서 안정·능률·균형·자율·개방으로 바뀌었다. 물가안정·개방화, 시장경쟁의 활성화, 지방 및 소외 부문의 개발이 주요 정책 대상이 됐다. 전두환은 이런 경제안정화 정책을 받아들여 총통화공급을 줄이고 금리인하를 목표로 하는 금융정책을 허용했다.

그 결과 1976~1980년 사이 연평균 37%에 이르던 총통화M2[34] 증가율이 1981~1982년 36.3% 수준으로 낮아지고 1983~1985년에는 20% 선까지 안정됐다.[35] 사람으로 치면 언제 뇌졸중이 올지 모를 고혈압 환자의 혈압을 낮추게 된 것이다.

기조 변화의 가장 큰 성과는 한국 경제의 고질적 문제였던 물가안정이었다. 전두환은 "경제를 어렵게 만들고 서민을 괴롭히는 물가만은 반드시 잡겠다"고 거듭 강조하면서 강력한 물가안정정책을 폈다. 이 정책이 주효하면서 1981년 소비자물가 상승률이 13.8%로 안정되고 이듬해에는 2.4%를 기록했다. 1981년의 물가억제 목표가 20%였음을 감안하면 기적 같은 결과가 나온 것이다.

물가안정은 후진국에서 벗어나 선진국으로 향하는 선진경제의 이정표 같은 것이다. 경제불안에 휘둘리는 국가들은 예외 없이 살인적인 물가 상승으로 고통을 받아왔다. 경제 포퓰리즘 정책으로 국가채무가 눈덩이처럼 불어나 선진국 문턱에서 길을 잃고 낙오된 아르헨티나는 물론 브라질·멕시코·베네수엘라 등 남미 주요국가들은 극심한 인플레 때문에 1980년대 잇따라 경제위기에 빠졌다. 아프리카의 수많은 후진국들은 2000년대 이후에도 자고 일어나면 물가가 오르는 극심한 인플레에 시달리고 있는 게 현실이다. 북한이 경제적 궁핍에서 벗어나지 못해 2009년 화폐 개혁에 나선 것도 물자부족에 따른 극심한 인플레 현상의 여파다.

1997년 시작된 아시아 금융위기 때도 인플레가 엄습했고 2008년 세계 금융위기 때도 베트남 등이 극심한 인플레 고통을 받았다. 전두환은 물가를 잡았다는 점만으로도 민생경제 분야에서는 후한 점수를 받을 수 있었다.

이런 경제적 성과는 외국에서도 높게 평가됐다. 전두환 집권이 끝나가던 5공 말에 이르자 미국 월스트리트저널WSJ은 "한국의 전두환 대통령은 참으로 불가사의한 인물이다. 그는 재임 기간에 성장·물가·국제 수지라는 경제 정책의 3대 목표를 한꺼번에 달성한 대통령이었다. 많은 나라의 지도자들이 이들 세 마리의 토끼 가운데 한 마리도 제대로 못 잡아 쩔쩔매는 판에 그는 세 마리의 토끼를 동시에 잡았다. 경이로운 업적을 쌓았다"고 썼다.

그의 집권 기간 중 한국 경제가 괄목할 만한 발전을 기록했다는 것은 경제 지표는 물론 당시 국민들이 느낀 체감경기를 통해 역사적 사실로 남아 있다. 이는 대통령 자신이 직접 앞장서서 경제제일주의 정책을 펴나간 데 따른 결과다. 이는 안정화정책을 받아들여 물가만큼은 잡겠다는 분명한 목표가 있어서 가능했다. 시대 변화에 맞춰 경제 체질을 바꾸는 노력을 한 것도 부인할 수 없는 사실이다.

경제안정화로 개발연대 부작용 해소

안정화정책으로 전두환은 개발연대의 부작용을 크게 해소할 수 있었다. 박정희는 경제개발을 위해 분투하면서 재원을 해외에서 조달했기 때문에 국제 수지는 늘 적자였다. 가진 자원이 없었기 때문에 불가피한 경제 구조였다. 그러다 사상 처음으로 국제 수지 흑자를 기록한 것은 1977년이었다. 1973년 시작된 1차 오일쇼크가 오일달러라는 천재일우千載一遇의 기회를 제공한 덕분이다.

한국은 기회를 놓치지 않았다. 1975년 박정희 정부는 해외건설촉진법을 만들어 건설회사의 해외진출을 독려했다. 20개 건설회사가 정부의 보증을 받아 중동에서 건설공사를 수주하기 시작했다. 이후 건설수주 경쟁이 과열되는 후유증을 낳기도 했지만 해외건설은 정체에 빠진 한국 경제의 돌파구가 됐다.

이 과실은 후임 전두환이 고스란히 따먹었다. 만년 적자였던 국제수지가 1977년부터 흑자로 돌아선 데 이어 전두환 정부에서 경제안정화정책으로 인플레가 진정되면서 한국 경제는 안팎으로 선순환 구조에 접어들었다. 그는 안정화정책을 펴면서도 경제정책의 일관성을 최대한 유지했다. 1981년 12월 공개된 제5차 경제사회발전 5개년 계획서의 머리말에는 이 같은 경제정책의 비전이 제시돼 있다.

> "1982년부터 시작되는 제5차 경제사회발전 5개년 계획은 시대적 요구와 국민적 여망을 투영한 것입니다. 이 계획은 안정 기조를 바탕으로 성장을 추구함으로써 경제사회 각 분야에 걸쳐 균형되고 내실 있는 발전을 이룩하여 국민생활의 질적 향상을 기하고 세계 속의 한국으로 도약할 것을 지향하고 있습니다. 본인은 이제 이 계획이 실천에 옮겨지는 데 즈음하여 경제사회발전의 주체, 즉 이 계획을 집행하고 달성하는 진정한 주체는 바로 온 국민이라는 사실을 강조해 두고자 합니다. (중략) 우리 모두 지금까지 쌓아 온 경험과 슬기, 그리고 저력에 비추어 새로운 결의로써 최선을 다한다면 이 계획은 반드시 성공적인 결실을 맺어 이 계획이 끝나는 1986년에는 80년 불변 가격으로 1인당 국민소득이 2천 불 이상, 국민총생산고가 1천억 불 이상이 될 것으로 확신합니다."

이 주장대로 한국 경제는 1980년대 중반 시작된 3저 호황까지 겹치면서 1986년부터 1988년까지 매년 10%를 넘는 경제성장률을 달성했다. 이는 1980년대 전반기 정책의 중심을 물가안정에 맞춘 덕분이었다. 한국은행 본관 로비에는 '물가안정' 현판이 걸려 있다. 중앙은행 운영의 궁극적인 목표가 물가안정이라는 의미다. 통화가치가 안정돼야 경제 발전의 과실을 국민이 누릴 수 있기 때문이다. 하지만 어느 나라든 선진국 문턱에 이르기 전에는 만성적인 인플레에 시달리는 게 현실이다.

　이런 악순환에서 처음 벗어난 것은 전두환 정부 들어서다. 민주화를 희생해 가면서 일으킨 경제개발이 열매를 맺기 시작했고 안정화정책을 통해 그 체제를 효율적으로 발전시키고 체질을 강화했기 때문에 가능했던 일이다.

...

물가안정과 성장 이끈 '3저'

　전두환의 안정화정책으로 바닥을 다진 한국 경제는 더 나아가 1983~1984년에는 저물가, 안정성장으로 수요를 최소화시키는 데 성공했다. 이는 때마침 시작된 세계적인 3저 현상으로 한국 경제가 1986~1988년 유례없는 호황을 경험하는 토대를 만들었다. 이는 경상수지의 흑자전환, 투자재원의 자립화 등 경제의 질적 구조 강화로 이어졌다.

　한국 경제는 저금리, 저유가, 저환율저달러에 따른 3저 현상으로 글로벌 시장에서 본격적인 발판을 마련할 수 있었다. 금리·유가·환율은 한국 경제성장을 좌우하는 3대 요소였다. 개발연대에는 차입경영이 일반화돼 있었기 때문에 이들 3대 요소는 경제성장에 막대한 영향을 미쳤다. 금리와 유가가 오르면 고용이 축소되고 가계 소비도 위축되므로 경제성장을 가로막는 원인이 된다.

　수출에 의존하는 한국으로서는 환율도 큰 변수다. 1985년 9월 플라자 합의에 따라 시작된 엔고高가 작용했다. 엔화 가치가 치솟으면서 한국 기업들은 해외시장에서 수출경쟁력을 상대적으로 강화시킬 수 있었다. 한국 기업들은 역사적으로 엔고가 진행될 때마다 글로벌 시장에서 힘을 발휘했다. 게다가 당시 한국은 석유와 원자재 대부분을 해외수입에 의존해야 했다. 미 달러화의 약세로 환율이 떨어지면서 한국은 원자재 구매 비용을 줄일 수 있었다. 이 같은 저환율은 이후 해외시장에서 가격경쟁력 부담 요인으로 작용했지만 원자재와 부품·소재의 해외의존도가 높았던 1980년대 중반에는 오히려 기업들에게 유리한 조건이 됐다.

당시 세계 경제는 신자유주의 바람이 불기 시작하면서 시장개방 압력이 거세지던 시기였다. 그 여파로 보호무역과 자유무역이 극심하게 마찰을 일으킬 때였다. 특히 미국과 일본 사이의 무역전쟁은 제2의 태평양전쟁에 비유될 만큼 치열했다.

미국은 신자유주의 기치 아래 아시아에 시장개방을 요구했다. 그들은 2차 세계대전 이후 냉전이 지속되는 동안 새로운 성장동력을 찾지 못했다. 1944년 7월 출범해 미 달러화를 기축통화로 2차 세계대전 이후 국제 사회의 자유무역 체제를 이끌어 온 브레튼우즈 체제가 1971년 8월 15일 미국 리처드 닉슨Richard Nixon 대통령의 일방적인 달러 태환兌換·교환금지 조치로 와해된 뒤부터 자유무역은 크게 쇠퇴했다. 서로 무역장벽을 치면서 무역전쟁이 벌어졌고 일본의 약진으로 미국은 자동차와 전기전자산업 분야에서 뒤처지기 시작했다. 실력에서 밀리자 일본의 보호무역 쪽으로 화살을 돌렸다. 역사적으로 보호무역은 미국의 오래된 정책 기조였지만 아이러니하게도 스스로 보호무역을 공격하고 나선 것이다.

미국은 높은 실업률과 고금리, 기업경쟁력 약화 등 여러 가지 비효율이 누적되면서 만성적인 무역적자 행진을 하고 있었다. 돌파구는 경제 체제 개혁과 자유무역이었다. 이를 위해서는 일본의 높은 무역장벽을 넘어야 했다.

나카소네 야스히로中曽康弘 총리와 로널드 레이건Ronald Reagan 대통령은 여러 차례 만나 미·일 간 무역 불균형에 따른 미국의 무역적자를 해소하는 방안을 논의했다. 이 같은 신자유주의 기치에서도 좀처럼 자국 기업의 경쟁력이 되살아나지 않자 미국은 인위적으로 환율을 조정했다. 선진 5개국 재무장관 회담인 '플라자 합의'였다. 이 조치로 엔화는 달러당 260엔에서 순식간에 120엔으로 급등했다. 한국 원화도 이때 800원대에서 700원대로 절상됐으나 그 폭은 상대적으로 크지 않았다. 상대적으로 달러화 가치를 크게 떨어뜨려 자국 기업의 수출을 자극함으로써 경제에 탄력을 불어넣겠다는 게 미국의 의도였다. 이 여파는 한국에 유례없는 호황으로 다가왔다.

한국 경제 날개 달아준 플라자 합의

버블경제의 절정기로 치닫던 일본 경제는 더욱 활기를 띠면서 미국 경제를 추월할 것처럼 보였다. 일본의 부동산 재벌인 미쓰비시 지쇼三菱地所는 1989년 10월 미 자본주의의 상징인 뉴욕 록펠러센터를 2200억 엔을 주고 구입했다. 또 소니는 콜롬비아영화사를 인수했다. 도쿄 부동산을 팔면 미국 전체를 살 수 있다는 말이 나올 정도로 일본 경제의 위세가 대단할 때였다.

국내 기업들은 이런 국제 정세를 잘 활용했다. 자유무역 기조가 조성되면서 한국 기업들은 북미와 유럽시장으로 빠르게 진출했다. 일류제품은 아니었지만 한국산 제품이 국제 사회에 이름을 내놓고 본격적으로 데뷔하던 시절이기도 했다.

1973년부터 본격화된 중화학공업 육성정책으로 성장의 발판을 마련한 상황에서 1986년부터 3저 호황이 찾아오자 국내 기업들은 빠른 속도로 덩치를 키울 수 있었다. 철강·조선·자동차·전기전자·석유화학 부문에서 글로벌 경쟁이 가능한 기업들이 나타난 것도 이때였다. 일자리도 폭발적으로 늘어나던 시기였다. 삼성전자가 후발주자의 핸디캡을 딛고 반도체산업에 뛰어들 수 있었던 것도 창업자의 기업가 정신뿐만 아니라 새로운 변화를 요구하는 대외 환경의 영향도 컸다. 국내외에서 순풍이 불면서 만성적인 국제 수지 적자에서도 벗어났다. 전두환은 1986년 11월 28일 제23회 수출의 날 기념식 치사에서 그간의 성과를 밝혔다.[36]

"우리는 올해 들어 마침내 건국 이래 줄곧 시달려온 만성적인 국제 수지 적자에서 벗어나 우리의 지혜와 땀으로 흑자 경제의 달성이라는 신화를 창조해냈습니다. 기적과도 같은 이러한 성과는 결코 우연히 얻게 된 요행이 아니며 우리 모두가 온갖 어려움을 딛고서 힘을 모아 이룩해 낸 소중하고 값진 결실이라고 하지 않을 수 없습니다. (중략)

잘 아시는 바와 같이 제5공화국 출범 후 국민과 기업과 정부가 참기 어려운 고통을 분담하면서 우리 경제의 고질이었던 물가 상승의 억제를 위해 혼신의 노력을 다한 결과, 이제 우리 경제에는 안정의 기조가 확고히 뿌리를 내리게 되었습니다. 뿐만 아니라 우리 경제의 구조와 체질을 개선하여 국제 경쟁력을 강화해 나가는 가운데 3저 현상 등 대외경제 여건의 호전을 기민하게 활용하는 슬기를 발휘함으로써, 우리는 알찬 고도성장을 지속하고 국제 수지를 흑자로 전환시키는 획기적인 성과를 거두게 된 것입니다.

특히 근래에 들어와 중소기업의 수출이 눈에 띄게 늘어나고 부가가치가 큰 상품의 비중이 높아져 수출의 저변 확대와 상품의 고급화가 이루어지고 있는 것은 우리 경제의 장래를 더욱 밝게 해주는 고무적인 현상이라고 하겠습니다."

3저 호황의 효과는 노태우 정부 첫해 들어 절정기를 맞았다. 서울올림픽이 열린 1988년 호황이 지속되면서 국민소득이 급증하고 마이카My car 시대의 여건도 만들어졌다. 한국 경제 번영의 상징이 된 마이카 시대는 이미 박정희가 예견했던 일이었다. 1976년 1월 현대자동차가 포니를 처음 생산하자 박정희는 우리 국민도 집집마다 승용차를 보유하는 시대를 맞이할 것이라고 호언했다. 포니 1호차가 울산공장에서 마지막 검사 라인을 통과해 컨베이어벨트를 타고 첫 출시될 때 개발자와 기술자들은 기적이 일어났다는 표정으로 기쁨의 환호성을 지르고 눈물을 쏟아냈다.

1967년 현대 창업자 정주영이 현대자동차를 설립한 뒤 8년 만에 한국 고유 모델의 국산차가 생산된 순간이었다. 아무도 대한민국이 자동차를 독자적으로 만들 것이라고 상상도 못한 시대였다. 국산 자동차를 만들어 수출하겠다며 1972년부터 '자동차공업계획'을 추진했던 박정희 정부도 깜짝 놀랄 일이었다.

당시 일부 지식인과 야당 정치인들은 유신 체제 강화를 위한 감언이설이

중부고속도로 기공식 참석(1985)

라고 의심했다. 일부 정치인은 "운동화도 못 신고 있는 형편에 무슨 자동차냐"고 비아냥댔다. 자체 개발 모델이라고 하지만 포니는 일본 미쓰비시三菱의 1238cc 직렬 4기통 새턴 엔진을 얹었기 때문에 그런 비판이 나올 법도 했다. 당시 서울대 상과대학 교수들도 기술·자본·시장이 발달하지 않은 후진국에서 역사적으로 자동차 생산에 성공한 사례가 없다고 주장했다. 실제로 한국을 제외하면 지금까지도 그렇게 된 적이 없다.

이 성공 신화는 전두환 정부에서 꽃을 피웠다. 국산 승용차가 있고 전국에 도로교통망이 확충되면서 경제력만 있으면 누구나 자동차를 소유할 수 있었다. 자동차 대수 증가에 맞춰 도로 연장도 빠르게 확장됐다. 교통량 증가에 따라 중부고속도로가 1985년 착공되는 등 도로 확장계획이 잇따라 수립됐다.

해외여행 자유화도 3저 호황 덕택에 탄력을 받았다. 1983년 한국관광공사는 2001년을 목표로 '국민관광장기종합개발계획'을 수립했다. 전두환도 박정희 못지않게 10~20년 앞 대계大計를 내다보는 정책을 많이 폈다. 이 계획은 국내여행의 증가, 레크리에이션 활동의 적극 추진, 마이카 시대 드라이브 여행 인구의 급증, 해외여행 증가에 대비한 여가관광 시설의 개발을 강조했다.

대통령 경제사

전두환 정부는 국제 수지가 안정적 균형기조로 정착되던 1983년 1월 1일부터 50세 이상 국민에 한해 사상 최초로 국민의 해외여행을 자유화했다. 200만 원을 1년간 예치하는 조건으로 연 1회 유효한 관광여권을 발급했다. 이는 노태우 정부가 1988년 3월 11일 국민해외여행 자유화 방안을 내놓는 디딤돌이 됐다.

또한 훗날 인천공항을 건설하는 결정적인 원동력이 됐다. 전두환 정부 때부터 해외여행 자유화가 단계적으로 시행됨으로써 김포공항의 수용능력이 포화상태에 빠졌기 때문이다. 1990년 6월 노태우 정부는 넘치는 항공수요를 충족하기 위해 인천 영종도에 동북아 허브공항 건설을 결정한다. 대부분의 국책사업들이 그랬듯 일부 정치인들의 극렬한 반대가 있었지만 인천공항은 현재 핵심 국가자산이 됐다.

부동산 투기 불씨 지핀 3저 호황

3저 호황에 따른 흑자경제가 좋은 것만은 아니었다. 무역 상대국들로부터 통상 마찰을 유발하고 경기과열을 불러왔기 때문이다. 더구나 흑자 확대는 통화 증발로 인플레와 부동산 투기의 불씨를 지폈다. 1986년 국제 수지는 46억 달러 흑자에 이어 1987년 99억 달러, 1988년에는 142억 달러, 1989년에는 293억 달러의 흑자를 기록했다.[37]

이에 따라 전두환 정부는 1987년 4월부터 흑자 관리 대책에 나섰다. 해외 투자를 촉진하고 외채를 조기상환해 해외 부문의 통화 증발이 국내로 유입되지 않도록 했다. 달러가 국내로 들어오지 않게 투기성 외화자금 유입에 대한 감시도 철저히 했다. 그럼에도 흑자 규모는 계속 적정 규모를 초과해 노태우 정부 초반기에도 기조가 바뀌지 않았다.

환율 절상의 타이밍을 놓친 것도 문제였다. 3저 호기를 놓쳐서는 안 된다는 주장이 대세를 이루면서 환율 절상의 시기를 계속 놓친 것이다. 그러는 사이 국제 원자재 가격이 상승하는 등 대외적 여건이 달라진 데다 3저 호황으로 벌어들인 이윤이 생산적 투자가 아닌 부동산·주식 투기로 흘러들면서 기업경쟁력이 급속도로 약화됐다.

미국 정부의 원화절상 압력으로 노태우 정부는 1988년부터 환율을 대폭 절상하고 나섰지만 1989년부터 경제 여건이 본격적으로 악화됐다. 한국 기업들은 결국 3저 호황이 막을 내리면서 가격경쟁력을 잃고 상당히 고전할 수밖에 없었다. 앞으로도 달러·엔·위안·유로 등 주요 통화 간 '환율 전쟁'이 갈수록 격화될 전망이어서 한국은 그 틈바구니에서 생존력을 키워나가야 한다. 그것이 3저 호황의 교훈이다.

...

한국 경제 도약시킨 서울올림픽

서울올림픽은 원래 1979년 초 박정희 대통령과 박종규 대한체육회장의 주도로 유치가 추진됐다. 박정희는 그해 8월 국가 도약의 기회로 서울올림픽 유치 추진을 공식 발표했다. 올림픽 개최는 많은 것을 얻을 수 있는 국가전략이었다. 외교관계를 강화하고 국가인프라를 업그레이드하는 일석이조의 효과가 기대됐다. 그로부터 두 달 후 10·26 사태가 발생하면서 올림픽 유치의 꿈은 백지화되는 것처럼 보였다.

1980년 9월 대통령에 취임한 전두환은 정치적 혼란을 수습하고 실추된 이미지를 개선하는 수단으로 올림픽 유치를 적극 추진했다. 그러나 상황은 어려웠다. 그는 "전임 대통령이 결심한 사항을 특별한 사유 없이 변경해선 안 된다. 역사적 사업을 추진도 안 해보고 패배의식에 젖는 것도 문제"라고 말했다.

반대 의견은 수그러들지 않았다. 당시 관계부처 장관들이 참석한 올림픽 대책위원회에서는 대부분이 한목소리로 유치 철회를 주장했다. 일부 인사들은 올림픽 망국론을 거론하기도 했다. 1980년 실질 경제성장률이 마이너스 1.9%를 기록했는데 올림픽까지 치른다면 재정이 거덜 날 것이란 주장이었다. 일본 나고야名古屋와 표 대결을 해봤자 형편없이 져 망신만 당할 것이란 우려도 나왔다. 한국의 유일한 국제올림픽위원회IOC 위원이던 김택수도 부정적이었다. 이미 국제 사회에서 한국이 유치 신청을 철회할 것이란 소문도 파다했다.

1981년 9월 30일 오후 11시 45분한국 시간 제24회 올림픽 개최지를 결정하는 독일 바덴바덴에서 후안 안토니오 사마란치 IOC국제올림픽위원회 위원장은 "쎄울 피프티투52표, 나고야 투웨니세븐27표"이란 표결 결과를 발표했다. 기적이었다.

유치 성공 신화의 배경에는 전두환의 결심과 정주영의 추진력이 있었다. 전두환이 각계 전문가들의 반대에 부닥쳐 두 손을 들었거나 정주영이 추진력을 발휘하지 않았으면 유치는 불가능했다. 1981년 5월 어느 날 문교부 체육국장이 정주영에게 '유치추진위원장' 위촉장을 들고 왔다. 전두환 대통령과 이규호 문교부 장관의 아이디어였다. 당시 정무 장관을 맡고 있던 노태우는 유치에 적극적이었다.

정주영이 만들어 낸 서울올림픽 유치

핵심 관계자들은 계속 비관적 태도를 보였다. 정주영은 자서전 『시련은 있어도 실패는 없다』에서 "우리나라의 IOC 위원과 올림픽 유치 주최 측인 서울시장은 총회 개막일이 지나도록 오지도 않았다. 우리나라 IOC 위원은 '서울시는 세 표밖에 못 얻는다'며 찬물을 끼얹곤 했다"고 기록했다. 정부 핵심 관계자들의 소극적인 태도에도 불구하고 정주영은 헌신적으로 유치에 나섰다. 모든 IOC 위원을 일 대 일로 접촉해 한국에 대한 지원을 집요하게 요청했다. 그는 다른 자서전 『이 땅에 태어나서』에서 "각국 IOC 위원들을 만나려고 고무줄로 묶은 명함뭉치를 들고 거지들처럼 회의장 밖을 종일 지켰다. 홍보관을 맡을 사람이 없어 (영어 대화가 가능한) 몽준이와 제수씨가 손님을 맞도록 했다"고 당시를 회상했다. 어찌 보면 무모한 도전이었다.

이때 숨은 공로를 세운 사람들은 '바덴바덴 동우회'를 구성해 매년 9월 30일 조용히 자축하고 있다. 바덴바덴의 기적은 오늘의 대한민국을 있게 한 결정적인 계기가 됐다. 전두환의 결심과 정주영의 도전정신이 기적을 일으킨 것이다.

한국의 무역 규모는 서울올림픽을 성공적으로 열었던 1988년 1125억 달러에서 2017년에는 1조 521억 달러로 10배가량 확대됐다. 이와 함께 경제 규모GDP도 1972억 달러에서 1조 5302억 달러로 5배 이상 팽창했다.[38] 영국 언론에 의해 쓰레기통 속의 장미로 평가됐던 한국이 이렇게 극적으로 성장한 것은 서울올림픽을 계기로 한국의 국가브랜드 가치를 본격적으로 세계에 알린 데 크게 힘입었다.

국제 스포츠 대회가 경제 도약의 계기가 된다는 것은 역사적으로 입증됐다. 일본은 1964년 도쿄올림픽을 유치해 고도성장의 절정기를 열었다. 국제 행사는 대회 개최를 위해 필요한 인프라 구축이 필수다. 일본은 방문객들의 원활한 이동을 위해 고속철도 신칸센新幹線을 대회 개최에 맞춰 개통했다. 신칸센은 일본에 교통혁명을 일으키면서 일본 경제를 급속도로 업그레이드시켰다. 일본 최대 도시 도쿄에서 일본의 상업도시 오사카로 출장을 떠나 업무를 해결하고 다시 오후에는 회사로 돌아오는 시대를 연 것이다. 스포츠대회는 이와 함께 경기장과 숙박시설 등 건설산업을 자극했으며, 쇼핑·서비스업 등 3차 산업까지 파급 효과를 미친다.

한국도 마찬가지였다. 전두환의 아시안게임과 서울올림픽 유치 전략은 한국 경제가 순식간에 업그레이드되는 계기를 만들었다. 스포츠를 내세워 국민 불만을 무마하려 한다는 지적도 있었다. 더 나아가 스포츠·스크린·섹스 등 이른바 3S를 동

프로야구 시구(1987)

원해 국민의 관심을 정치와 멀어지게 하려고 했다는 곱지 않은 시선도 있었다.

스포츠는 1981년 12월 창립돼 이듬해 출범한 프로야구가 대표적이지만 나중에는 아시안게임과 서울올림픽까지 3S 맥락에서 비판을 받기도 했다. 스크린은 영화를 의미한다. 정치 체제의 불만을 영화나 보면서 달래라는 시각에서 영화산업을 비판적으로 본 것이다. 섹스는 1980년 컬러 TV 시대의 개막을 건강부회로 연결시킨 경우다. 1980년대 급속도로 퍼져나간 포르노 테이프는 컬러 TV가 있었기에 가능했다는 논리다.

그러나 전두환 시대에 본격화된 이른바 3S는 훗날 경제 발전과 국민 일자리 창출에 막대한 기여를 했다. 서울올림픽은 '한강의 기적'을 세계적으로 공인받고 '메이드 인 코리아'의 가치를 드높이는 계기가 됐다. 서울올림픽이 한국 경제가 세계무대에 본격적으로 나갈 수 있었던 도약대가 된 것은 말할 필요도 없다. 한국 자동차의 대명사 그랜저 개발이 대표적인 사례이다. 양철판을 두드려서라도 자동차를 만들어야 한다고 했던 시절이 있었지만 한국은 그랜저를 내놓으면서 승용차 제조의 본궤도에 오르기 시작했다.

서울올림픽 겨냥해 급조된 그랜저

1986년 7월 시판된 그랜저 1세대는 서울올림픽을 겨냥해 급조됐다. 외빈용 전용차량이 필요해지자 덩치가 큰 승용차를 급하게 제작하게 된 것이다. 이후 그랜저는 '사장님 차'가 됐다가 2011년 5세대가 등장한 뒤로는 중산층 가정에서 애용할 정도로 보편화됐다. 스포츠대회가 특정 지역 또는 국가 경제 발전을 10년 이상 앞당긴다는 것은 누구도 부인할 수 없는 사실이다. 올림픽은 선진국으로 진입하는 관문이다. 중국도 2008년 베이징北京올림픽을 치르면서 주요 2개국G2 진입을 과시했다.

스크린산업도 훗날 직간접적으로 한류 성장의 자양분이 됐다고 볼 수 있다. 뿌리 없이 줄기와 가지가 뻗어나가는 것은 불가능하다. 2002년 한·일 월드컵 개최 이후 스크린과 드라마를 통해 한류문화가 해외에 본격적으로 진출한 것은 그간 스크린과 방송에 대한 투자가 있었기 때문에 가능했다. 컬러 TV와 VTR 보급이 국민들 사이에 대중문화에 대한 이해 수준과 소양을 높여줬다고 할 수 있는 것이다.

프로야구도 마찬가지다. 당시 비판적인 시각으로는 프로야구가 지역을 기반으로 하기 때문에 자연스럽게 지역감정을 조장하는 역할까지 한다고 했다. 하지만 어느 나라에서나 대부분의 스포츠는 지역을 기반으로 한다. 미국과 일본 프로야구는 모두 지역에 연고를 두고 있다. 축구 종주국 영국에서도 프로축구는 모두 지역을 기반으로 한다. 월드컵에도 스코틀랜드와 잉글랜드가 별도의 대표로 출전할 정도다. 오히려 프로야구는 월드베이스볼대회WBC와 베이징올림픽에서처럼 국위를 선양해 국가브랜드를 높이고 국민에게 돈으로 환산할 수 없는 자긍심을 심어 주는 원동력이 됐다. 1998년 박세리의 미국여자프로골프LPGA 우승, 2002년 한·일 월드컵, 2008년 베이징올림픽 금메달리스트 박태환, 2010년 피겨스케이팅 여왕 김연아처럼 스포츠는 정쟁政爭을 멈추게 하고 우리 국민을 통합시켰다.

빈곤 탈출이 지상과제였던 박정희 정부는 중화학공업과 수출주도 경제가 절박해 한눈을 팔 겨를이 없었다. 이에 비해 여유가 있었던 전두환의 대중문화·스포츠 분야 활성화는 정치적 논란을 차치하면 훗날 한국 경제의 체질을 개선하는 원동력이 됐다고 볼 수 있다.

주요 선진국이나 선진국 진입을 노리는 국가들은 국제 스포츠 대회와 무역박람회 유치를 놓고 언제나 불꽃 튀는 각축전을 벌인다. 국가브랜드를 높이고 개최 도시의 지역 개발을 앞당기는 데는 이만한 촉진제가 없기 때문이다.

···

'양날의 칼' 공정거래법 도입

박정희의 선택과 집중 전략은 한국 경제의 뼈대가 된 중화학공업과 제조업을 탄생시켜 훗날 한국이 선진국 대열에 진입할 수 있는 발판을 만들었다. 국민의 근면과 헌신을 토대로 박정희의 강력한 추진력이 없었다면 '한강의 기적'은 없었을 것이고, 한국은 지금도 동북아의 빈국으로 남아 있었을지도 모른다.

그러나 앞만 보고 달려온 개발연대의 성장 일변도 정책은 적지 않은 부작용과 후유증을 낳았다. 특히 한국 경제의 견인차 역할을 해온 대기업 중심의 경제 체제는 독과점을 초래했다. 기업의 담합과 폭리구조가 만연했고 소비자 권리는 희생됐다.

전두환은 성장 과정에서 빚어진 이 같은 허점을 적극적으로 보완했다. 가장 대표적인 것이 공정거래와 소비자보호정책이다. 한국 경제의 선진화에도 지대한 기여를 했다. 아담 스미스가 '보이지 않는 손Invisible Hand'이 시장경제를 움직인다고 했다면 이런 제도 장치는 시장경제에서 없어서는 안 될 '보이는 질서Visible Hand'에 해당했다.

시장경제는 본질적으로 자본이 지배하는 메커니즘이므로 공정한 규제 없이는 독과점이 등장할 수밖에 없다. 이는 어떻게 보면 개별 기업의 문제가 아니라 자본주의 시스템의 한계라 할 수 있다. 세계시장을 주도하는 상당수 글로벌 기업들이 독과점의 지위를 누리고 있다. 시장경제의 본고장인 미국에서 독과점 규제 법안이 줄이어 탄생했던 것도 그 폐해에 대한 우려 때문이다.

독과점을 경계하는 것은 시장경제의 효율성 때문이다. 독과점은 경쟁을 저해하고 결국 시장경제의 효율성을 떨어뜨리면서 자본주의의 발전을 가로막는다. 그래서 사회주의 혁명을 통해 자본주의 폐해를 고쳐야 한다는 급진

국가보위비상대책위원회 현판식(1980)

적인 주장까지 나왔던 것이다. 사회주의는 1917년 볼셰비키혁명 이후 1991년 옛 소련이 붕괴될 때까지 아시아와 동유럽을 휩쓸었다. 하지만 사회주의는 개인의 이윤 동기를 근본적으로 부정함으로써 실패했다.

이런 실패가 자본주의의 완벽성을 의미하는 것은 아니다. 독과점과 불공정경쟁은 여전히 자본주의 최대의 적으로 남아 있다. 독과점은 이윤 동기에 따라 일시적으로 해당 기업에게는 막대한 이익을 누리게 할 수는 있다. 하지만 독과점 체제가 형성되면 시장의 가격조절 기능이 약화돼 소비자 선택의 기회가 축소되고 기업혁신도 더뎌진다. 기업도 소비자도 궁극적으로는 손해를 보게 되는 것이다. 전통사회에서도 이미 매점매석은 반드시 단속해야 할 악덕행위로 지탄받았다.

박정희 정부 말기에는 이미 대기업들이 '대마불사大馬不死'라고 할 수 있을 만큼 덩치를 키우고 있었다. 이처럼 독과점의 우려는 경제 분야 곳곳에서 나타났다. 경제기획원 관료들은 공정거래와 관련된 법과 제도 마련을 박정희에게 틈틈이 건의했지만 즉각적인 반응은 나타나지 않았다. 성장주의자였던 박정희로서는 알아서 잘 달려나가는 대기업에 굳이 재갈을 물릴 수도 있는 규제를 하고 싶지 않았던 것이다.

그러나 전두환은 집권 직후 공정거래법 제정을 추진했다. 박정희 체제 붕괴 후 전두환이 통치권을 확립하기 위해 1980년 5월 31일 설치한 국가보위비상대책위원회국보위 입법회의를 통해서였다. 국보위 입법회의는 그해 12월 31일 '독점 규제 및 공정거래에 관한 법률공정거래법'을 제정·공포했다.

국보위는 당시 사회혼란 수습과 경제난국 타개를 명분으로 공직자 숙정, 중화학공업 투자 재조정, 졸업정원제와 과외금지, 출판 및 인쇄물 제한, 삼청교육 실시 등을 실행했다. 서슬 퍼렇던 시절이기 때문에 평소 공정거래법 도입에 반대하는 기업은 물론 시기상조를 주장하던 일부 관료들은 갑자기 꿀 먹은 벙어리가 됐다. 사실상 초법적인 기구를 통해 공정거래법이 탄생할 수 있었던 것이다. 정부의 힘이 상대적으로 작아지고 기업의 힘이 세진 오늘날 공정한 시장질서를 위해 반드시 있어야 할 제도가 탄생한 것이다.

전두환은 1981년 3월 3일 대통령 임기를 7년 단임제로 규정한 제5공화국 출범과 함께 대통령에 취임하자 바로 다음 달인 4월 1일 공정거래위원회 FTC를 출범시켰다. 경제기획원 장관 소속하에 공정거래실을 신설하는 형태로 출발했다. 처음에는 1심의관 2심사관 5개과로 정원은 71명이었다. 전두환은 경제력 집중 현상에 따른 재벌 규제의 필요성도 감안했겠지만 공정거래 체제를 온전히 갖추어야 한다는 의무감도 있었을 것이다. 1987년 4월에는 자산 4000억 원 이상 기업을 대규모 기업집단으로 관리하고, 소속 계열사에 대한 출자한도를 순자산의 40%로 제한하는 출자총액제한제도가 도입됐다. 상호출자금지와 지주회사 설립금지제도도 이때 도입됐다.

기업 경영 투명성 높였지만

전국경제인연합회의 반발은 극심했다. 공정거래위원회는 기업의 독과점을 규제한다는 설립 목적에 따라 출범했기 때문에 기업들로서는 경영의 자율성이 둔화될 수밖에 없었다. 기업들의 불만과 반발은 컸다. 전두환이 정권을 잡으면서 처음부터 산업합리화를 명분으로 기업 구조 개혁에 나선 데 이어 규제장치까지 마련하고 나섰기 때문이다. 기업들로선 경쟁이 치열한 글로벌시장에서 족쇄를 차고 경영을 하게 된 셈이다.

그러나 이렇게 출발한 공정거래 시스템은 기업경영의 투명화와 전문화에 기여하면서 계속 진화했다. 6공 이후 기업의 영향력이 커지고 자율성도 늘어나 공정거래 업무가 많아지자 노태우는 1990년 4월 7일 경제기획원에서 공정거래위원회를 분리시켜 위상과 역할을 확대시켰다. 사무처를 신설하고 3국 1관 12과, 3지방사무소에 정원은 221명으로 확대됐다. 기업들로선 달

갑지 않은 현상이었다.

그 뒤를 이은 김영삼은 1995년 소유분산·재무 구조 우량기업집단을 대규모 기업집단에서 제외시켰다. 그러면서 1996년 3월 8일 위원장을 장관급으로 격상시키고 소비자보호국·하도급국을 신설해 정원을 385명으로 대폭 확대했다. 대기업의 덩치가 계속 커지면서 소비자와 하도급업체에 대한 책임과 의무를 강조하게 된 것이다.

기업 손보는 수단으로 악용되기도

노무현은 2007년 12월 공정거래법에 의해 공정거래위원회의 산하기관으로 한국공정거래조정원을 출범시켰다. 급격한 경제 환경 변화에 대응해 새로운 산업분야와 거래행태에 대한 조사연구를 통해 공정거래의 효율성을 높이기 위해서다. 특히 불공정거래 행위로 인한 중소기업의 피해를 당사자 간의 자율적인 조정을 통해 신속하게 해결하도록 했다. 당시 5년간2003~2007년 공정거래법 관련 신고 사건 3501건 중 약 77%는 당사자 간 사적 분쟁 성격이 강한 사건이어서 사건 처리의 효율성이 떨어졌다.

이에 따라 법 위반 사업자에 대해 시정 조치위반행위 중지명령, 과징금 등를 부과했으나 피해를 입은 소상공인 및 중소기업은 소송을 통해 구제받을 수밖에 없는데 소송 과정에서 비용변호사수임료, 인지대 등 및 시간이 과도하게 소요돼 사실상 손해를 배상받기 어려웠다. 이 때문에 이들의 피해를 신속하고 실질적으로 구제하기 위하여 불공정거래행위에 대한 조정제도를 도입하게 된 것이다.

이런 분쟁을 조정하는 공정거래분쟁조정협의회의 분쟁조정 대상은 사업자 간에 발생한 분쟁 중 공정거래법 제23조불공정거래행위의 금지제1항을 위반한 혐의가 있는 행위들이다. 이들은 단독의 거래거절, 차별적 취급, 경쟁사업자 배제, 부당한 고객유인, 거래강제, 거래상 지위의 남용, 구속조건부거래, 사업활동 방해 등에 해당하는 행위이다.

공정거래위원회의 진화는 여기서 그치지 않았다. 이명박은 취임 초기 정부조직 개편을 통해 2008년 2월 29일 재정경제부로부터 소비자정책기능을 이관시켜 그 역할을 강화시켰다. 전두환이 만든 기초 위에 후임 대통령들이 공정거래위원회의 위상과 역할을 계속 확대시킨 것이다.

전두환은 그 정도에 그치지 않고 소비자보호 장치의 기초도 만들었다. 정권 말기인 1987년 7월 1일 소비자보호법에 의해 한국소비자보호원을 개원했다. 이는 훗날 소비자보호뿐만 아니라 세계시장에서 경쟁할 한국제품 품질을 획기적으로 높이는 제도적 장치가 됐지만 기업들에게는 더 많은 책임과 비용 지불을 의미했다.

서울올림픽 이전까지만 해도 기업들은 함량 미달의 제품을 만들어 놓고 허위·과장광고를 하는 경우가 많았다. 공업화 과정에서 어느 나라에서나 거치던 통과의례였다. 국민소득 수준이 높아지기 시작하면서 제품에 대한 수요가 급증하는 반면 생산시설이나 제조 노하우의 미숙성으로 공급의 질이 확보되지 못했기 때문이다.

당시에는 소비자 권리의식도 부족했다. 불량 제품을 구입하거나 바가지를 쓰게 되면 소비자들은 재수가 없다고 생각하는 게 일반적이었다. 잘못된 선택을 한 자신에게 책임을 돌리는 순박한 시절이었다. 제도적으로 피해 보상을 청구하거나 호소할 수 있는 길이 열려 있지 않았고 어떻게 보상받아야 하는지 방법과 절차를 모르는 사람도 많았다. 그러나 전두환이 소비자보호원을 만들면서 허위·과장광고에 대한 조사와 상품 테스트가 시작됐다. 소비자보호는 노태우 정부에서는 더욱 적극적으로 발전해 소비자 상담, 피해구제 상담까지 범위가 확대됐다.

전두환 정부의 예측대로 경제 규모가 커지면서 상품을 구입하거나 용역을 사용하는 과정에서 소비자 불만이나 피해가 폭발적으로 늘어났다. 소비자보호원은 자동차, 생활용품, 주택 설비, 출판물, 서비스, 농업, 섬유 및 금융·보험, 법률, 의료 등 전문 서비스 분야에 이르기까지 소비생활과 관련된 모든 문제에 대해 불만·피해 상담을 했다.

전두환이 1981년 기초를 닦은 소비자보호 시스템도 계속 진화했다. 노무현은 2007년 3월 28일 소비자기본법에 의해 한국소비자보호원을 한국소비자원으로 변경했다. 소비자 권익증진, 불만 처리, 피해구제의 기능과 역할을 강화하기 위한 조치다.

소비자 피해구제는 소비자분쟁해결기준공정거래위원회 고시에 따라 분쟁의 당사자에게 합의·권고하는 절차로 이루어진다. 합의가 이루어지지 않을 경우에는 소비자분쟁조정위원회에서 조정결정을 한다. 또 소비자 피해 발생의 원인을 규명하기 위하여 전문위원회를 운영하고 있다. 준사법적 권한을 가진 소비자분쟁조정위원회는 소비자원장의 제청으로 공정거래위원장이 임명하는 소비자 및 사업자단체대표와 법조계, 의료, 자동차, 보험, 제조물책임 등의 전문가 50인으로 구성돼 있다.

2010년 도요타자동차의 대량 자동차 리콜 사태에서 나타난 것처럼 소비자보호는 기업 생존과 발전의 결정적인 요인이 됐다. 한국에선 1987년 전두환이 소비자보호원을 만들면서 소비자보호의 첫걸음을 떼게 한 것이다. 지금까지 공정위 조사에서는 가전제품에서 라면까지 독과점 기업들의 담합이 끊임없이 있었던 것으로 드러났다.

다시 돌아보면 전두환은 재벌 길들이기 논란에도 불구하고 공정거래·소비자보호 등 한국 경제의 질적 업그레이드에 필수적인 법과 제도를 만드는 데 결정적인 역할을 했다. 다만 정권 교체 때마다 공정거래제도의 기준을 바꿈으로써 기업들이 일관된 경영을 하는 데 애로를 겪는 부작용도 나타나고 있다. 긍정적인 취지에서 도입된 제도들이 정부 성향에 따라 쉽게 변경되면서 자칫 기업배싱bashing·때리기의 수단으로 악용될 소지를 갖고 있는 것이다. 더욱 더 공정하고 객관적인 룰을 만드는 것만이 이런 오해와 마찰을 불식시킬 수 있는 길이다.

...

의욕만 앞섰던 500만 호 건설

전두환은 물가안정을 이루려면 주택시장을 안정시켜야 한다는 강한 신념을 갖고 있었다. 국내 부동산시장의 성장과 투기의 역사에서 전두환 정부를 빼놓을 수 없는 이유다. 전두환도 부동산 문제 해결을 위해 많은 고민을 해야 했다. 부동산 문제는 그 어느 경제정책보다 연속선상에서 이뤄지는 부분이 크기 때문이다.

이 때문에 전두환 정부의 부동산정책을 이해하려면 농지 개혁 이후 부동산 문제가 본격화한 박정희 정부 때부터의 부동산시장의 상황과 정책을 짚어볼 필요가 있다. 아파트 투기가 처음 고개를 든 것은 이미 박정희 시절이었기 때문이다. 그 출발은 서울시가 영동개발계획을 내놓은 1966년부터였다. 영동은 당시 번화가였던 영등포의 동쪽이란 의미로 명칭이 붙여졌다고 전해지고 있다.

"자고 일어났는데 갑부가 됐다." 지금의 강남 한복판인 말죽거리에서 농사를 짓던 사람들이 하루아침에 부자가 되면서 한 말이다. 극심한 주택난에 허덕이던 시절 박정희는 관계 장관과 서울시장에게 택지 개발을 지시했다. 만성적인 주택 부족을 해결하기 위해 당시 논투성이던 이곳을 개발하기 시작한 것이다.

1966년부터 말죽거리 투기 바람

온통 논밭이던 말죽거리에 투기 바람이 분 것은 1966년 1월 한남대교가 착공되면서부터다. 이때만 해도 평당 300원이던 땅값은 1969년 제3한강교가 개통되고 이듬해 경부고속도로가 완공되면서 평당 6000원으로 20배 급등했다. 이 바람에 전국적인 부동산 투기 바람이 일어나면서 한두 달 만에 땅값이 곱절씩 오르는 곳도 속출했다. 1970년 1월 24일자 중앙일보에 따르면 당시 정부는 끝없이 과열되는 부동산 문제로 골머리를 앓았다. 신문은 당시 상황을 이렇게 기록하고 있다.

> "오는 4월 착공예정인 서울~강릉 간 고속도로의 시발점으로 오래전부터 소문이 난 수원지방의 신갈리를 비롯, 여주·화천 일대와 제3한강교로 연결되는 말죽거리, 제6한강교 건설 후보지로 알려지고 있는 뚝섬 건너편의 청담·삼성동 일대는 거의 부동산업자의 투기장이 돼 버렸다.
> 특히 강남 이남 18개동, 84평방㎞의 80% 이상이 원주민 손에서 떠났다고 하며 부동산 '브로커'들은 끊임없는 전매 과정을 통해 시세를 조작하는가 하면 등록세·취득세를 내지 않으려고 등기조차 외면, 부동산거래는 혼란을 거듭하고 있다.
> 이 지역은 남서울의 중심이 된다는 소문이 나면서 투기열이 갑자기 과열, 하루 평균 100대 이상의 자가용차가 몰려들고 땅값은 말죽거리 상가 근처가 작년의 평당 3만 5000원에서 5만 원으로 뛰었고 역삼·포인·개포·잠포·서초·방배동 등은 올 들어 평당 3000원에서 1만 5000원선으로 폭등했다.
> 정부는 이 같은 투기열을 식히기 위한 토지수용법, 부동산투기억제세법 등의 개정 필요성을 인정하고 있으나 아직 구체적인 움직임을 보이지 않고 있으며 서울시는 남서울 건설을 위한 토지구획정리사업에서 토지감보율을 현행 35%에서 50%로 인상, 땅값 상승 붐을 억제할 방침을 세우고 있다."

이처럼 부동산시장이 뜨겁게 달아오르자 박정희 정부는 규제 강화와 세금 인상으로 대응에 나섰다. 1971년 서울 주변에 개발제한구역이 지정되고,

1975년엔 부동산으로 불로소득을 올리는 사람들을 겨냥해 양도소득세가 신설됐다. 이와 함께 기업들이 보유한 비업무용 토지에 대한 매각 조치를 단행했다.

그러나 1975년 영동·잠실 등에서 아파트가 대량으로 분양되면서 강남 열기는 더욱 달아올랐다. 부동산 매매 차익으로 큰돈을 벌기 위해 이사를 수십 번 하는 사람들이 드물지 않았고 아파트 분양에는 한 명이 5~10가구를 신청하기도 했다.

압구정에 불붙은 부동산 투기 광풍

부동산 투기에 불을 붙인 결정적인 사건은 1978년 압구정동 현대아파트 특혜 분양 사건이었다. 고위공직자와 사회 저명인사 220명이 현대 측으로부터 뇌물성으로 특혜 분양을 받았다. 이들은 당시 액면가로 4000만~5000만 원의 프리미엄을 챙긴 것으로 드러나면서 투기 열풍은 일반인들에게로 번졌다. 이는 우리 사회에 부동산 투기가 만연된 사회상像을 처음으로 공공연하게 드러낸 계기였다.

박정희 정부는 1978년엔 토지거래허가제를 신설해 투기에 대응했다. 훗날 노태우 시절 초법적인 정책이었던 토지공개념公概念의 뿌리가 됐던 정책들이다. 이런 노력에도 불구하고 우리 사회는 집단 최면에 걸린 듯 전 국민이 부동산 투기판에 뛰어들기 시작했다. 도시화와 핵가족화, 국민소득 증가에 따른 고급주택 선호 현상이 가세하면서 아파트를 아무리 지어도 공급이 수요를 따라가지 못했다.

전두환은 1980년 9월 대통령에 취임하자마자 국가보위비상대책위원회 시절 구상했던 '주택 500만 호 건설계획'을 발표한다. 이 계획은 1981~1991년까지 11년에 걸쳐 총 14조 원을 들여 공공주택 200만 호, 민간주택

300만 호를 짓겠다는 구상이었다. 당시 전국 주택이 530만 호였던 점을 감안하면 얼마나 원대한 계획인지 알 수 있다.

하지만 이 계획은 주택용지 부족으로 전두환 정부의 발목을 잡았다. 전두환은 택지 확보를 위해 1980년 12월 특단의 대책으로 '택지개발촉진법'을 제정했다. 당시 주택보급률은 60%대 초반에 머물렀다. 법 제정을 계기로 신도시 개발을 위한 공영개발이 활성화됐다.

이 법은 특정 지역의 땅이 건설부 장관에 의해 택지개발예정지구로 지정되면 이 땅에 적용되는 '도시계획법' 등 19개 법률의 효력을 일시에 정지시킨 뒤 일괄 매수해 택지로 개발할 수 있도록 허용한 법이다. 재산권에 대한 심각한 침해 소지가 있었지만 당시 권위적인 분위기 때문에 별다른 저항 없이 제정될 수 있었다.

택지개발촉진법에 의한 공영개발로 1980년대 서울에서 개포73만 평, 고덕 95만 평, 목동130만 평, 상계112만 평, 중계48만 평 등에 대단위 아파트단지가 세워질 수 있었다. 공영개발 방식으로 진행된 것은 개발이익을 소수의 부동산 투기 세력이 독차지하지 못하도록 하기 위해서였다. 이렇게 강력하게 밀어붙였지만 실제 1982~1986년 건설된 주택은 176만 호에 그쳤다. 주택용지 부족 등으로 당초 계획보다 크게 줄어든 것이다. 하지만 노태우 정부 들어 건설된 분당, 일산, 평촌, 산본, 중동 등 수도권 5개 신도시도 택지개발촉진법으로 탄력을 받을 수 있었다.

이런 노력에도 불구하고 전두환 정부에서는 대형 금융사고라는 악재를 만났다. 이는 부동산 문제를 꼬이게 만들었는데 1982년 5월 이철희-장영자 부부 어음사기 사건이 발단이 됐다. 이 사건은 두 사람이 최고권력층과의 친분을 과시하며 벌인 7000억 원 규모의 어음사기극이다. 이는 당시 금융시장을 급속도로 경색시켰다. 전두환은 이 사건 수습을 위해 자금 공급을 확대하는 내용의 금융안정화 조치를 시행했지만 오히려 부동산시장을 자극하는 부작용을 초래했다. 주택보급률이 낮아 아무리 집을 많이 지어도 신규 수요를 따라갈 수 없었던 것이다.

이 사건을 계기로 전두환 정부는 금융시장을 정비하기 위해 금융실명제를 본격적으로 추진했다. 당시 강경식 재무부 장관은 1982년 7월 3일 모든 금융거래는 실명으로 처리한다는 내용의 금융실명제 도입을 발표했다. 지금은 금융실명제가 상식이지만 당시에는 군사정변을 능가하는 충격적인 사건이었다.

전두환도 부동산시장은 못 이겨

서슬 퍼렇던 시절이지만 반발은 극심했다. 더구나 전두환 정부가 의도하지 않은 방향으로 사태가 전개됐다. 자금 출처 노출을 꺼린 큰손들의 돈이 부동산시장으로 몰려들었고 이는 부동산시장을 달구는 불쏘시개가 됐다. 강남의 복부인들이 활개를 치고 강남 집값도 꿈틀댔다. 이를 감당하기 어렵다고 판단한 전두환은 측근들과 여당 정치인들의 요구를 받아들여 뜻을 접었다.

이것이 7·3 금융실명제 파동의 전말이다. 그러나 이 금융실명제 파동은 훗날 한국 경제를 제도적으로 한 단계 업그레이드시키는 씨앗이 됐다. 비록 불발에 그쳤지만 노태우 때도 금융실명제를 시도하는 발판이 됐고, 김영삼이 금융실명제를 전격적으로 실시할 수 있었던 배경이 됐기 때문이다.

이런 파동을 거치면서 주택 500만 호 건설은 결국 용두사미가 됐다. 하지만 전두환 정부가 강력하게 주택건설정책을 추진하면서 주택의 절대량 부족을 해소하는 데는 일정 부분 기여를 했다. 그 뒤를 이은 노태우 정부는 전두환 정부에서 마련한 택지개발촉진법 등에 힘입어 주택 200만 호 건설을 추진할 수 있었다.

전두환이 대량 건설계획을 추진하지 않았다면 폭발적인 인구 집중과 도시화 현상 때문에 서울은 상상도 할 수 없는 만성적인 주택난에 시달려야 했을 것이다. 시장경제를 채택하고 있지만 강력한 중앙집권 체제로 경제개발계획을 추진하고 있는 중국의 주요 도시들은 바둑판처럼 반듯하다.

하지만 한국은 자본주의 시장경제 체제여서 개발계획을 추진하기 위해서는 일일이 땅과 건물 소유자들을 설득해야 한다. 토지 수용에 따른 동의 절차를 거쳐야 하고 보상금도 막대해 재정 부담도 눈덩이처럼 불어난다. 대규모 개발계획이 쉽지 않은 이유들이다. 그나마 전두환이 무리하다 싶을 정도로 500만 호 건설 계획을 내세운 덕분에 폭증하는 주택 수요를 부분적으로나마 충족시킬 수 있었다. 신도시들은 초기에 도시 인프라 부족을 지적받았지만 차츰 수도권 기능을 뒷받침하는 도시들로 자리를 잡아갔다.

...

국민연금·최저임금 도입하다

전두환 정부는 복지와 고용안정 체제 구축에서도 진전을 보였다. 후반기에 접어든 1986년부터 3저 호황이 본격화하면서 국민들의 분배 욕구도 고개를 들기 시작했기 때문이다. 이런 분위기는 노동쟁의를 통해 구체화됐다. 어느새 한국이 절대빈곤 상태에서 완전히 벗어나자 박정희 정부 시절의 생계형 쟁의는 서서히 사라지고 대기업 중심의 노조가 본격적으로 목소리를 내기 시작했다.

'내 몫 챙기기'가 본격화하면서 노사 분규는 폭발적으로 늘어났다. 노동단체의 활동이 활발해지면서 대기업과 공기업에서 정치 투쟁 성격을 띤 노동쟁의가 줄을 이었다. 대통령 선거를 앞둔 1987년 노동쟁의 건수3749건는 그 이전 10년간 노동쟁의 건수1638건를 훨씬 앞지를 정도로 근로자들의 욕구가 분출됐다.

1987년 전국에서 일어났던 6·10 민주화운동을 전후해 노동운동의 중심은 경공업 여성 노동자에서 중화학공업의 남성 노동자로 바뀌었다. 일반적인 샐러리맨보다 많은 월급을 받는 대기업·금융·공기업의 '귀족 노조'가 세상에 모습을 드러내는 시점이었다. 이들이 앞장서 과도한 임금을 요구하면서 국민의 씀씀이가 커지고 복지에 대한 욕구도 커졌다.

전두환 정부도 분출하는 국민적 분배 욕구에 맞춰 '정의사회 구현, 복지사회 건설'이라는 모토를 내세웠다. 이런 배경에서 나온 대표적인 제도가 국민연금제도이다. 국민의 생활 안정과 복지증진을 목적으로 하는 이 제도는 박정희의 꿈으로 1973년 국민연금복지법까지 공포했으나 오일쇼크 때문에 시행이 연기됐다. 이후에도 여건이 좋지 않아 잠자고 있던 이 제도를 전두환이 살려낸 것이다.

전두환 정부는 1986년 12월 국민연금법을 공포하면서 선진 복지국가의 상징이던 국민연금제도를 도입했다. 제도 시행은 일사천리로 이뤄졌다. 1987년 9월 국민연금관리공단이 설립된 데 이어 1988년에는 10인 이상 사업장 근로자를 대상으로 국민연금제도가 시행됐다. 그 후 1995년 농어촌 지역과 1999년 도시지역 주민에게까지 적용 범위를 확대해 본격적인 국민연금 시대가 열렸다.

김대중 정부가 들어선 1998년 정부는 김영삼 정부에서부터 논의가 시작됐던 국민연금법을 대폭 손질했다. 보험료에 비해 연금 지급액이 많았기 때문에 소득대체율가입기간 평균 소득 대비 연금액을 70%에서 60%로 낮추고 지급 연령을 늦추기로 한 것이다. 연금 지급개시연령은 기존 60세였던 것을 2013년부터 2033년까지 단계적으로 61세에서 최장 65세로 늦췄다.

이에 따라 출생연도가 1953~1956년인 국민은 만 61세, 1957~1960년인 국민은 만 62세, 1961~1964년인 국민은 만 63세, 1965~1968년인 국민은 만 64세, 1969년 이후는 만 65세부터 연금을 받게 된다. 또 노무현 정부에서 실시된 2007년 국민연금 2차 개혁 때는 소득대체율을 2008년부터 50%로 낮추고 2009년부터 매년 0.5%씩 인하해 2028년에는 40%가 되도록 조정했다.

그러나 저출산·고령화의 여파로 현행 제도를 그대로 유지하면 2060년에는 국민연금기금이 고갈될 것으로 분석되고 있다. 이런 불안을 해소하기 위해 추가 개혁이 논의되고 있다. 국민 부담을 늘리고, 지급개시연령을 추가로 늦추는 식의 대책이다. 기금을 운영하고 있는 국민연금공단이 기금운용 수익률을 높이기 위해 다각적인 노력을 펼치는 중이다.

국민연금공단에 따르면 2022년 말 현재 2249만여 명이 가입해 있고 667만여 명이 연금을 받고 있다. 기금 적립금은 890조 5000억 원으로 불어나 세계 3대 연기금으로 우뚝 섰다. 1988년 말 4433명의 가입자를 시작으로 1999년 전 국민 확대 적용까지 크고 작은 변화를 겪은 끝에 본격적인 연금 수급시대가 열린 셈이다.[39]

기본연금액을 온전히 받는 20년 이상 가입자가 크게 늘어나는 것은 연금 제도가 성숙 단계에 이른 것으로 분석된다. 노후 연금액은 20년 가입을 기준으로 산출하고 이를 넘거나 모자라면 가감한다. 국민연금공단은 20년 이상 가입자가 매년 20% 늘어날 것으로 전망하고 있다. 이들 중 노령연금 수급자는 2022년 말 총 531만 2359명으로 월평균 수급액은 58만 6112원이었다.

2023년 3월 기준 국민연금 부부 수급자는 64만 5000여 쌍으로, 이들의 합산 평균 연금액은 월 98만 원가량이었다. 하지만 이들 중 부부 합산으로 노후 적정 생활비를 넘겨 국민연금만으로 노후대비를 할 수 있는 경우는 많지 않았다. 아직 평균 월 100만 원도 못 받아 적정 노후 생계비로는 부족한 것으로 나타났다.

납부한 기간이 10년이 되지 않는다면 만 65세가 되었을 때 이자를 포함해 납부했던 금액을 일시불로 받게 된다. 월 납부금액은 표준소득액의 9%이다. 봉급생활자는 이 가운데 절반4.5%을 회사에서 부담해준다.

보수정권에서 핵심 복지정책 도입

국민연금에 이어 최저임금 역시 전두환 정부에서 빛을 보게 된다. 이들 두 정책은 모두 박정희 정부에서 구상되고 전두환 정부에서 실현됐다는 공통점이 있다. 분배 정책의 핵심인 국민연금과 최저임금이 군사정부에서 입안하고 실현했다는 사실은 중요한 의미를 갖는다. 진보 정권에서 복지를 하게 되면 대중영합주의로 흘러 과잉복지가 일어나기 쉽지만 보수 정권에서는 안정적으로 설계되고 운영될 수 있다는 것이 선진국의 역사적 경험이기 때문이다.

전두환 정부는 1986년 12월 최저임금을 입법해 사회적 약자를 보호하는 방안을 마련했다. 근로자에 대하여 임금의 최저수준을 보장해 근로자의 생활 안정과 노동력의 질적 향상을 기하기 위해서다. 최저임금은 이미 박정희 정부 당시에도 법제화가 논의됐으나 국제 경쟁력의 약화와 고용증대에 대한 악영향을 이유로 번번이 시기상조론에 밀렸다. 그러다 전두환 정부에서 제정돼 1988년부터 시행됐다.

최저임금제 역시 국민 고용과 안정적 생활 보장을 위해 도입했지만 한계를 드러내고 있다. 주로 적용되고 있는 영세사업장들의 경영난 때문이다. 정부가 이를 강력하게 단속하고 나서면 영세사업장에서는 인력 감축에 나서 근로자를 해고하는 경우도 적지 않다. 이런 부작용에도 불구하고 최저임금제는 최소한의 임금을 보장하는 가이드라인으로써 저임 근로자들을 보호하는 장치로 정착하고 있다. 최저임금은 고용노동부 산하 최저임금위원회에서 매년 회의를 열어 결정한다. 1988년 462.5원이었던 시간당 최저임금은 해마다 상승해 2012년 4580원에서 2017년 6470원까지 올랐다.[40]

교육제도에서도 국민의 정서를 잘 반영했다. 부유층들의 전유물이던 과외를 전면 금지한 것은 국민 대다수로부터 박수를 받은 조치였다. 이에 맞춰 본고사를 폐지하고 누구나 교과서만 충실하게 공부하면 대학에 갈 수 있도록 1982년 학력고사를 도입했다. 그 결과 1994년 대학수학능력시험이 도입될 때까지 학력고사 세대는 과외를 받지 않은 세대가 됐다. 그러나 취지와는 달리 과외금지 조치는 부유층들 사이에 비밀과외를 성행시키면서 과외비를 더욱 올려놓는 부작용을 낳았다. 2000년 4월 27일 헌법재판소는 1980년 국가보위비상대책위원회가 단행한 7·30 교육개혁 조치에 포함된 과외금지는 위헌이라는 판결을 내렸다.

하지만 당시 과외금지 조치가 내려지자 학부모들은 크게 환영했다. 당시만 해도 출산율이 높아 자녀가 3~4명에 달하는 가구가 많았는데, 봉급생활자임에도 자식들을 모두 대학에 보내는 경우가 많았다. 자녀 한두 명을 공부시키는 데도 수천만~수억 원대의 돈이 드는 지금 구조로는 상상하기 어려운 저비용 교육 구조였다.

군인 출신으로 경제에는 문외한이었던 전두환이었지만 이처럼 여러 경제·사회정책이 합리성을 갖고 추진될 수 있었던 것은 권위주의 시대에서 가능했던 강력한 정국 장악력이 있었기 때문이라고 봐야 할 것이다. 6공 이후 민주화가 만개하면서 사회 각계에서 욕구가 분출함에 따라 모든 정책에는 이익집단의 정치적 고려가 과도하게 개입되기 시작했다. 이는 공정하고 균형 잡힌 정책을 도출하는 데 기여하기도 했지만 정책 표류에 따른 사회적 비용을 높이는 원인이 되기도 했다.

···

탈 많은 정부 주도 '산업합리화'

1980년대 미국과 유럽에서는 신자유주의Neoliberalism 기조에 따른 무역자유화 바람이 불기 시작했다. 2차 세계대전 이후 경제재건을 위해 케인즈 경제이론을 채택한 결과 재정이 방만해지고 복지병이 심화됐다는 반성이 나오면서 나타난 반작용이었다. 이는 자유방임까지는 아니지만 정부의 간섭을 줄이고 자유무역과 규제 완화를 핵심으로 자유주의 진영에 바람을 일으켰다.

영국에서는 금융 빅뱅과 공기업 민영화가 대대적으로 추진되고 미국에선 '레이거노믹스'의 기치 아래 노동시장 유연화가 진행됐다. 대외적으로는 자유무역 활성화로 이어지면서 전 세계적으로 시장개방화 압력이 커졌다. 이런 바람을 타고 다국적 기업들이 본격적으로 국경을 넘나들던 시점이기도 했다.

전두환 정부는 새로운 국제 경제 환경에서 경쟁력이 취약하거나 구조적 불황이 불가피한 기업들이 나타나자 부실기업 정리에 나섰다. 기업의 연쇄 부실화 고리를 차단하고 국민경제에 미치는 영향을 최소화하기 위해 선제적으로 산업을 합리화한다는 취지였다. 경제운영 방향이었던 안정화 조치의 일환이기도 했다.

대상 분야는 비료공업, 해운산업, 발전설비제조업, 석탄산업, 조선산업 등 공기업과 민간기업을 망라하고 있었다. 이들 분야의 중복 투자와 비효율을 걷어내는 구조조정이었다.

이처럼 산업합리화 조치는 나름대로 타당성을 갖고 있었다. 개발연대에 앞만 보고 달리면서 중복·과잉 투자된 부분을 슬림화함으로써 국가의 자원과 인력을 효율적으로 활용하고 부실 가능성을 미리 제거해 산업경쟁력을 높일 필요가 있었기 때문이다.

더구나 당시 한국 경제는 2차 오일쇼크에 따른 세계 경제 침체로 과잉 투자의 후유증을 앓고 있었다. 주요 중화학업종의 가동률이 60%를 넘지 못했고 은행 자금과 원자재 등 생산재원이 중화학에 집중돼 있어 인플레를 일으키는 요인으로 작용하면서 경제는 심각한 불균형 상태에 있었다.

전두환은 국가보위비상대책위원회 시절부터 전격적으로 산업합리화정책에 나섰다. 첫 단추는 1980년 8월 단행된 중공업 통폐합 조치였다. 그 결과 발전설비는 대우그룹으로 일원화하고, 한국중공업을 설립하며 건설중장비는 삼성·대우·현대중공업, 비승용차는 현대자동차와 새한자동차대우자동차에 맡겼다.

이어 1984년 7월에는 경남기업을 대우에 인수시켰고 해외건설업체와 해운회사에 대한 무더기 정리 조치도 단행됐다. 해운회사 63개는 17개로 통합됐다. 전체적으로 부실기업 정리대상이 된 기업은 총 78개였으며 이 가운데 57개 기업이 제3자에게 넘어갔다.

이때 타 기업을 인수한 기업은 한일합섬, 동국제강, 우성건설, 대림산업, 대우그룹, 한진그룹 등이었다. 기업 정리 과정에서 각종 금융·세제지원이 주어졌다. 전두환 정부는 산업합리화 과정에서 세금·이자감면 등의 방법으로 8조 원의 정부 재정을 쏟아부었다. 그러나 이 과정에서 정치적인 배경으로 구조조정 대상에 올랐다는 의혹이 제기되고 의문의 기업 해체와 강압적인 통폐합도 있었다.

매끄럽지 않았던 부실기업 정리 과정을 현대그룹 회장 정주영은 생전의 자서전 『시련은 있어도 실패는 없다』에서 자세하게 기록했다.

> "1980년 어느 날 국보위가 나오래서 정세영, 이명박, 이현태 등 사장들 몇과 국보위로 갔다. 가보니 대우 김우중 회장이 먼저 와 있었다. 경제 산업 구조 개편을 위해서 자동차산업과 발전산업을 통폐합하겠다는 설명 끝에 국보위 사람이 대뜸 '김우중 회장 찬성합니까?' 하자, 김우중 회장이 '예, 저는 찬성합니다' 하고 대답했다. 그 다음은 '정주영 회장도 찬성하죠?'라고 나에게 물었다. 한마디로 '나는 찬성 안 합니다' 했다. 국보위가 안색을 바꿨다."

당시 국보위는 산업의 선택과 집중을 위해 두 기업이 한 분야씩 맡아 기업을 키우라는 취지였다. 그러나 기업인들이 애써 키운 사업을 내놓을 리가 없었다. 사업을 특화하는 것도 좋은 경영전략일 수 있지만 정주영은 처음부터 애지중지 키운 사업을 내놓기 싫었던 것이다.

정주영은 어쩔 수 없이 당시 막대한 자금을 투자해 건설했던 창원중공업을 대우 김우중 회장에게 넘기고 자동차를 선택하게 됐다. 그때 정주영이 고집을 피우지 않았다면 지금의 현대자동차는 이름 없는 회사가 됐거나 없어졌을지도 모른다. 한국이 세계 5대 자동차 국가가 되는 것도 불가능했을 것이다. 이는 정부가 기업 경영이나 사업분야 결정에 섣불리 개입하는 것이 기업을 얼마나 큰 위험에 빠뜨릴 수 있는지를 보여주고 있다.

산업합리화를 계기로 덩치를 키운 기업들 가운데 상당수는 1997년 외환위기를 맞아 구조조정을 당하는 비운을 맞게 된다. 특히 부실기업 정리과정에서 1985년 국제그룹을 시작으로 재계의 상위에 있던 삼호그룹, 명성그룹이 줄줄이 문을 닫았다. 이 때문에 부실기업 정리는 5공 청문회 대상이 될 정도로 많은 논란을 일으켰다. 물론 기업의 부침은 어느 시대에서나 있는 일이다.

국제무역박람회 시찰(1982)

대통령 경제사

삼성경제연구소에 따르면 1955년 100대 기업 가운데 2005년 100위권 내의 순서를 유지한 기업은 CJ제일제당, LG화학, 현대해상, 한진중공업대한조선공사, 대림산업, 한화, 한국전력 7개에 불과하다. 1955년 1위 기업이었던 삼양사와 1965년 1위였던 동명목재는 1980년 해체돼 100대 기업에서 밀려났고, 75년 1위였던 대한항공은 24위로 밀렸다. 기업집단으로 보면 1964년 10대 그룹 중 삼성과 LG만이 10대 그룹에 남아 있다. 미국 경영전문지 포브스가 내놓은 세계 500대 기업도 10년마다 순위가 크게 바뀌고 새로 등장하고 사라지는 기업들이 나타나고 있다.

부실기업 정리 명분에 싹튼 정경유착

기업들의 자연스러운 부침은 어쩔 수 없지만 전두환 정부 시절에는 부실기업 정리라는 명분하에 은밀하게 정경유착이 진행됐다. 전두환은 이 과정에서 특혜를 받은 기업들로부터 비자금을 받았다. 청와대에서 직접 돈을 받아 챙겨 그 돈이 통치자금이라는 명목으로 정치권을 돌아다닌 것이다.

뒤를 이어받은 노태우도 마찬가지였다. 산업합리화 과정에서 기업들을 직접 통제하게 되면서 통치자금이라는 명목으로 기업들로부터 비자금을 받았다. 이런 행태는 결국 개인적인 축재에 의해 부패한 대통령의 길을 걷게 했다. 이런 관행은 노무현 정부가 들어서면서 거의 사라졌다. 그럼에도 관치가 완전히 사라진 것은 아니다. 정부 관료와 정치권에서 낙하산 인사를 통해 장악한 산업은행 등 정부 국채 금융 기관은 지금도 구조조정이라는 미명하에 수많은 기업을 실질적으로 지배하고 있다.

전두환은 결국 정경유착을 통한 부패한 대통령으로 한 시대를 마감했다. 그 원죄는 서울의 봄을 짓밟고 광주 민주항쟁을 강압적으로 탄압하는 과정에서 잉태돼 있었다.

쿠데타로 시작해 부패로 마감

서울의 봄은 10·26 사태로 민주화의 기운이 무르익던 1979년 말~1980년 5월을 가리킨다. 18년간 장기 집권한 박정희가 갑자기 쓰러지자 그동안 억눌려 있던 민주화 요구가 우리 사회 곳곳에서 한꺼번에 터져 나왔다. 그러나 이 꿈은 대통령 시해 사건 조사를 위해 합동수사본부장을 맡고 있던 보안사령관 전두환의 야심으로 산산조각났다. 전두환이 이끄는 군부 사조직 하나회 중심의 군인들이 12·12 쿠데타를 일으켰기 때문이다.

쿠데타 성공의 결정적인 배경은 1963년 전두환, 노태우, 정호용, 김복동 등 육군사관학교 11기생들의 주도로 만든 하나회였다. 박정희의 후원 아래 성장한 이들 신군부는 10·26 사건 수사에 소극적이라는 이유로 12월 12일 군 내부에서 반란을 일으켜 보안사령관 전두환의 주도로 당시 계엄사령관을 맡고 있던 정승화 육군참모총장과 장병완 수도방위사령부 사령관을 강제로 체포했다.

쿠데타는 국방부 군수 차관보 유학성, 1군단장 황영시, 수도군단장 차규헌, 9사단장 노태우 등과 함께 모의해 12월 12일을 D-데이로 정했다. 전두환은 12월 초 보안사 대공처장 이학봉과 보안사 인사처장 허삼수, 육군본부 범죄수사단장 우경윤에게 정승화 연행계획을 수립하도록 지시했다. 이 사건은 전두환과 노태우가 집권할 때는 성공한 쿠데타로 정당화됐다.

이들을 법정에 세울 수 있었던 결정적 사건은 5·18 광주민주화 운동이었다. 신군부는 서울의 봄을 갈망하는 민주화 운동 세력의 시위가 격렬해지자 1980년 5월 17일 24시에 비상 계엄령을 전국으로 확대했다. 전두환은 비상 계엄을 전국으로 확대하면서 정당 및 정치활동 금지·국회 폐쇄·국가보위비상대책위원회국보위 설치 등의 조치를 내리고, 불법적으로 학생·정치인·재야 인사 2699명을 체포했다.

전두환은 5월 18일 휴교령이 내려진 전남대 교문 앞에서 학교 출입을 막는 계엄군과 학생들 사이에 벌어진 실랑이로 촉발된 광주 민주항쟁이 격화되자 계엄군을 광주로 내려보냈다. 계엄군은 학생들을 무자비하게 진압했고 이에 맞선 학생들의 투쟁에 시민들이 가세했다. 이들은 파출소에서 탈취한 총기로 무장해 계엄군과 맞섰지만 계엄군의 진압으로 191명의 희생자와 852명의 부상자를 낸 채 10여 일 만에 끝났다. 전두환은 5월 27일 행정부를 통제하는 초헌법적 기구로 국보위를 출범시켜 실질적인 국가 권력을 장악했다. 12·12 사태가 군 내부 반란이라고 한다면 5·18 사태를 실질적인 의미의 쿠데타로 부르는 이유다.

　이처럼 집권 과정에서 강압적이고 불법적인 방법을 동원한 전두환 정권은 태생부터 정통성에 결함을 갖고 있었다. 전두환의 이런 약점은 5공 경제 운용에 심대한 영향을 미쳤다. 약점이 있는 만큼 각계에서는 온갖 민주화 요구가 분출했기 때문이다. 전두환 정권 시절 급증했던 노사 분규가 이런 사정을 방증해주고 있다.

　전두환 정권은 결국 국민의 손에 의해 막을 내렸다. 경제성장은 국민소득 증가로 이어지고 이는 시민의식을 드높여 사회 각계는 제 목소리를 내기 시작했다. 30년간 지속된 권위주의와 개발연대의 사회적 통제에 대한 반작용이 한꺼번에 분출한 것이다. 결정적인 분수령은 1987년 1월 14일 서울대 박종철 학생이 고문으로 사망한 데 이어 6월 9일 연세대 이한열 학생이 최루탄에 맞아 희생된 민주화 시위였다.

　전두환은 정통성 결여라는 태생적 한계를 극복하지 못했다. 권위주의적인 정치 체제를 끝내지 못하고 오히려 제왕적 대통령으로 군림함으로써 민주적인 경제질서 정착을 지연시켰다. 그의 과도한 권위에 눌려 국회와 경제 관료는 전문성을 발휘하지 못했다. 기업 경영자들은 청와대로 불려가 제왕적 대통령에게 통치자금을 바쳐야 했다. 그의 개인적인 부정 축재는 퇴임 후

전두환이 머물던 백담사

천문학적인 규모로 드러났다. 산업합리화라는 명분으로 시작된 기업 구조조정은 1980년대 극심했던 정실 자본주의와 정경유착의 배경이 됐다.

1984년 여신한도관리제도와 1987년 출자총액제한제도의 도입도 결국 기업들을 길들여 제왕적 통치의 도구로 활용하는 부정적 결과로 이어지면서 실질적인 효과를 나타내지 못했다. 기업인들에겐 '암흑의 시대'라는 비판을 듣는 이유다. 그가 도입한 출자총액제한제도는 이후 정권 교체 때마다 기업을 길들이는 전가의 보도로 활용되고 있다. 지주회사 설립금지 도입1987년과 상호출자금지1987년도 모두 전두환 정부에서 나왔다. 재벌의 경제력 집중을 완화하기 위한 정책이라는 명분에서 도입됐지만 글로벌 시장에서 무한경쟁을 벌여야 하는 기업들에겐 족쇄로 작용할 수밖에 없다.

그는 결국 부패한 대통령으로 기억되고 있다. 민주화 기운이 무르익던 서울의 봄은 전두환이 이끌던 정치군인들이 일으킨 12·12 쿠데타와 5·18 광주민주항쟁 진압 당시 시민 상당수가 희생당하여 산산조각 났다. 한국 현대사의 최대 비극이다.

전두환은 쿠데타에 대한 반발을 우려해 자유민주주의 체제의 핵심 요소인 언론에도 재갈을 물렸다. 언론인 출신 허문도에게 실무를 맡겨 수백 명의 기자를 해직시키고 1980년 11월 30일 민영 동양방송TBC 등을 통폐합하기에 이르렀다. 민영방송마저 신군부에 장악되자 KBS와 MBC에는 '땡전뉴스'가 등장했고, 10·26 사태 이후 1년 동안 27만 건에 달하는 기사가 검열을 받고 삭제됐다. 이렇게 사라졌던 TBC는 전두환 정부에 강탈된 지 31년 만인 2011년 12월 1일 종합편성채널 JTBC로 부활했다.

정통성 결여는 5공 경제 운용에 심대한 영향을 미쳤다. 온갖 민주화 요구가 분출하면서 대학가 시위와 노사 분규는 퇴임 때까지 그치지 않았다. 권위주의가 자율적인 민간 주도 경제방식으로 옮겨가는 과정이 늦어지면서 국내기업과 금융회사의 선진화가 지연됐다는 지적도 받았다.

전두환은 결국 법의 단죄를 받았다. 노태우 정부가 들어선 1988년 11월 전두환은 부인 이순자와 함께 강원도 인제군 백담사 유배길에 올라야 했다. 김영삼 정부가 들어서자 그의 후임자 노태우와 함께 쿠데타 혐의가 인정돼 사형 판결을 받았다. 아울러 부정부패 혐의로 2259여억 원의 추징금이 선고됐다.

노태우

산업화와 민주화 만나다

재임기간 1988년 2월~1993년 2월

1932년 12월 4일	대구시 동구 신용동에서 출생
1951년	경북고 졸업
1955년	육사 졸업
1956년	육군 보병 소대장
1968년	월남 파병
1978년	대통령 경호실 작전차장보
1979년	수도경비사령관
1981년	육군 대장 전역, 제2정무 장관
1982년	체육부 장관, 내무부 장관
1983년	서울올림픽조직위원장
1985년	민정당 대표위원
1987년	민정당 대통령 후보, 6·29 선언 발표
1988년	제13대 대통령 취임
1989년	공산주의 국가 중 최초로 헝가리와 수교
1990년	3당 합당, 민자당 창당
1990년	미 샌프란시스코에서 첫 한·소 정상회담, 소련과 수교
1991년	남북기본합의서 체결
1992년	한·중 수교
1993년	대통령 퇴임
1995년	전직 대통령 비자금사건으로 구속
1996년	12·12 및 5·18 사건으로 추가 기소
1997년	특별사면복권
2011년	자서전 발표
2012년	투병
2021년 10월 26일	서거

> "변산반도와 저 바다 한가운데
> 그리고 군산을 연결하는 세계에서 가장 긴 방조제를 쌓고
> 그 안의 바다를 육지로 만들어
> 강화도만큼 큰 국토를 창조하겠다."

1991년 11월 28일 새만금 간척종합개발사업 기공식

잔치 후에는 언제나 뒤처리가 남는 법이다. 경제도 마찬가지다. 호황 다음에는 반드시 불황이 찾아오고 그 다음에는 다시 호황이 돌아온다. 경기는 상승확장과 하강수축을 반복하는데 통상 불황·회복·호황·후퇴 과정을 돌고 돈다.

노태우는 이 순환 과정에서 후퇴 국면에 접어들었을 때의 한국 경제를 이끌었다. 한국은 1986~1988년 평균 12%대의 경제성장률을 기록하는 호황을 누렸다. 이승만이 황무지를 개척해 씨앗을 뿌린 자리에 박정희가 나무를 가꿔 열매를 맺기 시작한 데다 전두환 때는 유례없는 3저 호황저유가, 저금리, 저달러을 만난 덕분이다. 이런 경제 환경은 노태우 취임 첫해 열린 서울올림픽과 함께 상승작용을 내면서 건국 이후 한국 경제 내부에 축적된 에너지들을 한껏 분출시키는 자극제가 됐다.

달이 차면 기울고 밀물 다음에는 썰물이 오듯 이렇게 달아올랐던 경제는

서울올림픽 이후 급속도로 냉각되기 시작했다. 여파는 노태우 집권 2년 차부터 본격화했다. 두 자릿수를 구가하던 경제성장률은 1989년 6.8%로 떨어졌다. 경상수지도 1988년 142억 달러 흑자에서 1989년에는 51억 달러로 감소하더니 1990년부터는 아예 적자로 돌아섰다. 한번 시작된 불황은 좀처럼 해소되지 않는다. 한번 식은 용광로를 다시 달구기 어려운 것과 마찬가지다.

결국 노태우는 전두환 정부 때 3저 호황의 뒷수습을 도맡아야 했다. 더구나 노태우 정부는 출범 초기부터 우리 사회 각계에서 쓰나미처럼 밀려드는 거대한 민주화 물결 앞에 서 있었다. 반만 년 이래 처음으로 이 땅에 나타난 민주화였다. 정치군인 출신인 노태우로선 감당하기 어려운 상황이었다. 그러나 그는 유연한 자세를 보이면서 민주화의 물꼬를 열었다.

이로써 경제 분야에도 새로운 변화가 나타났다. 관 주도에서 민간 주도의 비중을 확대하고 분배와 형평도 더욱 중시하기 시작했다. 여기에는 노태우의 개인 통치 스타일도 크게 작용했다. 전두환의 뒤를 따라오면서 단계적으로 국정 경험을 쌓은 그는 매사에 신중했다. 때로는 너무 우유부단해 '물태우'로 불리기도 했다.

하지만 노태우는 중요 경제정책을 결정할 때는 과감했다. 생각은 신중했지만 옳다고 판단하면 신속하게 밀어붙였다. 대통령 직선제 수용을 포함한 6·29 선언을 통해 시국 사태를 정면 돌파한 것처럼 핵심 경제 이슈에는 정면승부를 선택했다.

'물태우'와 달리 과감했던 경제정책

인천공항과 고속철도 도입이 그랬고 부동산시장 대책도 마찬가지였다. 인천공항과 고속철도는 우리 일상 생활과 경제 활동에 없어서는 안 될 핵심 사회간접자본이 됐지만 당시엔 각계의 반대 목소리가 높았다. 환경파괴 우려부터 안전 문제와 부동산 투기 우려, 재원 조달 문제와 건설 후 수요 부족 우려까지 온갖 반대 논리가 들끓었다. 그러나 노태우는 과감하게 추진했다.

한국통신이 독점하던 통신사업을 민영화해 민간 이동통신사업자인 SK 텔레콤을 탄생시킨 작업도 노태우 정부에서 이뤄졌다. 사업자 선정 과정에서 특혜 논란도 있었지만 정보통신사업의 고도화 추세를 감안하면 당시 민간 이동통신사업자 선정은 미룰 수 없는 일이었다. 이는 결과적으로 한국이 세계적인 IT 혁명과 통신서비스 확대 추세에 선두로 서는 원동력이 됐다. 그 기반은 전두환 정부에서 이미 마련돼 있었다.

부동산 투기와의 전쟁에도 과감하게 나섰다. 그는 200만 호 신도시 건설, 재벌 부동산 강제매각 조치, 토지공개념 도입 등 부동산 투기를 잠재울 수 있는 방안들을 집중포화처럼 쏟아냈다. 군사작전을 벌이듯 추진한 결과 노태우는 임기 내에 5개 신도시를 비롯해 대규모 주택건설사업을 벌여 주택보급률을 크게 높였다. 토지공개념은 도입 당시부터 재산권 침해 논란을 불러 일으켰다. 훗날 위헌 또는 헌법 불합치 판결을 받았지만 강력한 정책 의지를 보여줌으로써 소모적인 부동산투기 열풍을 가라앉히는 데는 어느 정도 기여했다고 볼 수 있다.

북방외교를 통한 한국의 '경제영토'를 넓히기에도 적극적이었다. 적대적 관계에 있던 사회주의 체제 국가들과 잇따라 외교관계를 맺음으로써 국내 기업들이 해외로 진출할 수 있는 길을 열었기 때문이다. 당시 외교전문가는 물론 경제전문가들도 옛 소련과의 국교 정상화는 위험천만한 정책이라고 반대했다. 세계는 이미 글로벌화가 진전되고 있었기 때문에 하루라도 빨리 시장을 선점하는 기업이 유리한 고지를 차지할 수 있는 방향으로 가고 있었다.

노태우는 요동치는 증시 때문에 곤욕을 치른 대통령으로도 기억된다. 국민소득이 5000달러를 넘어 빠르게 1만 달러로 향하던 시기여서 국민들이 주식 투자에 본격적으로 눈을 뜨기 시작했다. 증시 기반이 약해 증시가 폭락하자 투신사를 통해 무제한 주식 매입에 나서려다 블랙홀 같은 증시 침체에 빠진 것이다. 이처럼 1980년대 후반~1990년대 초반 한국 경제는 격동의 시대를 보냈다. 노태우는 이 과정에서 양적으로나 질적으로 크게 도약한 한국 경제를 진두지휘했다.

그러나 노태우는 한국 경제의 선진화와 투명화에 대한 기여는 부족했다. 전임자 전두환처럼 권위주의 관행에서 완전히 탈피하지 못함에 따라 청와대로 기업 경영자를 불러 통치자금을 받아 챙기는 관행도 끊지 못했다. 이런 점에서 전두환과 마찬가지로 그는 거액의 비자금을 조성한 것으로 드러나 부패한 대통령이라는 꼬리표를 달았다. 그가 경제 발전 과정에서 개인 축재를 하지 않은 건국 대통령 이승만과 개발연대 지도자 박정희와는 달리 분류되는 이유다.

민주화 물결의 봇물이 터지면서 전두환 때의 제왕적 리더십이 약화된 것도 노태우 시대의 특징이다. 이런 변화는 일사불란한 사회적 규율을 흔들었고 대기업에서 받은 통치자금을 대가로 맺어진 정경유착이 지속되는 배경이됐다. 노태우는 2011년 출간된 회고록에서 후임 김영삼에게 통치자금조로 청와대 금고에 100억 원을 남겨두었다고 증언했다.[41] 기업들로부터 거두어들인 비자금 규모의 일각을 보여주는 대목이다. 상당수 기업들은 청와대에 보험금조로 통치자금을 제공하는 대신 정권과 우호적인 관계를 유지할 수 있다고 봤다. 현대 창업자 정주영은 1992년 대통령 선거에 출마하면서 그동안 청와대와 정치권에 전달한 비자금의 규모를 공개하기도 했다. 그가 그해 12월 대통령 선거에 직접 출마한 사실은 우리 사회의 민주화가 얼마나 많이 진전됐는지를 보여주는 바로미터다. 게다가 대기업이 민주화된 사회에서 얼마나 강력한 권력집단으로 등장할 수 있는지를 보여줬다.

기업들은 전두환 시절 본격적으로 첨단 고부가가치 산업으로 진출한 데 이어 노태우 시절 민간의 자율성 확대에 힘입어 급속도로 성장했다. 이때는 대기업이 급팽창하던 시기로 우리 사회 각 분야에서 격차가 벌어지기 시작한 시대이기도 했다. 기업들은 1986년 섬유·철강 등 7개 '산업별 지원' 법률을 폐지하고 '기능적 지원'으로 전환한 공업발전법 시행 이후 급속도로 진출 분야를 넓힐 수 있었다. 기업이 원하는 대로 사업에 진출하면서 '문어발 경영'이라는 용어가 나온 것도 이런 배경에서였다.

노태우는 증시를 적극적으로 활성화해 기업들이 은행의 영향력에서 벗어나 독자적으로 자금을 조달하는 길을 열어주기도 했다. 하지만 민주화의 산물인 5년 단임제는 정부 통치 구조의 기반을 급격히 약화시켰다. 제왕적 대통령은 사실상 전두환이 마지막이었고 노태우부터는 임기 4년 차를 넘기기 무섭게 레임덕lame duck에 빠졌다. 이런 전환기에 북방 시대를 열고 교통 인프라를 획기적으로 확충한 것이 노태우가 남긴 업적이다.

민주화 진통 겪은 한국 경제

민주화 열풍은 식을 줄 몰랐다. 노태우가 대통령에 취임하기 한 해 전인 1987년 6·29 선언 이후 한국 곳곳에선 제 몫 찾기 욕구가 분출했다. 민주화 흐름을 거스를 수는 없었다. 기업·근로자·농민 등 모든 경제 주체가 제 목소리를 내기 시작했는데 그중에서도 노조가 가장 적극적이었다. 3저 호황과 서울올림픽을 동시에 경험하면서 국민의 눈높이는 한껏 올라갔다. 그는 대통령 중간 평가를 공약했기 때문에 국민들로부터 좋은 점수를 따야 했다. 국민의 민주화 요구에 적극 부응하고 나설 수밖에 없었다.

1988년 3월 11일 해외여행 자유화 방안은 그 신호탄이었다. 이에 맞춰 국민의 민주화 요구가 분출하면서 대기업 노조가 목소리를 높여갔다. 권위주의 시대를 거치는 동안 억눌렸던 개인적 욕구들이 사회 변화의 에너지가 됐다.

더구나 1988년 4월 치러진 13대 총선에서 국회 사상 처음으로 여소야대 정국이 되면서 대통령과 정부의 파워는 현저하게 약화됐다. 역사상 처음으로 청문회가 열려 전두환과 5공 비리 연루자들이 국회 증언대에 서는 개혁적인 정국이 나타났다. 대통령이 구상하면 일사천리로 추진되던 정부정책도 야당의 합의 없이는 한 발자국도 나아가지 못하게 됐다.

서울올림픽을 치른 이듬해 노태우 집권 2년 차였던 1989년 1인당 국민소득은 처음으로 5000달러를 돌파했다. 국민소득 증가는 민주화에 대한 열기를 더욱 가열시켰다. 이런 사회 분위기는 1989년 중앙일보 신년 특집 여론조사에 잘 드러나 있다. 이에 따르면 국민들이 꼽은 '정치·사회에서 역점 둘 일' 가운데 민주화·자율화가 압도적인 비율41.6%로 최우선순위에 꼽혔다. 근로자·농민 권익 신장13.2%도 시대적 과제로 꼽혔다.[42]

또 1989년 1월 23일 공개된 경제기획원 사회지표 조사에서는 국민들의 60.6%가 교육·소득·직업·재산 등을 종합한 자신들의 사회적 위치가 '중층'에 속한다고 믿고 있는 것으로 나타났다. 서울올림픽이 치러지기 직전인 1988년 5~6월 실시된 이 조사에서는 재산뿐 아니라 교육·직업 등을 감안한 국민의 계층의식을 짚어본 것으로, 60% 이상이 중층 이상에 속한다는 결과가 나온 것은 처음이었다.

당시 이 같은 여론조사가 보여주듯 노태우 정부는 출범 초기부터 사회 전반에 걸쳐 불어닥친 민주화 열풍과 제 몫 챙기기 바람에 직면했다. 국민들은 서울올림픽을 성공적으로 치렀다는 자부심과 대통령 직선제가 상징하는 민주화 성취에 취해 있었다. 그러나 한국의 경쟁력은 급속도로 하락하기 시작했다. 국민들 사이에 부풀어 올라 있던 낙관론과 그 속에 도사리던 물가 불안이 표면화되고, 소득 증가에 따른 투기 바람이 가세하면서 부동산 투기가 만연하기 시작했다.

과도한 임금 상승에 대한 우려도 깊어져 갔다. 임금 인상은 물가상승으로 이어지고 이는 다시 임금 인상을 부추기는 고비용 구조의 악순환이 시작된 것이다. 박정희 시절에도 극심한 인플레가 진행됐지만 그때는 공급 측면이 원인이었다. 물자가 부족해 만성적인 물가상승이 일어날 수밖에 없었다. 봇물 터진 노동자 권익신장 요구는 기업의 사원 복지 확대로 이어졌다.

한 해 임금 20% 오르고 마이카 시대 열려

기업들은 사회 전반의 민주화 열풍에 직면해 노조의 요구를 수용하기 시작했다. 한 해 임금 인상률이 20% 안팎에 달하기도 했다. 일부 정치 세력과 노조단체가 손을 잡고 연대하면서 만성화된 파업은 한국 경제의 상징이 되기 시작했다.

세계적으로 유례없는 반기업 정서의 역설도 이 무렵 싹트기 시작했다. 근로자는 기업을 투쟁의 대상으로 삼았고 노사 대립은 과격해졌다. 한국은 민주화 흐름과 노동시장의 변화에 맞춰 1991년 12월 국제노동기구ILO에 가입했다.

이런 현상은 이승만·박정희·전두환 시대를 거친 한국이 민주화하는 과정에서 필연적으로 나타날 수밖에 없었다. 보릿고개를 넘기던 시절을 지나 올림픽을 개최하고 해외여행이 자유화될 만큼 먹고 살 만해지자 사회 각계에서 제 목소리를 내기 시작한 것이다. 묵묵히 일만 해오던 근로자들이 민주화가 진전되고 소득이 증가함에 따라 욕구를 충족하기 위해 더욱 제 몫 찾기에 나섰기 때문이다.

1990년대 초반에는 박정희가 예고한 대로 마이카 시대가 본격화했다. 전국에 실핏줄처럼 도로를 확장하기 시작했지만 급격한 차량 증가속도를 따라가지 못했다. 명절 때만 되면 서울~부산 12시간, 서울~광주 15시간 등 지독한 교통체증으로 몸살을 앓아야 했다. 극심한 교통난은 노태우 정부에서 본격화된 경부고속철도사업 구상에도 영향을 미쳤다.

소득이 증가하면서 도시 근로자들의 '내 집 마련' 열기도 달아올랐다. 이 시기는 아파트 청약 열기가 가장 뜨거웠던 시절이다. 한국 경제의 성장동력 가운데 하나인 교육열에 따른 교육비 증가도 임금 인상률을 가파르게 끌어올린 배경이다.

기업들도 민주화를 맛보면서 크게 성장했다. 박정희·전두환 시대를 거치면서 기초체력을 다진 기업들은 덩치를 쑥쑥 키우며 국내외 시장을 확장했다. 기업들의 우열이 나타나면서 경제력 집중 현상과 독과점도 심화됐다. 개발연대 선택과 집중에 따른 산업정책에 따라 소수정예의 특정 기업들이 초고속으로 성장한 결과였다. 여기에 자율성까지 부여되면서 기업들의 발언권도 커지기 시작했다.

이 같은 분위기는 시장의 힘이 정부의 힘을 앞서기 시작하는 상황을 만들었다. 민주화 전에는 기업들이 정부의 보이지 않는 통제를 받았지만 노태우 시절에는 달라졌다. 기업이 정치권력의 통제에서 서서히 벗어나기 시작한 것이다.

1992년 1월 정주영 현대 회장이 역대 정권에 대한 정치자금 기부 사실을 폭로한 것은 정부를 더 이상 두려워하지 않는 기업의 힘을 상징적으로 보여준다. 그리고 그는 폭로 한 달 만에 통일국민당을 창당해 그해 12월 대선에 출마했다.

이때 정부는 국세청과 공정거래위원회를 통해 기업과 시장을 관리·통제하는 수밖에 없었다. 김영삼 정부 이후 이들 경제 사정 기관의 역할이 커진 것도 이 같은 시대 변화가 배경이라고 할 수 있다.

불붙은 경제 민주화 논란

이런 분위기에 따라 당시 정부와 재계·노동계에서는 '경제 민주화' 논란이 급부상했다. 권위주의 시대에서 벗어나려는 정치·사회 분위기에 따라 경제에서도 관官 주도의 성장 위주 정책에서 벗어나 민간 기업의 자율을 중시하려는 움직임에 따른 것이다. 이는 분배와 형평 이슈와도 닿아 있었다. 성장 위주의 경제정책에서는 정부가 특정 산업에 대한 선택과 집중 전략을 취했다. 그 결과 일부 대기업으로의 경제력 집중이 심화됐다. 경제 민주화 이슈는 이 같은 경제 구조에 이의를 제기하는 계기를 만들었다. 이는 권력이 기업을 틀어쥐고 있던 권위주의 시절에는 권력층과 자본가 같은 소수가 성장의 과실을 독차지했지만 산업화와 민주화가 실현된 만큼 그동안 소홀하게 다뤄졌던 분배 정의를 실현하자는 논리였다.

이 중에서도 기업 규제와 분배 정의는 1987년 6·29 선언 이후 개정된 6

공화국 헌법에도 반영돼 있다. 이 개정 헌법 119조 2항은 "국가는 균형 있는 국민경제의 성장 및 안정과 소득분배를 유지하고 시장의 지배와 경제력의 남용을 방지하고, 경제주체 간의 조화를 통한 경제의 민주화를 위해 경제에 관한 규제와 조정을 할 수 있다"고 규정하고 있다. 그러나 이 조항은 정부의 과도한 개입으로 기업의 자율성을 오히려 저해할 수 있는 여지를 담고 있어 해석의 범위와 적절성을 두고 끊임없는 논란을 불러일으켰다. 특히 성장 없이는 분배 정의도 실현하기 어렵다는 점에서 이 조항은 결정적인 한계를 갖고 있다는 지적을 받고 있다.

당시 노동계에서는 완전고용 실현, 조세정책 개혁, 물가 안정 대책, 주택·토지정책 개혁, 사회보장제 확충, 노사관계 근대화, 노동자 복지사업 등을 경제 민주화의 구체적인 과제라고 꼽았다. 이런 사회적 분위기에 편승해 노동조합의 제 몫 찾기 주장은 봇물 터진 듯 한꺼번에 분출했다. 6·29 선언은 그동안 굳게 닫혀 있던 둑이 터진 것처럼 우리 사회에 민주화 요구를 분출시키는 계기가 됐다. 1987년 노사 분규는 3000건을 돌파하면서 한국 경제를 소용돌이에 몰아넣었다.

정부에서도 이런 요구에 부응해 분배와 형평을 중시했다. 이런 분위기가 퍼져나간 것은 서울올림픽을 전후해 한국 경제가 사상 초유의 흑자를 누렸기 때문이다. 외화가 넘쳐 들면서 미증유의 호황이 이어지고 금세 선진국이 될 것 같은 분위기가 되자 첫 직선제 대통령이 된 노태우는 어떻게 하면 경제성장의 과실을 골고루 배분할지에 대해 관심을 집중시켰다. 최악의 경제 여건에서 출발한 전두환이 물가상승에 허덕이는 민생고를 해결하겠다며 긴축경제 기조를 편 것과 완전히 딴판이었다.

경제 자율화니 민주화니 하는 구호는 많이 나왔지만 경제정책의 결정, 집행 관행은 좀처럼 바뀌지 않았다. 노태우도 전두환 시절과 다를 바 없이 기업인을 청와대로 불러 이른바 거액의 통치자금을 받았다. 막상 대통령 노릇을 하려니 굽어 살펴야 할 데가 많았을 것이다. 이처럼 말로만 자율화를 외쳤을 뿐 권부와 재계의 밀실 거래는 계속됐다. 이는 결국 권력이 기업을 계속 틀어쥐는 상황으로 이어지면서 공정하고 투명한 시장경제 체제 구축을 저해했다. 경제 민주화의 전제 조건인 민간기업의 자율화가 완전히 확보되지 않는 한 경제 민주화의 궁극적인 목표로 내세운 균형성장과 소득분배도 달성하기 어렵기 때문이다.

경제 민주화는 결국 관 주도에서 탈피해 민간 주도 경제 체제를 구축하자는 것으로 경제의 자율화라고도 할 수 있다. 이는 곧 정부의 개입이나 특정 산업에 대한 특혜 없이 시장경제원리에 충실한 경제 운용이라고 할 수 있다. 궁극적으로는 창의와 자율성을 중시함으로써 민간의 경쟁력을 높이고 경제 발전 과정에 누적된 부익부 빈익빈의 구조적 요소를 해소하는 것이다. 1987년 9월 서울이코노미스트클럽이 실시한 여론조사에서도 교수와 전문가 등 응답자 236명 중 59.8%가 경제 민주화란 '시장경제원리에 충실한 경제 운용'이라고 답했다.[43]

서울올림픽 개막식 참석(1988)

'형평과 분배에 중점을 둔 경제 운용'이라는 응답은 36.9%를 차지했고, '근로자·농민들이 주도적으로 참여하는 경제 운용'을 꼽은 사람은 4%에 그쳤다. 경제 민주화 추진 과정에서 역점을 두어 고쳐야 할 부분으로는 정부 쪽에서 민간경제에 대한 간섭을 배제48.3%해야 하고 기업 쪽에서는 성장과실을 공정히 분배36%하며 주식 공개를 통한 소유와 경영의 분리34.3%에도 힘을 써야 한다고 지적했다. 또 근로자 쪽에서도 노동생산성 향상을 통해 몫을 늘리며45.3%, 고용의 유지·확대를 전제로 한 근로조건의 개선43.2%에 노력해야 한다는 의견도 나왔다.

노태우 정부는 이런 분위기에 맞춰 각종 정부 규제의 완화와 과보호를 통한 불균형 성장 해소에 나서기도 했다. 국민주 보급 방침이 본격화한 것도 1988년부터였다. 경제 운용의 최우선 목표도 '안정 성장'과 '복지·형평'의 균형 있는 추진이 추구됐다.

노태우는 6·29 선언 1주년을 맞아 경제 민주화를 선언했다. 그는 청와대 당정 연석회의를 통해 "성장의 과실을 분배받는 데서 소외된 농어민과 도시 서민들의 문제를 방치하고는 민주주의 진전을 이야기할 수 없다. 이들을 위해 성장과 흑자의 여력을 과감히 투자하는 정책을 추진해야 한다"고 강조했다.

서울올림픽 이후 흑자경제 침몰

그러나 서울올림픽 이후 흑자경제가 침몰하면서 이런 구상은 모두 엉클어졌다. 대기업 노조를 중심으로 일각에서는 과도하게 몫을 챙겼지만 소외계층 해소까지 이루지는 못했다. 성장률이 크게 둔화하면서 분배 재원을 마련하지 못했기 때문이다. 이런 논의는 이후에도 계속되다 2012년 18대 대통령 선거를 앞두고 다시 불붙는다. 복지 확대에 대한 욕구가 분출하면서 경제력 집중을 완화해 경제 민주화를 이뤄야 한다는 주장이 분출하기 시작한 것이다.

이를 위해 비현실성 때문에 폐지됐던 출자총액제한제도의 부활이 논의되고, 순환출자 금지가 거론되기도 했다. 하지만 이런 제도들은 글로벌 시장에서 국경이 없이 경쟁하는 기업의 손발을 묶을 수 있다는 우려를 낳는다. 이에 따라 일부 급진적인 좌파 정치인들은 재벌 해체론을 들고 나오기도 한다.

결국 분배 정의를 실현하려면 완전한 시장경제를 추구해 먼저 기업의 자율성과 창의성을 높여야 한다. 정부로서는 독점을 견제하고 공정거래가 지켜지도록 최소한의 룰만 정하고 기업활동은 시장 자율에 맡기는 것이 가장 효율적인 해법이라고 볼 수 있다. 분배 정의는 조세포탈 방지 강화로 세수입을 늘리고 체계적인 직업교육, 맞춤형 일자리 창출, 복지 분야에서의 낭비 요인 제거를 통해 상당 부분 현실화할 수 있다.

...

타오르기 시작한 '강남불패' 신화

노태우는 부동산 투기와의 전쟁을 본격적으로 벌인 대통령이다. 박정희와 전두환도 주택 문제로 고심했지만 평범한 샐러리맨들 사이에서도 투기 바람이 본격화했다는 점에서 고민의 차원이 달랐다.

마침 국민소득이 5000달러를 돌파하면서 중산층 형성이 본격화하고 1차 베이비부머가 내 집 마련에 본격적으로 뛰어들기 시작한 때였다. 이들은 1955~1963년 사이에 출생한 714만 명으로 이들의 앞 세대보다 인구가 급격히 늘어난 세대다.[44] 이런 인구 동태학적인 요인과 국민소득 증가 요인이 한꺼번에 맞물리면서 시세차익을 노린 부동산 투기가 본격화한 것이다.

서울 강남을 중심으로 전국적인 부동산 투기 열풍이 불었다. 1989년 분당 시범단지 분양 때는 무려 10만 명의 청약자가 몰려들었다. 매일 아침 신문을 펼치면 청약 광고가 도배되다시피 했다. 아침 신문은 '내 집 마련'의 로망을 꿈꾸는 중산층과 서민이 샅샅이 읽어보는 필독서가 됐다.

이처럼 '내 집 마련' 욕구와 국민소득 증가에 따른 자산 가격 상승이 맞물려 아무리 아파트를 많이 공급해도 집값이 계속 오르는 악순환이 계속됐다. 집값이 상당폭 오른 뒤 도시권에서는 집을 통째로 빌리는 전세가 확산되면서 주택 대란으로 번졌다.

이때만 해도 주택보급률이 낮았기 때문에 주택 가격 상승은 어쩔 수 없는 측면이 있었다. 하지만 국민소득이 5000달러에서 1만 달러로 불어나는 시기로 접어들면서 자산 증식에 나선 중산층과 서민들이 부동산을 핵심 재테크 수단으로 활용하기 시작했다는 점이 노태우 정부의 특징이다.

1970년대 부동산 투기의 장본인이 복부인이었다면 전두환 시절에는 부유층, 노태우 시절에는 일반 시민들에게도 부동산 투기가 만연하기 시작됐다. 직장인들 사이에도 "자고 일어나면 1000만 원, 한 달에 1억 원을 번 적도 있다"는 성공담이 오갔다.

'강남불패' 신화가 본격적으로 고개를 든 것도 이 무렵부터였다. 처음엔 '내 집 마련'에 나선 사람들이 차츰 투기에 눈을 뜨기 시작했기 때문이다. 시원하게 뚫린 도로와 쾌적한 주거 환경이 갖춰진 강남은 이미 주거공간 이상의 가치를 지녔다.

강남·서초 지역에 아파트가 분양되면 투기 세력이 몰리면서 청약경쟁률이 수백 대 일로 치솟기 일쑤였다. 아파트에 당첨되면 프리미엄이 생기고 이를 되팔아 차익을 챙기는 복부인들도 강남을 무대로 부동산시장을 어지럽혔다.

노태우는 폭등하는 집값을 안정시키고 주택난을 해소하기 위해 아예 민정당 대통령 후보 시절부터 대선 공약으로 '주택건설 200만 호 개발계획'을 내세웠다. 서울 시내에 규제 완화를 통해 다가구·다세대 주택건설을 대폭 허용하고 외곽 주택공급에도 관심을 가졌다. 그러나 공급이 수요를 따라가지 못했다.

그러자 서울 외곽으로 눈을 돌렸다. 이렇게 나온 것이 1989년 4월 '수도권 5개 신도시 건설사업계획'이다. 이는 시장원리에 따라 공급을 대폭 확대하는 방안에 초점을 둔 정책이다.

이들 신도시는 분당성남시, 일산고양시, 평촌안양시, 산본군포시, 중동부천시 등 서울을 중심으로 반경 25㎞ 사이에 입지한 베드타운Bed Town 성격의 5개 지역이었다. 너무 급하게 건설하면서 초기에는 도시 기반시설이 부족해 입주민들이 불편을 겪기도 했다. 1992년 말 입주가 완료되며 29만 2000가구 총 117만 명이 거주하는 대단위 주거타운이 탄생했다. 이로써 1985년 69.8%였던 주택보급률이 1991년에는 74.5%로 올랐다.

200만 호 건설을 추진했음에도 노태우는 결국 폭발적인 주택수요를 완전히 해소하지 못했다. 주택보급률이 여전히 100%를 크게 밑돌았기 때문이다. 서울올림픽을 앞두고 3저 호황으로 시중 유동성이 풍부해지면서 이 돈이 토지로 몰려들고 1989년부터 추진된 서해안 개발과 맞물려 오히려 부동산 투기는 전국적으로 퍼져 나갔다.

폭발적 주택 수요가 집값 부채질

그러자 현대·대우·삼성·SK·쌍용 등 재벌들도 아파트 공급에 뛰어들었다. 이들은 자금력과 사업추진능력을 토대로 대규모 단지 개발과 고급아파트 공급에 나섬으로써 주택보급률 개선과 아파트 주거문화를 향상시키는 역할을 했다.

아파트 장사로 떼돈을 번 신생 기업 가운데는 아파트 건설 허가를 받기 위해 로비와 편법을 동원한 곳도 있었다. 서울 강남구 대치동 은마아파트 개발로 일거에 대형건설사 대열에 낀 한보그룹의 수서비리 사건이 대표적이다.

1991년 2월 7일자 중앙일보에 따르면 한보그룹은 1988년 수서-대치지역 공공용지 3만 5500평을 사들여 26개 직장주택조합에 팔았다. 그러나 이곳은 당시 개발이 불가능한 개발제한구역으로 묶여 있었음에도 서울시가 아파트 건축 허가를 내주면서 대형 비리사건으로 발전했다.

한보는 로비를 벌여 1991년 1월 마침내 서울시에 특별공급결정을 얻어냈다. 그러나 이 비리가 드러나면서 뇌물수수에 관여한 정태수 한보그룹 회장과 국회의원 등 9명이 구속됐다. 노태우 시절이 아파트공화국이라고 불릴 만큼 온 국민이 얼마나 아파트에 관심을 쏟았는지를 보여주는 단면이라고 할 수 있다.

이런 홍역을 치르며 노태우 시절에는 주택공급이 크게 늘어나 이후 김영삼 정부에서는 부동산시장이 상당한 안정세를 보이기도 했다. 하지만 강남불패 신화는 갈수록 굳은 믿음으로 바뀌면서 -노무현 편에서 다시 다루겠지만- 2000년대 들어 부동산시장은 다시 한 번 광풍에 휘말리게 된다. 더구나 강남불패 신화는 노무현 정부 이후 다른 양상을 띠게 되는데 2010년 이후에는 아파트 벨트가 경부고속도로를 축으로 용인·판교·천안까지 뻗어나갔다.

...

토지공개념도 막지 못한 집값 상승

노태우는 대통령에 취임하자마자 전격적으로 '주택 200만 호 공급작전'을 개시했지만 부동산 투기 열풍은 수그러들지 않았다. 서민들의 '내 집 마련' 꿈도 그만큼 멀어지면서 민심은 극도로 뒤숭숭해졌다. 공급확대정책만으론 치솟는 집값을 잡기 어려워지자 노태우 정부는 수요억제정책으로 눈을 돌렸다.

부동산 투기만큼은 반드시 해결하겠다는 의지를 불태웠던 노태우는 취임 직후 경제부처에 지시해 1988년 9월 구성된 '토지공개념연구위원회'를 통해 본격적으로 대책을 강구했다. 그래서 탄생한 것이 1989년 12월 국회를 통과한 택지소유상한제·토지초과이득세제·개발이익환수제 등 토지공개념 3개 법안이다.

이를 뒷받침하기 위해 '공시지가'와 '종합토지세'가 함께 도입됐다. 공시지가는 과표 현실화를 위해 국토해양부가 해마다 땅값을 조사·발표하는 것이며, 종합토지세는 과다한 토지보유 억제를 위해 도입됐다.

이 3개 법안은 집권 민정당과 대기업, 부유층으로부터 거센 반발과 저항을 받았다. 반대론자들은 사유재산권을 제한한다는 점에서 토지공개념은 자본주의를 부정한다고 주장했다. 그럼에도 노태우는 이 법안을 단호한 입장으로 관철시켰다. 주택 부족과 부동산 투기에 따른 집값·땅값 상승에 대한 불안과 상대적 박탈감을 가진 서민 불만을 해소하기 위해서는 불가피한 선택이었다.

경제기획원 『토지공개념자료집1990』[45]에 따르면 '택지소유상한제'는 특별시와 광역시에서 개인 택지를 200평으로 제한해 초과한 땅에 대해 부담금을 물리는 내용이다. 투기 수요가 높은 지역에서는 사실상 소유를 간접적으로 제한한 것이다.

'토지초과이득세'는 각종 개발사업으로 유휴토지의 땅값이 올라 땅 주인이 얻은 과도한 이익을 세금으로 환수하는 제도다. 노는 땅의 가격 상승분에 최대 50%의 세금을 부과하도록 했다. 당장은 사용하지 않더라도 모든 토지는 나름의 용도가 있다는 점에서 이 또한 시장경제의 근본 원리를 부정한다는 지적을 받았다.

택지·관광단지 조성 등 개발사업 시행으로 발생한 개발 이익의 50% 2001년 1월부터 25%로 인하를 부담금으로 부과하는 '개발이익환수제'는 미실현 이익에 대한 과세였다. 이 역시 자본주의 원리에 맞지 않았다.

"개혁을 놓치면 혁명이 온다"

당시 문희갑 경제수석 등 경제정책 수뇌부들은 이런 허점에 대한 반대 논리를 개발해가면서 토지공개념을 정당화했다. 문희갑은 "개혁을 놓치면 혁명이 온다"고 했다.[46] 정당화의 근거는 헌법이다. 헌법 제122조는 "국가는 토지소유권에 대해 법률이 정하는 바에 따라 제한과 의무를 과할 수 있다"고 적시하고 있다. 또 민법 제212조는 "개인의 소유권이라도 정당한 이익이 있는 범위 내에서만 행사하여야 한다"고 규정한다.

이 가운데 헌법 제122조는 "국가는 국민 모두의 생산 및 생활의 기반이 되는 국토의 효율적이고 균형 있는 이용·개발과 보전을 위하여 법률이 정하는 바에 의하여 그에 관한 필요한 제한과 의무를 과할 수 있다"고 밝혀 토지공개념을 뒷받침하고 있는 것처럼 해석될 수도 있다.

사실 이 같은 발상은 "땅은 사유재산이 아니다"라고 주장했던 헨리 조지 Henry George의 이론에서 사상적 뿌리를 찾을 수 있다.[47] 그는 경제 성장의 이익은 토지의 독점적 소유자에게 거의 흡수돼 빈부의 격차가 커지고, 지대는 상승하는 반면 임금은 하락한다며 모든 지대를 조세로 징수해야 한다고 주장했다.

노태우 정부는 이런 헌법적 근거와 철학적 배경을 제시하며 토지공개념을 강력하게 밀어붙였다. 토지공개념 3개 법안을 통과시킨 이듬해 1990년 5월 8일 정부는 대기업들에게 비업무용 부동산 자진 매각을 요청했다. 기업들은 청와대와 정부로부터 거듭 매각을 종용당하면서도 버텼지만 노태우의 강력한 의지를 꺾을 수 없었다.

타깃은 주로 재벌과 증권·보험회사 등 금융회사였다. 비업무용 부동산의 판정 기준도 강화했다. 당시 세간에는 재벌들이 사들이는 땅 주변에 투자하면 떼돈을 벌 수 있다는 말이 회자될 정도로 대기업들은 전국 곳곳에서 땅을 사들였다.

부동산 투기를 방치하고서는 기업자금이든 개인자금이든 생산적인 곳으로 흘러가지 않을 것이라는 판단도 있었다. 땅 장사로 쉽게 돈을 벌 게 아니라 생산적인 제조활동에 주력하라는 주문이었지만 재계는 큰 불만을 드러냈다.

더구나 이 무렵 대기업들은 덩치가 부쩍 커지고 해외로 본격 진출하면서 정부 말을 고분고분 듣지 않기 시작하던 때였다. 강압적인 조치에 대한 재계의 반발은 극심했고 정주영 현대그룹 회장이 1992년 대선 출마를 결심한 배경이 되기도 했다. 그는 주변의 만류에도 불구하고 출마해 고배를 마셨다.

실패로 끝난 토지공개념 3법

토지공개념 실험은 결국 충격 요법으로 막을 내렸다. 초법적인 수단까지 동원했지만 훗날 관련 법안들이 위헌이나 헌법 불합치 판정을 받은 것이다.

1994년 7월 29일자 중앙일보에 따르면 가장 논란이 많았던 '토지초과이득세'는 미실현 수익에 대한 과세가 지나친 규제라는 지적을 받은 끝에 헌법상 조세법률주의와 개인의 재산권 보호 등 자유민주주의 경제원칙에 위배된다는 이유로 1994년 7월 헌법 불합치 판정을 받았다. 이 제도는 결국 김대중 정부 출범 첫해인 1998년 12월 부동산시장 활성화 대책의 일환으로 폐지됐다.

'택지소유상한제'는 초과소유 택지 가격의 7~11%를 택지초과소유부담금으로 부과해 1998년까지 1조 6779억 원을 거둬들였다. 하지만 1997년 외환위기로 부동산시장이 급격히 침체되자 김대중 정부는 국민재산권을 침해한다는 이유로 1998년 9월 이 제도를 폐지했다. 이어 헌법재판소는 1999년 4월 이미 폐지된 이 제도에 대해 위헌 결정을 내렸다. 택지개발, 산업단지 조성 등 30개 사업에서 나오는 이익을 환수하기 위해 개발부담금을 부과한 '개발이익환수제'도 규제를 완화하고 기업 부담을 덜어준다는 명분으로 2004년부터 사실상 중지됐다.

실패로 끝난 사회주의 발상이라는 비난까지 감수하면서 도입한 토지공개념은 말 그대로 사회주의 혁명 같은 것이었다. 하지만 그 정신은 시행 중인 제도 속에 반영돼 투기 광풍과 경제력 집중이라는 자본주의의 맹점을 보완해주고 있다. 토지거래허가제와 종합부동산세 등이 대표적이다.

토지거래허가제는 이미 1978년 박정희 정권 때 도입됐지만 노태우 정부의 토지공개념 도입 시도를 통해 확고한 지위를 얻게 됐다. 강남불패 신화가 절정기를 이뤘던 노무현 정부 초반기 부동산 가격이 급등하자 이에 대한 보유세를 늘리기 위해 2005년 도입된 종합부동산세도 마찬가지다. 종합부동산세가 기득권층의 반발에도 불구하고 토지초과이득세와 택지소유상한제의 전철을 밟지 않고 보유세 과세 방식으로 정착된 것은 자본주의 정신을 벗어나지 않는 한도에서 투기를 억제하는 효과를 거두고 있기 때문으로 볼 수 있다.

초법적이지만 투기 억제에 기여

토지공개념 도입 과정에서 마련된 토지전산망·부동산실명제·종합토지세·공시지가제 등 토지 과다보유나 투기를 억제할 수 있는 정책수단이 마련된 것도 토지공개념정책이 맺은 과실이다. 무리한 방법으로 도입돼 결국 역사 속으로 퇴장했지만 부동산 관련 인프라 구축에 지대한 역할을 한 것이다.

노태우는 부동산정책에서 토지공개념과 주택 200만 호 건설정책을 통해 나름대로 성과를 거뒀다고 볼 수 있다. 노태우 정부의 토지공개념 관련 법안들이 나중에 위헌 또는 헌법 불합치 판결을 받았지만 고비용 구조를 초래하는 부동산 투기에 어느 정도 제동을 거는 사회적 분위기와 장치를 마련할 수 있었기 때문이다.

이후 신자유주의 기조 확산에 따라 토지정책에도 규제 완화 바람이 불었다. 김영삼 정부는 1993년 국토이용관리법을 전면 개정해 개발 가능한 토지를 국토 면적 중 15%에서 42%로 크게 확대했다. 대표적인 토지공개념 법률인 토지초과이득세 헌법 불합치 판정이 나온 것도 1994년 7월 김영삼 정부에서였다.

외환위기로 1달러의 외화도 아쉬웠던 김대중 정부에서는 외국인에게 토지 소유를 허용했다. 또 1998년 4월 토지거래 신고·허가구역을 해제하고 취득·등록세 같은 부동산 거래세도 낮췄다. 외환위기 충격으로 부동산시장이 침체에 빠져 있던 상황이어서 시내 유명 빌딩들이 외국인 투자자들에게 줄줄이 팔려나갔다.

강남불패 신화가 절정기를 이루던 노무현 정부에서는 다시 부동산시장을 바짝 죄고 나섰다. 부동산 투기와의 전쟁을 벌이면서 국가가 동원할 수 있는 모든 수단을 동원했다. 종합부동산세를 시행하고 양도소득세도 실거래 가격에 가깝게 과세했다. 이를 위해 제대로 반영하지 못했던 국세청 고시 기준시가를 대폭 현실화했다. 투기 우려 지역은 토지거래허가구역으로 지정했다. 부동산 담보대출까지 규제했다. 이명박 정부에서도 부동산 문제는 근본적 해결이 불가능했다. 노무현이 마련해 놓은 과세 인프라 때문에 주택시장이 침체에 빠지자 주택 구매 수요가 줄면서 전셋값이 폭등했기 때문이다.

...

경제·외교 함께 잡은 북방외교

노태우는 조용한 스타일이었지만 '북방외교'에서는 강렬한 이미지를 남겼다. 국교 수립을 위해 1990년 6월 미국 로스앤젤레스에서 미하일 고르바초프 소련 공산당 서기장과 담판했던 일화는 냉전 종식 과정의 국제적 외교 비사로 꼽힌다.

이어 중국과 수교하고 헝가리 등 동구권과 국교를 수립하며 한국이 국제사회에서 절반의 고립으로부터 벗어나게 한 계기도 노태우의 북방외교에서 비롯됐다. 노태우는 1988년 7월 7일 사회주의권과의 경제 교류를 촉진하는 내용의 7·7 선언을 발표하며 북방외교에 나섰다.

10월 7일에는 '대북한 경제개방 7개 조치'를 내놓고 남북 우호 분위기를 조성했다. 이미 냉전의 벽이 허물어지고 있다는 시대 변화의 흐름을 파악하고 있었던 것이다. 볼셰비키 혁명Bolsheviki Revolution, 1917년 10월으로 시작된 사회주의 실험은 1980년대 말 종주국 옛 소련에서 차츰 막을 내리면서 위성국들도 사회주의 사슬에서 풀려나 시장경제를 추구하기 시작했다.

노태우는 이런 흐름을 한 템포도 놓치지 않고 즉각 사회주의권 국가들의 문을 두드렸다. 동유럽 국가들은 마치 기다리고 있었다는 듯 일제히 문호를 개방하기 시작했다. 1989년 2월 동유럽 공산권 국가로는 처음으로 헝가리와 정식 수교했고, 이어 7월까지 유고슬라비아·옛 소련·폴란드·불가리아 등 동구권의 무역 사무소가 차례로 개설됐다.

북방정책으로 기업들은 날개를 달았다. 세계 경제의 거센 개방화 물결로 기업들은 이미 스스로 새로운 시장 개척에 나서려던 참이었다. 1970년대 중동 특수를 누린 경험이 있는 기업들은 서울올림픽이 끝난 뒤 새로운 블루오션 시장을 개척해야 했다. 1986~1988년 유례없는 호황을 누린 이후 경기가 식으면서 새로운 돌파구가 필요했기 때문이다.

정부는 소련과의 교류에 먼저 민간을 앞세웠다. 1990년대 초반 '세계경영'을 공식적으로 선언한 대우가 가장 적극적이었다. 재계 2위 그룹을 지휘하다 훗날 외환위기가 닥치자 부채경영의 책임을 지고 몰락한 김우중 대우그룹 회장은 1980년대 말부터 부지런히 옛 공산권 국가들에 진출해 시장 개척의 물꼬를 텄다.

정주영·김우중의 북방시장 개척

옛 소련에 대해서는 평소 시베리아 자원개발권에 관심을 갖고 있던 현대 그룹 정주영 회장이 가장 적극적이었다. 이명박 당시 현대건설 회장도 때로는 정주영을 수행해 소련과의 경제 교류에 나섰다. 정주영의 첫 소련 방문은 1989년 1월이었다. 그는 자신의 비망록에 소련 방문의 목적을 이렇게 기록하고 있다.[48]

> "소련과 우리나라는 아직 국교가 없다. 나는 소련 정부의 장관급인 소련 상공회의소 회장의 초청으로 시베리아 개발 문제를 비롯해 한국과 소련의 경제교류 등 여러 문제를 협의하고, 경제 외교 정치 통로의 신뢰를 굳건히 하며 사회주의 체제 국가들과 평화를 견고히 하는 데 소련 방문의 주요한 의의를 가지고 출발한다."

정부는 기업들이 먼저 경제 교류를 트면 국교 수교는 저절로 뒤따를 것으로 기대했다. 소련 역시 한·소 수교의 최대 목적은 경제 교류였다. 소련의 강력한 요청으로 1989년 7월 말~8월 초에는 전국경제인연합회의 경제협력사절단이 소련을 방문해 생필품 수출과 합작 투자 등을 논의했다. 민간 교류가 무르익자 정부는 1990년 2월 9일 그동안의 민간·밀사외교에서 벗어나 정부 차원에서 북방외교를 전담하기 위해 북방외교추진본부를 외무부에 설치했다.

결실은 곧바로 나타났다. 1990년 6월 샌프란시스코에서 노태우 대통령과 고르바초프 대통령 간의 한·소 정상회담에 이어 9월 30일 뉴욕 유엔본부에서 최호중 외무부 장관과 셰바르드나제 소련 외무부 장관이 대사급 외교관계를 수립한다는 공동성명에 서명함으로써 정식으로 한·소 수교가 이루어졌다. 소련은 수교 이후 경제협력자금으로 30억 달러를 제공받았다. 사회주의 국가에서 거액의 자금을 제공한다고 해서 상당한 논란을 일으켰지만 안보 차원의 가치와 한국 기업들의 시장 선점효과를 감안하면 값어치 있는 투자였다고 볼 수 있다.

한·소 수교가 이뤄지자 소련은 적극으로 한국 기업의 진출을 독려했다. 수교 다음 달 정주영은 소련의 초청으로 모스크바 대통령 집무실에서 고르바초프를 만났다. 정주영은 그 자리에서 "소련의 시베리아 개발을 한국 기업이 주축이 돼 할 수 있다"고 강조했다. 고르바초프는 한국의 발전 모델에 큰 관심을 보였다. 소련은 볼셰비키 혁명 이후 시작된 사회주의 실험의 실패를 인정하고 경제 체제를 전환하고 있었다. 아무런 부존자원도 없고 식민지와 전쟁으로 폐허가 된 땅에서 경제 발전을 이룬 한국은 소련에게 기적과 같은 나라였다. 고르바초프는 한·소 수교 다음해인 1991년 7월 마르크스-레닌주의 및 계급 투쟁을 수정하는 소련공산당 새 강령을 마련해 외국자본의 투자 유치를 가로막는 걸림돌을 제거했다. 한·소 수교는 한국의 사회주의권 국가 진출의 본격적인 신호탄이 됐다.

비슷한 시기에 추진된 중국과의 수교 과정은 더욱 극적이었다. 장차 한국의 최대 무역 상대국이 된 중국과의 수교는 어려운 고비를 여러 차례 넘겨야 했다. 1989년 6월 중국의 '톈안먼天安門·천안문 사건'이 첫 번째 고비였다. 중국은 대외교류의 속도를 늦추었고 한·중 관계의 진전에도 걸림돌이 됐다.

그러나 노태우는 스포츠 교류 등을 통한 관계 회복을 위해 부단히 노력했다. 결국 한·중 관계는 1991년 1월 30일 대한무역진흥공사KOTRA 주 베이징 대표부의 개설로 더욱 가시화됐다. 하지만 두 번째 고비가 기다리고 있었다. 혈맹관계를 맺고 있는 북·중 관계의 벽을 넘는 것이었다. 하지만 중국에게 북한은 더 이상 한반도의 절대적인 존재가 아니었다. 1970년대 남·북 경제력이 역전되기 시작한 지 20년이 흐른 1990년대 한국은 중국에게 기회의 땅이었다. 한국과의 경제교류 없이는 중국의 자본주의 실험도 완전할 수 없었다.

중국 지도부는 덩샤오핑鄧小平·등소평의 '흑묘백묘론黑猫白猫論'처럼 경제발전에 도움만 된다면 북한과의 특수관계도 다시 생각해 본다는 입장이었다. 중국은 1978년 12월 18일 덩샤오핑이 공산당 제11기 중앙위원회 제3차회의11기 3중 전회에서 개혁 개방 노선을 공식화하면서 시장경제를 본격적으로 받아들였다. 그렇기 때문에 중국에게 필요한 것은 남한의 시장경제 발전 경험과 자본을 과감하게 받아들이는 것이었다.

이런 맥락에서 등장한 흑묘백묘는 '부관흑묘백묘不管黑猫白猫, 착도로서 捉到老鼠 취시호묘就是好猫'의 줄임말이다. 검은 고양이든 흰 고양이든 쥐만 잘 잡으면 된다는 뜻이다. 중국의 개혁과 개방을 이끈 덩샤오핑이 1979년 미국 방문에서 돌아와 주장하면서 유명해졌다. 이 지침은 중국 경제 발전의 기본철학이 됐다.

중국 첸치천錢其琛·전기침 외교부장은

중국 선전에 세워진 덩샤오핑 동상

『열 가지 외교이야기』에서 1992년 7월 15일 북한 김일성 주석에게 한·중 수교계획을 통보하러 가는 과정을 이렇게 증언하고 있다.[49]

"이는 결코 가벼운 외교 방문이 아니었다. 전용기 안에서 나는 줄곧 마음이 편하지 못했다. 북한이 과연 우리의 입장을 충분히 이해할 수 있을까. 비록 김일성 주석이 나와의 회견을 허락했다고 하지만 우리가 통보하는 내용이 그에겐 너무나 돌발적인 일이 아닐까. 북한은 또 어떤 반응을 보일까."

김일성에 충격 안긴 한·중 수교

첸치천은 당시 장쩌민江澤民·강택민 주석의 지시를 받고 평양으로 출발했다. 그는 김일성에게 장쩌민의 구두 메시지를 전달했다. "현재 국제정세는 극히 불안정, 언제고 중대한 변화가 발생할 수 있다. 이 같은 상황에서 우리는 기회를 잘 포착, 유리한 국제 환경을 조성해 자기를 발전시키고 국력을 증강시켜야 한다"라는 대목이 포함돼 있다. 여기에서 엿볼 수 있듯 당시 중국은 한국의 자본 유치를 중국의 기회로 판단하고 있었다.

이런 고비를 넘긴 한·중은 1992년 8월 24일 베이징北京에서 이상옥 외무부 장관과 첸치천 외교부장이 수교공동성명에 서명함으로써 정식 수교를 맺었다. 1949년 이후 무려 43년 동안 교류가 단절됐던 중국 대륙과의 관계를 회복시킨 것이다.

2011년 기준으로 중국은 한국의 수출액 가운데 25%가량을 차지하며 미국·일본·유럽연합EU을 제치고 최대의 무역상대국이 됐다. 중국 경제에 대한 종속 우려가 나오고 있을 정도가 됐지만 중국 경제에 대한 의존 없이는 한국 경제가 성장할 수 없는 것도 현실이다.

한국 기업들은 노태우의 북방외교를 통해 사회주의권 국가들에 선제적으로 진출했기 때문에 새로운 무역질서에도 빠르게 적응할 수 있었다. 현대자동차는 현재 중국에서 도요타를 제치고 폴크스바겐 다음으로 많은 자동차를 판매하고 있다. 중국시장에 먼저 진출한 선점 효과를 보고 있는 것이다. 현대자동차와 삼성전자 등 국내 기업들은 중국 현지공장을 확대하고 있고 금융업과 유통업 진출에 박차를 가하고 있다. 한국 기업의 동유럽·러시아 진출도 활발하다. 동유럽에는 한국 자동차공장이 곳곳에 들어서 있고 전자제품과 정보기술 제품 등 한국 상품이 최고급으로 환영을 받고 있다.

만약 노태우가 당시 국제 질서 전환기에 타이밍을 놓쳤다면 어떻게 됐을까. 한국 기업들은 강대국들 기업이 선점한 사회주의권 국가와 아프리카·동남아시아 국가로 진출하는 기회를 놓쳤을 가능성이 크다. 기업 이름을 알리고 신뢰를 얻고 상품을 사게 하는 데까지는 많은 시간과 노력이 필요하기 때문이다. 다행히 1990년대 초반부터 세계로 눈을 돌리면서 한국의 경제 영토는 크게 확대됐다. 당시 한국이 북방외교로 교류를 튼 국가들은 시장이 포화된 미국·유럽과는 달리 성장 속도가 왕성한 청년기 경제단계에 있었다. 한국 기업이 반드시 진출해야 하는 이유다.

한국은 시장이 좁다. 삼성전자와 현대자동차 매출의 80% 이상은 해외시장에서 이뤄지고 있다. 이런 점에서 노태우가 북방외교를 통해 개척한 시장은 1990년대 이후 경제 발전의 핵심 원동력이 됐다. 그러나 당시에도 일부 관료와 전문가들은 국제 정세에 무지해 반대 입장을 보였다. 자본주의를 이해하지 못하는 사회주의권 국가들과의 경제교류는 검증되지 않아 위험하다는 주장이었다.

그러나 이들의 우려는 기우로 그쳤다. 오히려 북방외교는 소형 개방형 경제가 지향해야 하는 한국 경제의 돌파구였다. 노태우의 선견지명대로 사회주의권 국가들은 훗날 포스트 '팍스 아메리카나Post Pax Americana' 체제에서 세계시장의 새로운 견인차가 되고 있다. '팍스 아메리카나'는 소비에트연방

이 붕괴된 이후 미국이 유일한 초강대국이 되고 미국 주도하에 세계 질서가 개편된 1991년부터 2011년까지를 의미한다. 포스트 팍스 아메리카나는 중국이 다시 강대국으로 떠오른 주요 2개국G2 시대의 세계 질서를 가리킨다.

노태우 정부의 북방외교 기간 중 공산권과 제3세계를 중심으로 새로 수교한 나라는 45개국으로 그 인구는 17억 명이 넘었다. 더구나 노태우 정부가 추진했던 북방외교와 대북 통일외교는 1991년 9월 18일 유엔 동시가입, 1992년 2월 19일 남북기본합의서와 비핵화 공동선언 등으로 양국 간의 긴장 완화 분위기 조성에도 영향을 미쳤다.

...

경제 발전 촉진한 인천국제공항

노태우는 한국 경제가 지속적으로 발전하는 데 필수적인 사회간접자본soc을 과감하게 확충했다. 1990년 6월 추진계획이 확정된 인천국제공항과 경부고속철도는 모두 사업 기간이 10년 이상 소요되는 장기 프로젝트였다.[50] 재임 중 단기실적에 연연하지 않고 미래 세대를 위해 추진한 백년대계였다.

하지만 이들 사업은 엄청난 사회적 반발에 부닥쳤다. 특히 빛의 속도만큼 빠르게 바뀌는 세상 변화에 둔감하고 비평에만 익숙한 당시 일부 지식인과 정략적 논쟁만 일삼는 상당수 정치인들은 반대를 위한 반대에 열을 올렸다. 일각에서는 영종도를 공항 입지로 쓸 수 없다는 근거 없는 주장을 공공연하게 퍼뜨렸다. 이런 괴담은 언론에도 버젓이 보도됐다. 지반이 침하되고 안개가 짙어 공항으로서는 치명적인 약점을 갖는 것은 물론 공항 건설 자체가 불가능하다는 내용이었다.

천문학적인 규모였던 투자자금도 반대론자들이 목청을 드높일 수 있었던 요인이었다. 경제성에 비해 천문학적인 예산을 낭비한다는 지적이었다.

노태우는 사업비를 정부 지원, 외자 도입 민자 유치, 개발이익환수 등의 방법으로 확보하도록 교통부에 지시했다. 그러나 사업비 조달에 대한 회의론은, 정부는 물론 경제전문가들 사이에서도 수그러들지 않았다. 반대론자들의 지적대로 실제 사업비는 눈덩이처럼 불어났다. 원자재 가격과 수용 대상 땅값이 오른데다 고속철도는 차량 도입에 따른 비용까지 필요했기 때문이다. 개발사업에 뒤따르는 부동산 투기 열풍을 잠재우는 것도 쉽지 않은 과제였다.

결과적으로 인천국제공항 건설에는 1단계1992년 11월~2001년 3월와 2단계 2002년 11월~2008년 6월 사업을 모두 합쳐 8조 6011억 원이 투입됐다. 투자 기간이 길고 물가 변동의 영향을 받는 대형사업의 속성상 불가피한 측면이 있다. 만약 이런 난관에 막혀 이들 국가 핵심 사회간접자본soc 투자가 지연됐거나 불발에 그쳤다면 한국의 교통서비스와 경제 활동은 상상하기 어려울 정도로 크게 달라졌을 것이다.

반대와 괴담 난무했던 인천국제공항

인천국제공항 건설은 수도권신공항사업으로 불렸다. 노태우의 투자 판단은 서울올림픽을 치르고 해외여행 자유화 조치를 단행하면서 크게 급증하는 항공여객 수요였다. 1980년대 들어 항공 수요는 폭발적으로 늘어나 김포공항의 연평균 국제선 여객은 13%, 국내선 여객은 30%의 증가율을 보였다.

교통부는 김포공항의 여객 처리 능력이 1990년대 후반에는 한계에 도달할 것이 예상되기 때문에 항공 인프라 확충은 불가피하다고 밝혔다. 해외여행 자유화가 시작된 1989년에는 국제선 여객은 33%, 국내선 여객은 40%가 늘어 세계 최고의 수요증가율을 기록하고 있었다.

이같이 폭발적으로 증가하는 수송 수요에 대처하고, 2000년대에 실용화될 초음속 여객기 개막 시대에 대비해 영종도국제공항을 아시아의 교통 허브Hub · 거점로서 단계적으로 개발한다는 것이 노태우의 청사진이었다.

지금 생각해봐도 초음속 여객기 시대가 개막된다는 것은 다소 허황된 이야기일 수 있다. 당시 정부는 초음속기가 운항할 경우 서울~미국 간 운항시간은 5시간이라고 발표했다. 비록 초음속 여객기 시대는 바로 열리지 않았지만 인천공항이 없었으면 한국이 세계 10위권의 무역대국이 되는 것은 불가능했을지도 모른다.

영종도 신공항은 개항 초기 연간 24만 회의 운항을 통해 4000만 명의 여객과 330만 톤의 화물을 처리하는 능력을 갖췄다. 공항 규모는 김포공항의 2배, 여객 · 화물처리 능력은 3배에 달한다. 이제 와서 실감하지만 김포공항만으로는 21세기 한국의 경제 규모와 국민들의 경제활동능력을 결코 소화할 수 없었을 것이다.

영종도에 입지를 선정하는 것도 순탄치 않았다. 당시 수도권공항 건설입지로 유력시됐던 지역은 영종도 · 군자 · 남양 · 시화지구 등 4개 지역으로 공항으로는 모두 약점을 갖고 있었다. 그나마 영종도는 지형 장애물이 가장 적고 연간 안개 발생시간이 52시간으로 김포공항의 155시간에 비해 훨씬 적었던 것으로 평가됐다.

그러나 서울 도심과의 거리가 52㎞에 달해 전용고속도로 · 고속전철 등 교통시설에 대한 투자까지 이뤄져야 하는 어려운 공사였다. 이런 핸디캡에도 불구하고 노태우는 홍콩의 첵랍콕공항 등 국제 허브공항들이 육지와 가까운 섬에 건설한다는 세계적인 추세를 놓치지 않았다.

인천공항 건설의 효과는 곧바로 나타났다. 반대와 우려의 목소리 속에 건설됐지만 개항 직후 가시적인 성과를 보였다. 최첨단 시설과 동북아 주요 항공노선과의 연계성이 뛰어난 것으로 평가받으며 빠른 속도로 동북아 허브공항으로 성장했다. 일본인들이 유럽 여행을 갈 때는 일본의 지방공항에서 인천공항을 경유해 가는 경우도 드물지 않게 됐다. 일본의 국제공항들은 규모가 작아 늘어난 항공 수요를 소화하지 못하고 있었기 때문이다.

2010년에는 위기감을 느낀 일본 정부가 직접 벤치마킹을 하러 오기도 했다. 일본의 공항서비스 경쟁력이 크게 뒤떨어지자 인천공항의 장점을 근거로 내세워 국제공항을 확장하기로 한 것이다. 일본은 나리타成田공항의 운항 규제를 완화해 외국항공사를 유치하고, 하네다羽田공항에는 활주로와 공항시설을 확충해 인천공항과의 경쟁에 나섰다.

인천공항은 세계공항서비스평가ASQ 12연패2005~2016년를 달성했다. 수상은 각국 공항 이용객 2만 5000여 명이 시설과 운영, 서비스를 기준으로 선정한다. 인천공항의 기술을 이전받으려는 각국 공항들의 벤치마킹과 공항 건설을 제의하는 합작 러브콜도 줄을 잇고 있다.

중국·베트남·필리핀·캄보디아·인도네시아 등 아시아는 물론 남미에 이르기까지 세계 각국에서 인천공항을 벤치마킹하려는 방문객은 개항 후 끊임없이 몰려들고 있다.

건설 당시 과도한 투자라는 지적을 받았지만 해마다 여객과 화물 수요가 늘어나면서 인천공항도 시설 확충에 나서고 있다. 2013년 부터 시작해 2017년까지 진행된 3단계 공사가 완료되어 인천공항의 연간 여객과 화물 처리능력은 각각 약 6000만 명과 580만 톤으로 늘어났다. 2024년까지 4단계 사업이 완료되면 인천공항은 서비스 면에서나 규모 면에서 명실상부한 동북아의 허브공항으로 부상하게 된다.

이용 고객이 없어 적자투성이라는 비판을 받았던 공항철도도 시간이 갈수록 이용자가 늘어나면서 중요한 교통 인프라가 되고 있다. 노태우의 결단으로 인천공항이 건설되지 않았다면 2002년 한·일 월드컵과 2018년 평창 동계올림픽은 물론 각종 국제 행사를 유치하는 데도 어려움을 겪었을 가능성이 크다. 역사에 가정은 아무런 의미가 없지만 당시 인천공항이 건설되지 않아 지금도 김포공항을 이용한다는 것은 상상도 할 수 없는 일이다.

...

전국 1일 생활권 만든 고속철도

경부고속철도는 서울~부산 간을 2시간대에 주파해 전국을 반나절 생활권으로 만든다는 거대한 구상이었다. 당시 교통부는 1989년 이후 육상 여객 수송 수요가 연평균 4.3%씩 늘어나 기존교통시설의 수송능력이 1990년대 후반에는 한계에 도달할 것으로 예상했다.

그러나 고속철도 건설도 반대 의견을 피해갈 수 없었다. 운행 직전까지 경제성에 비해 예산 낭비가 크다는 비판이 끊이지 않았다. 실제로 토지수용 비

경부고속철도 기공식 참석(1992)

용의 증가와 물가 상승, 공사지연 등으로 공사비가 크게 늘어났기 때문이다.

이런 지적대로 경부고속철도 건설사업은 1단계 사업1992년 6월 30일~ 2004년 4월 1일 12조 7337억 원, 2단계 사업2002년 6월 1일~2014년 12월 31일 7조 7497억 원을 합쳐 모두 20조 4834억 원에 이르는 막대한 예산이 소요되는 사업이 됐다. 노태우는 많은 반대와 논란에도 불구하고 1992년 6월 30일 경부고속철도 건설 기공식 연설을 통해 국민 설득에 나섰다.

> "1905년 서울과 부산 사이에 철마가 첫 기적을 울린 이래 경부선은 지난 한 세기 가까이 민족사의 시련을 겪으며 나라의 근대화와 경제의 발전을 이루는 중추가 되었습니다. 전체 인구의 3분의 2가 살고 국민총생산의 69%가 나오는 경부축은 지난 30년 동안 수출입 화물을 실어 나르는 주요 통로로서 한국의 경제기적을 이끄는 간선이었습니다.
> 그러나 경제가 눈부신 성장을 지속함에 따라 수도권과 나라 제1의 항구를 잇는 이 축은 날로 폭증하는 화물과 사람의 이동으로 체증을 앓고 있습니다. 경부선 철도는 엄청나게 커진 수송의 수요를 감당하기에는 이미 한계에 다다랐습니다. (중략) 저는 이러한 교통 문제의 해결 없이는 지속성장도 선진복지국가의 건설도 결코 기대할 수 없다고 확신합니다. 당장 눈앞에 닥친 민생의 불편과 경제의 부담을 해소하기 위해서도, 21세기를 대비하는 장기적인 안목에서도 고속철도는 반드시 마련돼야 합니다.
> 이에 따라 저는 정부가 1983년부터 기초조사를 해 온 고속철도 건설을 1987년 대통령선거 공약으로 채택했고 1990년 6월에는 정부로 하여금 그 방침을 확정케 하였던 것입니다. (중략) 지난해 정부는 대통령 직속으로 사회간접자본기획단을 설치하여 교통난 해결을 위한 중장기 계획에 착수하였습니다. 금년부터 시작되는 7차 5개년 계획 기간 국민총생산의 5%에 해당하는 62조 원이 사회간접자본 확충에 투입될 것입니다."

만약 이런 예산 문제 때문에 당시 고속철도 건설 결정을 하지 않았다면 어떻게 됐을까. 부족한 교통 인프라로 인해 여객 수송은 물론 기업활동, 공무 수행에도 엄청난 불편을 겪었을 것이다. 이 같은 필요성 때문에 고속철도 건설계획은 이미 전두환 정부에서도 타당성 조사를 벌인 상태였다. 노태우는 이를 토대로 1989년 5월 추진 방침을 결심하고 철도청에 고속전철기획실을 설치했다. 정부 내 반대론자들도 그의 강한 의지를 꺾지 못했다.

그럼에도 예산 문제로 인해 경부고속전철과 함께 1991년 동시 착공하기로 했던 동서고속전철 건설계획은 보류해야 했다. 국민들의 우려를 덜 수 있는 현실적인 재원조달 방안이 없기 때문이었다. 경부고속철도에 대해서도 시속 300㎞의 고속열차를 운행할 기술력에 대해 많은 논란을 일으켰다.

천성산에 가로막힌 2년 8개월

경남 양산시 천성산 터널 13.28㎞ 구간 공사는 환경파괴 논란으로 고속철도 개통에 상당한 차질을 빚었다. 천성산에 서식하는 도롱뇽의 생태를 파괴한다는 이유로 2003년 10월 공사착공금지 가처분 신청이 제기되면서 공사가 지연됐기 때문이다. 대법원은 2년 8개월여 만인 2006년 6월 2일 가처분 신청을 기각했다. 이 사건은 도롱뇽을 소송 당사자로 내세워 일명 '도롱뇽 소송'으로 불렸다.

고속철도 경부·호남선은 이런 곡절을 거쳐 공사 착공 12년의 산고 끝에 2004년 4월 1일 동시에 개통됐다. 공사에는 3만 명의 인원과 20조 원에 달하는 자금이 투입됐다. 한국은 일본·프랑스·독일·스페인에 이어 세계 다섯 번째로 시속 300㎞의 고속철도를 건설한 것이다.

소송으로 공사에 막대한 차질을 준 천성산 터널은 2010년 개통됐다. 이로써 서울~부산 간 고속철도 주행시간은 22분 단축2시간 40분에서 2시간 18분으로됐다. 고속철도 개통 후 천성산은 여전히 도롱뇽 천국인 것으로 나타났다.

고속철도는 교통혁명을 일으켰다. 시속 300㎞로 달리는 고속철은 서울~부산을 2시간 18분만에 주파한다. 오전에 서울을 출발해 부산에서 볼일을 보고 점심식사 이전에 돌아올 수도 있게 되었다.

이는 한국에 앞서 고속철도를 개통시킨 일본과 비슷한 패턴을 보인다.

일본은 1964년 도쿄올림픽 개최에 맞춰 개통한 신칸센 덕분에 경제발전과 교통·물류혁명을 일으킬 수 있었다. 그 핵심 노선은 도쿄~오사카 구간이다. 일본 경제는 이 구간을 중심으로 폭발적인 시너지를 내면서 발전해 온 것이다.

한국에서도 같은 효과가 나타났다. 경부고속철도가 지나가는 광명·수원·천안·오송·대전·김천·동대구·밀양·경주·울산 지역은 고속철도가 개발되기 전과 비교해 크게 발전했다. 이제는 창원·마산까지도 고속철이 달리고 있다.

호남선 KTX는 더욱 획기적이다. 용산·광명·천안·오송·서대전·계룡·논산·익산·김제·정읍·장성·광주·송정·나주·목포 지역 주민들은 교통혁명을 맞았다. 그러나 2004년 개통할 때 대전까지는 고속철도 전용선로로 시속 300㎞의 속도를 내고, 그 뒤에는 기존 선로를 이용해 시속 160㎞가량의 속도로 달렸기 때문에 초기에는 완전한 고속철도라고 하기에 다소 미흡했다.

이후 2012년 여수세계박람회를 계기로 구간별 속도를 끌어올리는 작업이 가속화됐다. 기존 익산~목포의 호남선은 2015년부터 충북 오송에서 목포를 연결하는 고속철도로 변경된다. 계룡~목포 구간 고속철도 전용선로는 2020년 완공을 목표로 하고 있다. 호남선 전용선로는 경제성 논란이 있었으나 지역개발 차원에서 최종 투자결정이 이뤄진 것이다.

전라선 KTX는 교통 오지奧地 전남 동부권에 고속철도 시대를 열었다. 이는 1922년 광주선光州~麗水 철도 개통 이후 90년 만이다. 이 노선은 전북 익산~전남 여수의 180.3㎞ 구간을 운행하는 고속열차. 전라선 KTX는 여수엑스포와 순천만 국제정원박람회 등 굵직한 국제 행사의 핵심 교통 인프라 역할을 하고 있다. 2011년 10월 1일부터 기존의 경부고속선인 서울~대전 구간과 연결돼 서울에서 여수까지 총 3시간 32분 소요된다. 여수엑스포역에서 박람회장까지는 도보로 3분이면 도착할 수 있다.

한국은 고속철도 운영 노하우를 빠른 속도로 흡수했다. 당시 어느 나라의 고속철도를 도입하느냐도 큰 쟁점이었는데, TGV·신칸센·ICE 방식이 경합을 벌여 프랑스의 TGV로 결정됐다. 프랑스에서 들여와 2004년부터 KTX를 운행한 지 5년 만인 2009년 현대로템은 국산 기술로 KTX-산천을 개발했다. 산천은 2010년 3월부터 경부선과 호남선에 투입됐다.

더 나아가 한국은 고속철도의 해외수출국으로 떠올랐다. 미국과 브라질 등은 광활한 대륙에 고속철도 건설사업을 확대하고 있다. 한국은 프랑스·일본·독일 등과 대등하게 해외시장에서 수주 경쟁에 나서고 있다. 노태우의 결단으로 국민은 교통혁명의 혜택을 누리고 있고, 기업은 첨단 고속철도 판매에 나설 수 있게 된 것이다.

서해안 개발 앞당긴 고속철도

고속철도는 서해안 개발 효과를 극대화했다. 서해안 개발사업의 청사진은 1989년 확정됐다. 노태우는 당시 강영훈 국무총리를 위원장으로 하는 서해안 개발추진위원회를 운영해 2001년까지 모두 22조 3000억 원을 투입, 126개 사업을 추진했다. 상당수가 대통령 선거공약으로 제시된 사업들로 낙후된 서해안지역을 개발함으로써 국토의 균형발전과 지역주민들의 소득증대를 실현하기 위한 것들이었다.

노태우는 자신의 대선 공약 준수에 언제나 예민했다. 국민과의 약속은 반드시 지켜야 한다는 의지의 반영이었다. 그렇기 때문에 서해안 개발사업을 글로벌 시대에 대비한 사업으로 연결지었다.

이런 취지에서 서해안 개발사업은 단순히 낙후지역 개발에 그치지 않고 21세기 서태평양 시대에 대비한 교역 교두보를 마련한다는 측면에서도 의미가 크다. 막대한 예산이 들어갔지만 강력한 추진력을 가질 수 있는 배경이었다. 이 사업에는 92건의 신규사업에 18조 2500억 원, 34건의 계속사업에

4조 500억 원이 각각 투입당초 계획 기준됐다.

정부는 투자의 효율성 등을 감안해 개발 우선순위 및 구체적인 재원조달 방법 등을 마련했다. 주요사업내용을 보면 시화·아산·군장·대불 등 6개의 산업기지와 인천·평택·대전·천안·전주·익산·광주 등에 16개 지방공단이 들어선 것을 알 수 있다.

이와 함께 서해안고속도로가 새로 뚫렸다. 또 인천·목포·여수 등 항만이 정비되고 금강·섬진강·영산강 등 수자원개발과 간척사업도 이뤄졌다. 변산반도·다도해·월출산 등 국립공원 확충사업 등 25건의 관광문화사업이 추진되며 29개 상·하수도사업에도 1조 원이 넘는 재정이 투입됐다. 서해안 개발사업을 통해 투자지역의 총생산GRP은 당초 1987년 15조 원에서 2001년에는 42조 3000억 원으로 2.8배 늘어나며 51만 5000명의 고용증대 효과도 있을 것으로 추산됐다.

서해안 개발사업 추진에 따라 대상 지역의 부동산 투기도 극심했다. 그러나 이 사업을 통해 서해안은 상전벽해라고 불릴 만큼 교통과 산업 인프라가 발전할 수 있었고 지역 주민들의 생활에도 획기적인 변화를 가져왔다.

가시적인 업적을 놓고 보면 노태우의 꿈과 비전은 원대했던 것으로 보인다. 획기적인 북방외교가 그렇고 과감한 교통 인프라 투자가 그랬듯 간척사업에서도 미증유의 대형사업에 도전했다. 그의 이런 의지는 1991년 11월 28일 새만금 간척종합개발사업 기공식 치사에 잘 드러나 있다.[51]

> "전북도민과 농어민 여러분, 그리고 국민 여러분. 우리는 오늘 21세기 대망의 서해안 시대가 현실로 다가오고 있다는 믿음을 나누며 우리나라의 지도를 바꾸는 대역사를 시작하는 현장에 함께 섰습니다. 오늘 기공하는 새만금 간척종합개발사업은 우리 역사상 최대 규모의 국토개발사업입니다. 이곳 변산반도와 저 바다 한가운데 고군산군도 그리고 군산을 연결하는 세계에서 가장 긴 방조제를 쌓고 그 안의 바다를 육지로 만들어 강화도만큼 큰 국토를 창조하는 일입니다."

노태우는 자신이 밝힌 것처럼 시대정신을 간파하고 있었다. 많은 반대가 있었지만 북방외교를 관철했고 대형 교통 인프라사업에 이어 미증유의 대형 간척사업에 착수했다. 대한민국에 많은 것을 남긴 대통령의 한 명으로 이름을 올리게 된 것이다. 그는 아울러 서해안 개발과 함께 농어업의 획기적인 발전도 추진했다. 그는 새만금 종합개발사업 기공식 치사에서 1992년부터 10년간 총 42조 원을 투입하는 농어촌 구조 개선 대책을 밝혔다.

그는 "개방의 문제가 없더라도 지금과 같은 영세한 농어업 구조, 그리고 농어업의 소득만으로 우리 농어민 모두가 잘살 수 있는 길은 없다. 우리만 개방을 거부하고 문을 닫고 이 세계에서 살아갈 수도 없다. 우리는 세계의 수많은 나라와 함께 맞고 있는 개방의 물결을 두려워할 것이 아니라 이를 우리 농어촌 발전의 전기로 만들어야 한다. 농어민 여러분이 정부와 손을 잡고 농어업을 경쟁력 있는 산업으로 발전시켜야 한다"고 강조했다.

그의 예고대로 후임 김영삼은 거센 개방의 파고를 넘어야 했다. 쌀 개방을 둘러싼 우루과이라운드가 그랬고, 1995년 1월 출범한 세계무역기구wto는 개방 압력의 전주곡이었다. 이를 잘 대비하지 못한 결과는 외환위기로 돌아왔다.

...

값비싼 대가 치른 주식투자 대중화

인프라 분야에서는 탁월한 성과를 남겼지만 증권시장에서는 고전을 면치 못했다. 주식시장은 아무리 좋은 정책을 세워도 뜻대로 되는 분야가 아니다. 시장은 통제 불가의 대상이기 때문이다. 부동산시장도 마찬가지다. 시장은 어느 정권에서도 버거운 상대였다. 호황이냐 불황이냐 경기에 따라 결과가 크게 달라지기 때문이다. 노태우 정권도 예외일 수가 없었다.

오히려 노태우는 부동산 투기와 극심한 증시 침체 때문에 역대 어느 대통령보다 애를 태워야 했다. 도로·공항·철도 등 사회간접자본 건설처럼 인프라를 만드는 정책은 대통령의 강한 의지와 탄탄한 재정만 뒷받침되면 큰 실수 없이 추진할 수 있다.

이에 비해 살아 움직이는 생물과 다름없는 증시는 다르다. 수많은 참가자가 있고 국제 시장의 외국인들도 참여해 시시각각으로 가격이 변동하기 때문에 정책으로 목표를 달성할 수 있는 대상이 아니다.

주가와 환율, 금리는 시장의 큰 흐름에 따라 결정되는 종속변수이기 때문에 정책 구사의 효과는 떨어질 수밖에 없다. 그 결정판은 1989년 12월 12일 발표된 이른바 '12·12 증시부양 대책증시안정화 조치'이었다.[52]

실패 원인은 복합적이었다. 우선 3저 호황 때 벌어들인 이윤이 생산적인 투자로 흘러들어 가지 못하고 부동산·주식시장에서 투기자금으로 밀려들면서 상당한 버블이 형성돼 있었다고 볼 수 있다. 또한 자본시장에 대한 충분한 지식과 경험이 부족했던 것도 대책을 어렵게 만들었다. 여기에 노태우를 보좌한 경제팀의 섣부른 정책 대응도 사태 수습을 어렵게 만들었다. 당시 재무부 안에서는 증시부양책을 써야 할 것인지, 시장 흐름에 맡겨야 할지 내부 논란이 많았다.

소 팔고 논 팔아 주식투자

논란에도 불구하고 재무부가 12·12 증시부양책을 강행한 배경은 무엇일까. 큰 배경은 세 가지라고 볼 수 있다.

첫째는 국민들이 국민주 보급을 계기로 주식 투자에 관심을 갖기 시작했다는 점이다. 중산층은 물론 농촌에서 소를 팔아 주식을 사기 시작했을 정도로 국민들이 주식에 눈을 뜨기 시작한 것이다.

둘째는 서울올림픽 이후 급속한 경기 둔화로 증시 침체가 본격화했다는 점이다. 증시는 '경제의 거울'이라는 말처럼 주가에는 실물경제의 체력이 가감 없이 반영된다.

셋째는 정책의 실패를 부른 결정적 원인이었던 정치적 고려였다. 주식에 대한 국민적 관심과 경기 둔화에 따른 주가 하락이 정권 차원의 이슈로 떠오르면서 뭐라도 대책을 내놓으라는 사회적 압력이 증가했다.

언론은 '증시 폭락'이라는 헤드라인을 연일 내보냈고 정부가 대책을 세워야 한다고 촉구했다. 주식 투자 실패로 자살하는 사람에 관한 얘기라든지 깡통계좌로 쪽박을 찬 주식 투자자의 소식도 언론의 단골 뉴스였다. 소 팔고 논 팔아 주식 투자에 뛰어든 사람도 있었다.

주식 투자로 막대한 손실을 본 사람들이 증권사와 감독당국으로 몰려가 주가 폭락에 항의하는 모습도 신문과 방송에 자주 소개됐다. 정치권은 민심을 달랠 방법을 궁리해야 했다. 12·12 증시부양책은 이런 배경들이 복합적으로 작용하면서 현실화했다.

그 핵심은 한국은행의 돈을 풀어서라도 투자신탁회사가 무제한 주식을 사들인다는 방침이었다. 1962년 증권파동 때도 거론만 됐을 뿐 시행되지 않은 정책이었다. 1989년 12월 12일자 중앙일보에 따르면 당시 이규성 재무부 장관은 12일 오전 대한상의클럽에서 이 같은 증시 안정화 대책을 발표했다. 그는 "이번 대책은 자본시장의 안정적이고 건전한 육성을 도모코자 하는 정부의 확고한 의지의 표명이며 앞으로도 정부는 자본시장의 안정적 발전을 위해 최대한의 노력을 해나갈 방침"이라고 밝혔다.

한국은행도 못 막은 증시 폭락

증시 안정화 대책은 증시가 안정될 때까지 투신사가 무제한으로 주식을 매입하고. 투신사의 주식 매입자금 조성을 위해 은행이 투신사에 역시 무제한으로 자금을 지원하며 이를 위해 필요한 경우 한은이 직접 돈을 찍어서라도 자금 지원에 나선다는 내용이 골자였다.

또 현행 10%인 시가발행 할인율을 증권당국이 주가 침체기로 판단하면 30% 범위 안에서 주식 발행기업이 자율 결정토록 하며, 고객예탁금 이용률을 현행 연 1%에서 5%로 인상한다는 내용 등이 포함돼 있었다.

정부는 아울러 1990년 1월께 9000만 달러 규모의 외국인 전용 투자펀드를 새로 설정하고, 코리아 유로펀드도 5000만 달러를 증자하며, 해외전환사채의 발행을 확대하는 등 자본시장의 국제화를 지속해 나가기로 했다.

이규성 장관은 "정부는 증시가 붕괴된다고 판단하지는 않지만 현재와 같은 추세가 바람직하지는 않다고 생각하기 때문에 증시안정대책을 내놓게 된 것"이라고 밝혔다.

하지만 증시를 상대로 정책을 구사해 이긴다는 발상 자체가 애초에 어불성설이었다. 자본주의 본고장인 미국이나 영국의 어느 정부도 증권시장을 상대로 싸워 이긴 적이 없다. 물론 정책이 시장을 이긴 것처럼 보이는 경우는 있었다.

1929년 10월 미국의 대공황 이후 뉴딜정책이 그랬고 가까운 예로는 2008년 서브프라임 사태 이후 미국의 양적 완화정책 때가 그랬다. 하지만 뉴딜정책 이후 회복세를 타던 다우지수는 1932년 7월까지 다시 하락했다. 대공황 전의 최고점을 회복한 것은 1952년 11월이 돼서였다. 23년이 걸린 것이다. 2008년 서브프라임 사태 때도 두 차례의 양적 완화 조치를 통해 막대한 자금을 시중에 풀었지만 세계 증시는 온전한 회복세를 타지 못하고 있다.

여기서 당시 증시부양책의 첫째 배경으로 꼽힌 국민주 보급의 의미를 짚고 넘어갈 필요가 있다. 노태우 정권은 자본주의의 성장 엔진인 기업의 자금조달과 국민의 재산증식 수단으로 공기업 주식을 대거 증시에 상장했다. 주식을 팔아 공기업에 자금을 수혈하고, 국민은 기업 가치 증가에 따라 투자차익을 올릴 수 있게 한다는 정책이었다.

이런 배경에서 노태우 정권은 1988년 11월 1일부터 11일까지 청약을 받아 우리나라 최초의 국민주가 된 포항제철posco의 주식을 공급했다. 1989년에는 두 번째로 한국전력공사 주식이 국민주로 공급됐다. 국민주 보급의 취지에 따라 이들 주식은 당시 월급 60만 원 이하의 근로자와 농어민, 자영업자 등에 78%를 배정했다. 지금의 일반인 공모와는 달리 당시에는 중간소득계층 이하의 국민에게 우선권을 준 것이다.

국민주는 국민들이 본격적으로 주식에 눈뜨는 계기가 됐다. 한국에서는 1962~1963년 사상 첫 증권파동을 겪으면서 국민들에게 주식은 부정적으로 인식되던 투자대상이었다.

당시 증권파동 역시 급격한 경제 환경 변화가 배경이 됐다. 1961년 박정희가 정권을 잡았을 때 경제 사정은 극도로 악화돼 있었다. 실물경제의 거울인 증시도 최악의 상태였다. 1962년 제1차 경제개발계획을 시행하면서 자금수요가 급증하자 정부는 한국전력의 주식 등을 급매했다. 이에 따라 증권에 대한 국민의 관심이 뜨거워지기 시작하였다.

이를 계기로 증시가 과열되면서 수개월 만에 주가가 5~6배로 오른 주식이 속출했다. 주가 급등으로 투기 매수가 급증하던 1962년 5월 마침내 투자자들의 자금부족이 결제 불이행 사태로 발전하면서 주가는 날개 없는 추락을 하기 시작했다. 주가 폭락이 거듭되면서 자살하는 사람이 나타났고 1963년 2월 증시는 완전히 공황상태에 빠져들면서 장기 휴장에 들어갔다.

하지만 세월이 지나면 증시의 유혹과 인간의 탐욕은 다시 고개를 든다. 과거를 망각한 결과, 역사가 되풀이되는 것이다. 1970년대에는 중동 건설 붐을 타고 1977년부터 1978년까지 건설주가 급등했다 폭락하는 '건설주 파동'이 발생했다. 당시 일부 건설주들의 경우 500원짜리가 한 달 이상 상한가를 지속해 3만 원대까지 치솟았다 수직 하락해 액면가 이하로 추락하기도 했다.

버블 후에는 반드시 경기 둔화 또는 불황이 찾아온다. 노태우 정권의 증시 부양책도 처음부터 실패의 운명이 예정돼 있었다. 서울올림픽 이후 3저 호황이 끝나고 증시가 하락세로 접어들면서 경기는 조정을 거칠 수밖에 없었다.

그런데도 인위적인 증시부양책이 시행된 결과 증시는 더욱 왜곡되고 투자자들의 상처도 오래갔다. 12·12 증시부양책에도 불구하고 주가는 맥을 추지 못했다.

주가가 속절없이 하락하자 증권업협회는 1990년 5월 1일 서울 팔레스호텔에서 25개 증권사 사장단회의를 열고 보유부동산 매각, 정부에 대한 긴급 자금 지원 건의 등을 결의했다. 이날 사장단은 현재 처분할 수 있는 보유부동산을 이른 시일 내에 모두 처분해 증시안정기금으로 활용하는 등 증시안정을 위해 적극 노력키로 결의했다.

사장단은 또 자구노력과 동시에 부동산이 팔리고 기금이 조성될 때까지 정부에서 긴급자금을 지원해 줄 것을 건의키로 했다. 당시 강성진 회장은 2014년 펴낸 회고록에서 "현 증시 상황이 공황은 아니지만 위기 상황임에는 틀림없다"며 "최고통치자가 직접 대책 수립을 지시한 것은 정부의 확고한 의지 표명으로 해석되므로 앞으로 증시는 진정될 것으로 본다"고 전망했다.[53]

하지만 증시 하락은 멈추지 않았다. 대책 발표 6개월이 흐른 1990년 6월 11일 종합주가지수는 786.35를 기록해 대책 발표 전날1989년 12월 11일의 844.75보다 하락했다. 한국은행의 발권력까지 들먹였지만 참담한 결과가 나타난 것이다.

더구나 이는 정부가 1990년 상반기에도 증권주에 대한 신용융자 허용, 금융실명제 유보, 실세금리 인하, 거래세율 인하, 증시안정기금 조성 등의 후속 조치로 증시의 뒤를 받쳐준 결과다.

이런 정책들은 오히려 치유하기 어려운 부작용을 초래하고 증권시장의 자율적인 조정 기능을 왜곡시켰다. 시중은행을 통해 투신사들에 지원해 준 총 2조 7000억 원의 주식매입자금은 과도한 유동성 증가라는 결과를 초래했다. 이 자금들이 증시를 빠져나가 물가 상승을 부채질하고 부동산시장으로 흘러가는 부작용도 심각했다.

정부가 통화조절 차원에서 다시 통화환수에 나서면서 투신사들은 냉탕온탕식으로 갑자기 자금난을 겪는 악순환에 빠졌다. 시중은행들은 무리한 자금지원 때문에 지불준비금 부족사태를 빚는 등 자금시장 곳곳에서 왜곡현상이 나타났다.

수많은 '개미'들 깡통계좌 쓴 맛

자기 판단·자기 투자라는 주식 투자의 큰 원칙이 무너지면서 개인투자자들 사이에 빚어진 모럴 해저드도 증시의 흐름을 더욱 꼬이게 만들었다. 투자자들은 손해를 만회하려고 증권사에서 신용융자를 얻어 물타기 또는 재투자에 나섰지만 계속 주가가 내리면서 신용융자 매입 주식이 반대매매로 처분되고 깡통계좌가 속출했다.

1990년 9월에는 주가지수가 600선으로 추락했다. '바닥 아래 지하실이 여러 층 있었다'는 표현이 어울렸을 정도로 주가는 날개 없는 추락을 거듭했다. 정치권과 증권가에서는 제2의 12·12 조치가 나와야 한다는 주장이 불거지기도 했다. 그러자 이른바 '깡통계좌 정리' 사건이 터졌다.

정부가 증시부양책으로 주식만 있으면 현금 없이도 주식을 살 수 있는 대책을 내놓자 투자자들은 앞다퉈 주식을 외상으로 사들였다. 그러나 증시 하락세가 그치지 않자 1990년 10월 9일 증권사들이 일괄적으로 반대매매에 나선 사건이다.

이런 과정을 거치면서 12·12 조치 1년 후 증시는 어떻게 됐을까. 돈을 찍어서라도 주가 하락을 막겠다고 한 미증유의 12·12 조치 전날의 종합주가지수는 844였으나 1년 후 그보다 120포인트나 낮은 720선까지 내려왔다.

노태우 정권의 증시부양 조치는 결국 참담한 실패로 막을 내렸다. 부양조치를 통해 일시적으로 주가를 끌어올릴 수는 있다. 그러나 주가는 실물경제의 거울이므로 인위적인 부양으로는 결코 흐름이 바뀌지 않는다. 이것이 12·12 조치의 값비싼 교훈이었다.

김 영 삼

―――

선진국 문턱에 다가서다

재임기간 1993년 2월~1998년 2월

1927년 12월 20일	경남 거제 출생
1947년	경남고 졸업
1952년	서울대 문리대 철학과 졸업
1951년	장택상 국무총리 비서관
1954년~1958년	제3대 민의원(자유당, 거제군)
	최연소 국회의원(만 26세)
1955년	민주당 청년부장
1960년~1961년	제5대 민의원(민주당, 부산 서구)
1961년~	신민당 원내부총무
1963년~	민정당 부산시위원장, 대변인
1963년~1967년	제6대 국회의원(민정당, 부산 서구)
1965년~1967년	민중당 원내총무 대변인
1967년~1969년	신민당 원내총무
1967년~1971년	제7대 국회의원(신민당, 부산 서구)
1971년~1972년	제8대 국회의원(신민당, 부산 서구)
1971년	한국문제연구소 소장
1973년~1979년	제9대 국회의원
1973년	신민당 부총재, 정무회의 부의장
1974년~1976년	제5대 신민당 총재, 지도위원회 의장
1979년~1980년	제10대 국회의원(신민당, 부산 서·동구)
1979년	신민당 총재
1979년	총재 직무집행정지 가처분, 의원직 제명
1980년~	정치활동 규제
1980년~1981년	1차 가택연금
1981년~	민주산악회 결성, 고문
1982년~1983년	2차 가택연금, 단식 투쟁(23일간)

1985년	민족문제연구소 고문
1986년~1987년	신한민주당 상임고문
	민주헌법쟁취국민운동본부 고문
1987년	통일민주당 창당준비위원장, 제1대 통일민주당 총재
1987년	제13대 대통령 후보(통일민주당)
1988년~1992년	제13대 국회의원(민주당, 부산 서구)
1988년	제2대 통일민주당 총재
1990년	3당 통합, 민주자유당 3인 공동대표
1990년~1992년	제14대 국회의원(민자당, 전국구)
1992년 7월	국회 행정상임위원
1992년 9월	민자당 제14대 대통령 후보
1992년~1996년	제2대 민주자유당 총재
1993년~1998년	제14대 대통령
1995년~1997년	제1대 신한국당 총재
1997년	신한국당 명예총재
1997년 11월	신한국당 탈당
2002년 4월	일본 와세다대 출강(국제경제학 강의)
2011년 7월	범국민 안보공감 캠페인 명예위원장
2015년 11월 22일	서거

"금융실명제가 실시되지 않고는
이 땅의 부정부패를 원천적으로 봉쇄할 수가 없다."

1993년 8월 12일 대통령 긴급 발표 TV 생중계

'정치 9단'으로 불린 대통령답게 김영삼은 경제를 정치적 시각에서 본 뒤 개혁의 칼을 꺼내들었다. 그는 군부 출신이 아니라는 점을 부각시켜 스스로의 정권을 '문민정부'라고 강조했다. 이런 배경에서 김영삼은 1960년대부터 30여 년간 지속된 과거의 잔재와 불합리하고 비민주적인 제도 개혁에 앞장섰다. 그러나 정치의 논리가 경제의 논리를 충분히 반영할 수는 없었다.

김영삼이 강한 정치의식을 드러낸 것은 그가 이 땅의 민주화에 평생을 바쳤기 때문이다. 투옥과 장기 가택연금, 목숨을 노린 초산 테러, 목숨을 건 23일간의 단식 투쟁은 치열했던 그의 민주화 투쟁을 말해준다. 집권 이후에도 민주주의 정착을 위한 발걸음을 멈추지 않았다. 그는 1993년 취임 직후 신군부의 사조직인 하나회를 과감하게 타파했다. 이는 일제강점기와 한국전쟁을 겪으면서 이 땅에 뿌리내렸던 군사문화를 청산함으로써 민주주의 발전에 큰 영향을 미쳤다.

공직자 재산등록과 금융실명제, 지방자치제 전면 실시와 같은 조치들은 한국 민주주의를 더욱 고도화하고 탄탄하게 만드는 초석들이었다. 한국은 이승만이 설계도를 그리고 박정희가 이를 토대로 기초공사를 한 터전 위에 전두환·노태우 정부를 거치면서 근육을 키웠다. 그러나 초고속 성장에 따른 피로 현상들이 곳곳에서 나타났다. 김영삼은 오랜 야당 생활을 통해 이런 문제점들을 절실하게 느끼고 있었다.

그는 고속성장 과정에서 초래된 낡은 관행과 시스템을 전면적으로 뜯어고쳐야 한국이 한 단계 더 도약할 수 있다고 생각했다. 김영삼은 평소 이런 생각을 취임 직후인 1993년 3월 19일 신경제 관련 특별담화를 통해 발표했다.[54]

> "우리 경제를 살리기 위해서 저는 '신新경제'를 제창하고자 합니다. 신경제는 과거와 다른 경제를 말합니다. 국내 기업의 활동을 억제해 오던 많은 규제들이 대폭 줄어든 경제, 국내 기업활동이 자유로운 경제가 바로 신경제입니다.
> 신경제 건설을 위해서는 재정과 금융, 그리고 행정 개혁이 먼저 이루어져야 합니다. 균형을 높이는 재정 개혁, 실질 자유화를 추구하는 금융 개혁이 필요합니다. 서비스 기능을 강화하는 행정 개혁이 중요합니다…."

이 담화문에는 그가 5년간 펼칠 개혁 구상이 압축적으로 담겨 있었다. 그가 밝힌 대로 개혁의 핵심은 재정·금융·행정이었고 이는 경제 선진화를 목표로 했다. 먼저 재정은 공평과세와 소득재분배 기능 강화를 위해 조세부담률을 높이자는 것이었다. 김영삼은 이를 위한 기반으로 전두환·노태우 정부에서 구상에 그친 금융실명제를 전격적으로 실현했다. 지방자치단체장 선거를 실시해 전면적인 지방자치를 실현한 것도 획기적인 정책이었다. 이는 민주주의 수준과 시민 의식을 한층 성숙시키고 한국의 위상을 드높이는 발판이 됐다.

이 같은 개혁은 한국이 선진국 클럽인 경제협력개발기구OECD에 가입하는 원동력이 됐다. 한국의 위상을 높인 2002년 월드컵 유치도 김영삼 정부에서 이뤄졌다. 이들 모두 한국 경제 발전의 중요한 계기가 됐다.

그러나 내실을 다지지 못한 게 문제였다. 김영삼 정부의 급격한 경제선진화 조치는 내부적으로 허점과 부작용을 키워 1997년 말 외환위기를 부르는 배경이 됐다. 물론 이런 결과가 김영삼 정부의 실정 때문만이라고 단순화할 수는 없다. 1990년대 이후 무역 규모 증가와 금융시장 개방정책을 통해 한국 경제에는 이미 누적된 위기 요인이 쌓여 있었다. 외환위기 당시 상당수 국내 대기업들은 은행에서 단기자금을 대출받아 장기 투자에 나섰고 은행들은 이런 기업에 자금을 빌려줬다. 경제 관료들은 금융 개혁을 제대로 관리하지 못했다.

일찍 터뜨린 샴페인에 경제 침몰

OECD 가입과 금융실명제 실시를 통한 경제선진화와 구태 개혁에도 불구하고 김영삼은 외환위기를 초래한 대통령이라는 오명을 쓰고 물러났다. 이런 불명예를 안게 된 것은 시장원리에 따라 움직여야 할 경제 이슈에 정치논리를 개입시켰기 때문이라는 지적을 받고 있다. 문민정부의 사명감으로 일제강점기와 군부독재 청산에 힘을 쏟은 김영삼은 조선총독부 건물로 쓰던 중앙청을 해체하고 '한강의 기적'을 견인한 경제기획원의 간판을 내렸다.

신경제 구상은 정부 주도 경제에서 민간 자율경제의 물꼬를 열어주는 의미를 갖는다. '규제를 풀어 기업활동이 자유로운 경제'가 신경제의 모토였다. 이는 당시 시대 흐름이었던 신자유주의 기조에도 부합했다. 정부가 규제를 완화하고 민간의 자율성을 높여 효율과 생산성을 높인다는 구상이었다.

그러나 충분한 보완장치 없이 급격하게 경제자율화가 추진되면서 기업들은 곳곳에서 위험에 노출됐다. 가장 큰 위험은 금융 개혁 지연이었다. 기업에 대한 금융차입 규제는 완화하면서 기업의 재무 건전성을 확인하는 감독기능이 갖춰지지 않았기 때문이다. 기업들은 경제자율화 바람에 편승해 대규모 차입경영에 나섰다. 김영삼 정부 5년 차에 위기가 표면화됐을 때 국내 주요 기업들은 자본의 4배에 달하는 채무를 떠안고 있는 것으로 드러났다.

은행으로 대표되는 금융회사들에 대한 감독은 완전히 방치돼 있었다. 이들은 경제 환경이 이미 급변했는데도 기업에 자금을 공급하면서 갑甲으로 행세하던 관행에서 벗어나지 못하고 있었다. 기업의 사업성과 신용을 따져 보지도 않고 대출에 나선 결과 융자금액이 눈덩이처럼 불어나면서 외환위기 이후 부도 도미노가 발생하자 5개 대형 은행이 모두 문을 닫아야 했다. 신경제를 외쳤지만 외양에 치중한 결과 금융감독기능과 같은 경제 인프라와 체질이 허약해진 결과였다.

1992년 12월 대통령 선거에서 정주영 현대그룹 회장이 나선 것도 경제에 부정적인 영향을 끼쳤다. 민주화운동에 일생을 바쳐온 김영삼은 재벌이 정치에 나서는 것에 대해 강한 거부감을 갖고 있었다. 부와 권력을 함께 가져서는 안 된다는 생각이었다. 자칫 표가 갈라져 대통령 당선에 차질을 빚을 수도 있었다.

이런 배경 때문에 김영삼은 재벌을 하나의 한국적인 기업 현상으로 이해하지 않고 부도덕한 집단으로 보려는 경향이 있었다. 정통 관료들에 대해서도 비슷한 시각을 갖고 있어서 개발연대를 이끌었던 경제관료들 대신 학자들을 대거 등용했다. 이는 정통 관료의 역할과 기능을 크게 약화시켜 관료들이 중장기적으로 비전을 갖고 경제정책을 수립하는 기회를 감소시켰다는 지적을 받았다. 경제기획원의 문을 닫은 것도 같은 맥락에서 이해할 수 있다. 이미 전두환·노태우 정부 때부터 민간경제가 공공경제를 앞질러 정부의 역할이 감소하기는 했지만 경제기획원 같은 컨트롤타워가 없어지면서 국가경제 전체를 총괄 지휘하는 조직이나 관료가 존재하지 않았던 것이 사실이다.

OECD 가입은 이 같은 전환기에 경제 시스템을 더욱 불안하게 하는 요인으로도 작용했다. OECD 가입은 '코리아 디스카운트한국 기업에 대한 평가절하'를 줄이고 국격을 높인다는 긍정적인 측면이 크다. 그래서 이미 노태우 정부에서 추진됐었다. 그러나 이 선진국 클럽 가입은 시장개방을 의미했기 때문에 단단한 보완장치가 필요했다. 금융시장 체제를 정비하고 기업경영의 투명성을 높이는 국내 경제 체질 강화가 동반돼야 했다.

하지만 샴페인을 일찍 터트린 결과는 참담했다. 문민정부가 누린 많은 경제적 편익과 자산들은 이승만·박정희 시대를 살아 온 국민이 쌓은 토대가 있었기 때문에 가능했다. 성급했다는 지적도 있지만 OECD 가입이 가능했던 것은 앞 세대가 땀을 흘린 결과다. 오늘의 대한민국 번영이 산업화와 민주화의 두 바퀴가 함께 구르는 결과라는 점에서 김영삼의 5년은 그런 두 개의 바퀴가 나란히 정렬하는 시기라고 봐야 할 것이다.

...

용두사미로 끝난 신경제 구상

삼성전자는 1992년 세계 최초로 완벽한 성능을 갖춘 64메가 D램을 개발했다. 1983년 반도체 산업에 뛰어든 지 9년 만의 쾌거였다. 이후 1994년에는 256메가 D램 개발에 성공해 반도체 세계 1위 기업으로 발돋움했다. 한국경제가 드디어 세계무대의 주역으로 떠올랐음을 알리는 신호탄이었다. 이해 경제기획원은 재무부와 통합된 재정경제원으로 바뀌며 역사의 뒤안길로 사라졌다. 박정희 시절 본격화한 정부 주도의 경제 시대가 전두환·노태우 시대를 거쳐 민간 주도로 넘어오다가 김영삼 정부에서 사실상 막을 내린 것이다.

김영삼 정부가 들어선 1993년 한국 경제는 민간 부문이 급팽창하고 있었다. 이미 노태우 시절부터 정부의 민간기업 통제는 실질적으로 불가능했다. 사회주의 체제가 무너지면서 국내 기업들의 무대는 중국·러시아·동유럽으로 빠르게 확산됐다. '세계 경영'을 외쳤던 대우그룹은 해가 지지 않는 경영을 한다는 평가를 받을 정도로 글로벌 진출을 확대하고 있었다.

삼성·현대 등 한국 기업들은 반도체·자동차 등의 분야에서 축적된 기술로 일본 기업을 서서히 따라잡기 시작했고, 사회주의 국가들보다는 크게 앞선 기술로 세계 시장에 내놓을 만한 제품을 생산하기 시작했다.

이를 바탕으로 김영삼은 문민정부의 시대를 열었다. 그는 호랑이를 잡으려면 호

신경제 5개년계획(93-97)
경제시책중점과제보고서(1993)

랑이 굴에 들어가야 한다는 옛말대로 평소 대립각을 세우던 군인 출신 대통령 노태우와 손을 잡고 집권에 성공했다.

정치·경제·사회적으로 한국의 위상이 본격적으로 달라지기 시작한 시대적 전환기에 등장했기 때문에 과거 청산에 정치력을 쏟아부었다. 이런 시대적 배경에서 김영삼은 새 술은 새 부대에 담아야 한다는 의지가 강했다.

과거 청산 작업에 국민 열광

일제강점기의 상징으로 남았던 서울 한복판의 조선총독부 건물 해체는 대표적인 과거 청산 작업이었다. 일본의 독도 도발에 대해서도 "버르장머리를 고쳐주겠다"며 과거청산에 강한 의지를 보였다. 군사정권시대 군 내부 정치군인들의 사조직인 하나회를 해체한 것도 같은 맥락에서 이뤄졌다. 김영삼 정부에 대한 국민 지지율은 하늘을 찌를듯 높게 치솟았다.

경제 분야에서도 새로운 패러다임으로 접근했다. 그는 한국 경제의 높아진 위상에 대해 강한 자신감을 드러냈다. 그 결과가 선진국 클럽인 OECD 가입이다. 김영삼은 OECD 가입에 강한 드라이브를 걸었다. 달라진 한국의 위상에 걸맞은 대접을 받고 그에 상응하는 역할도 하겠다는 의지의 표현이었다.

1993년 김영삼 정권 출범과 함께 시작된 신新경제 체제는 이런 시대적 배경에서 추진됐다. 군인 출신 대통령들이 이끌어 온 이전의 경제개발 방식과는 다른 방식으로 가겠다는 의미에서 붙여진 이름이다. 김영삼은 5년 임기 안에 경제 체질을 완전히 바꾸어 놓겠다는 구상을 가졌다.[55]

한국은 개발독재에 이은 전두환 시절의 고도성장을 거쳐 노태우 시절의 민주화 시대에 이르면서 새로운 경제 환경에 직면했다. 노태우 시절 민주화 요구가 경제와 노동 분야에서도 분출하면서 기업들은 정부의 통제에서 벗어났고, 근로자들은 더 이상 값싼 임금에 침묵하지 않았다.

근로자들은 오히려 생산성 이상의 과도한 임금 인상을 요구했다. 1980년대 말 임금 인상률은 두 자릿수를 기록할 만큼 가파르게 상승했다. 부동산 투기도 확산되면서 만성적인 고비용 구조가 경제를 압박하기 시작하던 때이기도 했다.

이 같은 경제 환경 악화는 1990년대 들어 한국 경제의 경쟁력을 크게 떨어뜨렸다. 이는 경제성장률 저하를 비롯해 경제지표들의 악화로 구체화되면서 한국 경제 곳곳에 적신호가 켜졌다. 경기 침체는 경제성장률의 저하와 물가 상승, 국제 수지의 적자 전환과 확대, 중소기업의 부도율 증가, 설비 투자 감소 등 전방위로 확산됐다.

마침 대외적으로도 상황이 급변했다. 일본은 1980년대 중반에 시작해 1990년 절정기를 맞은 버블경제 붕괴에 직면하고 있었고 그간 일본 경제에 치여 고전하던 미국의 보호주의 심화는 세계 무역질서의 근간을 흔들었다. 이런 국제 경제 환경의 근본적인 변화는 1948년 출범한 국제 무역 질서 체제인 '관세 및 무역에 관한 일반협정GATT'을 무용지물로 만들었다. 1994년 1월 발효된 북미자유무역협정NAFTA이 이런 보호주의 흐름의 결정판이자 경제블록화의 신호탄이었다.

그 대안으로 국제 사회는 1986년부터 다자간 무역협상인 우루과이라운드를 통해 새로운 무역질서를 논의한 결과 1995년 1월 세계무역기구WTO를 출범시켰다. 이는 초국적 자본 간 전략적 제휴를 일상화하고 국경을 넘나드는 글로벌화 시대가 도래했음을 의미했다.

김영삼 정부는 이에 대응해 경제 체질을 근본적으로 바꾸는 신경제 100일 계획 도입을 강력하게 추진했다. 날아가는 새도 떨어뜨릴 만큼 서슬퍼런 정권 초반에 낡은 경제제도를 폐지하거나 바꿔서 새로운 경제 체제에 적응하기 위한 조치라는 점에서 의미 있는 시도였다.

개혁 대상은 재정·조세는 물론 금융·공기업·노동 등 경제 전 분야를 망라했다. 재정·조세는 공평성과 효율성을 제고해 납세정의를 실현하고, 소득재분배 기능을 하는 조세부담률을 22~23%로 높이는 것이 기본 골격이었다. OECD에 따르면 김영삼 정부가 출범한 1993년 국내총생산GDP 대비 조세부담률은 20.3%였다.

재정 지출의 낭비요인을 줄이지만 사회보장제도의 확충과 사회간접시설soc 건설 등 국민에게 필요한 사업은 반드시 추진하는 '작지만 강력한 정부'의 구현이 신경제 재정계획의 기본방향이었다. 이를 위해서도 조세부담률 상승은 필요한 선택이었다. 유럽의 복지국가들은 조세부담률이 우리보다 훨씬 높다. 2008년 기준으로 한국은 OECD 평균25.8%보다 낮은 20.7%인 반면 스웨덴은 34.8%에 달한다. 덴마크는 47.3%나 된다.

금융부문에 대해서도 원대한 비전이 수립됐다. 낙후된 국내 금융시장의 선진화를 위해 구조를 개혁하고 선진금융의 시장개방 확대 요구를 점진적으로 받아들이기로 했다. 구체적으로는 규제 완화와 산업 구조의 선진화를 추진해 금융의 효율성을 제고하기로 했다.

이 중에서도 가장 가시적인 개혁 성과는 금융실명제였다. 지하자금을 양성화하는 등 경제정의를 구현하고 건전한 금융거래질서를 확립해 새로운 국제 경제 질서에 대비한다는 취지였다. 이에 따라 금융 규제가 완화되면서 기업과 은행의 외화차입이 크게 확대됐다. 이는 외환위기의 결정적인 원인으로 작용하기도 했다. 금융 규제를 완화해 국내 금융산업의 경쟁력을 키우고 국제화하자는 취지는 좋았다. 그러나 금융산업에서의 경험 부족과 무차별적인 외화차입이 부작용을 낳은 것이다.

정부 주도의 경제 발전으로는 한계가 있다는 판단에 따라 공기업 민영화도 적극적으로 추진됐다. 이를 위해 1993년 12월 29일 '공기업 민영화 및 기능조정 방안'이 발표됐다.[56] 김영삼 정부는 이를 통해 경영효율을 높임으로써 전체 산업의 효율을 높이고자 했다. 단순한 사업구조조정에 초점이 맞춰졌던 이전 민영화와 다른 점이었다. 민간에 의한 사업수행이 더 효율적인 기업, 설립목적을 달성하였거나 모母투자 기관과의 업무의 관련성이 적은 기업 68개를 대상으로 설정했다. 추진방법에서도 완전 민영화를 추구해 주인을 찾아주는 방법이 시도됐다.

경제 체질 개혁 구상에 그쳐

대기업정책의 핵심인 업종 전문화에 대한 변화도 있었다. 업종 전문화는 대기업 집단이 임의로 선정하는 3개 이내의 기업에 대해 여신규제 완화라는 우대 조치를 받을 수 있도록 했다.

신경제계획에서는 기업 공개·소유 분산·재무 구조·기술개발 투자 등의 측면에서 일정한 기준에 달하는 기업을 주력기업으로 선정하게 해 전문화를 통한 경쟁력 강화를 추진한다는 초안을 가지고 있었다. 하지만 부처 간 이견조정이라는 이유로 선정기준을 삭제함으로써 결과는 크게 달라지지 않았다.

결국 신경제 5개년 계획은 취지는 좋았지만 뒷심이 부족했다고 평가할 수 있다. 경제 논리가 정치 논리에 휘둘리는 고질적인 국내 풍토에서 경제 문제를 철저하게 따지고 관리하지 못한 우리 사회의 공동책임이라고 할 수 있을 것이다.

이 중에서도 금융 개혁이 미완으로 그친 것은 신경제정책의 결정적인 하자로 꼽을 수 있다. 역대 어느 정부도 엄두를 내지 못했던 금융실명제를 전격적으로 실시한 것은 개혁 중의 개혁이라고 볼 수 있지만 은행의 외화차입과 기업의 부채경영을 제대로 관리하지 못해 외환위기를 초래했기 때문이다.

2002 한·일 월드컵 공동 유치

김영삼은 대통령 취임 첫해 대전엑스포EXPO를 치렀다. 1993년 8월 7일부터 93일간 열리는 국제 행사였다. 전임 대통령인 노태우가 유치한 행사였지만 개최는 김영삼이 대통령에 취임한 직후였다.

노태우가 엑스포를 유치한 것은 성공적으로 마친 서울올림픽의 영향이 컸다. 대형 국제 행사는 국위를 선양하고 한국 기업을 세계에 알리는 지름길이라는 것을 깨달았기 때문이다. 노태우는 서울올림픽 직후부터 구상에 들어가 1989년 개최 의지를 공식화했다.

국제박람회기구BIE의 공인을 받기 위한 교섭활동도 이때부터 시작되었다. 그때까지 국제박람회는 선진국들의 전유물이었기 때문에 세계박람회로 공식 인정받는 것은 쉽지 않은 일이었다. 더구나 개최 신청기간이 촉박하고, 서울올림픽을 정점으로 달아올랐던 경기가 식어가는 조짐을 보이면서 국내 여론은 부정적인 흐름을 탔다. 막대한 개최비용 때문에 국제 사회의 여론도 부정적이었다.

하지만 노태우는 서울올림픽을 개최할 때처럼 강한 의지를 굽히지 않았다. 선진국의 축제를 개발도상국에서 열어야 한 단계 도약할 수 있다는 점을 강조해 설득에 나섰다. 한국과 같은 개발도상국이 선진국과 후발 개도국을 잇는 가교 역할을 할 수 있다는 주장을 펴 국제박람회기구에서도 긍정적 반응을 얻었다. 박람회 주제로 채택된 '새로운 도약에의 길The Challenge of a New Road to Development' 역시 이런 배경을 염두에 둔 것이다.

당시 한국은 급속한 산업화의 후유증으로 전통문화가 크게 파괴되고 사회 계층 간 불균형이 심화돼 있었다. 선진국과 개발도상국의 조화로운 발전을 강조하는 대전 세계박람회는 자연스럽게 전통기술과 현대과학의 조화를 목표로 삼았다. 그래서 부제로 '전통기술과 현대과학의 조화'와 '자원의 효율적 이용과 재활용'이 채택되었다. 이런 점이 받아들여져 노태우가 박람회 유치를 선언한 지 1년여 만인 1990년 6월 14일 BIE는 총회를 열고 대전 세계박람회 공인을 결정했다.

'새로운 도약에의 길'을 표어로 내건 대전엑스포는 1993년 8월 7일부터 93일간 진행됐다. 서울올림픽을 치른데다 4년여를 준비했기 때문에 대회 운영 수준은 한층 높아졌다. 자원봉사와 도우미들이 본격적으로 등장하면서 세계인의 주목을 받았다. 행사에는 국내 기업들은 물론 세계 108개국이 참가해 자신들의 미래 설계를 펼쳐 보였다.

엑스포 개최 결정이 국력 낭비를 초래하지 않을까 하는 걱정도 있었으나 대전은 이를 통해 중부권 최대의 도시로 도약했다. 문화·과학기술·경제올림픽이라는 엑스포 개최를 통해 도로와 도시기반 등 사회간접자본이 정비되고 숙박시설과 질서의식이 개선되면서 수준 높은 도시로 발전했기 때문이다.

이를 지켜본 김영삼은 1995년부터 월드컵 유치에 도전한다. 월드컵을 유치하면 개최 도시를 중심으로 건설 경기가 살아나면서 고용창출 효과를 올리고 국위를 선양할 수 있다. 하지만 월드컵은 유럽이 주도권을 갖고 있었다. 출전 티켓도 유럽이 가장 많고 아시아와 아프리카는 상대적으로 적었다. 그런 대회를 한국이 유치한다는 것은 결코 쉬운 일이 아니었다.

그럼에도 1996년 5월 31일 국제축구연맹FIFA은 한국과 일본의 공동 개최를 조건으로 사상 첫 월드컵 공동 개최를 결정했다. 한국의 적극적인 유치 활동과 사상 첫 공동 개최라는 새로운 실험이 이런 결정을 끌어낸 것이다. 하지만 단독 개최가 아니어서 실망의 목소리도 높았다.

어렵게 유치했지만 국력 낭비를 이유로 대회 유치 결과에 반발하는 목소리가 많았다. 1997년 11월 본격화된 외환위기 이후에는 대회 개최권을 반납해야 한다는 주장도 나왔다. 외환위기 극복을 위해 국제통화기금IMF에 막대한 구제금융을 받은 처지에 그렇게 큰 잔치를 벌일 수 있느냐는 것이었다. 수출과 절약으로 돈을 모아 외채를 갚아야 하고 온 나라가 허리띠를 졸라매는 마당에 축구장을 짓느라, 호텔을 짓느라 돈을 낭비할 수 없다는 주장이었다.

당장 눈앞에 100만 명 이상의 실업자가 거리를 헤매고 있고, 그 수가 얼마나 더 늘어날지 모르는 때에 대형 국제 행사 개최는 불가능하다는 주장도 나왔다. 일부 경제학자들은 어렵게 따낸 월드컵 공동 주최권을 일본에 넘겨주자는 주장도 했다. 그 논리는 우스꽝스럽기 짝이 없었다. 일본이 단독 개최하게 되면 월드컵 내수內需로 일본 경제가 살아나게 되고, 그 덕에 한국 경제가 회생할 수 있다는 것이었다.

김영삼은 이런 반대에도 불구하고 월드컵을 진행시켰다. 서울 상암동 축구전용구장을 비롯해 전국 주요 도시에 축구경기장을 건설했다. 호텔·도로·통신 등 사회간접자본 분야에서 약 2조 원의 건설 투자 수요가 예상됐다.

월드컵은 이뿐 아니라 고화질·디지털TV 등 전자제품 수요를 크게 늘리고 국가 위상을 높여 전체적으로 약 5%의 수출증대 효과가 기대된다는 연구도 있었다. 김영삼 정부는 이렇게 준비한 월드컵 개최의 과실을 2002년 김대중 정부가 따도록 했다.

당시 한국은 외환위기를 극복했지만 자신감을 회복하지 못하고 있었다. 2001년 8월 23일 IMF에서 빌린 195억 달러 전액을 조기상환하고 3년 9개월 만에 IMF 관리 체제를 완전히 졸업했다. 하지만 거리에는 실업자가 넘치고 있었다. 이런 상황에 월드컵 준비에 돈을 쏟아붓는 게 바람직하지 않다는 지적도 나올 법했다.

이런 논란 속에 2002년 열린 월드컵은 한국에선 서울·부산·대구·인천·광주·대전·울산·수원·전주·서귀포 등 10개 도시에서 세계인의 주목을 받으며 개최됐다. 대회가 열리는 5월 31일부터 6월 30일까지 31일간은 외환위기로 침체됐던 한국 경제의 회복을 전 세계에 알리는 계기가 됐다.

한국인 자존감 고양시킨 월드컵

특히 서울광장에서 보여준 한국인의 거리 응원 문화는 세계적인 축구 응원의 모델을 제시하면서 한국의 브랜드 가치를 끌어올린 문화축제로 승화됐다. 월드컵 사상 처음으로 4위에 오르는 쾌거까지 거두면서 한국인들은 외환위기의 절망에서 벗어나 자신감을 되찾고 화합의 정서를 공유할 수 있었다.

결과적으로 월드컵은 주요 거점도시를 중심으로 경기장 확충과 교통 인프라, 숙박시설 구비와 같은 계기를 만들면서 한국의 문화와 생활수준을 크게 업그레이드시켰다. 한국의 대회 운영능력과 첨단 인프라를 세계 각국의 선수단과 관광객에게 보여준 것은 국제화 시대에 무한한 가치를 창조한 결과였다고 볼 수 있다.

한·일 월드컵은 무엇보다 한·일 양국을 윈-윈의 관계로 발전시켰다는 점에서도 성과를 거두었다. 일본은 월드컵 공동 개최 이전까지 무지에 가깝다고 할 정도로 한국에 대해 알지 못했고 관심도 없었다. 서울올림픽을 통해 한국의 발전상이 알려지기 시작했지만 한국은 가깝고도 먼 나라였다. 월드컵 공동 개최를 계기로 일본은 한국을 다시 보기 시작했다. 한·일 양국 스스로는 물론 세계 각국은 한·일 양국의 우호와 친선이 어디까지 발전할 수 있을지에 대해 큰 관심을 가졌다.

결과는 많은 사람들의 예상을 뛰어넘었다. 양국은 공동 개최의 구체적인 방법을 놓고 대립하기도 했지만 서로를 진지하게 들여다보는 시간을 갖게 됐다. 붉은 악마는 한국 역동성의 상징이 됐고 월드컵은 한류가 일본에 본격적으로 상륙할 수 있는 최첨단 문화사절이 됐다. 이때부터 시작된 일본의 한류 사랑은 한·일의 민간교류 지형을 크게 바꿔 놓았다. 한류의 본고장을 찾아 한국을 방문하는 일본인 관광객이 크게 늘고, 한국도 일본에 대한 편견을 깨고 그들의 장점을 보려고 노력하며 인식의 전환을 이룰 수 있었던 계기가 바로 한·일 월드컵이었다.

아이러니하게도 이런 마당을 펴게 해준 김영삼은 정권 후반기 들어 일본과의 외교관계에서 큰 불편을 겪었다. 일본에서의 우경화 흐름에 따라 독도와 과거사 문제가 불거져 나오자 김영삼은 퇴임 때까지 일본에 대해 냉랭한 입장을 견지했다.

...
전격적으로 실시된 금융실명제

'한강의 기적'을 이루는 과정에서 한국은 선진국들로부터 끊임없이 견제를 받았다. 같은 제품이라도 한국산은 제값을 받지 못했고 한국에 대한 이미지도 실제보다 부정적으로 평가절하되기 일쑤였다. 이런 시각들을 한마디로 압축한 것이 코리아 디스카운트라고 할 수 있다.

이처럼 한국과 관련된 것이라면 무조건 한 단계 낮추거나 한 수 아래로 내려다보는 게 선진국들의 관행이었다. 선진국 기업들을 능가하는 매출액과 영업이익을 올려도 국내 기업들의 주가수익비율PER이 선진국보다 낮은 것도 코리아 디스카운트의 대표적 사례다.

경제 규모가 비슷한 나라끼리 비교했을 때 국가재정이 훨씬 더 튼튼한데도 한국의 국가신용등급이 상당수 선진국보다 낮은 것도 코리아 디스카운트의 여파로 볼 수 있다.

그 배경에는 불신이 자리 잡고 있었다. 한국은 기업들의 회계장부가 투명하지 않고 사채시장을 통해 거래되는 지하자금도 많아 도무지 신뢰할 수 없다는 것이 선진국들의 시각이었다. 지하자금은 부정부패로 이어지고 기업들의 회계장부는 믿을 수 없으며 정치자금을 통한 정경유착도 한국의 신뢰를 떨어뜨리는 요인이었다.

김영삼은 대통령에 취임하자 즉각적으로 신경제 도입 차원에서 금융시장의 투명화 작업에 나섰다. 한국 사회에 만연된 부정부패를 뿌리 뽑지 않고서는 신경제는 물론 선진국 대열에 진입하는 것이 어렵다고 판단했기 때문이다.

노태우 시절 이미 실패로 끝났던 과거가 있었기 때문에 김영삼은 극도의 보안 속에 전격적으로 금융실명제를 실시했다. 노태우 정부에서 금융실명제는 당정협의를 거치고 여론을 수렴하는 등 공개적으로 진행되는 바람에 실패했다. 관행적으로 수십 년 동안 차명과 가명으로 거래해 온 금융을 실명화하면 검은 돈이 나오고 기득권층의 부당한 치부가 드러날 수 있기 때문에 좌초된 것이다.

한마디로 한국 경제의 틀을 바꾸는 것이었다. 금융실명제가 본격적으로 추

금융실명제 관련 특별담화(1993)

진된 것은 1993년 김영삼이 대통령에 취임한 지 얼마 안 됐을 때였다. 김 대통령은 당시 매주 경제현황을 보고했던 이경식 부총리 겸 경제기획원 장관에게 본격적인 추진을 지시했다. 금융거래의 투명화뿐만 아니라 상속·증여세를 제대로 부과해 과세형평성의 기반을 강화한다는 목적도 있었다. 불로소득 차단과 물가안정도 겨냥했다.

지하경제와 정경유착 고리 차단

개발독재 시대에는 경제개발에 필요한 자금의 상당 부분을 민간에서 조달해야 했기 때문에 자금 출처를 불문에 부쳤지만 경제 규모가 커지면서 사정이 달라졌다. 특히 1982년 5월 이철희-장영자 부부 어음사기 사건이 터지면서 금융실명제는 본격적으로 논의되기 시작했다. 경제성장과 함께 사금융이 발달하면서 지하자금 규모가 눈덩이처럼 불어나 정부가 통제할 수 없을 만큼 비대해졌기 때문이다.

보안은 끝까지 잘 지켜졌다. D-day는 8월 12일로 잡혔지만 청와대 내부에서는 박관용 비서실장과 박재윤 경제수석 정도만 알고 있었다. 이경식 부총리가 이끄는 경제기획원·재무부의 일부 실무자들도 철저하게 함구했다. 김영삼은 기밀이 새 나가면 실무진 전원을 구속하겠다는 엄포를 놓았다고 한다.

서슬 퍼렇던 전두환 시절에도 구상만 했을 뿐 엄두를 내지 못했고 노태우 정부에서도 실행계획까지 세워 놓고 접어둘 수밖에 없었던 사안인 만큼 김영삼은 반드시 보안을 유지해 한국의 금융 시스템을 근본적으로 발전시키는 개혁을 반드시 자신의 손으로 달성하고 싶었던 것이다.

D-day는 세계인의 주목을 받는 가운데 8월 7일 대전엑스포가 시작된 지 5일 후인 8월 12일. 온 국민이 한국에서 처음 치러지는 국제엑스포에 푹 빠

져 있던 이날 오후 7시 45분. 김영삼은 '대통령 긴급발표'라는 자막과 함께 TV 화면에 나타나 금융실명제의 즉각적인 실시를 전격적으로 발표했다. 김 대통령은 역대 정권에서 하지 못한 개혁 중의 개혁이라면서 "역사적인 제도 개혁으로 나라를 구한다는 각오로 적극 협조해 달라"고 당부했다.

> "친애하는 국민 여러분! 드디어 우리는 금융실명제를 실시합니다. 이 시간 이후 모든 금융거래는 실명으로만 이루어집니다. 금융실명제가 실시되지 않고는 이 땅의 부정부패를 원천적으로 봉쇄할 수가 없습니다. 정치와 경제의 검은 유착을 근원적으로 단절할 수가 없습니다. 금융실명거래의 정착이 없이는 이 땅에 진정한 분배 정의를 구현할 수가 없습니다. 우리가 사회의 도덕성을 확립할 수가 없습니다. 금융실명제 없이는 건강한 민주주의도, 활력이 넘치는 자본주의도 꽃피울 수가 없습니다. 정치와 경제의 선진화를 이룩할 수가 없습니다."

충격은 전국을 강타했다. 다음날부터 이틀간 증시는 8.2%나 폭락했고, 시장의 불안심리가 확산하면서 안전자산으로 분류되던 금값이 급등하고 부동산시장에 대한 문의도 급증했다. 이런 혼란을 대비해 당시 내무부는 발표 다음 날인 13일 전국적으로 임시 반상회를 소집했다. 금융실명제 도입의 취지를 설명해 국민 동요를 진정시키기 위한 조치였다.

만약 이때 금융실명제를 단행하지 못했으면 한국 경제는 성장 과정에서 상당한 한계를 드러냈을 것이다. 당시 전격 실시한 배경의 하나가 경기가 바닥이었다는 점도 이런 분석을 가능하게 한다. 경기가 나아지면 '좋은 게 좋기' 때문에 금융시장의 불투명한 관행을 방치해 둘 수 있었다는 의미다.

그렇게 했다면 이후 글로벌화된 세계 경제에서 한국에 대한 코리아 디스카운트는 더욱 심화됐을 것이고, 증시 전산화와 신용카드 영수증제도 등 한국 경제와 금융시장의 선진화는 꿈도 꾸지 못하는 처지가 될 수밖에 없었다.

외환위기 이후 국제통화기금IMF이 한국에 구제금융을 제공하고 이후 증시 개방으로 외국인 투자자들이 국내 주식에 대거 투자하는 과정에서 금융실명제와 같은 투명한 금융 인프라가 구축돼 있지 않았다면 한국시장은 신인도 문제로 어려움을 겪었을 것이라고 봐도 무리가 없다. 코리아 디스카운트의 가장 대표적인 원인으로 꼽히는 게 한국시장의 신뢰도와 투명성 부족이었기 때문이다.

실제로 이후 급팽창한 금융·주식·외환시장은 실명제 기반 없이는 뒤죽박죽이 되거나 엄청난 성장 장애를 겪었을지도 모른다. 그러나 실명제가 도입되면서 한국 경제는 훗날 인터넷 금융거래와 스마트폰 금융거래까지 가능하게 됐다. 이들 IT 기기를 기반으로 한 금융거래는 실명에 의한 개인인증이 안 되면 거래 자체에 대혼란이 있을 뿐 아니라 결정적으로 해킹을 막을 수 없기 때문이다.

IMF는 당시 "자금이동을 추적할 수 있는 전산망 구축 등 완벽한 하부 구조를 마련해야 한다"며 김영삼의 결단을 환영했다. 일본 언론도 "한국의 고질적인 병폐였던 부정부패가 불가능하게 됐다. 김영삼 정부의 부패 일소작업에 박차가 가해지게 됐다"며 긍정적인 평가를 했다.

이들의 지적대로 금융실명제는 금융시장의 투명성을 높이고 한국 사회에 만연하던 부정부패의 추적과 적발에 결정적인 역할을 했다. 실명제 실시 이후 2개월간 실명 전환된 예금은 3조 원에 달했다. 가명 예금의 대부분이 양성화된 결과다.

조세 행정을 맡고 있는 국세청의 징수능력도 크게 향상됐다. 납세는 병역·교육·근로와 함께 국민의 4대 의무로 꼽히지만, 이 가운데 납세는 적지 않은 사람들의 기피 대상이다. 그래서 국세청은 언제나 기업, 고소득 전문직, 부유층과 치열한 전쟁을 벌이고 있다. 정기검사를 통해 기업에 대해 세무조사를 벌이고 전문직의 세금 탈루를 조사하는 것도 같은 이유에서다. 금융소득에 대한 종합소득과세가 가능한 것도 금융실명제 도입으로 가능했다.

국세청은 금융실명제가 도입되자 금융소득종합과세에 필요한 전산망을 구축했다.

자금 이동 손바닥 보듯, 국세청 파워

금융실명제가 정착하면서 국세청은 탈세와의 전쟁에서 막강한 힘을 발휘하고 있다. 1998년 김대중 정부 시절 국세청은 예전처럼 탈세와의 전쟁을 벌였는데 성과는 과거와 비교할 수 없을 만큼 커졌다. 금융실명제 도입에 따라 자금 이동을 손바닥 보듯 볼 수 있는 시스템에 힘입은 것이다.

김대중 정부는 더 나아가 2001년 11월 당시 재정경제부 소속의 금융정보분석원FIU을 출범시켰다. 일정 규모 이상의 자금 흐름을 관찰해 돈세탁과 불법자금의 이동을 차단할 목적으로 등장한 것이다. 금융 기관에서 받은 정보 가운데 수상한 자금 거래가 있으면 국세청·관세청·검찰 등에 통보하거나 협력해 검은 거래를 추적한다. 자본자유화에 따라 불법적인 외화 유출입을 감시하는 것도 금융정보분석원 설립의 목적이었다.

역대 정부는 이를 통해 정치인의 불법자금 이동이나 일부 기업인·부유층의 탈세를 대거 적발했다. 전두환·노태우의 비자금이 공개된 것도 1995년 금융실명제 그물에 검은 돈의 이동이 포착됐기 때문이었다. 김대중 정부 시절 대북 송금 사건도 금융실명제와 계좌추적으로 세상에 공개됐다.

이 모든 금융거래 시스템 선진화는 금융실명제로부터 출발했다. 당시 정치권에서는 개혁에 기치를 내건 김영삼이 무모한 경제실험에 나섰다고 보는 시각도 있었지만 한국 경제의 투명화와 금융선진화의 토대를 구축했다는 점에서는 최고의 개혁작업으로 평가된다.

김영삼 정부는 금융실명제 발표 직후 충격 완화와 조기 정착을 위한 후속조치에도 상당한 힘을 쏟았다. 8월 12일 발표 직후인 오후 8시부터 은행·증권·보험 등 모든 금융회사의 예금과 주식·양도성예금증서CD는 반드시 실명 거래를 해야 했다. 가명·차명 계좌를 실명으로 전환할 때는 주민등록증을 보이고 실명 확인을 받아야 했다.

확실한 실명 전환을 위해 비실명 거래자들은 2개월 이내에 명의를 실명으로 전환하도록 했고, 이 기간을 넘겨 전환하면 매년 10%씩 최고 60%의 과징금이 부과됐다. 실명 전환 의무기간 이후 발생하는 비실명 이자배당소득에 대해서는 96.75%에 달하는 초고세율로 세금을 부과하는 등 강력한 제재가 뒤따랐다.

당초 우려한 부작용을 완벽하게 해소하는 일이 남은 과제였다. 김영삼은 실명제를 도입하면서 "철저한 비밀보장을 위한 절차요건을 최대한 강화할 것이다. 금융실명제로 인한 사생활의 침해나 자유로운 경제 활동의 위축이 없도록 하겠다"고 강조했다.

그러나 국가 기관의 수상한 자금 거래 추적 과정에서 개인의 금융거래 정보가 무분별하게 노출될 가능성은 여전히 낮지 않다. 인터넷뱅킹·스마트폰뱅킹의 확산에 따라 해킹수법도 진화하고 있어 더욱 철저한 대비가 필요하다.

...

지방자치 시대의 개막

김영삼은 한국 경제 발전에 중대한 영향을 끼친 지방분권 시대를 본격화했다. 선진국과 후진국의 차이를 알고 싶으면 지방에 가보라는 말이 있다. 이 말은 미국이나 독일·프랑스·영국 등 서유럽 국가는 물론이고 가까운 일본에만 가봐도 무슨 뜻인지 금세 알 수 있다. 일본의 시골에 가면 겉보기에는 한적하다. 높은 빌딩은 찾아보기 어렵고 전통적인 모습이 잘 보존돼 있다.

그러나 안을 들여다보면 다르다. 농촌이든 어촌이든 지방마다 특색 있는 문화와 생활 양식이 있고 특유의 산업이 번창하고 있다. 일본 후쿠이福井현은 일본에서도 오지로 꼽힌다. 첩첩산중인 데다 도쿄·오사카 등 대도시와는 떨어져 있기 때문이다. 하지만 이곳은 일본 자동차산업에서 큰 비중을 차지하고 있다. 자동차 부품은 물론 차 내부에 들어가는 내장재를 만드는 중소기업이 크게 발달해 있어서다. 이런 사정은 전체 47개 광역 지방자치단체 어디를 가도 마찬가지다.

지방이 강한 배경은 지방자치제도가 오래전부터 뿌리를 내리고 있어서다. 일본에서는 지방자치제도가 워낙 강해 지자체 단체장들은 무소속인 경우가 대부분이다. 국가 전체를 위해 정책을 펴는 특정 정당에 소속돼 휘둘리기보다는 오직 지역 주민들만을 위한 정책을 펴기 위한 관행으로 정착된 것이다. 지방끼리 잘사는 마을을 만들기 위해 경쟁하다 보면 국가 전체도 강해지는 법이다. 강력한 중앙집권 체제로는 불균형 성장과 지방의 낙후만 심화시킬 뿐이다.

이미 지방화 시대의 토대는 노태우 시절 마련됐다. 대통령 직선제를 통해 국민이 직접 대통령을 뽑는 시대에 접어들면서 노태우 정부에서는 민주화 바람이 그칠 줄 몰랐다. 그 바람은 지방자치제의 부활로 이어졌다. 노태우 정부 중반이던 1990년 말 정기국회에서 지방자치법 개정안이 통과되면서 5·16 군사정변 이후 30년 만에 지방자치제도가 부활했다. 이는 중앙집권적 행정을 지방분권화함으로써 국토의 균형발전과 권위주의 해소에 큰 영향을 미쳤다.

당시 민자당 대표였던 김영삼은 1990년 11월 24일 노태우 대통령과 단독 회동을 끝낸 뒤 국회로 돌아와 기자간담회를 열고 "평민당에서 민자당의 지자제지방자치제도 실시 의지에 의심을 갖고 있지만 이번 정기국회 내 의회·단체장선거법을 모두 통과시켜 지자제를 실시키로 노 대통령과 의견 일치를 보았다"고 말했다. 이로써 1991년 상반기에는 기초·광역의회가 구성되고 이듬해인 1992년 상반기에는 지방자치단체장 선거를 치른다는 계획이 세워졌다.

그러나 정치권과 국민들 사이에 지방자치단체장 선거가 시기상조라는 지적이 나오기 시작했다. 1992년은 국회의원·지방의회·지방자치단체장·대통령 선거가 모두 예정돼 있었는데 한 해에 선거를 네 번이나 치러서는 경제와 사회의 안정을 바랄 수 없다는 신중론이 각계에서 제기된 것이다.

자칫 소모적인 논쟁이 이어지고 국론이 분열될 조짐을 보이자 노태우는 1992년 1월 10일 연두기자회견에서 전격적으로 지방자치단체장 선거 연기를 선언했다. 그러면서 "지방자치단체장 선거 시기는 (1992년 상반기 실시되는) 14대 국회에서 결정하도록 하겠다"고 밝혔다. 야당은 국민과의 약속을 어겼다고 반발했지만 돈 선거가 극심했던 당시로는 한 해에 선거를 네 번이나 치르는 것이 국력 낭비와 부작용의 요소로 여겨졌다. 더구나 정부는 선거를 네 번이나 치르면 수조 원의 돈이 뿌려지고 지역개발공약이 쏟아져 물가가 위태로워지는데다 부동산 투기가 다시 고개를 들 우려가 있다는 점도 감안했다.

이런 곡절을 거쳐 지방자치단체장 선거는 1992년 12월 대선 공약으로 다시 돌아왔다. 김영삼은 당초 약속대로 대통령이 되자 지방자치단체장 선거를 추진했고 1994년 3월 국회는 지방자치법을 개정해 4년 임기의 지방자치단체장 선거를 1995년 6월 30일 이내에 실시하기로 했다. 그럼에도 야권에서는 계속 의심을 거두지 않았다. 노태우가 이미 1992년 단체장 선거를 연기한 적이 있기 때문에 김영삼도 지자체 선거를 또다시 연기할 것이라는 음모설이 그치지 않았기 때문이다.

그러자 김영삼은 1995년 2월 25일 취임 2주년 기자간담회에서 그동안 지자체 선거를 둘러싼 논란에 종지부를 찍었다. 그는 "지자체 선거는 법대로

6월 27일 실시할 것"이라며 "대통령이 한다면 하는 것"이라고 못을 박았다. 이로써 1995년 6월 광역 및 기초 지방자치단체장 선거가 치러짐으로써 명실상부한 지방자치제가 꽃을 피우게 됐다.

모든 일에는 명암이 있는 법인데 지방자치제 확대 실시도 마찬가지였다. 먼저 균형발전이 크게 촉진됐다. 2003년 대통령에 취임한 노무현이 행정수도 이전을 추진한 것도 지방자치제가 전면적으로 실시되고 있었기 때문에 탄력을 받을 수 있었다.

군사정권 이후 대통령의 제왕적 권력은 이미 힘을 잃어 대통령의 결단만으로 행정수도를 옮길 수는 없다. 지방자치단체가 중앙정부에 대한 견제 역할도 하기 때문에 대통령이 지역균형발전정책을 펴면 훨씬 추동력이 강해진다. 더구나 지방자치단체장들은 재선을 위해 선거공약 단계부터 경쟁적으로 지역개발사업을 내놓는다. 이는 지역을 빠른 속도로 발전시키는 원동력이 됐다.

극심한 비효율 해소가 과제

지방자치제의 전면 확대 실시는 시기상조라는 우려대로 시간이 지날수록 엄청난 부작용들이 나타나기 시작했다. 가장 큰 문제는 예산낭비였다. 결국 지역주민들이 뽑은 단체장이 지역주민의 세금 부담을 가중시키는 결과를 낳았다.

이 같은 예산낭비의 결정판은 2011년부터 심각성이 드러난 전국 지방자치단체들의 경전철 사업과 초호화 대형청사 건축 경쟁으로 현실화했다. 일부 도시에서는 경전철에 막대한 돈을 쏟아붓는 바람에 연간 수천억 원의 적자가 나는 것으로 분석됐다. 심지어 지자체 파산까지 우려될 정도였다.

인천광역시는 산하 공기업을 포함해 부채가 10조 원에 육박한다. 예산 대비

부채비율이 38%로, 40%를 넘기면 재정자치권이 박탈된다.

경기도 용인시는 7287억 원을 투입해 경전철을 만들었으나 연간 예상적자가 550억 원에 달하는 것으로 추정됐다. 2011년 9월 9일 개통한 부산~김해 경전철도 잘못된 수요 예측으로 한 해 예상적자가 1088억 원에 달했다. 의정부 경전철과 대구도시철도 3호선도 각각 5841억 원, 1조 4894억 원의 사업비를 들여 철도를 건설했으나 거액의 적자를 안게 됐다. 검찰은 용인시에 대해서는 경전철 추진 과정에서의 직무유기와 비리 의혹에 대해 수사를 벌이기도 했다. 결국 용인시는 간부 급여를 반납하는 등 우여곡절 끝에 2013년 이후에야 경전철 운행에 나서기로 했다.

강원도 태백시는 4400억 원을 들인 오투리조트가 심각한 경영난에 빠져 매각을 시도했으나 어려움을 겪었다. 오투리조트는 매년 250억 원가량의 적자를 기록하며 총부채가 2800억 원에 달했다. 태백시는 이 가운데 시 예산의 절반 규모인 1490억 원을 갚아야 했다. 850억 원을 들인 인천 월미도 은하레일은 부실시공 등의 문제가 심각해 상당 기간 고철덩어리로 전락했다.

지역 대통령으로 불리는 지방자치단체장은 재선을 위해 재임 중 최대한 전시성 사업을 벌이려는 경향을 보인다. 이 과정에서 호화청사를 짓고 유동인구가 몇 되지도 않는데 경전철 등에 막대한 예산 투입을 결정한다.

지방의회가 있지만 의원들은 상임이 아닌데다 지역 발전을 중시한다면서 견제 역할을 제대로 하지 못하고 있다. 사업 과정에서 용역기관을 활용하지만 장밋빛 전망만 내놓는 경우가 일반적이다.

지자체 운영 파행이 심각해지자 일각에서는 지자체를 재정 파탄으로 몰고 가는 단체장들의 선심성 사업을 억제하기 위해 빚더미 지자체는 정부가 시장·군수를 임명해야 한다는 지적도 나왔다. 시·군·구청장의 경우 정당공천제를 폐지해야 한다는 주장도 그치지 않고 있다. 단체장이 주민을 위한 소신 있는 지방행정을 펼쳐야 함에도 공천권을 쥐고 있는 정치권 눈치를 볼 수밖에 없기 때문이다. 공천에 따른 비리와 부정부패는 지방자치제도의 근간을 훼손할 우려도 있다.

···
샴페인 일찍 터뜨린 OECD 가입

김영삼 정부는 외부로부터의 바람을 많이 탔다. 세계적으로 개방화의 물결과 보호주의 물결이 동시에 넘실대던 국제 금융시장과 무역질서의 과도기였기 때문이다. 이런 시기에는 힘의 충돌로 소모적인 마찰을 빚게 된다.

외부 충격은 그의 임기 첫해였던 1993년 세계적으로 관심이 집중되던 우루과이라운드UR에서 찾아왔다. 관세장벽을 이용한 보호무역주의 때문에 더 이상 작동하지 않게 된 관세 및 무역에 관한 일반협정GATT 체제를 대체하기 위한 UR은 농산물 부문에서는 쌀시장 개방이 핵심이었다. 이를 논의하기 위해 UR은 이미 1986년부터 진행되고 있었지만 한국은 무조건 쌀시장 개방을 받아들일 수 없다는 이유로 철저한 대비책을 세우지 못하고 있었다.

김영삼도 대선 공약으로 쌀시장은 반드시 지킨다고 공언했다. 하지만 UR이 7년간의 협상 끝에 타결을 향해 나아가자 한국은 다급해졌다. 1993년이 되자 UR 협상을 마무리하자는 세계적인 분위기는 더욱 가속도를 냈다. 이런 분위기는 1993년 11월 20일 미국 시애틀에서 개최된 제1차 아시아·태평양 경제협력체APEC 정상회담에서 결정적으로 나타났다. 이 회의에 참석한 김영삼은 "자유무역주의 확산을 위해 UR의 연내 타결을 지지한다"고 선언했다.

김영삼은 국제 사회의 새로운 질서가 태동하는 과정에서 한국의 존재감을 드러낸 것이다. 하지만 이런 입장은 쌀 개방불가론을 위태롭게 만들었다. 자유무역주의 확산을 지지한다는 대통령의 선언이 있었는데도 특정 물품에 대해 예외를 인정해 달라고 해서는 원활한 자유무역이 될 수 없기 때문이다.

이런 분위기가 확산하자 김영삼은 당시 빌 클린턴 미국 대통령과 핫라인 통화를 통해 한국의 특수한 사정을 설명하고 최대한 유리한 조건으로 쌀 협상을 추진했다. 이를 계기로 쌀 협상은 급진전을 이뤘다. 이런 노력의 대가로 한국은 '10년 유예, 최소시장 접근 1~4%'의 결과를 얻을 수 있었다. 일본의 '6년 유예, 최소시장 접근 4~8%'에 비해 현저하게 유리한 조건이었다.

그러나 야당과 농민단체 및 600만 농어민은 즉각 반발했다. 쌀시장을 한 치도 내줄 수 없다는 개방불가론이 무너졌기 때문이었는데 김영삼은 어쩔 수 없이 쌀시장 개방에 대한 사과담화를 발표하고 경제 장관들을 경질해야 했다. 그러나 쌀 개방불가론은 좀처럼 수그러들지 않았다. 이후 재협상론이 제기됐지만 농림수산부의 부적절한 대응으로 혼란을 거듭한 끝에 한국은 당초보다 유리한 조건으로 1994년 3월 25일 최종이행계획서cs를 제출할 수 있었다.

이런 우여곡절을 겪고 나서야 한국은 1994년 4월 15일 최종 서명된 UR 협정과 세계무역기구 설립에 관한 협정에 참여할 수 있었다. 이로써 2차 대전 후 국제무역질서를 주도한 GATT와 UR 협상 결과는 WTO 협정으로 대체된 것이다.

2차 세계대전 이후 국제무역질서를 재편하기 위해 1948년 출범한 GATT 체제는 관세장벽과 수출입 제한을 제거하고 국제무역과 물자교류를 증진시키기 위해 출범했다. 하지만 GATT 체제가 자유무역을 가로막는 국가 간 장벽을 효과적으로 규제하지 못하자 출범한 WTO는 강력한 분쟁조정권, 관세 인하 요구, 반덤핑 관세 등 법적 권한과 구속력을 갖게 됐다.

WTO 문제가 일단락되자 김영삼은 노태우 정부에서도 관심을 가졌던 경제협력개발기구oecd 가입에 신경을 쓰기 시작했다. 자유무역이 한층 강화된 WTO 체제가 출범한 마당에 한국도 경제 규모에 걸맞은 국제적 위상을 가져야 한다는 판단에서다.

APEC 정상회담 참석(1994)

　　한국은 이미 1990년 3월 비회원국으로는 최초로 서울에서 OECD 회의를 개최하고, 10월에 기구 내 조선사업부에 가입했으며, 1991년 10월 개발센터에 가입했다. 북방외교를 비롯해 외교라인 확대에 힘써온 노태우 정부에서 이미 사전 정지작업을 벌여놓은 것이다.

　　김영삼은 WTO 체제 출범을 계기로 더욱 속도를 냈다. 1995년 3월에는 OECD 가입신청서를 제출하고 4월 3일 주 프랑스 대한민국대사관에 가입 준비사무소를 개설했다. 1996년 10월 11일 이사회에서 한국 가입 초청을 결정하자 10월 25일 가입협정에 서명하고 11월 26일 국회의 동의를 받았다. 이로써 한국은 12월에 스물아홉 번째 정회원국이 됐다. 1997년 1월 4일 주OECD 대한민국대표부가 개설됐다. 식민지와 전쟁을 겪은 동북아시아의 빈국이 선진국 클럽에 들어간 순간이었다.

　　OECD 가입으로 한국은 엄청난 가치를 창출할 수 있게 됐다. 무엇보다 국가 이미지 제고를 꼽을 수 있다. 한국은 그동안 재벌 중심 경제의 개발도상국이라는 이유 때문에 대외적으로 부정적인 이미지가 강했다. 부정부패가 만연하고 환경오염이 극심하다는 편견이었다. 그러나 OECD 가입을 계기로 이런 이미지는 크게 개선될 수 있었다. 이는 결국 한국상품의 이미지 제고로 이어졌다. 투자 측면에서도 외국인의 국내 투자가 증가되고 다국적 기업의 활동이 촉진돼 무역과의 상승작용을 일으키며 경제가 도약할 수 있는 발판을 마련했다.

해외시장에서 코리아 디스카운트가 해소되면서 한국은 한국상품 제값 받기, 해외건설수주 참여기회 확대, 과학기술 분야에 있어서의 정보 확충이라는 부수적인 효과까지 얻을 수 있었다. 이러한 선진적 규제를 극복하고 경쟁력을 갖추기 위해서는 기업 관행의 선진화가 매우 중요했다.

반면 가입에 따른 책임과 의무도 막중해졌다. 특히 OECD가 요구하는 방향으로 제도를 개혁해야 하는 부담이 컸다. 제도나 법령에 대한 전반적인 검토가 필요하다는 의미다. 즉 필요하지 않거나 지킬 수 없는 규제는 과감히 제거하는 선진화도 필요하다. OECD의 이념은 자유시장경제와 민주주의이다.

따라서 과거와 같은 정부의 보호정책이나 경쟁제한적인 정책은 더 이상 불가능하다. 기업의 역할이 매우 중요해지는 것은 물론이다. 덤핑 방지, 고부가가치 제품 생산 등 스스로의 노력이 수반돼야 한다. 정부는 편법적인 규제를 폐지하고 글로벌 스탠더드를 받아들여야 한다.

OECD는 노동자나 소비자보호 측면에서는 규제가 매우 엄격하다. 환경·소비자정책·고용·노동·사회 문제 등 모두 26개의 위원회가 있으며 경제 외적인 문제와 관련된 위원회도 많다. 우리의 삶의 질과 관련해 이를 한 단계씩 제고시키는 메커니즘이 필요하며 모든 분야에서 합리성이 추구돼야 한다.

특히 OECD 가입에 따라 금융시장 개방의 의무는 크게 강화된다. 하지만 당시 국내 금융산업은 경쟁력이 취약해 경제 전반의 발전을 저해하고 있어 전면적인 개혁이 시급했다.

...

바닥을 드러낸 외환보유액

역사에 만약이라는 가정이 없지만 외환위기와 관련해서는 '만약 그때 금융 개혁을 철저히 했더라면'이라는 아쉬움이 계속 남는다. 김영삼 정부는 전격적인 금융실명제 실시를 통해 금융시장이 투명해지고 건전해질 것으로 기대했다.

김영삼은 당초 신경제 5개년 계획에 금융 개혁을 비중 있게 포함시키려고 했다. 그러나 금융 개혁은 처음부터 무게 있게 다뤄지지 않았다. 더구나 신경제 5개년 계획의 성패는 첫 100일간 결정된다는 방침에 따라 경기부양 성격의 '신경제 100일 계획'을 시행했다. 정책금리 인하, 설비자금 공급 확대, 정부공공사업 예산 조기집행 등 전형적인 경기부양책이 골자를 이뤘다.

당시 박재윤 경제수석을 비롯해 경제정책 방향을 결정했던 정책결정자들 사이에서 개혁이 먼저냐, 경기부양이 먼저냐를 놓고 갑론을박이 있었다. 경기가 바닥일 때 개혁을 해야 한다는 의견도 있었지만 여론을 의식하면서 경기부양 쪽으로 방향이 모아졌다. 결국 단기적 경기부양 조치 때문에 금융 개혁의 고삐는 늦춰지게 됐다.[57]

그러다 8월 12일 금융실명제가 전격적으로 실시되면서 금융 개혁은 더욱 뒷전으로 밀리게 됐다. 금융실명제 효과만으로 상당한 금융시장 투명화와 지하자금 양성화 등 적지 않은 금융 개혁의 효과를 거두었다는 평가가 나왔기 때문이다. 더구나 금융실명제 실시에 따라 기업 투자심리가 위축될 것이란 우려도 있었다.

그럼에도 금융 개혁을 예정대로 추진해야 한다는 주장은 끊임없이 제기됐다. 하지만 변화를 기피하는 금융권과 정치권의 반발에 민감했던 청와대는 계속 관심을 갖지 않았다.

이렇게 시간이 흐른 뒤 김영삼 정부가 금융 개혁에 관심을 갖게 된 것은 경제가 본격적으로 불안해지기 시작한 뒤였다. 김영삼은 1997년 1월 22일 연두기자회견을 통해 본격적인 금융 개혁을 추진하기 위해 금융개혁위원회를 설치한다고 발표했다. 하지만 이때는 이미 레임덕을 걱정해야 할 시점이었다.

개혁 저항에 금융 혁신 좌초

뒤늦게 시동을 거는 바람에 역시 정치권을 중심으로 한 개혁 저항이 거셌다. 금융개혁위원회가 촉박한 일정에 맞춰 각종 개혁법률을 제시했지만 이 법안들은 입법 과정에서 번번이 무산되고 말았다.

금융 개혁을 미룬 대가는 외환위기로 돌아왔다. 호미로 막을 일을 가래로도 막지 못하는 사태가 벌어진 것이다. 1997년 12월 3일 IMF와 합의된 구제금융 지원 조건에는 금융회사의 구조조정과 금융개혁조치 이행이 핵심사항으로 포함됐다.

이런 조건은 이미 1996년 12월 한국이 OECD에 가입하면서 사실상 확정된 내용들이었다. OECD는 금융시장 개방을 요구하고 있었기 때문에 어차피 피할 수 없는 부분들이었다. 그래서 김영삼은 1997년 1월이 되자 금융개혁위원회 설치를 본격화했다.

5년 임기 중 이미 4년이 지난 시점이었다. 결과론적일 수 있지만 이런 타임테이블만 보면 금융 개혁의 성패는 이미 결판이 나 있던 것이다. 잘될 수가 없었다는 의미다.

뒤늦게 가동된 금융개혁위원회가 해야 할 일은 너무 뻔했다. 관치금융에 따른 금융산업 규제를 풀어주고 금융업종 간 칸막이식의 진입장벽을 철폐함으로써 금융산업의 경쟁력을 키우는 조치들이었다.

국내 금융산업은 개발연대 이래 정부의 보호와 규제 속에 운영되면서 대외 경쟁력을 키울 기회를 갖지 못했다. 자금 배분은 청와대와 재무부의 가이드라인에 따라 정해졌고 은행장은 물론 임원에 이르는 인사도 관치로 이뤄졌다.

이런 관치금융은 금융회사의 자율경쟁을 저해하고 우물 안 경영이 될 수밖에 없었고 미국과 유럽의 대규모 투자은행과 같은 글로벌 금융회사가 국내에서 나올 수 있는 기회를 놓치게 만들었다.

정부의 관치금융은 여기서 그치지 않고 금융회사의 방만한 경영 관행을 고착화시키고 경영 건전성을 훼손시켰다. 미국과 영국이 금융산업의 경쟁력 강화를 위해 1980년대부터 금융 빅뱅을 통해 글로벌 금융회사들을 육성하고 있었던 상황과 대비됐다. 금융경쟁력 약화에 따라 국내 기업들은 국제 금융시장에서 자금을 조달할 때도 경쟁기업에 비해 고금리를 지불해야 했다.

국내 금융회사들이 이렇게 대외 환경 변화에 적응하지 못한 결과 경영 효율성은 극도로 떨어졌다. 당시 금융개혁위원회 조사에 따르면 1997년 기준으로 국내 6대 시중은행의 불건전 여신 비율은 5% 이상이었고 총자산수익률은 선진국 은행의 절반에 불과했다.

대다수 증권회사는 적자상태였고 생명보험회사도 계약자에 대한 지급능력이 부족해 사실상 적자상태에 있었다. 금융회사에 대한 공시도 제대로 이뤄지지 않아 금융소비자가 어느 은행과 증권사가 우량한지 구분할 방법도 없었다.

이처럼 당시 금융산업은 반도체·조선·철강·화학 등 국내 제조업에 비해 극도로 경쟁력이 떨어져 있었다. 그 결과 기업들이 이들 금융회사에서 조달하는 실질금리는 국제 수준에 비해 2배 이상 높아 국내산업의 경쟁력을 떨어뜨리는 주범이 됐다.

기업들은 만성적인 자금부족에 시달렸고 중소·벤처기업은 사업성이 좋아도 은행 문턱을 넘는 게 불가능했다. 어렵게 은행 문턱을 넘어도 대출금액의 일정액은 곧바로 은행에 예금해야 하는 '꺾기양건예금'가 만연했다. 1억 원을 대출하면 2000만 원을 예치하는 식이었는데 이는 우물 안에서 외형 경쟁에 치중하던 국내 시중은행의 고질적인 관행이었다. 결국 이런 도토리 키 재기 경쟁을 벌이던 5대 시중은행은 외환위기가 닥치자 모두 문을 닫고 말았다.

금융회사의 후진적인 경영 방식은 결국 외환위기의 결정적인 발단이 됐다. 국제 금융시장이 글로벌화되고 대형 투자은행들이 첨단 금융기법으로 국경을 넘어드는 금융 개방화·자율화 시대가 되면서 무방비로 있던 국내 금융회사들이 속수무책으로 당할 수밖에 없었던 것이다.

관치금융에 따라 자금을 배분하고 창구지도와 같은 후진적인 방식에 안주하는 바람에 국내 금융회사들은 결국 첨단 금융감독기법을 구축하지 못했다.

그러나 대외 환경은 급변하고 있었다. 자유무역을 촉진하는 WTO 체제가 1995년부터 출범하자 한국에서도 세계화 바람이 거세게 불었다. 당시 글로벌리제이션Globalization을 어떻게 번역할지를 놓고 갑론을박이 있을 정도였는데 김영삼 정부는 이를 '세계화'로 해석했다. 그러면서 국민과 기업들에게 적극적으로 세계화에 대비하라고 강조했다.

금융개혁위원회는 1997년 6월 '금융개혁 2차 보고서'를 내놓았다. 4월에 발표한 1차 보고서는 금융산업 개편과 금융 관행 개선 등의 단기 추진과제였고, 2차 보고서는 금융회사의 시장 진입·퇴출 자유화와 통화·감독 체제의 개편 방안이었다.

1차와 2차 개혁 과제는 국내 금융시장의 문제점과 개혁 방향을 정교하게 파악하고 대안을 제시했다. 하지만 이미 때를 놓친 시점이었다. 국내 굴지의 기업들이 줄줄이 도산했고 은행들도 외화 부족으로 국제 금융시장에서 달러 차입을 구걸하러 다니던 상황이었다.

외형 성장에만 치중해 온 개발연대의 관행이 박정희 사망 이후 전두환·노태우·김영삼을 거치면서도 지속된 결과 내부 통제와 관리능력에서 구멍이 난 것이다.

금융 무너지자 기업 줄줄이 쓰러져

금융산업이 비효율적인 경영을 하면 결국 실물경제도 영향을 받을 수밖에 없다. 금융은 인체로 말하면 혈액인데 피가 혼탁해져 있어서는 실물에 해당하는 팔·다리·몸통과 같은 신체가 함께 부실화되고 병들 수밖에 없다.

우물 안 경영을 하던 국내 은행들은 국제 금융시장에서 핫머니가 이동하고 국경이 없어지는 금융의 국제화에 뒤처진 결과 국제결제은행BIS의 자기자본비율의 의미에 대해서도 잘 알지 못하고 있었다. 신용등급 체계에 대해서도 사실상 개념 자체가 없었다. 오래된 담보대출 관행이 있을 뿐이었다.

환율시장도 후진성을 면치 못했다. 국내 환율제도는 1945년 광복 이후 여러 차례 바뀌었다. 1990년 3월에는 그 이전까지 사용하던 복수통화바스켓제도를 폐지하고 시장평균환율제도를 도입했다. 이는 외국환 취급은행이 원화와 달러의 환율을 매매하는 시세로 결정하는 방식이다. 그러나 변동폭이 2.25%로 제한돼 있어서 시장변동을 충분히 반영하는 체제는 아니었다.[58]

김영삼 정부는 외환위기가 닥치자 국제통화기금IMF의 권고대로 1997년 12월 일일 환율 변동 제한폭을 완전 폐지해 자유변동환율제도를 도입했다. 이는 말 그대로 100% 수요와 공급에 따라 외환시장에서 환율이 결정되는 것이다. 그러나 완전히 시장에만 맡겨두는 것은 아니다. 환율이 급하게 오르면 달러를 풀어 환율을 안정시키는 등 급격한 환율 변동에는 시장개입에 나선다.

환율이 오르내리면 경제에 미치는 영향이 커진다. 정부는 원-달러 환율이 10% 하락하면원화 가치가 오르면 연간 기준으로 경상수지가 70억 달러가량 악화하는 것으로 추정한다. 똑같은 물건을 더 비싼 값에 외국에 내다파는 것이어서 가격경쟁력이 떨어지기 때문이다. 또한 국내총생산GDP 성장률은 0.4%포인트 떨어지는 것으로 분석되고 있다.

한보가 쏘아올린 'IMF 위기관리 사태'

OECD 가입으로 샴페인을 너무 일찍 터뜨린 대가는 컸다. '아시아의 용', '제2의 일본'으로 불리며 승승장구하던 한국은 1997년 11월 국가부도 위기를 맞는다. 한국전쟁 이후 최대의 위기로 불리는 환란換亂이었다.

어떤 파도와 폭풍우에도 꿈쩍하지 않을 것 같던 거대한 타이태닉호가 어처구니없게 빙산 조각과 충돌해 침몰한 것처럼 한국에선 어느 누구도 1997년 11월 이후 벌어질 경제·사회 변화를 예상하지 못했다.

그러나 그 조짐은 나라의 곳간인 외환보유액에서 나타나기 시작했다. 1년 전 OECD에 가입하면서 선진국이 된 것처럼 들떠 있던 한국에서는 원화 가치가 너무 높게 유지되면서 과소비가 온 나라를 휩쓸었다. 1996년 경상수지 적자는 1995년의 2.7배 수준인 237억 달러로 치솟았다. 누적된 적자는 금고가 비어가고 있다는 적신호였다.

외환보유액은 1997년 1월이 되자 309억 7000만 달러로 현격히 줄어들더니 대통령 선거가 끝난 뒤에는 위험수위를 넘어선 204억 1000만 달러로 줄어 있었다. 외국자본의 이탈로 환율이 급등하면서 외환위기 전 840원대까지 치솟았던 원화 가치는 대선이 치러지고 IMF 체제가 본격화한 12월, 자유변동환율제가 도입되면서 월평균 1499.38원까지 폭락環율 상승했다.

실물경제 부문에서도 한국 경제 균열의 조짐이 조금씩 모습을 드러내기 시작했다. 본격적인 신호탄은 한보철강의 부도였다. 이미 금융권에서 회생불가 판정을 받은 한보철강은 1997년 1월 24일 5조 원대의 부도를 내면서 쓰러졌다. 이때만 해도 그저 부실기업 하나가 제 풀에 무너졌다는 평가가 일반적이었다.

하지만 진로·삼미·해태·뉴코아·한라 등 대기업들이 줄줄이 도산하면서 7월 15일에는 재계 8위였던 기아가 사실상의 부도 상태에 빠졌다. 한국 경제가 심각한 동맥경화에 걸려 곳곳에서 파열음을 내고 있었던 것이다. 개발 시대를 풍미했던 과다한 차입과 방만한 경영의 종착역이었다.

경제 침몰에도 "펀더멘탈 튼튼하다"

외환위기의 원인을 한두 가지로 압축할 수는 없다. 그러나 정부의 외환관리와 은행감독기능 부실, 은행들의 후진적인 경영 관행 못지않게 기업의 후진적인 경영 관행도 외환위기의 근본적인 원인이 됐다.[59] 경제 전환기에는 언제나 경제 관리에 구멍이 생기기 마련이다. 새로운 제도가 도입되거나 글로벌 경제 환경이 바뀔 때 신속하게 적응하지 못해 위기가 발생하는 것이다.

정덕구 전 산업자원부 장관은 "역사적으로 볼 때 한국 경제의 본격적인 전환기는 김영삼 정부 출범 이후인 1993년이라고 할 수 있다"고 분석했다. 그러나 한국 경제의 전환기적 상황은 이미 전두환 정부 말기에서 노태우 정부에 이르는 기간부터 전개되기 시작했다고 볼 수 있다. 이후 개혁과 개방이 가속화되고 내부의 체제를 공고히 하지 못하면서 위기에 직면하게 된 것이다.[60] 국내 기업들은 오랫동안 유

캉드쉬 IMF 총재 접견(1997)

지돼 온 정경유착 관행과 차입경영에 의존하면서 관청에 대한 로비와 은행 돈 사용을 빼놓고는 경영을 하지 못할 정도였다. 1997년 주요 상장사들의 부채비율은 400%를 넘어설 정도였다. 막대한 부채경영을 하고 있었기 때문에 외부의 작은 충격에도 취약할 수밖에 없었고 은행에 의존한 경영이 일상화돼 있었다. 그 결과 증권시장의 기능이 활성화되지 못하는 악순환이 벌어졌다. 결국 외환위기가 가시화하면서 은행들이 기업으로부터 자금을 회수하자 맥없이 무너져 버릴 수밖에 없었던 것이다.

그럼에도 불구하고 정부는 물론 기업 오너와 경영자들은 사태의 심각성을 깨닫지 못했다. 정부는 펀더멘털기초이 튼튼해 경제 전체가 불안해질 이유는 없으니 과민하게 반응할 필요가 없다고 큰소리쳤다. 쓰러진 기업들의 오너와 경영자들은 부도를 인정하지 않았다. 일시적인 자금경색에 빠졌으므로 추가자금을 지원받으면 얼마든지 경영을 정상화시킬 수 있다고 강변했다.

한국이 살 길은 부실을 도려내는 것밖에 없었다. 그러나 김영삼은 오히려 사실상의 부도금지 조치를 지시해 부실기업 정리를 가로막았다. 초대형 부도를 낸 기아와 관련해 여야 정치권은 국민기업을 보호해야 한다고 감싸고 들었다.

그러는 사이 한국은 거대한 환란의 소용돌이에 무서운 속도로 빠져들고 있었다. 거대한 운석이 지구를 향해 돌진하거나 엄청난 에너지를 갖고 육지로 달려드는 거대한 태풍처럼 동남아시아에서 외환위기가 시작되고 있었던 것이다. 그 여파는 빠른 속도로 한국을 강타했다.

한국 기업들은 개발연대 이후 쌓은 기술과 조직력에 힘입어 폭발적으로 성장하면서 1990년대 이후에는 빠른 속도로 글로벌 경영을 확대해 나갔다. 그러나 과도한 차입경영에 의존했고 이를 뒷받침하는 은행들의 경영 관행은 관치금융에 묶여 국제경쟁력이 크게 낙후해 있었다. 이는 금융감독 체계의 부실을 의미했다. 기업과 은행이 과도한 단기외채를 쓰고 있는데도 당시 재정경제원은 물론 한국은행·은행감독원은 조기경보를 울리지 못했다. 재정경제원과 한국은행·은행감독원은 언제나 앵무새처럼 문제가 없다고 했다. 재정경제원은 "우리 경제는 펀더멘털에는 이상이 없다"고 했고, 한국은행·은행감독원은 "경상수지 흑자가 줄어들고 있지만 외환시장 불안은 없을 것"이라고 했다.

1997년 7월 태국 바트화 폭락, 8월 인도네시아 루피아화 급락, 10월 홍콩 증시 대폭락 등 동남아 외환·금융시장이 초토화되기 시작했다. 이 괴물은 11월이 되자 동북쪽으로 방향을 틀어 한국을 향해 무서운 속도로 돌진했다.

대통령 선거를 앞두고 있던 한국 정치권은 사태의 심각성을 알지 못했다. 경제 관료들도 다가오는 초유의 사태에 대해 알지 못하기는 마찬가지였다.

이런 상황이 이어지자 외국인 투자자들은 본격적으로 돈을 빼기 시작했다. 정부는 금융개혁위원회를 가동해 4월과 6월에 금융 개혁보고서를 제출하게 하고 국제 금융계에 강력한 금융개혁 입법을 약속하며 신뢰를 호소했다. 특히 2차 보고서에서는 감독체계를 개편하고 시장원리에 따른 인수·합병을 통해 부실 금융산업을 과감하게 구조조정한다는 내용을 포함시켰다. 하지만 정치권은 대선을 앞두고 표 계산에만 몰두하면서 이 같은 개혁입법들을 끝내 외면했다.

퇴임 눈앞에 두고 "금고 비었다"

금고가 비어가자 재정경제원은 뒤늦게 심각성을 깨달았다. 강경식 부총리는 그해 11월 7일 김영삼에게 "최악의 경우 IMF 체제로 갈 수 있다"고 보고했다. 이는 경제적 주권을 일시적이나마 국제 기관에 신탁한다는 의미나 다름없었다. 바꿔 말하면 경제신탁통치를 받게 된다는 것이었다.

사태의 심각성을 그제야 인식한 김영삼은 이경식 한국은행 총재에게도 같은 취지의 보고를 받는다. 5년간 개혁의 기치를 내걸고 많은 일들을 한 뒤 퇴임을 눈앞에 둔 김영삼으로선 결코 인정하고 싶지 않은 사태가 벌어지고 있었던 것이다.

미국과 일본에도 자금 지원을 요청했지만 냉랭한 반응이 돌아왔다. 일본 언론들은 사설을 통해 "한국은 경제적 지원을 해줘도 어려울 때만 아쉬운 소리를 하므로 금융 지원 요청을 거절해야 한다"며 일본 정부의 금융 지원을 반대했다.

사면초가에 빠진 김영삼은 어쩔 수 없이 IMF 체제 이행을 받아들이기로 했다. 11월 16일 미셸 캉드쉬 총재가 극비리에 서울을 방문해 IMF의 자금 지원 조건을 확인했다. 이어 19일 강경식 부총리와 김인호 청와대 경제수석이 경질되고 임창열이 부총리로 임명됐다. 이후 IMF 체제로의 이행은 일사천리로 이뤄졌다.

11월 21일 김영삼은 주요 정당 대선 후보들과 당 총재를 청와대로 초청했다. 초당적 대처를 모색하기 위해서였다. 여기서 대선 후보들은 "IMF 지원을 받는 것이 불가피하다"는 데 의견을 모았다. 다음 날 정부는 IMF에 구제 금융을 공식 요청했다.

이날 밤 10시 임창열 신임 경제부총리는 긴급 기자회견을 열고 "IMF에 유동성 지원을 요청하기로 했다"고 발표했다. 20여 일 전만 해도 "한국 경제의 펀더멘털이 튼튼하다"던 정부가 스스로 말을 뒤집은 것이다.

그날 밤의 충격은 컸다. 많은 사건·사고를 다루는 기자들도 웬만한 일에는 놀라지 않았지만 IMF 체제 이행이 결정됐다는 소식을 접하게 되자 크게 술렁였다.

IMF는 정권이 바뀔지도 모르는 과도기라는 점을 감안해 대통령 후보들에게도 자신의 경제 개혁 프로그램을 설명하고 당선 뒤 이를 지켜줄 것을 요청했다.

그리고 12월 3일 대통령 선거 유세를 벌이던 김대중국민회의, 이회창한나라당, 이인제국민신당 후보 3명은 캉드쉬 총재로부터 요청을 받았다. IMF가 한국에 구제금융을 제공하는 조건으로 '본인이 대통령에 당선된다면 IMF와의 협의내용을 충실히 이행하겠다'는 각서를 쓰라는 것이었다. 구제금융 패키지는 고금리·대량 해고 등을 예고하고 있었다. 누가 대통령이 되든지 이를 뒤집어서는 안되며 혹독한 경제신탁통치를 받아들일 각오를 하라는 것이었다. 이들은 어쩔 수 없이 모두 각서에 서명했다.

그리고 이날 저녁 대한민국은 IMF 관리 체제로 편입됐다. IMF가 200억 달러의 구제금융을 제공하기로 했기 때문이다. 임창열 부총리와 이경식 한국은행 총재는 캉드쉬 총재가 지켜보는 가운데 구제금융지원을 받기 위한 정책이행각서에 서명했다. 급한 불은 끄게 됐지만 이는 김대중 정부 이후 본격화될 외환위기 후폭풍의 서곡에 불과했다.

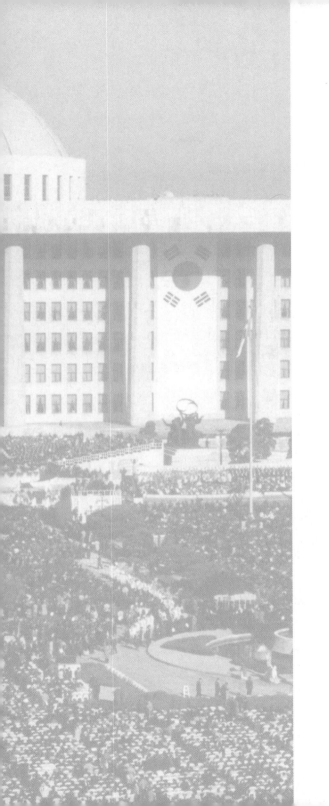

김대중

— 신발끈 다시 조여매다

재임기간 1998년 2월~2003년 2월

1926년 1월 6일	전남 신안 출생
1943년	목포상업고등학교 졸업
1948년~1950년	목포일보 사장
1951년	흥국해운 사장
1951년	한국해운조합연합회 이사
1957년	민주당 중앙상임위원
1961년	제5대 민의원(민주당, 인제)
1963년	제6대 국회의원(민주당, 전남 목포)
1964년	고려대학교 경영대학원 수학
1965년	민중당 대변인
1966년	민중당 정책위원회 의장 겸 정무위원
1967년	민중당 대변인 겸 정무위원
1967년	제7대 국회의원(신민당, 전남 목포)
1970년	경희대학교 대학원 경제학 수료
1970년	신민당 대통령 후보
1971년	제7대 대통령선거 입후보
1971년~1972년	제8대 국회의원(신민당, 전국)
1974년	민족회복 국민회의 참여
1976년~1978년	3·1 민주구국선언사건 주도로 구속
1979년	민주주의와 민족통일을 위한 국민연합 결성
1983년	재미한국인권문제연구소 창설
1985년	민주화추진협의회 공동의장
1985년	신민당 상임고문으로 추대, 당국에 의해 취임 저지
1987년	통일민주당 상임 고문

1987년	평화민주당 창당준비위원장
1987년~1991년	평화민주당 총재
1987년	제13대 대통령선거 입후보
1988년~1992년	민주당과 합당해 통합야당 민주당 창당. 대표최고위원
1992년	제14대 국회의원(민주당, 전국)
1992년	민주당 당무위원
1992년	제14대 대통령선거 입후보
1993년	대한민국 헌정회 원로자문회의 위원
1993년	영국 케임브리지대 객원교수
1994년~1998년	아시아태평양평화재단 이사장
1995년~2001년	국민회의, 새천년민주당 총재
1995년~1997년	아·태민주지도자회의 공동의장
1998년~2003년	제15대 대통령 취임
2000년	노벨평화상 수상
2009년 8월 18일	서거

"민주국가에 있어서 언론과 사법부는 민주주의의 존폐를
좌우하는 관건이다.
어떠한 독재나 부패도 언론이 살아 있는 한 영속될 수 없고,
어떠한 부조리나 인권 침해도 법관이 건재하는 한 묵과될 수 없다."

『김대중 옥중서신』 초판 1쇄 351쪽

'준비된 대통령'이라는 오래된 별명으로 대한민국 대통령학을 직접 저술할 수도 있다던 김대중이었다. 오랜 야당 지도자를 거쳐 결국 집권에 성공한 한국 민주화의 간판이었다. 그는 많은 준비를 했고 집권 뒤 그 경륜을 크게 펼쳤다. 대한민국이 맞이한 초유의 외환위기 속에서 그의 현실감각은 빛났다. 그러나 모든 사안을 다 해결할 수는 없었다.

그는 한국 현대사에서 처음으로 집권 세력과 대항해 정권 교체에 성공한 대통령이다. 투옥과 납치, 사형선고를 받았고 오랜 세월 가택연금으로 자유가 구속되는 고난의 인생 역정을 보냈다. 군부 정권의 정치 탄압에 맞서 민주화를 이끌며 건국 이후 최초로 여야 정권 교체를 이뤄낸 것은 세계 민주정치사에서 보기 드문 사건이자 한 편의 생생한 정치 드라마였다. 또한 한국인 최초의 노벨평화상 수상자라는 기록도 남겼다.

오랜 야당생활을 통해 축적된 그의 리더십은 정치·외교 분야에서 두드러졌다. 젊은 시절 회사를 경영하며 경제 문제에도 지속적인 관심을 기울였던

것은 사실이지만 '경제 대통령'이라는 이미지는 사실 어울리지 않았다. 보수 정권에 대한 대안 세력이라는 이미지 때문에 자본주의 시장경제와는 거리가 있어 보였다.

하지만 김대중은 외환위기를 계기로 경제에 밝고 자본주의를 잘 이끄는 대통령이란 이미지를 강하게 심어줬다. 그에게 이런 기회를 준 것은 아이러니하게도 외환위기였다. 건국 이후 최대의 경제적 파국인 외환위기에 빠지면서 국민들은 그에게 국난 극복의 리더십을 발휘할 기회를 제공했다. 김대중이 통치권을 물려받았을 때 한국은 사실상 국가부도 상태에 빠져 있었다. 당시 경제정책은 국제통화 기금IMF이 제시한 까다롭고 엄격한 조건에 맞춰 운영해야 했으며, 유례없던 대규모 정부 주도 기업 구조조정과 정리해고를 지휘해야 했다.

김대중 정부는 강력한 구조조정을 실시했다. 이를 통해 실업자가 대량으로 쏟아져 나오고 근로자는 적자생존適者生存의 신자유주의 기조에 따른 '정글 자본주의'에 내몰려야 했다. 복지와 균형개발을 주장해 온 그의 대중경제론과는 다른 방향이었다. 하지만 난파선을 구하기 위해서는 어쩔 수 없었다. 그 결과 2만여 개의 기업이 사라지고, 200만 명에 가까운 사람들이 일자리를 잃었다. 구조조정의 회오리 앞에서 대기업과 은행은 절대 문을 닫지 않는다는 대마불사大馬不死의 신화도 무너졌다.

한국 경제의 뼈대였던 재벌들은 맥없이 쓰러져 갔다. 외환위기 이전 30대 그룹 중 절반이 넘는 16개 그룹이 문을 닫았다. 정부 기관이나 다름없다고 해서 금융 기관으로 불리던 시중은행 10여 곳이 문을 닫고 전체 금융회사의 30%가량이 공중분해됐다. 최고의 엘리트 집단으로 꼽힌 장기신용은행 등 우량은행도 폐점의 운명을 맞아야 했다.

실업자는 최고 170만 7000명까지 쏟아져 나와 실업률은 8%까지 치솟았다. 환율은 배 이상 오르고 금리는 치솟고 부동산은 폭락했다. 1998년 경제

성장률은 마이너스 5.5%를 기록했다.[61] 한국개발연구원 보고서에 따르면 1997년 외환위기로 한국의 잠재성장률은 6%대 중반에서 4%대 중반으로 하락했다. 비율로 치면 30%가 하락했다. 한국은 사실상 이때부터 고도성장을 멈추게 됐다. 선진국 문턱을 넘어보지도 못한 시점에서 저성장 시대로 접어든 후유증을 앓게 된 것이다.

김대중은 이처럼 국가가 벼랑 끝에 몰린 국난의 시대에 대한민국을 책임지는 자리에 올랐다. 리더십은 위기에서 빛나는 법이다. 그는 신속하고 체계적인 방법으로 쓰러져 가는 한국 경제를 일으켜 세웠다. 그는 강력한 구조조정을 추진했다. 수많은 사람들이 하루아침에 직장을 잃고 길거리에는 노숙자가 넘쳐났지만 부실을 도려내고 새 살을 돋게 하기 위해서는 달리 방법이 없었다.

금 모으기로 위기극복 리더십 발휘

국민들은 금 모으기 운동을 벌여 김대중의 위기극복 리더십을 뒷받침했다. 그는 국민들의 헌신과 희생을 바탕으로 취임 이후 1년 6개월 만에 외환위기를 극복했다고 선언했다. 구조조정을 거치면서 한국 경제는 한층 선진화됐고 기업들은 낡은 관행과 구태를 버리고 효율적인 경영시스템을 구축했다. 이를 토대로 한국 기업들은 2000년대 이후 세계적인 경쟁력을 인정받으며 제조업에 강한 나라로 각광받게 됐다. 조기에 위기를 극복하고 한 차원 높게 도약할 수 있는 이러한 기회를 만든 것은 김대중의 탁월한 업적이다.

그러나 외환위기의 후유증은 끝이 없었다. 한국 경제는 외환위기를 거치면서 외환위기 이전과는 다른 새로운 국면으로 접어들고 있었기 때문이다. 가장 큰 후유증은 양극화였다. 구제금융을 받는 조건으로 수용한 IMF의 가이드라인에 따라 자율과 적자생존을 강조하는 미국식 신자유주의 노선을 대폭 수용한 결과였다. 서민과 약자를 배려하고 근로자의 복지를 증진하며 중소기업을 진흥하는 김대중의 지론이 발휘될 여지는 크지 않았다. 오히려 IMF 프로그램에 따라 이들 사회경제적 약자들은 가장 먼저 희생돼야 했다.

김대중은 노사정위원회를 통해 사회적 대타협을 시도했으나 경쟁에서 탈락한 사회적 약자들이 실질적인 구제를 받는 사회적 제도와 장치는 충분히 마련되지 않았다. 오히려 노동시장의 유연성을 높이라는 IMF의 요구에 따라 어쩔 수 없이 비정규직 도입을 허용하면서 고용안정이 급속도로 흔들리는 결과를 초래하게 됐다. 이는 바로 노무현 정부에서 후유증을 나타내면서 한국 경제의 아킬레스건으로 작용하고 있다. 비정규직은 노동시장의 유연성은 높였지만 여전히 양극화의 구조적인 배경 가운데 하나로 작용하고 있기 때문이다.

김대중 재임 시기는 세계적으로는 IT 붐이 일어나면서 인플레이션 없는 경제성장이라는 장밋빛 전망의 확산과 더불어 IT 기술주들이 주축을 이룬 나스닥 시장이 폭발적으로 성장하던 때였다. 이는 미국 경제에 버블이 형성되던 시기로 신자유주의 경제가 절정기로 치닫던 시점이었다. 김대중은 벤처 육성을 통해 외환위기로 일자리를 잃고 좌절에 빠진 많은 젊은층에게 창업 의욕을 고취시켰다. 한국은 IT 붐을 계기로 지식정보화사회를 앞당기고 인터넷 강국으로 올라서는 전기를 마련할 수 있었다. 비록 2000년 4월 글로벌 IT 버블 붕괴로 많은 후유증을 남겼지만 당시 김대중이 독려한 기업가정신은 지금도 본받아야 할 자본주의정신으로 꼽힌다.

시장원리에 따라 부실기업은 퇴출시켜야 한다는 신자유주의 경제철학과 IMF의 방침에 따라 시행된 재정긴축과 고금리정책은 양극화를 급속도로 확산시켰다. 노태우·김영삼 정부를 거치면서 덩치를 키운 대기업들 가운데 구조조정에서 살아남은 곳들은 글로벌 경쟁력을 키웠지만 정리해고와 명예퇴직으로 일자리를 잃은 근로자들은 일시에 거리로 내몰렸다. 서울역에 노숙자가 다시 등장하고 일자리를 잃은 근로자 가정은 급속도로 붕괴됐다.

IMF의 과도한 처방은 대기업도 막대한 후유증을 앓게 했다. 시장과 은행을 통한 자율적인 구조조정 대신 김대중 정부는 빅딜Big Deal이라는 이름의 강도 높은 정부 주도 구조조정에 박차를 가했다. 이런 빅딜은 기업집단이 외환위기의 원인 제공자로 지목되면서 개혁의 대상으로 설정된 데 따른 결과였다.

그러나 정부가 주도해 기업의 선택을 강제했다는 점에서 적지 않은 후유증도 남겼다. 김대중은 정·재계 간담회를 열어 직접 5대 그룹 구조조정을 챙겼다. 김대중 정부의 강력한 압박으로 LG가 현대에게 반도체를 몰아주고, LG는 데이콤을 인수했지만 두 그룹 모두 인수사업으로 인해 고전해야 했다. 잘하는 분야를 한쪽에 몰아주자는 빅딜의 취지와는 달리 시장에 정치 논리가 개입하면서 기업들은 돌이킬 수 없는 손실을 본 것이다. 재계 2위 대우그룹의 해체도 과도한 잣대를 들이댄 결과가 아니냐는 시각도 있다.

김대중 정부가 무너진 기업을 대신해 가계 부문을 통한 경기부양에 나선 것도 후유증을 남겼다. 국제 금융시장의 경고에도 불구하고 소비가 미덕이라는 암묵적 구호 아래 가계부채를 키운 결과 김대중 정부 말기의 카드대란을 초래한 것이다.

이 같은 후유증은 모두 외환위기의 여파였다고 볼 수 있다. 외환위기가 없었다면 비정규직제도를 허용하지 않았을 테고 무리한 경기부양에 나서지도 않았을 것이기 때문이다. 결국 외환위기는 'DJ노믹스'의 거친 시험무대였다. 그 안에는 국난을 극복한 성공의 리더십도 있었고 후유증을 불러온 정책 실패도 있었다.

...

시장경제 원칙으로 위기 대응

역대 대통령들은 많은 것을 이루었다. 박정희의 빈곤 탈출과 경제발전 전략, 전두환의 경제 발전 패러다임의 전환과 안정 성장, 노태우의 북방외교와 사회간접자본 확충, 김영삼의 금융실명제 실시와 글로벌화에 이르기까지 이들은 전환기마다 한국 경제 발전에 핵심적인 정책들을 구사했다.

하지만 외환위기에 빠진 한국은 하루아침에 벼랑 끝으로 내몰렸다. 김대중은 사실상 난파선을 물려받은 것이나 다름없었다. 그러나 준비된 자에게 기회가 온다고 했다. 그는 대통령 당선 과정에서 이 금언을 입증했다.

김대중은 1992년 12월 치러진 14대 대통령 선거에서 김영삼에게 패한 뒤 영국으로 건너가면서 정계 은퇴를 선언했다. 많은 사람들은 한국 민주화에 평생을 바쳐 온 그가 쓸쓸히 퇴장하는 모습을 지켜봤다. 그의 지지자들은 눈시울을 적셨다.

그는 1997년 15대 대통령 선거에 다시 도전했다. 정계 복귀의 필요성을 역설했지만 정치적 입지가 참으로 궁색할 수밖에 없었다. 그러던 그에게 외환위기는 다시없는 기회였다. 평소 경제에 밝았던 그는 대통령 선거가 치러지는 1997년이 되자 본격적으로 준비된 경제 대통령이라는 점을 강조하고 나섰다.

고령이어서 현실적으로 더 이상은 출마를 기약할 수 없었던 그로선 마지막 대권 도전이라는 각오였을 것이다. 김대중은 경제 이슈를 승부수로 띄웠다. 이미 경제는 그해 대선의 최대의 이슈로 부상하고 있었다.

한국 경제의 판이 깨지는 것은 1997년 1월부터 본격화됐다. 한국 굴지의 대기업들이 도미노처럼 부도를 내고 쓰러지고 있었다. 한보철강, 삼미그룹, 진로그룹, 대농그룹, 한신공영그룹, 기아그룹, 쌍방울그룹, 해태그룹, 뉴코

아그룹이 줄줄이 무너졌다.

10월이 되자 무디스와 스탠더드 앤드 푸어스S&P는 한국의 국가신용등급을 앞다퉈 하향 조정했다. 이 무렵 미국의 투자은행 모건스탠리는 "아시아 지역에 투자된 자금을 회수하라"는 긴급 지시를 내렸고, 11월이 되자 경제 전문 블룸버그통신은 "한국의 가용 외환보유액은 20억 달러뿐"이라는 속보를 띄웠다. 한국 경제가 사실상 사형선고를 받고 국가부도의 위기 앞에 선 것이다.

그는 대선이 다가올수록 유리한 고지에 섰다. 대선운동의 핵심 포커스도 위기 극복에 맞췄다. 국민회의 당원들도 유권자들에게 경제위기 극복을 위해서는 경제를 잘 아는 대통령이 필요하다는 점을 강조했다. 외환 관리 실패로 나라를 위기에 빠뜨린 한나라당의 대안은 국민회의라는 이미지 구축을 위해서였다.

국민회의 진영은 김대중이 20대 때는 사업을 하면서 실물경제를 체험했고, 40대에는 『대중참여 경제론』을 집필해 미국 하버드대에서 출간했다는 점도 홍보했다.[62] 그는 이 책에서 한국 경제체제의 개혁 과제를 심도 있게 짚었다. 역대 정부의 경제정책 평가를 비롯해 한국 경제의 개혁 과제, 토지와 주택문제, 수출과 사회복지 등 경제 전반을 다루었다.

그 자신도 수시로 "경제는 내가 해결할 수 있다"는 주장을 되풀이했다. 시장경제를 보는 시각에도 변화를 보였다. 과거에는 중소기업과 중산층에 대해서만 강조했지만 한국 경제 발전에서 대기업으로 성장한 재벌의 역할도 간과하지 않았다. 하지만 그는 변화의 필요성을 강조했다. 오랫동안 경제 발전에 가려 불균형 성장이 이뤄지고 민주화가 희생됐다는 점을 지적한 것이다.

이런 인식은 대선 결과를 통해 결국 국민들로부터 지지를 받았다. 한나라당 이회창 후보와의 표차는 불과 40만 표였지만 1948년 자유당 정권이 출범한 이후 50년 만에 야당이 집권에 성공한 것이다.

하지만 그 앞에는 숙제가 산더미처럼 쌓여 있었다. 12월 18일 대선이 치러지기 보름 전인 12월 3일 한국은 IMF 체제로 편입됐다. IMF가 한국 정부에 200억 달러의 구제금융을 제공한다는 양해각서가 체결됐다.

가시밭길 된 IMF 이행 조건

김대중은 대통령이 된 뒤 김영삼 정부에서 약속한 IMF의 이행조건을 모두 실천에 옮겨야 했다. 어렵게 대통령이 됐지만 취임 이후에는 단군 이래 최대의 국난이라는 환란을 극복하느라 다시 한번 인고의 세월을 보내야 했던 것이다.

그 길은 결코 쉽지 않은 길이었다. 자금을 지원하면 회생할지도 모를 기업들을 정리하고, 계속 회사에 다니면 단란한 가정을 유지할 수도 있는 평범한 국민들이 일자리를 잃고 거리로 쏟아져 나오게 만드는 역할이었다.

전임 정권의 실정으로 외환위기가 초래됐지만 IMF의 경제회생 프로그램에 따라 경쟁력이 없는 기업과 금융회사는 문을 닫게 하고 생산성이 낮은 기업의 인력을 줄이는 뒷수습을 맡은 것은 김대중 정부였다.

워낙 충격이 컸기 때문에 오히려 기업과 국민들의 반발은 크지 않았다. 모든 잘못이 방만한 경영을 한 기업과 금융회사에서 비롯됐고, 구조조정 대상에 올라 하루아침에 일자리를 잃은 사람들은 자신의 무능을 탓하는 분위기였다.

경제 관료들도 어쩔 줄을 몰랐다. 일찍이 경험해보지 않은 일이었기 때문에 어디서부터 손을 대야 할지 몰랐던 것이다. 이런 불안은 김대중이 대통령에 취임하면서 빠른 속도로 해소됐다. 민주화의 거목이었던 김대중은 갑작스런 외환위기 때문에 경제를 살리는 구원투수 역할을 하게 된 것이다.

3년 만에 IMF 졸업 선언

김대중은 오랜 야당생활을 통해 협상의 방법과 전략에 능통해 있었다. 이 세상 모든 게 그렇지만 협상에는 때가 있고 한번 온 기회는 다시 오지 않는다는 점을 잘 알고 있었다. 막상 대통령에 당선됐지만 그가 떠맡게 될 대한민국은 여전히 국가부도 위기에 처해 있었다. 그는 당장 외환보유액에 대한 보고부터 받았다.

1997년 12월 22일 대통령 당선자 신분으로 한국은행의 연말 외환보유액 예상 수치를 접한 김대중은 사태의 심각성을 다시 한번 확인했다. 김기환 경제협력특별대사의 보고를 통해서다. 한국은행의 예상 수치는 '마이너스 6억 달러~플러스 9억 달러'였다. 김대중이 훗날 밝힌 대로 곳간이 비어 있었던 것이다.

IMF의 지원을 받기로 돼 있었지만 국제 사회가 한국을 구제하겠다는 컨센서스를 갖지 않으면 안심할 수 없는 상황이었다. 더구나 미국과 일본 등 서방 선진국들은 김대중이 대통령 후보 시절 IMF로부터 이미 구제금융 지원에 따른 이행조건을 지키겠다고 약속했음에도 여전히 한국의 개혁 의지에 대해 의심의 눈초리를 보내고 있던 중이었다. 야당 지도자였던 김대중에 대한 신뢰 문제이기도 했다.

이날 김 당선자는 'IMF 플러스'의 개혁을 하면 미국이 도와줄 의사가 있다는 보고를 받게 된다. IMF 플러스는 정리해고제 수용, 외환관리법 전면 개정, 적대적 인수·합병 허용, 집단소송제 도입 등 IMF의 당초 프로그램에는 없는 추가 개혁을 의미했다.

그는 이날 미국 정부 특사인 데이비드 립튼 재무부 차관을 만나 김영삼 정부와 IMF가 맺은 협약은 물론 IMF 플러스까지 이행할 의사가 있다고 밝혔다. 김 당선자의 개혁 의지를 확인한 미국은 이틀 뒤인 12월 24일 선진 13개국과 함께 100억 달러 조기지원 방침을 전격적으로 발표했다. 그러자 국제 금융 기관들의 한국 은행들에 대한 만기연장도 차츰 재개되기 시작했다.

하지만 IMF의 처방은 가혹했다. 부실을 완전히 도려내고 비효율적인 경제 구조를 근본적으로 뜯어고친다는 이유에서였다. 이 중에서도 초고금리정책은 너무나 가혹했다. 금리가 천정부지로 치솟자 차입경영에 의존하던 한계기업들은 도미노처럼 쓰러졌다. 경쟁력이 없는 기업은 죽고, 경쟁력이 있는 기업만 살아남게 한다는 구조조정의 대원칙에 따른 것이었다.

금융권에서는 생존경쟁이 벌어졌다. 은행과 종금사 등은 건전 은행의 기준이 되는 국제결제은행BIS의 자기자본비율을 맞추기 위해 무차별적으로 기업에서 자금을 회수했다. 이는 기업들의 도미노 부도를 초래했고 대량 실업 사태를 불러왔다.

정부 차원에서도 재정긴축이 시행됐다. 정부 재정이 부실기업을 지원하는 길은 자동적으로 차단될 수밖에 없었다. 무엇보다 가혹한 것은 철저한 금융·기업 구조조정이었다. '조·상·제·한·서'. 당시 국내 5대 시중은행의 머리글자는 은행의 대명사처럼 불렸다. 100년의 역사를 자랑하는 은행도 있었다.

대마불사 신화 사라져

이들 은행은 모두 역사 속으로 사라졌다. 조흥은행은 후발 신한은행에 인수되고, 상업은행과 한일은행은 합병된 뒤 공적자금이 투입돼 우리은행으로 간판을 바꿔 달아야 했다. 제일은행은 영국의 스탠다드차타드은행에 팔렸고 서울은행은 역시 후발 은행인 하나은행으로 넘어가면서 역사 속으로 사라졌다. 좋은 직장에 다니던 수만 명의 은행원들이 하루아침에 일자리를 잃었다.

이 여파로 기업들의 고통은 더욱 심했다. 30대 재벌그룹 가운데 16개 그룹이 도산했고 중견·중소기업들도 고금리정책에 직격탄을 맞으면서 줄줄이 무너졌다. 실업자는 1998년 말 170만 7000명으로 불어나면서 실업률이 8%까지 치솟았다. 노숙자들이 눈덩이처럼 불어나면서 주요 도시의 역과 터미널 근처, 공원에는 무료급식소가 설치됐다.

가장 많은 사람들이 몰렸던 서울역 지하 통로에는 식사 때마다 누더기 옷을 걸친 노숙자들이 장사진을 이루는 삭막한 광경이 연일 이어졌다. 어린이들도 고통을 겪어야 했다. 가정 유지가 어려워 아이들을 고아원이나 시골의 조부모에게 맡기는 사람들도 많았기 때문이다.

청년들의 고통 역시 심각했다. 현금을 확보한 기업들은 간신히 살아남았지만 그렇지 못한 기업들은 비상 경영 체제를 가동하면서 신규 채용을 자제하거나 무기한 연기했기 때문이다. 이로 인해 1998~2000년 사이에 대학을 졸업한 청년들의 취업은 하늘의 별 따기였다. 이들은 더구나 아버지 세대들이 구조조정의 쓰나미에 휩쓸리면서 가정으로부터 경제적인 뒷받침도 제대로 받지 못하는 불행한 청년기를 보내야 했다.

하지만 국민들은 큰 불평을 하지 않았다. 오히려 외화 마련을 위해 금 모으기 운동에 적극적으로 참여했다. 장롱 속 깊이 넣어뒀던 돌 반지를 들고 나오고, 50년이 된 결혼 가락지를 들고 나오는 노부부도 있었다. 이는 전 세계에 한국인의 경제회생 노력에 대한 강한 의지를 전파하면서 신인도 회복에도 도움을 줬다.

전 국민의 헌신과 희생을 토대로 김대중은 1999년 8월 15일 외환위기 극복을 선언했다. 경제라면 자신 있고 대통령이 되면 반드시 위기에 빠진 경제를 바로잡겠다는 공약을 취임 이후 1년 6개월 만에 달성한 것이다.

당시 일각에서는 여전히 경제가 어렵고 부실기업과 부실은행 처리 문제가 남아 있는데 어떻게 외환위기를 극복했다고 할 수 있느냐는 지적도 많았다. 하지만 김대중의 선언처럼 한국은 외환위기가 발생한 지 1년 8개월여 만에 급한 불은 끌 수 있었다.

한때 달러당 1800원을 오르내리던 원화 환율은 이 무렵 1200원대로 안 정됐고 은행 간 대출금리인 콜금리는 4%대 중반으로 내려왔다. 외환보유액 도 647억 달러를 확보했다.[63] 사람으로 치면 고혈압 환자의 혈압이 정상적 으로 내려오고, 체온도 정상체온으로 돌아온 것이다. 응급실에서 빠져나와 몸 관리만 잘하면 건강을 회복하는 것은 시간문제였던 것이다.

3년 8개월만에 195억 달러 상환

그로부터 다시 2년이 흐른 뒤인 2001년 8월 23일 김대중 정부는 IMF에 서 빌린 195억 달러를 모두 상환했다. 예정보다 3년을 앞당긴 조기상환이었 다. 세계적으로 유례를 찾아보기 힘든 경우였다.

한국이 신속한 구조조정을 할 수 있었던 것은 적절한 타이밍에 구원투수 로 나선 김대중의 위기관리능력이 크게 작용했다. 오랜 야당생활과 해외망명 생활을 통해 다양한 경험을 해 본 그는 사람을 조직하고 적재적소에 인재를 배치하는 솜씨가 뛰어났다. 오랜 투옥과 가택연금을 통해 습관이 된 독서는 그의 시야를 크게 넓혀주면서 경제 지식과 위기관리능력을 키웠을 것이다.

한국 경제는 이처럼 김대중의 리더십과 정부 주도의 구조조정을 통해 부 실기업과 금융회사를 빠른 속도로 처분하면서 위기를 딛고 일어났다. 이 과 정에서 국민들은 대량해고의 고통을 겪어야 했지만 기업들은 새로운 경쟁력 을 갖추게 됐다.

살아남은 은행들은 BIS 비율 8%를 훨씬 넘기는 자기자본을 확충하고 상 장기업들의 부채비율은 외환위기 이전 400%에서 구조조정 이후에는 100% 수준으로 낮출 수 있었다. 방만했던 경영 시스템도 크게 바꾸고 안일한 연공

서열 문화도 크게 해소돼 성과에 따라 보상이 뒤따르는 연봉제를 채택하는 기업도 늘었다.

김대중 정부가 이런 과정을 거쳐 IMF 체제를 조기에 극복하자 국제사회는 경탄과 함께 IMF의 처방에 대해서도 논란을 벌이게 됐다. IMF가 과도한 고금리정책을 취하는 바람에 일시적인 자금경색에 빠진 우량기업들도 도매금으로 쓰러져 많은 사람들이 불필요한 고통을 겪었다는 시각이었다. 특히 "외채만 갚으면 IMF 체제를 졸업할 수 있다"는 생각은 완전히 오산이었다.

더구나 이때 폭발적으로 몰아친 구조조정으로 기업들은 상시 구조조정 체제를 유지하고 인건비 절감에 과도하게 힘을 쏟으면서 비정규직을 양산하는 원인을 제공했다는 지적도 받고 있다. 외환위기 극복 과정에서 등장하기 시작한 비정규직은 이후 많은 사람들의 생활을 불안하게 만들면서 한국 경제의 불안 요인이 됐기 때문이다.

그러나 해방 이후 50년간 경제 규모 확대 일변도로 달려온 한국 경제는

IMF 2년 국제포럼(1999)

대통령 경제사

IMF 체제를 통해 환골탈태한 것도 사실이다. 낡은 관행을 고치고 국제 경쟁에 필요한 글로벌 스탠더드를 도입함으로써 한국 경제의 질적인 도약의 계기가 됐다. 그 결과 외환위기 극복 이후 한국은 경제규모가 세계 12위로 도약하고 세계의 변방에서 중심으로 확실하게 안착할 수 있었다.

외환위기로 한때 7000달러대로 떨어졌던 1인당 국민소득은 2017년부터 3만 달러를 넘어서기 시작해 2021년에는 3만 5000달러를 돌파했다. 외환보유액도 4500억 달러에 육박해 세계 8위 권을 유지하고 있다.[64] 기업들은 과잉 투자와 부실 해소라는 체질 개선을 통해 글로벌 초일류기업으로 거듭났다.

2008년 글로벌 금융위기 때 한국이 전 세계에서 가장 빠르게 회복한 것도 1998년 외환위기의 경험이 작용했다. 1997~1998년 구조조정을 통해 해외 경쟁기업보다 먼저 기업 체질개선을 완료했기 때문이다. 이처럼 정치·사회 국민의식의 전반적인 구조 개혁으로 국가의 기본과 기초가 새롭게 다져졌다. 때문에 국제 사회에서는 한국의 외환위기와 IMF 체제 이행은 '불행을 가장한 축복disguised blessing'이라고 말하고 있다. 그 반전 드라마의 중심에 김대중이 있었다.

...

낡은 금융감독 체계 선진화

한국이 질서 있게 외환위기에서 벗어날 수 있었던 까닭은 구조조정의 컨트롤타워가 효율적으로 작동했기 때문이다. 김대중은 대통령 취임 즉시 금융감독기능을 총괄하는 금융감독위원회·금융감독원의 설립을 추진했다. 외환위기가 방만한 은행 경영과 외환보유액 고갈을 미리 감지하지 못한 조기경보 기능 부재에서 비롯됐다는 점에서 감독기능의 구축이 시급했기 때문이다.

결국 그는 대통령에 취임한 지 2개월 만인 1998년 4월 금융감독정책을 총괄하는 금융감독위원회를 설립했다. 증권선물위원회도 동시에 발족시켜 기업회계기준과 회계감리업무는 물론 자본시장의 불공정거래조사를 담당하게 했다.

김대중은 이 같은 금융감독정책의 사령탑으로 재무부 출신의 이헌재를 등용했다. 재무부 과장을 끝으로 일찍이 공직을 떠났던 이헌재는 금융정책 분야에서 탁월한 안목을 갖고 있다는 평가를 받고 있었다. 김대중과는 특별한 인연이 없었다.

이헌재는 금융감독위원장에 임명되자 IMF가 제시한 부실 금융회사와 부실기업 정리와 함께 금융감독 체계를 신속하게 구축했다. 그는 금융 개혁 부문에서는 대통령이나 다름없었다. 전두환 시절 김재익 경제수석이 '경제 대통령'이라고 불렸던 것처럼 막강한 권한을 행사했다. 다른 장관들은 이런저런 이유로 경질될 때도 이헌재는 금융 구조조정과 감독 체계 구축을 책임지면서 자리를 지켰고, 부실 투성이의 한국 경제를 과감하게 개혁했다. 이때 투입된 금융 개혁 전문가들은 밤을 새우면서 구조조정 작업을 벌였다. 기업들은 이들의 판단에 따라 구조조정 대상이 될 수도 있었고 회생의 기회를 얻을 수도 있었다.

금융감독 체계 구축은 각 권역별로 나눠져 있던 감독기구를 하나로 통합하는 일부터 시작됐다. 외환위기 전에는 은행감독원·증권감독원·보험감독원·신용관리기금 등에서 금융감독이 분야별로 이뤄지고 있었다. 이 바람에 국가 전체적인 금융감독에 구멍이 생기고 외환위기를 제대로 예방하지 못했다는 반성이 있었던 것이다.

금융감독 집행기구의 통합작업은 IMF의 이행 조건에 따라 대선이 끝난 뒤 김대중이 당선자 신분으로 있던 1997년 12월 31일 제정된 '금융감독기구 설치 등에 관한 법률'에 따라 추진됐다. 개별 감독기구의 반발이 있었지만 외환위기의 와중이라는 비상시기였던 만큼 통합작업은 속도를 내 1999년 1월 2일 완성됐다.

이렇게 출범한 금융감독원은 자본시장과 금융회사의 건전경영을 지키는 고도의 감독기구로 성장했다. 금융감독원의 전자공시 시스템에 따라 기업들은 주가에 영향을 미치는 미세한 사항에 대해서도 포착하고 있다.

주가 조작 제동, 증시 신뢰도 향상

실제로 금융감독원의 감독 체계가 고도화되면서 국내 증시의 주가 조작은 크게 감소했다. 이상 현상이 나타나면 주가감시 시스템에 즉각 포착되기 때문이다. 국내시장을 놀이터로 삼아 온 외국인 자본도 이 시스템에 포착되기도 했다. 이를 계기로 한국 증시에 대한 신뢰도는 한층 높아졌다.

금융감독 체계의 구축으로 기업들의 분식회계도 사라지게 됐다. 국내 은행과 기업들의 회계장부는 신뢰도가 현저하게 낮았다. 실제 회계와 다른 이중장부를 만드는 경우도 있을 정도여서 국제적으로도 한국 기업의 회계는 인정받기 어려웠다.

이를 개선하기 위한 대표적인 감독 수단이 연결재무제표로, 지배·종속 관계에 있는 2개 이상 회사를 사실상 같은 기업으로 간주해 개별 재무제표를 종합한 것이다. 이를 통해 매출액·영업이익·순이익이 철저하게 드러나게 되므로 기업의 가치를 정확하게 평가할 수 있다.

집행기구인 금융감독원과 정책 결정 권한을 갖고 있는 금융감독위원회는 어정쩡한 지휘 체계를 놓고 갈등과 마찰의 잡음을 계속 만들어 냈다. 금융감독위원회는 공무원들의 조직이고 금융감독원은 반관반민의 성격을 갖고 있다. 감독 체계상으로도 금융감독원은 엄연히 금융감독위원회의 정책 결정을 집행하는 역할을 하게 돼 있다. 그러나 실제 업무를 집행하는 금융감독원의 권한과 영향력이 크기 때문에 부조화의 요인이 있는 것이다.

더구나 금융감독원과 금융감독위원회가 신속하게 대응해야 할 일이 생겨도 서로 미루거나 아니면 반대로 서로 주도권을 쥐려고 하면서 비효율이 발생하기도 했다. 2003년 카드 버블에 의해 대규모 신용불량자 사태가 발생했을 때도 금융감독 체계의 역할과 기능이 제대로 작동하지 못했다는 지적을 받았다.

금융감독 체계 여전히 허점 드러내

2011년 저축은행들의 부실화 사태도 금융감독위원회와 금융감독원의 역할과 기능이 제대로 작동하지 않았다는 비판을 면키 어려웠던 사건이다. 한편으로는 금융감독원의 금융권에 미치는 영향력이 막강한 나머지 감독 기관에 대한 로비가 만연하면서 저축은행들의 건전성을 제대로 감지하지 못했다는 지적도 받게 됐다. 일부 금융감독원 직원들은 당시 감사를 피하려는 로비를 받은 사실이 드러나 스스로 목숨을 끊는 등 금융감독 체계의 허점을 드러냈다.

이런 문제를 대비해 이명박 정부는 2008년 3월 금융감독 체계를 개편했다. 금융감독위원회의 감독정책기능과 재정경제부의 금융정책기능을 통합하고, 금융위원장과 금감원장의 겸임을 금지해 정책기능과 집행기능을 분리했다.

이는 이명박이 대통령 당선자 신분으로 있던 2008년 1월 제17대 대통령직 인수위원회가 정부조직과 기능개편 방안을 통해 발표한 금융행정 시스템 전면 재조정의 결과에 따른 것이다. 금융산업의 선진화와 금융시장의 안정, 건전한 신용질서의 확립을 강화하기 위한 조치였다. 이때 금융감독위원회는 금융위원회로 확대 발전하고, 재정경제부는 기획재정부로 명칭이 변경됐다.

새로 출범한 금융위원회는 외환위기 와중이던 1998년 4월 출범한 금융감독위원회의 감독정책기능을 그대로 이어받고, 재정경제부 소관이었던 공적자금관리위원회와 금융정보분석원을 포함한 금융정책기능을 흡수하게 됐다.

이명박 정부의 금융행정 시스템 재편은 1998~2007년 사이 10년간 운영돼 온 옛 감독 체제의 단점을 보완했다는 점에서는 성공적이라는 평가를 받을 수 있다. 2011년 대규모 저축은행 부실화 사태가 표면화됐지만 그 원인은 새로운 금융행정 시스템이 구축되기 전부터 싹트고 있었다.

하지만 새로운 금융행정 시스템이 구축된 뒤에도 금융감독원에 대한 로비가 사실상 효과를 거두고 금융감독원 직원들이 무더기로 검찰에 불려간 것은 직원들의 도덕적 해이뿐만 아니라 금융감독 체계에 여전히 구조적인 문제가 있음을 드러낸 것이다.

이런 문제는 금융감독당국이 은행·증권사·보험사·카드사·리스사·캐피탈·저축은행·신용금고·새마을금고·신용보증회사·신용평가회사 등 거대한 규모의 금융회사에 대한 절대적인 검사권을 행사하는 갑-을 관계에서 나오고 있다. 낙하산 인사로 상징되는 금융감독당국의 전관前官예우 관행이 모든 것을 말해주고 있다.

...

반발 넘지 못한 공공부문 개혁

외환위기를 계기로 공기업 개혁도 본격적으로 추진됐다. 역대 대통령들의 단골 개혁메뉴였지만 김대중 정부에서는 접근 방식이 달랐다. 공기업 민영화는 외환위기로 극심한 달러 부족을 겪고 있었기 때문에 정부 재정과 외화 확보를 위해서도 불가피했다.

더구나 방만한 기업경영이 외환위기의 원인이 됐다는 점에서 이를 더 이상 방치해 둘 수 없다는 사회적인 공감대가 컸다. 경영효율화를 위해서라도 공기업 개혁은 불가피했다. 김대중은 공기업 개혁을 전담하는 기획예산위원회 설립을 지시했다. 이렇게 출범한 기획예산위원회는 정부조직 개편을 함께 추진하는 업무를 맡았다.

김대중은 공기업에 대해 유례없던 개혁의 칼을 빼들었다. 총괄 책임자는 정통 경제기획원 관료인 진념에게 맡겼다. 그는 공기업 개혁과 정부조직 개편을 전담하는 기획예산위원회를 맡아 개혁을 지휘했다. 정부 내 최고의 엘리트 관료는 물론 외부 전문가들을 수혈해 공기업 개혁 플랜을 짠 진념 기획예산위원장은 1998년 7월 3일 '1차 공기업 민영화 계획'을 발표했다.

포항제철·한국중공업·한국종합화학·한국종합기술금융·국정교과서 등 5개 공기업과 21개 자회사의 지분을 즉각 매각해 경영권과 함께 민간에 넘기기로 했다. 또 한국통신·담배인삼공사·한국전력·가스공사·대한송유관공사·지역난방공사 등 6개사는 2002년까지 단계적으로 민영화하기로 했다. 원활한 민영화와 국내 기업에 대한 역차별 시비를 없애기 위해 국내 5대 그룹의 참여도 허용했다.

1단계 민영화 대상으로 확정된 11개 공기업의 종업원은 1997년 말 14만 5000명으로 전체 공기업의 68.1%에 달했고 매출액·예산 비중도 전체의 4분의 3에 달했다. 1차 계획을 예정대로 추진하면 총 60억~80억 달러의 외자 유치가 가능했다. 진념은 공기업 민영화를 체계적으로 추진하기 위해 '공기업 민영화 추진기획단'까지 만들어 철저한 세부 추진계획을 세워나갔다.

진념은 이어 1차 민영화 대상에서 제외된 19개 공기업의 55개 자회사 중 41개사를 매각·통폐합하는 '2차 공기업 경영혁신 방안'을 마련했다.[65] 또 모기업인 19개 공기업에 대해서는 2001년까지 전체 인력 14만 3063명 가운데 20%를 약간 웃도는 3만 450명을 줄이는 것을 포함한 강도 높은 자구

계획을 실시하기로 했다.

그러나 당초 거창하게 그려졌던 공기업 개혁의 그림은 시간이 갈수록 달라졌다. 경기회복 등 여건 변화, 노조 반발, 정치적 고려가 복합적으로 작용하면서 공공부문의 개혁이 후퇴한 것이다.

1·2차 계획을 세운 뒤 1년이 지났을 무렵인 1999년 8월 곳곳에서 공기업 개혁을 반대하는 집회가 열렸다. 직원이 4만여 명에 달했던 국내 최대 공기업 한국전력의 분할매각에 반대한 노조원들이 연일 항의집회를 열었다. 당시 한국전력은 발전·송전·배전 부문으로 분할한 자회사를 만들어 국내외에 매각하는 민영화 일정을 진행 중이었다. 그러나 노조의 저항에 부닥쳐 정기국회에서 민영화 지침인 전력 산업 구조개편안의 처리조차 불투명한 상황이 됐다.

한국전력 노조는 70억 원의 투쟁기금을 마련해 정부와 회사 측이 충분한 재검토 없이 분할매각을 강행할 경우 파업에 들어가겠다고 선언했다. 이 같이 상당수 공기업들이 정부의 민영화 방침에 반발하고 나서면서 공공부문 개혁이 흔들렸다. 핵심 계열사를 팔거나 외국회사와 전략적 제휴를 맺고 독점 경영권을 포기하는 민간기업의 개혁과는 판이한 양상으로 흘렀다.

외환위기 해소되자 개혁안 흐지부지

공기업들은 민영화 자체에 반발함은 물론 과다한 퇴직금·복리후생비 축소 등 경영혁신지침마저 무시했다. 때문에 곳곳에서 개혁이 비틀거렸다. 상당수 공기업이 인력감축·봉급삭감으로 인건비를 20%가량 줄였는데, 마사회는 인력도 봉급도 못 깎겠다고 버텼다.

이 같은 공기업 개혁 반발은 정부가 스스로 초래했다는 지적을 받았다. 1999년 5월 정부조직 개편 결과 '작은 정부'는커녕 오히려 몇 개 부처를 신설하는 '공룡 정부'가 탄생하면서 공기업에 구조조정을 이행하라고 강요할 명분이 훼손된 것이다. 2000년 초 총선을 앞두고 정치권이 공기업 직원 달래기에 나선 결과였다. 공기업들은 1997년에 비해 8.6% 삭감된 급여 가운데 절반을 공무원의 체력단련비 부활에 맞춰 1999년 하반기 중 되찾아갔다.

정부조직 개편도 정부 출범 1년 만에 용두사미가 됐다. 축소대상 부처의 반발과 로비에 밀리고 정치 논리에 굴복해 정부 개혁에 필요한 쟁점 사안들이 대부분 유야무야됐다.

정부 개혁이라는 표현이 무색할 정도로 혁신적인 방안들은 대부분 실종되고 기존 체제가 거의 유지됐다. 정부조직 개편이 불발된 가장 큰 이유는 관료 사회의 고질적인 이기주의와 공동정부의 한계 때문이다. 축소대상 부처가 총력적으로 반발하고 내각제를 들먹이는 자민련과 국민회의의 공동정부 구도에 따라 정치권이 나서면서 개혁방안은 오간 데 없어졌다.

여기에 외환위기를 넘겼다는 안일한 분위기가 크게 작용했다. 그에 따라 인력 감축폭도 17%선에 그쳤다. 우선 산업자원부·과학기술부·정보통신부를 합친 산업기술부의 신설 방안과 보건복지부·노동부를 합친 복지노동부로의 개편 방안은 백지화됐다. 막판까지 폐지가 검토되던 과학기술부가 살아난 것은 정치적 절충과 공직사회의 이기주의가 어우러져 나온 결과다. 정권이 바뀔 때마다 행사처럼 벌어지는 정부조직 개편이 개혁 1차연도를 넘기면 결코 이룰 수 없다는 것을 새삼 확인했다. 상당수 부처들이 '조직 사수' 특별대책반까지 만들어 정계·언론계·관계·청와대에 지연·학연·혈연을 통해 로비를 벌였다. 그만큼 행정공백이 생기고 세금이 낭비된 것이다.

정치 논리에 공공 개혁 번번히 좌초

특히 공기업 개혁은 역대 어느 정부에서도 의욕만 앞섰을 뿐 제대로 성과를 거둔 적이 없다. 이는 공기업의 역사를 돌아보면 쉽게 알 수 있다. 공기업은 국가경제가 미약했을 때 재정을 동원할 수 있는 정부가 기업을 직접 경영하면서 등장했다. 해운공사·조선공사·대한항공·인천중공업·대한통운·대한재보험·상업은행 등은 모두 정부가 돈을 투자해 운영한 공기업이었다. 이들 기업은 1970년대 초 모두 단계적인 민영화 절차를 밟아 민간기업으로 바뀌었다.

사업 규모와 수익창출 면에서 민간이 감당할 수 있는지에 따라 공기업 대상과 민영화 전환 대상을 구분했으며, 이러한 기준을 통해 민영화는 지속적으로 추진돼 왔다.

전두환의 통치가 막 시작된 1981~1984년에는 금융산업 효율화를 위해 한일은행·제일은행·조흥은행·서울신탁은행 등에 대한 민영화가 완료됐으며, 아울러 유공SK도 민영화됐다. 그러나 최대 지분은 정부가 소유함으로써 경영권은 여전히 정부의 소유였다. 그럼에도 당시 국가 전략 산업이라고 볼 수 있는 이들 석유·은행 부문의 민영화는 획기적인 초치였다.

전두환 집권 후반기 1987년에는 공기업 민영화 추진위원회가 설치돼 공기업 민영화의 범위를 크게 확대하는 발판을 마련했다. 한국전력·통신공사·국민은행 등 11개 공기업의 매각이 단행됐다.

이들 기업의 민영화는 이듬해 대통령에 취임한 노태우 정부에서 계속 진행됐다. 특히 포항제철·한국전력은 주식을 국민들에게 대규모로 매각하는 국민주 방식으로 민영화가 추진돼 큰 관심을 끌었다. 이들 기업은 이후 국내 증시의 대형주로 자리잡았지만 당시 1989년 주식시장이 장기 침체에 들어서면서 증시를 더욱 침체시켰다는 비판을 받았다.

더구나 당시 민영화는 공기업 경영효율성 제고라는 민영화의 근본 목적에는 초점을 맞추지 못했다. 그 바람에 공기업들은 방만한 경영관행과 만성적인 적자에서 벗어나지 못했다. 1980년대 이후에는 민간기업이 실물경제를 주도할 만큼 성장했기 때문에 존재의 이유를 가진 공기업은 많지 않았다.

그런데도 한 번 만들어지면 비대해지고 국민과 국가경제보다는 조직과 구성원의 이익을 위해 굴러가는 공기업의 속성 때문에 민영화가 지연되고 있었던 것이다.

군인 출신 정치인과는 선을 그으며 모든 분야에서 개혁의 기치를 내걸었던 김영삼 정부에서도 대대적인 공기업 민영화 계획을 세웠다. 그리고 취임 첫해였던 1993년 12월 29일 '공기업 민영화 및 기능 조정 방안'을 발표했다. 133개 공기업 중 절반 수준인 58개 공기업을 1994년부터 1998년까지 민영화한다는 놀라운 내용이었다. 아울러 기능이 현저히 줄었거나 비슷한 10개 공기업의 통폐합을 추진하는 내용도 있었다. 이전 정부와는 달리 경영권을 실질적으로 민간에 이양해 주인이 있는 경영으로 전환하기로 하고 경쟁원리에 입각해 공정하고 투명하게 추진하기로 했다.

그러나 김영삼 정부의 공기업 민영화 계획도 꿈은 컸으나 결과는 만족스럽지 못했다. 공기업을 민영화하면 일부 대기업의 경제력 집중현상이 심화된다는 반대 논리가 되풀이됐기 때문이다. 중소기업의 참여를 더욱 확대하면 이런 우려를 보완할 수 있다는 대안이 제시됐지만 공기업 노조와 노동단체가 정치적 이슈로 만들면서 공기업 민영화는 번번이 구상에 그치고 말았다.

노무현 정부가 들어섰던 2003~2007년에는 민영화보다는 경영 효율화를 통한 공공부문의 개혁이 추진됐다. 그러나 45개의 공공 기관이 신설되면서 4만 명의 인력이 증가하고 88조 2000억 원의 예산이 증가하는 등 공공 기관의 규모는 오히려 확대됐다. 당시 정부는 국가기간산업인 네트워크산업을 민영화할 경우 공공성 저하, 민간 독점, 요금 인상 등의 우려가 있다고 봤다.

이명박 정부에서는 다시 개혁 의지를 드러냈다. 2008년 8월 이후 2009년까지 총 6차에 걸쳐 '공공 기관 선진화 방안'을 발표했다. 각 방안에 따라 공공 기관의 선진화를 위해 민영화, 통합, 폐지, 기능조정, 경영효율화 등을 추진했다.

비용절감은 공기업 구조조정의 출발점일 뿐 목표가 될 수 없다. 수익성 제고로 연결되지 않으면 수익을 낼 수 있는 민영화를 통해 효율성을 높여야 한다. 하지만 상당수 공기업들은 이런 방식으로 존속하면서 정부의 보호막에서 독점 이윤을 누려왔다.

여기에는 관료들의 도덕적 해이와 이권을 챙기려는 정치권의 개입도 작용한다. 정부 관료들은 소속 부처가 많게는 수십 개의 공기업을 거느리고 있기 때문에 퇴직 후 산하 공기업에 취업하는 낙하산 인사를 관행처럼 여겨왔다. 정치권에서도 정권이 바뀔 때마다 낙선 정치인이나 보직이 없는 정치인을 공기업 이사장이나 감사 등에 임명하는 보은 인사와 낙하산 인사를 되풀이해 왔다. 앞으로 반드시 고쳐져야 할 관행이다.

...

정보기술 혁명의 흐름에 탑승

김대중 정부가 출범 1년 6개월 만에 외환위기 극복을 선언할 수 있었던데는 세계적인 호황도 한몫했다. 특히 정보기술IT 혁명에 따른 닷컴 버블이일어나면서 세계 경제는 폭발적으로 호황을 탔다.

이 훈풍은 1999년부터 한국에도 본격적으로 상륙했다. 외환위기로 일자리를 잃은 40~50대 장년층은 물론 취업난으로 직장을 구하지 못한 20~30대 젊은이들은 IT 기술을 기반으로 한 중소·벤처기업 창업에 뛰어들었다.

이 바람에 1999년 서울·부산·대구·대전·광주·인천·수원 등 전국 7대 도시의 신설법인 수가 사상 최초로 3만 개를 돌파했다. 이 같은 수치는 1993년 통계를 낸 이후 최대 규모를 기록했다. 반대로 부도법인은 1993년 이후 최저수준을 기록했다.

당시 재정경제부는 "이런 창업 열기는 정부의 지원책과 코스닥시장의 활황에 따른 결과"라며 "중소기업 창업 지원 7500억 원, 소상공인 지원 3000억 원, 코리아 벤처vulture펀드 500억 원 등 자금 지원이 1조 원을 넘어섰다"고 말했다.

정부는 또 아이디어를 기업화하는 데 도움을 주기 위해 1998년 30개였던 창업보육센터를 1999년 142개로 늘렸으며 투자자와 기업을 연결해 주는 벤처넷을 구축했다.

경기회복세에 힘입어 1999년 증시는 종합주가지수 1000포인트 시대를 다시 열었다. 인터넷·정보통신 관련주가 화려하게 주목받은 가운데 코스닥 시장이 활짝 열리고 간접 투자가 활성화되면서 양과 질, 양면에서 크게 도약한 것이다.

코스닥시장은 1999년 초만 하더라도 투자자들이 "코스닥이 뭐예요"라고 고개를 갸우뚱할 정도로 이름이 알려지지 않았다. 이런 코스닥시장을 뜨겁게 달군 것이 인터넷·정보통신·반도체 관련 장비 회사들이었다.

코스닥 신흥 재벌 속출

다음커뮤니케이션·새롬기술 등은 등록한 지 1년도 안 돼 시가총액이 2조 원에 육박하며 '코스닥 재벌'에 올랐다. 시가총액도 1999년 초 7조 8000억 원의 13배106조 2000억 원로 불어났고, 지수는 76.40에서 256.14로 급등했다.

빠른 경제회복에 힘입어 종합주가지수는 연초 587.63에서 출발해 74% 상승한 1028.07로 마감됐다. 상당한 수익률과 안전한 투자대상으로 인식되면서 공모주 인기도 급등했다. 그해 9월 중순 실시된 담배인삼공사 청약에는 공모주 사상 최대인 11조 6000억 원의 시중자금이 몰렸다. 10월 이후에는 코스닥시장을 노크하는 유망 벤처기업의 청약이 이어지면서 경쟁률이 최고 수천 대 1에 달하기도 했다.

대통령 경제사

IT 기술을 보유한 닷컴 기업들의 주가가 치솟으면서 주가 차별화도 극심해졌다. 당시 데이콤이나 한글과컴퓨터 같은 종목들은 주가가 수십 배 이상 오른 반면 전체 상장종목 중 58%는 연말 주가가 연초 수준을 밑돌았다. 11월부터는 "회사이름 끝에 '텔'이나 '컴', '테크' 등이 붙

벤처코리아 개막식(1999)

지 않으면 주가가 오르지 않는다"는 말이 나올 정도로 인터넷과 정보통신주 등 이른바 '밀레니엄 칩 장세'가 연출됐다.

세계적인 신용 평가 기관들도 활황세에 일조했다. 외환위기로 한국의 신용등급이 투자부적격으로 전락한 지 1년여 만인 1999년 초 S&P와 무디스는 잇따라 신용등급을 투자적격으로 올렸다. 국내 기업과 금융회사들의 외자 도입 및 외채상환에도 큰 보탬이 됐다.

'바이코리아펀드'와 '박현주펀드'로 대표되는 주식형 수익증권과 뮤추얼펀드 등 간접상품 전성시대가 활짝 열렸다. 연초 8조 원 수준이던 주식형 수익증권의 수탁액이 연말에 56조 원으로 늘어났으며 뮤추얼펀드도 5조 원의 판매를 기록했다. 이 중 미래에셋 박현주 4호와 서울투신운용 플래티넘 1호, 대한투신 아인슈타인 1호 등은 100%가 넘는 수익률을 올리며 스타 펀드로 떠올랐다.

세계 증시 동조화 현상도 1999년부터 본격화했다. "아침에 일어나면 나스닥과 다우지수를 보라"는 말이 나올 정도로 미국 증시의 영향력이 컸다. 뉴욕 증시는 한국을 포함한 전 세계 투자자들에게 잣대 역할을 했다. 외환위

기 이후 국내시장에서 외국인 투자자들의 영향력이 커졌다는 점을 반영한
것이기도 했다.

2000년 들어 꺼진 닷컴 버블

'산이 높으면 골도 깊어진다'는 증시 격언처럼 해가 2000년으로 바뀌자
세계 경제는 급격히 요동치기 시작했다. 1995년부터 미국을 중심으로 활황
세를 주도했던 첨단기술 분야에 형성된 거품이 2000년부터 꺼지기 시작한
것이다.

미국 연방준비제도위원회FRB는 1999년 말 너무 과열된 상황을 진정시키
기 위해 금리 인상을 통한 통화긴축에 나서기 시작했지만 소극적인 자세를
보이다 타이밍을 놓치고 말았다. 이는 결국 증시 과열을 방치하게 돼 IT 버
블 붕괴를 촉발했다.

앨런 그린스펀 FRB 의장은 2000년 3월부터 경기 과열을 우려하면서 금
리 인상 가능성을 본격적으로 시사했다. 그러나 나스닥지수가 최고 5000포
인트를 돌파하자 세계 경제학자들은 인플레이션 없는 경제성장이 가능한 시
대가 열렸다며 흥분했다. 그러면서 제조업을 의미하는 굴뚝산업의 시대는
갔다고 주장했다.

하지만 실체 없는 닷컴 버블이 일시에 터지면서 세계 주요 증시의 주가는
2000년 4월에는 최고점 대비 30% 가까이 하락하게 됐다. 닷컴 버블이 본
격적으로 꺼지기 시작한 4월 14일 나스닥지수는 355.49포인트9.7% 떨어진
3321.29로, 다우지수는 617.78포인트5.6% 하락한 1만 305.77로 주저앉았
다. 두 지수 모두 하루 낙폭으로는 사상 최대치를 기록했다. 미 언론은 이날
증시를 '황량한 금요일Bleak Friday', '피바다blood bath', '프리 폴수직하강하는 놀이기
구' 등에 비유했다.

그린스펀 FRB 의장은 이날 미 기업연구소 모임 연설에서 증시의 기조가 무너질 수 있음을 우회적으로 경고했다. 그는 많은 투자자들이 무분별한 신용 투자에 열을 올리고 있다고 지적한 뒤 유사시 중앙은행이 결코 구제하지 않을 것이란 점을 명심하라고 강조했다.

한국에서도 4월부터는 증시가 폭락을 시작했다. 2000년 4월 25일 박태준 국무총리는 이헌재 재정경제부 장관과 함께 코스닥시장을 찾아 투자심리 안정화에 나섰다. 장관급 이상 정부 고위 관료들이 코스닥시장을 직접 방문한 것은 1996년 7월 개장 이후 처음이었다.

그러나 FRB가 2000년 5월에 0.5%포인트 금리 인상이라는 초강수를 펼치면서 IT 버블은 종말을 고하게 됐다. 실리콘밸리가 1990년대 미국 경제 도약의 발판이 된 것은 사실이지만 실물 없는 거품경제를 지속할 수는 없었다.

...

'플라스틱 버블' 붕괴

"한국의 신용위기가 '플라스틱 버블plastic bubble'로 재현될 조짐을 보이고 있다."[66]

이 경고는 결국 1년도 안 돼 현실로 나타났다. 신용카드 거품이 꺼지면서 신용대란이 일어난 것이다. 카드대란의 조짐이 본격적으로 감지됐던 2002년 7월부터 이미 정부 대응은 늦었는데도 정작 카드사들은 이를 외면한 채 2002년 말까지 몸집 불리기 경쟁을 계속해 부실을 키웠다.

2003년 5월 300만 명을 넘어선 신용불량자 중 카드로 문제가 생긴 경우는 174만여 명에 달했다. 카드사는 길거리에서 경품을 주며 마구잡이로 카드를 발급했고, 소비자는 '신용카드=현금 서비스 카드'란 인식 아래 카드 파티를 벌였다.

외환이 관련되지 않아 국내 문제에 머물러 있었지만 김대중 정부 출범과 함께 본격화한 외환위기의 아수라장이 자칫 재연되는 양상이 벌어졌다. 1998년 김대중 정부는 외환위기를 슬기롭게 극복했지만 집권 5년 차인 2002년 들어 다시 한국 경제는 혼돈의 상황으로 빠져들기 시작한 것이다.

카드대란은 김대중 정부와 카드사·소비자·신용평가회사의 무책임이 한꺼번에 어우러져 빚어진 예견된 위기였다.

2001년 세계 경제는 한 해 전 닷컴 버블 붕괴로 내리막길을 걷고 있었다. 여기에 9·11 테러가 강타하면서 세계 경제는 탈출구를 찾지 못하고 있었다. 세계 IT 경기의 급랭으로 그해 수출증가율이 전년 대비 12.7% 감소하자 경제성장률은2000년 8.8%에서 4.0%로 하락할 만큼 경기가 악화돼 있었다. IMF의 지원과 김대중 정부의 혁신, 구조조정의 충격을 고스란히 떠안아야 했던 국민들의 희생으로 외환위기를 간신히 넘겼지만 9·11 테러로 촉발된 세계 경제 침체의 충격에서 벗어날 수 없었다.

그러자 김대중 정부는 세법 개정을 통해 경기 활성화에 적극적으로 나섰다. 과소비 예방 목적을 갖고 있는 특별소비세율을 낮추는 방법으로 소비를 진작하는 것이었다. 승용차는 물론 에어컨과 골프·수상스키 등 레저용품과 귀금속·고급시계·모피·융단·가구 등의 특소세율을 낮췄다. 유흥주점에 대해선 2년간 특소세를 매기지 않기로 했다.

아울러 정부가 과표 양성화를 위해 1999년부터 도입한 신용카드 소득공제와 신용카드 영수증제도에 힘입어 신용카드 사용 권장정책은 날개를 달았다.

정부가 부추긴 길거리 카드 발급

길거리 카드 모집은 당시 광란의 카드대란을 알리는 전주곡이었다. 오피스 빌딩이 몰려 있는 대도시 도심은 물론 주택가 근처에도 임시 매대가 설치

됐다. 금융 지식을 제대로 교육받지 않은 아르바이트 도우미들이 행인을 대상으로 신용카드 소유를 권유했다.

카드버블은 2002년이 되자 눈덩이처럼 불어나기 시작했다. 카드 소유가 유행병처럼 번지자 일부 20~30대 젊은층은 지갑에 20장이 넘는 신용카드를 보란 듯이 넣어 다니기도 했다. 카드사들은 카드 발급 신청자의 신용상태를 제대로 확인하지 않았다.

카드사들은 오히려 외형경쟁에 탐닉하면서 현금서비스와 신용외상금액상한 확대경쟁을 치열하게 벌였다. 이런 식으로 카드사들은 고객의 상환능력은 제대로 묻지도 보지도 않고 '묻지마 카드 발급'의 광풍에 앞장섰다. 경제혼란의 위기는 다시 대한민국 내부에서 마그마처럼 끓어오르고 있었다.

이런 불안감은 신용불량자의 증가를 통해 현실화했다. 금융감독원에 따르면 신용불량자는 1999년 59만 명에서 2001년 100만 명을 넘어서더니 2002년 200만 명을 돌파한 데 이어 2003년에는 350만 명에 이르렀다.

사태가 심각해지자 금융당국은 2002년 5월 개인 워크아웃 전담기구를 만드는 등 본격적인 대책 마련에 나섰다. 급증하는 가계대출과 카드 남용으로 자칫 가계 부실사태가 심각해질 수 있다는 우려가 작용했다. 가계가 파산에 이르기 전에 신용위기에서 빠져나올 기회를 제공해 '가계발 금융대란'을 막겠다는 취지였다.

이에 따라 개인 여신을 취급하는 은행·카드·보험 등 모든 금융회사가 9월부터 개인 워크아웃제도를 도입했다. 채권자인 이들 금융회사가 참여해 개인 워크아웃의 절차·방법 등을 구체적으로 명시한 '자율협약'을 만들고 이를 뒷받침할 법적 근거도 마련됐다.

관성의 법칙 때문인지 사태는 좀처럼 수그러들지 않았다. 카드빚에서 번진 외상 관행은 아파트 외상구매로 이어졌다. 바늘 도둑이 소 도둑 되는 것처럼 카드빚에 익숙해진 사람들이 재테크를 목적으로 목돈을 대출받아 주택

구매에 나서기 시작한 것이다. 2002년부터 은행빚으로 내 아파트를 구입하는 붐이 본격적으로 일면서 가계대출은 눈덩이처럼 불어났다.

2000년 말 266조 원이던 가계부채는 2002년 말 400조 원을 돌파했다. 신용카드 남발에 따른 과소비 풍조로 카드 사용액이 눈덩이처럼 불어나고 연체율도 급증했다. 우려가 현실화하자 금융권의 가계대출 회수 압력이 가중되고 가계파산이 늘어날 가능성이 커졌다.

카드 문제는 노무현 정권이 시작되자마자 곪아터졌다. 신용카드를 통해 빌려준 뒤 받지 못한 돈이 눈덩이처럼 불어나면서 카드사들이 자금조달을 위해 발행했던 카드채가 자금시장에서 소화불량증을 가져왔다. 카드사 부실이 금융시장의 뇌관으로 등장하자 노무현 정부는 3월과 4월 잇따라 대책을 쏟아냈다. 그러나 카드발 금융시장의 혼란은 좀처럼 가라앉지 않았다. 가계부채는 이명박 정부 들어서도 계속 늘어나 2012년에는 900조 원을 돌파했고 박근혜 정부에서는 1300조 원을 넘어서며 지금도 한국 경제의 뇌관 중하나로 꼽히고 있다. 한국은행에 따르면 가계부채는 이후에도 계속 늘어나 2023년 6월 말 1862조 8000억 원으로 불어났다. 이 중 58.95%에 이르는 1031조 2000억 원은 주택담보대출이다.

...

새로운 양극화의 시대 도래

김대중 정부는 김대중·김종필·박태준이 주도한 DJP연합을 기반으로 출범했기 때문에 외환위기 극복과정에서도 상당한 정치적 힘을 발휘할 수 있었다. 외환위기를 극복해야 한다는 사회적 공감대도 컸다.

이런 정치력을 기반으로 하여 2000년 8월 IMF와의 정책협의회를 끝으로 사실상의 '경제신탁통치'에서 벗어나 자율적인 경제정책을 시행하기 시작했고, 2001년 8월에는 구제금융 상환을 마무리했다. 이런 정치·경제 여건에 힘입어 김대중은 사회안전망 구축에도 적극적으로 나섰다.

더구나 IMF 체제로 본격화한 신자유주의 노선과 정책들은 사회안전망 구축을 불가피하게 만들었다. 강력한 경제 시스템 구조조정과 개혁의 결과 재벌 개혁과 금융시장 완전개방, 노동시장 유연화정책이 실시되면서 고용불안이 시작됐기 때문이다. 상시 구조조정으로 실업자가 쏟아지고 비정규직이 확산됐다.

외환위기의 충격으로 인한 기업부도와 정리해고로 실업자가 쏟아져 나오자 김대중 정부는 집권 초반기부터 실업자 대책에 착수했다. 이후 노동시장 유연화정책으로 상시 구조조정을 이어가면서 2000년부터 사회안전망 구축에 속도를 냈다.

이런 배경에서 만들어진 대표적인 제도가 2000년 10월 시행된 국민기초생활보장법이다. 사회복지정책의 상징이 된 이 제도는 근본적으로 '생산적 복지'를 전제로 하고 있다. 생산적 복지는 모든 국민이 인간적 존엄성을 유지할 수 있도록 최소한의 생활을 보장하지만 자립적으로 경제 활동에 참여해야 정부 지원이 된다는 개념이다.

예를 들어 일을 해 벌어들인 소득이 최저생계비에 미치지 못하면 그 차액을 정부가 지원해주는 방식이다. 연령이나 근로능력에 따라 차등지원하는 점이 이전의 생활보호제도와 다른 점이다. 또 부동산·금융·자동차를 합한 재산이 3200만 원3~4인 가구 기준 이하로 지원 대상을 설정하는 등 체계적인 방안을 만들었다. 아울러 전용면적 15평이 넘는 주택을 소유한 국민은 선정대상에서 제외하는 등 무임승차 가능성을 철저히 배제했다.

도입 초기 신청대상자는 최저생계비2000년 4인 가족 기준 월 93만 원 이하 소득의 저소득층이었다. 그로부터 23년이 흐른 2023년 4인 가족 기준 최저생계비는 324만 578원1인 124만 6735원으로 올랐다. 소득이 이에 못 미쳐 수급자가 된 대상자는 최저생계비에서 소득을 뺀 만큼의 생계비 지원을 받는다. 생계비 외에도 주거비·의료비·출산비·수업료·등록금 등 52가지 혜택을 볼 수 있다.

이 같은 사회안전망 구축은 정부 수립 이후 가장 체계화된 사회복지제도로 꼽혔다. 외환위기로 실업자와 노숙자가 증가하고 가족이 해체되는 등 사회안전망 구축이 없이는 사회안정이 불가능하다는 시대적 상황이 강한 추진력이 됐다.

그러나 갈수록 불어나는 복지제도의 특성이 간과되면서 한국은 김대중 정부 이후 눈덩이처럼 불어나는 복지재정으로 고통을 받기 시작한다.

빈곤층의 자활을 돕기 위해 도입한 국민기초생활보장법의 부작용으로 우려했던 '복지 의존증'은 예상 외로 극심했다. 그리스 재정위기에서 드러난 것처럼 국민들이 한번 정부 지원에 익숙해지면 복지에 의존하려는 욕구도 갈수록 커지기 때문이다.

2011년 6월 국회 보건복지위원회 한나라당 강명순 의원이 보건복지부로부터 제출받은 기초생활보장제도 관련 통계를 분석한 결과 10년 이상 생계비 지원을 받은 가구는 전체 수급 대상 87만 8000가구 중 26.7%23만 4000가구에 달했다.

생산적 복지를 표방했지만 실제 자활을 조건으로 하는 수급자는 일부에 그치고 있었다. 수급자로 오래 머물러 있을수록 복지라는 당근에 의존해 주저앉게 되는 것이다. 일을 하게 되면 52가지 혜택을 받을 수 없기 때문에 취업을 포기하는 경우도 적지 않다. 이 때문에 근로의욕을 높일 수 있는 맞춤형 프로그램을 개발해야 했다.

이러한 부작용에도 불구하고 김대중 정부의 복지정책은 외환위기 이후 사회안전망의 기본원칙을 제시했다는 점에서 의미를 부여할 수 있다. 지속 가능한 복지제도를 위해서는 자활에 참여해야 복지혜택을 받을 수 있다는 복지정책의 기본틀을 설정했기 때문이다.

노무현 정부를 거쳐 이명박 정부에 이르러서는 이 같은 생산적 복지의 개념이 경시돼 소득과 능력을 무시한 전면적인 복지 요구가 분출하면서 심각한 혼란을 일으켰다.

외환위기가 남긴 양극화

이 같은 복지 논쟁의 근원은 외환위기 극복 과정에서 시작된 고용불안이었으며, 이는 또 정부·기업·노조단체가 합작한 결과였다. 외환위기 충격이 본격화된 1998년 1월 출범한 노사정위원회는 급한 불을 끄기 위해 추진된 구조조정 과정에서 비정규직 형태의 근로를 허용했다. 이후 노동시장에는 대기업·공기업·은행권의 귀족 노조가 자신들의 고용유지 등 기득권을 모두 지킨 반면, 비정규직은 임금과 사내복지 등에서 차별받는 양극화가 본격화했다. 이는 비정규직·시간제 근로자, 월간 최저임금을 의미하는 '88만원 세대'의 양산으로 이어졌다.

외환위기가 수습된 뒤 국내 기업들은 경영효율을 중시하면서 비정규직을 크게 확대했다. 이는 고용시장 유연화정책과 맞물려 정규직의 문을 좁게 만들었다. 그 결과 파트타임이나 일용직·임시직·계약직 등으로 일하는 비정규직이 눈덩이처럼 불어났다. 외환위기 이후 정부는 이들에 대해 개별 기업의 고용 문제라는 입장에서 적극적인 입장 표명을 자제해 왔다. 통계청 경제활동인구조사에 따르면 그러는 사이 2022년 8월 기준 임금근로자 2172만 4000명 중 비정규직은 815만 6000명37.5%에 달하고 있다. 2020년 발생한 코로나19 대유행 이후 경제 구조와 소비 행태의 변화를 계기로 새로운 형태의 비정규직은 계속 늘어나고 있다. 외환위기가 한국 경제에 깊은 상처를 남겼고, IMF 사태는 지금도 끝나지 않았다고 말할 수 있다.

노무현

균형발전에 눈 돌리다

재임기간 2003년 2월~2008년 2월

1946년 8월 6일	경남 김해 출생
1966년	부산상업고등학교 졸업
1975년	제17회 사법시험 합격
1977년	대전지방법원 판사
1978년	변호사 개업(부산)
1981년	부림사건 변론 이후 인권변호사로 활약
1984년	부산 공해문제연구소 이사
1985년	부산민주시민협의회 상임위원장
1987년	민주헌법쟁취국민운동 부산본부 상임집행위원장
1987년	대우조선 사건으로 구속
1987년	변호사 업무 정지처분
1988년	제13대 국회의원(민주, 부산동)
1988년	5공비리특별위원회 활동 국회 노동위원회 간사
1990년	3당 합당 거부, 민주당 창당 주도, 민주당 기획조정실장
1990년	민자당의 날치기 통과에 항의해 의원사퇴서 제출
1991년	신민, 민주 야권통합 주도
1991년	통합민주당 민생위원장, 대변인, 예결위원, 당무위원
1992년	조선일보 왜곡보도 관련 소송에서 승소
1992년	제14대 대통령선거 민주당 청년특위위원장, 물결유세단 단장
1993년	지방자치실무연구소 소장
1995년	통합민주당 부총재, 제1대 동시지방선거 부산시장 출마
1996년	제15대 국회의원 선거 낙선(민주당, 서울 종로)
1997년	새정치국민회의 부총재
1998년	제15대 국회의원(새정치국민회의, 서울 종로 보궐선거)

1999년	실업대책특위 자문위원장
2000년	제16대 국회의원 낙선
2000년~2001년	해양수산부 장관
2001년	새천년민주당 최고위원
2002년	새천년민주당 제16대 대통령후보
2003년~2008년	제16대 대통령
2003년	새천년민주당 탈당
2004년	열린우리당 입당
2008년	환경단체 맑은 물 사랑 사람들 고문
2009년 5월 23일	서거

"중앙과 지방 사이의 불균형이 이대로 더 가면 또 다른 지역주의 대결이 생긴다."

2003년 1월 18일 대통령 당선자 특별생방송

노무현은 '문제 제기형'의 대통령이었다. 이승만과 박정희, 전두환과 노태우, 김영삼과 김대중을 거치면서 결국 대한민국이 안게 된 문제에 대해 가장 큰 목소리를 내면서 해결을 시도했던 사람이다. 그러나 그의 문제 제기는 적잖은 부작용을 불러왔다. 문제를 제기하는 방식이 '있는 자'와 '없는 자'를 이분법으로 가르는 데서 시작됐기 때문이다. 그럼에도 그는 상당한 반향과 공감을 불러일으켰다. 대한민국의 경제성장 그늘 속에 감춰진 서민경제의 아픔 때문이다. 그의 문제 제기는 따라서 부분적인 성공이라는 평가를 받기도 한다.

정치 노선뿐만 아니라 경제정책에서 노무현은 김대중의 노선을 상당 부분 계승했다. 분배와 복지를 확대하고 균형발전을 중시하는 것이 노무현 경제학의 중심 철학이었다. 노무현은 한국 경제 발전 과정과 외환위기 후유증에 의해 점차 본격화하기 시작한 양극화의 틀을 구조적·제도적으로 바꾸는 시도에 나섰다.

그는 무엇보다 행정수도를 중부권으로 옮김으로써 수도권의 경제력 집중 완화를 시도했다. 경제력이 서울을 중심으로 수도권에 몰려 있는 상황에서는 온갖 형태의 양극화 해소가 어렵다고 본 것이다. 부동산정책도 과거 정부에서는 고비용 구조와 주택난 해소에 맞춰져 있었지만 노무현 정부에서는 과세 정의를 실현하고 빈부격차 확대를 방지하겠다는 목표에 상당한 비중을 두고 접근했다. 부동산만큼은 반드시 잡아 서민의 주거안정을 이룩하겠다고 강조했지만 속내에는 주택 가격 급등에 따라 점차 커지는 부익부 빈익빈 현상을 시정하려는 의지도 담겨 있었던 것이다.

그러나 '세금폭탄'이라고 불릴 정도의 급격한 부동산 보유세 강화정책은 격렬한 조세저항을 불러왔다. 기득권층의 반발은 물론이고 평범한 중산층도 정부정책에 대해 불만을 표시했다. 주택을 원하는 대로 사고팔기 어렵게 된 데다 주택 가격 상승에 따른 시세차익을 기대할 수 없게 됐기 때문이다. 이는 정치적으로 노무현 정부가 중산층의 지지를 받지 못한 배경이 되기도 했다. 집이 없는 서민들도 임기 후반 불평을 쏟아냈다. 집값을 세금폭탄에 치중해 안정시키려는 정책을 쓰는 바람에 공급을 소홀히 한 결과 수급불균형에 따라 집값이 상당 기간 강세를 보였기 때문이다. 노무현 정부에 이어 이명박 정부가 시작되자 집값 상승에 제동이 걸리기는 했지만 이는 결국 전세대란이라는 후폭풍으로 중산층과 서민들의 고통을 가중시키는 원인을 제공했다.

기존 관행과 질서를 흔든 노무현의 정책들은 당시 소모적인 논쟁과 시행착오의 연속으로 비쳐졌다. 이는 사회적 분열과 혼란을 가중시켰다. 국민을 소수의 가진 자와 다수의 갖지 못한 자들로 갈라놓고 대립시키는 듯한 이분법적 인식을 공공연히 드러냈다. 정치권도 이 같은 분위기에 편승해 기득권층과 그렇지 못한 계층으로 나누고 편을 가르도록 부채질했다. 문제 제기의 취지는 타당했지만 보편적인 지지를 받지 못한 이유다.

행정수도 역시 이런 이분법적 논쟁의 대상으로 떠올라 온 나라를 혼란과 분열로 몰고 갔다. 노무현은 수도권 집중을 해소하기 위해 행정수도를 충청 지역으로 옮겨야 한다는 논리를 폈다. 그는 과밀화된 수도권은 더 이상 유지

될 수 없다고 주장했다. 중앙과 지방의 불균형을 해소하려면 행정수도 이전이 불가피하다고 강조했다. 그러나 충분한 의견수렴이 부족했다. 보수 야당의 반발을 불렀고 수도권 정치인과 상당수 언론에서도 부정적인 입장을 나타냈다.

행정수도 이전은 김영삼의 금융실명제만큼 획기적이면서 혁명적인 시도였다. 행정수도는 과거 정부에서도 거론된 적이 있지만 차마 엄두를 내지 못했던 사안이었다. 금융실명제가 전두환 정부에서 진지하게 추진되다 기득권층의 반발로 좌절되고 노태우 정부에서도 재차 좌절된 것처럼 행정수도 이전은 엄청난 파괴력을 가진 국가적 정책이었다. 노무현은 이런 어려움을 각오한 채 반드시 국민을 설득해 행정수도를 옮기겠다고 의지를 불태웠다.

그는 공언한 대로 행정수도 이전을 이뤄냈다. 후임 이명박이 행정수도의 이전을 사실상 무력화하는 수정안을 제시했지만 정치권과 충청지역의 반발로 백지화할 수밖에 없었기 때문이다. 외국에서도 행정수도를 옮겨 사회·경제적 모순을 해결하려는 시도는 많지 않다. 한 도시가 수도가 되는 것은 오랜 역사와 합리적인 관행에 따른 자연스러운 결과다. 그러나 노무현은 자신의 의지를 관철시켰다. 그 결과가 2012년 문을 연 세종시다.

성장에서 균형 발전으로

노무현 정부 때처럼 나라가 시끄러운 적도 없었다. 그만큼 각계각층에서 다양한 목소리를 내던 시기였다. 우리 사회는 그 과정에서 국론 분열이라는 값비싼 대가를 치러야 했다. 하지만 이런 과정은 한국 경제가 다시 한차례 업그레이드되는 진통이었다. 성장 대신 분배를 중시하는 사람들도 늘어나기 시작했다. 외환위기를 계기로 양극화가 본격화하면서 성장 일변도의 경제정책에 이의를 제기하는 목소리가 커진 것이다. 1987년 직선제 이후 노태우와 김영삼을 거치면서 제왕적 대통령의 권위가 약화된 것도 각계각층에서 제 목소리를 내도록 만들었다. 이른바 민주화 이후 나타난 '87년 체제'의 대표적인 특징이다.

이런 사회 변동을 거쳐 한국 경제는 또다시 담금질을 받았다. 경제구조 내부에 축적된 불합리와 모순이 상당 부분 해소되고 한 단계 도약하는 발판을 만들었다. 그중 하나가 아이러니한 결과이지만 뜨거운 논란과 소모적 논쟁을 일으켰던 부동산 세제정책이다. 노무현의 부동산시장정책은 수요·공급 측면에서는 소홀했지만 집값 상승의 거품을 구조적으로 막는 강력한 제도적 장치를 마련했다. 노무현의 부동산 투기억제책은 장기적으로는 과도한 침체가 우려될 정도로 강력한 효과를 발휘했다.

행정수도 이전 역시 수도권 집중 분산과 국토 균형발전의 관점에서 도입 당시 큰 논란을 일으켰지만 시간이 흐름에 따라 가치를 인정받을 가능성이 커지고 있다. 사실 지역균형개발정책은 과거 정부에서도 추진됐었다. 박정희가 경부축을 중심으로 개발했고, 노태우는 서해안 개발에 착수했다. 김영삼은 지방자치단체장 선거를 실현함에 따라 실질적인 지방분권의 문을 열었다. 이런 단계를 밟아 노무현은 더욱 본격적으로 균형개발을 강조하고 나선 것이다.

노무현의 진보적인 발상은 아이러니하게도 대외적으로는 자유무역을 확대하는 발판을 만들었다. 그가 재임 중 반대 의견에도 불구하고 미국과의 자유무역협정FTA을 타결한 덕분에 차기 정부에서 한·미 FTA가 급진전될 수 있었기 때문이다. 노무현 때 그 씨앗을 뿌려놓지 않았으면 한국은 국제 사회에서 가장 중요한 미국시장을 우리 기업들의 시장으로 끌어안는 기회를 놓쳤을 가능성이 크다. 노무현은 "개방은 저항할 수 없는 것"이라며 "FTA는 어떤 사상적인, 이념적인 대결의 수단으로 끌어넣으려고 하는 것은 현명한 처사가 아니다"고 말했다.

전임 정부의 실책으로 불거진 신용카드대란 뒷수습도 노무현의 손을 거치면서 이뤄졌다. 이 과정에서 노무현 정부는 개인 신용평가와 신용회복제도를 정비해 신용 선진국의 제도적 장치를 마련했다. 외환위기 이후 대외적으로 활짝 열린 금융시장 안정과 양극화 사회의 부작용에 대처하는 데 핵심적인 금융제도 인프라를 만들어 낸 것이다. 노무현은 대한민국 발전 과정에서 확대된 소득불균형과 불충분한 사회안전망을 정비하고 강화하는 사회적 담론 확산에도 앞장섰다. 그의 문제 제기는 이명박 정부에서 본격적으로 논의됐다.

노무현이 동반성장의 실행방안으로 제시한 '비전 2030'을 내놓았을 때만 해도 우리 사회에는 반발이 극심했다. 박정희가 경부고속도로 건설 계획을 밝히고, 노태우가 인천국제공항과 고속철도사업 계획을 밝혔을 때 겪었던 상황 못지않았다. 노무현은 성장 일변도로 달려온 한국 경제의 관성에 외롭게 맞서야 했다. 신자유주의가 절정기에 달했을 때 재임한 것도 노무현의 꿈과 이상을 비현실적으로 보이게 만들었다.

급진적인 실험으로 보였던 노무현의 경제정책은 시간이 흐르면서 결코 비현실적인 것이었다고 단정할 수 없게 됐다. 양극화로 객관화해 표현되는 부익부 빈익빈 현상을 그대로 방치할 수 없다는 데 서서히 사회적 합의가 만들어지고 있기 때문이다. 그러나 모두를 잘살게 한다는 사회주의 혁명에 휘말렸던 국가들이 모두 파산했고, 과도한 세금으로 무한한 복지정책을 폈던 유럽국가들도 파산의 위기에 직면했던 사실을 간과해서는 안 된다. 이런 우려가 기우에 그친다면 한국 경제 발전 과정에서 노무현의 문제 제기와 시도는 가치 있는 기여가 될 것이다.

···

힘겹게 수습한 신용대란 사태

김대중 정부에서 이미 예견된 신용대란은 노무현 정부가 들어서자마자 곪아터졌다. 대북 문제와 관련해선 햇볕정책을 유지하고 경제와 관련해선 성장보다는 분배를 중시하는 김대중의 노선을 계승했지만 전임 정부에서 이미 시작된 골칫거리도 함께 물려받은 것이다. 신용카드대란은 그 출발에 불과했다.

2001년까지만 해도 호황을 누리던 카드사들은 2002년부터 적자를 내기 시작하더니 2003년 1월에는 카드업계 전체가 적자를 기록했다. 카드사의 부실 증가는 외형경쟁을 벌이면서 발급한 카드 대금이 급격히 연체를 기록하면서 본격화했다.

카드업계의 연체율30일 이상은 2001년 말 3.8%에서 2002년 11월에 9.2%로 치솟았고, 2003년 1월에는 11.2%로 상승했다.[67] 정부의 카드사용 장려와 카드업체들의 과다경쟁, 소비자들의 무분별한 카드사용이 빚어낸 결과였다.

노무현이 대통령에 취임한 직후 '신용불량자 300만 명 시대'가 왔다. 이는 신용카드 빚을 갚지 못하는 채무자의 급증 때문으로 2003년 3월 말 신용불량자 수는 295만 6794명에 달했다.

신용불량은 단순한 수적 증가 외에 채무내용이 갈수록 악성화하는 점도 큰 문제였다. 신용불량자 한 사람이 이 은행, 저 카드사를 오가며 네 곳 가까이 다중채무를 지고 있는 데다 연체금도 절반 이상이 1000만 원을 넘었다.

여기에 연령별로는 20~30대가 143만 명으로 절반에 달했다. 사회적으로 경제 활동이 가장 왕성해야 할 계층이 신용파탄이란 족쇄에 직면한 것이다.

개인파탄도 문제였지만 신용불량자의 양산으로 금융회사의 건전성도 크게 위협받았다. 카드사는 합병이나 통폐합으로 구조조정을 하면 됐지만 신용불량을 단숨에 해결할 수 없다는 것은 노무현 정부의 큰 고민으로 떠올랐다.

노무현 정부는 일단 추가 불량 확산을 억제하면서 원인을 서서히 제거하는 연착륙을 시도했다. 금융회사들이 갑자기 신용불량자와 거래를 끊거나 급격하게 대출을 축소하지 않도록 창구지도를 했다. 하지만 제 앞가림에도 바쁜 카드사들은 현금서비스 수수료를 대폭 인상하는 등 자구책에 급급했다.

카드 버블 터져 신용불량자 속출

결국 김대중 정부에서 2001~2002년 절정기를 보였던 카드 버블은 노무현 정부 출범 이후 본격적으로 붕괴되면서 한국 경제와 사회에 깊은 충격과 후유증을 남겼다. 외환위기 직후에는 과도한 차입경영을 하던 기업 도산으로 국민경제가 휘청거렸지만 2003년 이후에는 카드 버블이 터지면서 막대한 가계부채와 신용불량자 증가, 주택 가격 버블 등의 후유증이 한국 경제를 뒤흔들기 시작한 것이다.

카드사 부실이 금융시장의 뇌관으로 등장하자 노무현 정부는 2003년 3월과 4월 잇따라 비상 대책을 내놓았다. 4월 3일 '관치'라는 지적을 무릅쓰고 6월까지 만기가 돌아올 투신사 보유 카드채 10조 4000억 원어치에 대한 처리를 투신권과 은행·보험사에 떠넘겼다.

절반은 투신사 스스로 만기를 늦추고, 나머지 절반은 은행·보험사 등 다른 금융권에서 지원해 사들였다. 자금줄이 막혀 언제 부도가 날지 모를 카드채를 서로 떠넘기는 폭탄 돌리기가 시작된 것이다. 카드사에게도 스스로 4조 5000억 원 규모의 자본을 확충하도록 했지만 카드채를 사들일 금융회사는 많지 않았다. 그러자 연 5%대였던 카드채 금리는 7%대로 치솟았다.

카드사는 카드채와 기업어음CP·자산유동화증권ABS 발행으로 자금을 조달해 고객에게 할부구매 및 카드대출·현금서비스를 한다. 2003년이 되자 이렇게 발행된 카드채는 46조 원에 달했다. 고객이 돈을 갚아야 금융시장에서 조달한 자금을 상환할 수 있는데 신용불량자가 속출하면서 떼이는 돈이 눈덩이처럼 불어났다.

유동성 위기는 7월 이후에도 계속됐다. 은행에 자회사 형태로 소속돼 있지 않고 카드사업만 하는 9개 전업계 카드사가 7~9월에 갚아야 할 부채는 드러난 것만 20조 원에 달했다. 10조 원 규모의 대환대출 만기가 속속 돌아오는 것도 문제였다. 대환대출은 신규대출과 달리 이미 대출받은 자금의 만기를 연장하는 것이다. 연체율을 낮추기 위해 카드대출의 만기를 연장한 대환대출은 LG카드가 4조 8000억 원, 삼성·국민카드가 각각 1조~2조 원 규모로 2003년 9월부터 만기를 맞이했다.[68] 이 같은 충격이 이어지면서 2004년 4월로 접어들자 신용불량자는 결국 400만 명에 육박했다.

소 잃고 외양간 고치는 격이었지만 노무현 정부는 집권 초기부터 터져 나온 신용불량 문제가 갈수록 심각해지자 본격적으로 신용불량자 구제 대책을 강구했다. 2004년 3월 개인채무자회생법을 제정해 9월부터 개인회생제도를 시행했다.

이 제도는 금융회사나 개인에게서 진 빚이 15억 원 이하인 고액채무자들을 구제하기 위해 도입됐다. 고액채무자 중 고정적인 수입이 있는 급여생활자와 자영업자들이 일정 기간 매달 일정 금액을 성실히 변제할 경우 법원이 나머지 빚을 탕감해주는 방식이었다.

이에 따라 신용위기에 빠진 사람들은 금융회사의 개인 워크아웃과 배드뱅크, 법원의 개인파산제도, 개인회생제도와 같은 다양한 구제절차 가운데 하나를 선택해 경제적으로 회생할 수 있게 됐다. 개인회생제도는 다른 제도

경제상황점검회의(2004)

와는 달리 개인에게 진 빚도 그 대상에 포함시켰다. 개인 워크아웃은 3억 원 이하, 배드뱅크는 5000만 원 미만의 빚을 진 신용불량자만을 대상으로 하고 있어 고액채무자들은 이용할 수 없었다.

노무현 정부는 개인파산제도를 활성화해 신용불량자를 적극적으로 구제했다. 개인파산은 빚을 감당하지 못한 채무자들이 전 재산을 처분해 빚잔치를 하고 나머지를 탕감받는 형식이다. 물론 파산선고를 받으면 신원증명서에 파산 사실이 기재돼 공직 취업과 금융거래 등에 제한이 따른다.

개인파산은 시간이 지날수록 봇물처럼 터져 나왔다. 신용회복위원회에 따르면 법원에 개인파산을 신청한 사람은 2004년 1만 2317명으로 급증하더니 2005년에는 6개월 만에 1만 3931명을 기록했다. 하루 평균 150명이 파산 신청을 한 셈이다. 개인파산의 급증은 400만여 명에 육박했던 신용불량자가 여전히 빚더미에서 벗어나는 데 어려움을 겪고 있음을 의미했다.

LG카드 문 닫는 사태까지

노무현 정부는 개인신용정보CB·크레딧뷰로 시스템 강화에도 나섰다. 이를 위해 2005년 2월 코리아크레딧뷰로KCB를 출범시켰다. 가계 부실로 막대한 손실을 입은 금융회사들의 경영 성패가 개인신용평가능력에 크게 좌우된 데 따른 조치다. 그 결과 신용이 나쁜 개인들은 신용평가에 따라 경제 활동의 폭이 제한되기 시작했다. 금융거래에 객관화된 신용평가점수가 적용되면서 금융거래는 물론 취업·이민이나 주택·자동차 구입 때도 신용이 우선되는 사회가 열린 것이다.

정부는 '신용불량자'라는 용어가 저신용자의 회생과 재기를 가로막을 수 있다는 이유로 용어 자체를 폐지했다. 그래서 2005년 4월 신용불량자는 '금융채무 불이행자'로 명칭이 변경됐다. 등록기준이 '30만 원 이상, 3개월 연체'에서 '50만 원 이상'으로 소폭 상향 조정됐을 뿐인데 금융채무 불이행자는 300만 명 수준으로 줄어들었다. 하지만 은행대출을 받을 수 없는 등 실제 금융거래의 길이 막혀 있는 '신용불량자'는 500만 명 이상으로 추산된다. 이들은 1~10등급으로 된 크레딧뷰로 신용등급 분류에서 9~10등급을 받은 저신용자들이 대부분이다.

카드대란의 당사자였던 카드사들도 결국 매각이나 외국자본 유치 등 구조조정의 운명을 맞이해야 했다. 이 중에서도 LG카드는 2003년 말부터 몇 차례의 부도 위기에 몰리면서 2004~2005년 금융시장 불안의 뇌관이 됐다. 당시 LG카드는 부실 규모가 3조 2000억 원에 달하고 자본잠식 규모도 8000억 원에 달해 회생불능상태에 빠지면서 2006년 말 신한금융지주에 매각돼 역사 속으로 사라졌다.

결국 김대중 정부에서 시작된 카드대란은 다음 정부에서 본격적으로 후유증을 보이며 노무현 정부를 힘들게 만들었다. 빚이란 국가든 기업이든 개인이든 한번 빠지면 다시 빠져나오기가 어렵다는 교훈을 다시 한번 확인시켜준 것이다.

...

비효율 논란 행정수도 이전

노무현의 최대 정치공약이었던 행정수도 이전은 파장이 컸다. 그는 이미 박정희 정부 때도 행정수도 이전의 필요성이 제기됐다는 점을 환기시키면서 강력한 드라이브를 걸었다. 그는 수도권 집중으로는 한국이 더 이상 발전하기도 어렵고 지탱하기도 어려우므로 지역균형을 위해서라도 반드시 행정수도 이전이 필요하다고 역설했다. 그러나 충분한 국민의견 수렴이 없었기 때문에 갑작스레 대선 이슈의 쟁점화 차원에서 제기된 것으로 비쳐졌다. 노무현은 2002년 9월 대선 레이스가 본격화하자 행정수도 건설을 핵심 이슈로 들고 나왔다. 그는 대통령 당선자 시절인 2003년 1월 18일 KBS 특별생방송에서 행정수도 이전의 필요성을 다시 한번 강조했다.

> "행정수도 공약은 선거용 공약이 아닙니다. 행정수도 이전을 위해서 청사까지 지었던 시절이 있었습니다. 그만큼 꼭 필요하다는 것이죠. 오히려 그럼에도 불구하고 이전이 안 된 것은 결국 민심을 설득할 자신이 없었기 때문입니다. 그러나 이제는 수도권이 이대로 더 갈 수가 없습니다. 도저히 이대로 더 버틸 수가 없고 중앙과 지방 사이의 불균형이 이대로 더 가면 또 다른 지역주의 대결이 생깁니다. 행정수도를 옮기지 않고는 수도권도 더 이상 새로운 미래를 만들어 나갈 수 없습니다. 그렇기 때문에 반드시 옮겨야 합니다."

파괴력은 컸다. 노무현 정부가 출범하자 행정수도 이전은 나라를 뒤흔드는 최대 이슈 중 하나로 떠오르고 이해득실에 따라 지역별 찬반이 명확하게 엇갈렸다. 이 이슈는 이후 오랫동안 한국 사회를 혼란과 분열, 대립의 도가

니로 몰아넣었다. 논란 끝에 2004년 10월 21일 헌법재판소가 신행정수도건
설특별법에 대해 위헌 결정을 내렸지만 노무현의 의지는 꺾이지 않았다. 그
는 행정중심복합도시세종시라는 이름으로 행정수도의 내용과 규모를 변경해
계속 행정수도 이전을 추진했다.

5년 차에 이르러서도 행정수도 이전에 대한 의지를 불태웠다. 그는 2007년
1월 30일 지역언론 편집·보도국장 간담회에서 자신의 의지를 강조했다.

> "수도권 집중이라는 것이 약 40년 내지 30년 역사를 가지고 있는 것입니다. 실제로 대전
> 임시행정수도 얘기가 나왔던 것이 1975년이었습니다. 1975년, 1976년 그때 나왔으니
> 까요. 그것만 해도 32년이 됩니다. 그렇게 해 온 것을 복구하는 것만 해도 더 많은 시간이
> 걸린다고 봐야 하지 않겠습니까?"

2007년 대선이 뜨겁게 달아오르자 당시 야당이던 한나라당 이명박 후보
도 입장을 바꿔 행정도시 추진을 약속했다. 지역 이권과 관련된 공약은 한번
질러놓으면 다시 돌려놓기 어렵다. 그러나 이명박은 현실적으로 걸림돌이
많은 행정도시 이전을 추진하기 어렵게 되자 2010년 1월 11일 수정안을 발
표했다.

세종시 수정안은 정부가 세종시를 '행정중심복합도시'에서 '교육과학 중
심 경제도시'로 바꾸는 방안이었다. 행정부처를 옮기는 대신 삼성·한화·웅
진·롯데 등 기업과 국제과학비즈니스벨트를 유치한 미래형 첨단경제도시
가 골자였다. 이 수정안은 극한 대립을 불러왔다. 충청권은 물론 한나라당
내에서도 수정안을 지지하는 이명박 계열과 원안 고수를 지지하는 박근혜
계열이 반목했다. 급변하는 세계 정세에 대응하고 민생을 위해 힘을 합쳐도
부족할 판에 국력을 소진한 것이다. 전임 정부에서 시작된 논란이 결국 후
임 정부에서도 지속된 것이다.

이 수정안은 결국 2010년 6월 29일 국회 본회의에 상정돼 폐기처분되고 원안이 고수됐다. 이런 곡절을 거친 세종시는 2030년까지 인구 50만 명의 행정중심복합도시로 건설된다. 국무총리실을 비롯해 16개 중앙 행정 기관 1실 9부 2처 2청 2위원회과 20개 소속 기관, 16개 연구 기관이 2012년 말부터 2014년까지 단계적으로 이전됐다.

2012년에는 기획재정부·국토해양부·농림수산식품부·공정거래위원회· 환경부, 2013년에는 교육과학기술부·문화체육관광부·지식경제부·보건복 지부·고용노동부·국가보훈처, 2014년에는 법제처·국민권익위원회·국세 청·소방방재청 등이 차례로 옮겨 갔다.

세종시 행정효율 여전히 의문

세종시의 행정구역은 충남 연기군 전 지역, 공주시 장기·반포·의당면, 충 북 청원군 부용면 일원이다. 지리적으로는 중심부에 원수산이 있으며 미호 천과 금강이 합류하는 지점, 대전과 청주로부터 10㎞ 거리에 위치하고 있 다. 교통여건은 경부고속철도와 경부선 및 경부고속도로가 이 지역의 동 쪽을 지나가고, 서쪽으로 대전~당진 고속도로, 청주공항이 24㎞ 거리에 있 다. 2012년 7월 특별자치시로 출범한 세종시 건설에는 8조 5000억 원의 예 산 지원이 결정됐다.

세종시가 격렬한 논쟁을 불러일으킨 것은 방법론에 문제가 있었기 때문 이다. 균형발전을 하자는 데 반대할 국민은 없지만 행정수도 이전과 같은 백 년대계를 충분한 의견수렴 없이 대선 공약으로 불쑥 꺼내놓아 논란을 증폭 시킬 수밖에 없었다. 이런 상황은 갈등과 분쟁을 해결하는 노무현의 능력 부 재를 드러냈다. 갈등 조정과 협상력이 부족하면 결국 사회적 비용과 손실을 키울 수밖에 없다.

세종시는 국토 균형발전이란 목적에서 출발했지만 너무 급진적으로 행정수도를 옮기는 방안이 추진되면서 실질적인 균형발전의 효과가 보장될지는 미지수다. 행정도시는 기획업무를 하는 관료들이 입주하는 곳이므로 왕성한 경제 활동이 뒤따르기가 쉽지 않기 때문이다. 이명박 정부에서 행정도시 대신 경제도시라는 대안을 제시한 것도 이런 이유에서였다. 막상 국가를 통치하는 입장에서 보면 청와대와 국회만 서울에 놔두고 행정부처를 옮기는 것은 오히려 비효율을 초래할 수 있기 때문이다.

실제로 수정안이 폐기됨에 따라 세종시는 경제적 혜택을 찾아보기 쉽지 않게 됐다. 국제과학비즈니스벨트 설립과 '기업들에게 땅을 싸게 공급한다'는 인센티브도 수정안과 함께 폐기됐기 때문이다. 이명박 정부는 2011년 5월 16일 교육과학기술부 산하 입지선정위원회가 심사를 통해 과학벨트의 거점지구로 대전광역시 대덕특구가 선정됐음을 발표했다.

이에 따라 기업들은 세종시를 선택할 이유가 없어졌다. 국제과학비즈니스벨트가 불투명해지면서 국제 유수 연구개발R&D 기관과의 시너지를 기대하기 힘든 마당에 땅을 새로 사들여 건물을 신축할 이유가 없어진 것이다.

세종시에 아파트를 짓기로 했던 민간건설사 10곳 중 7곳은 수정안이 폐기되자 500억 원 가까운 위약금을 무릅쓰고 사업을 포기했다. 삼성·한화 등 대기업도 다른 지역으로 투자처를 돌렸다. 이들을 포함한 5개 기업이 당초 세종시에 만들려던 일자리는 약 2만 3000개였다. 수정안이 부결되면서 이만큼의 일자리는 다른 데로 가버렸다. 원안대로 옮겨 오는 공무원과 국책 기관 근로자는 1만 3000명 남짓이다. 1만 명가량이 덜 들어오게 된 것이다. 그나마 상당수 공무원은 단신부임이다. 이 때문에 썰렁한 도시가 될 것이라는 우려가 컸다. 다만 2011년 12월 26일 세종시 첫 마을에 입주가 시작되자 도시의 윤곽이 갖춰지기 시작했다. 그러자 집값이 들썩거리기도 했다. 멀리 크게 보면 세종시가 국가 발전에 이바지할 수도 있다. 총리실을 비롯한 국가행정의 중추기능이 입주하고 기초과학의 원천기술이 개발되는 곳이기 때문이다.

그러나 안타깝게도 긍정적인 효과는 시간이 흘러도 좀처럼 나타나지 않았다. 수도권 집중은 여전했고 세종청사는 전형적인 행정 비효율의 대명사로 떠오르게 되었다.

수정안처럼 기업이 세종시에 입주했다면 실질적인 균형발전이 앞당겨졌을 것이라는 견해가 더욱 타당했다고 볼 수 있다. 오히려 행정관청이 분산됨으로써 세종청사는 국회 및 청와대와의 소통이 어려워지고 일부 공무원들의 세종 기피현상이 나타나기도 했다. 지금이라도 세종시의 역할을 활성화하려면 기업이 활발하게 입주할 수 있는 정책적 유인이 필요해 보인다.

···

한·미 자유무역협정 타결

노무현은 한·미 자유무역협정FTA이 타결된 2007년 4월 2일 밤 TV로 생중계된 17분간의 대국민담화를 했다. 이날 서울 하얏트호텔에서 한·미 FTA가 타결된 데 대한 배경 설명과 국민 당부를 위해서였다. 노무현 특유의 솔직하면서도 담백한 어투가 인상적이었다.

> "한·미 FTA는 정치의 문제도, 이념의 문제도 아니라 먹고사는 문제입니다. 민족적 감정이나 정략적 의도를 가지고 접근할 일이 아닙니다. 반대하신 분들의 주장이 우리의 협상력을 높이는 데 큰 도움이 됐을 것입니다. 감사합니다."

그의 얼굴에는 비장함과 절절한 감정이 묻어났다. 양국 FTA 체결을 위해 멀고 험한 길을 걸어왔기 때문이다. 노무현이 FTA를 본격적으로 거론한 것은 2006년 1월 18일이었다. 그는 신년연설에서 "우리 경제의 미래를 위해 미국과도 FTA를 맺어야 한다"며 한·미 FTA를 본격화할 것임을 시사했다.

424일. 협상개시 선언부터 종료까지 걸린 날짜였다. 2006년 2월 3일 공식 협상개시를 선언한 한·미 FTA는 협상시한인 2007년 3월 31일을 이틀 넘겨 타결2007년 4월 2일됐다. 그 사이 한국과 미국을 오가며 아홉 차례의 본협상이 열렸다. 공식 서명은 6월 30일 이뤄졌다.

노무현은 FTA 타결을 위해 평소 정치성향을 함께하는 집단과도 갈등을 겪어야 했다. 그만큼 각오가 컸다. 그는 협상 타결 직전인 3월 20일 농·어업인을 상대로 한 업무보고에서 "협정이 체결되고 나면 이 나라의 FTA를 반대하는 모든 정치인과 직접 토론할 것"이라고 설득과 통합의 정치를 예고했다.

이런 곡절을 거친 한·미 FTA는 농업·자동차·투자·서비스·지적재산권·노동·환경 등 경제 전반을 망라하는 포괄적 자유무역협정이다. 국내 쌀시장을 지킨 대신 미국산 쇠고기 수입은 재개하기로 했다.

미국은 3000cc 이하의 한국산 승용차 관세를 즉시 없애고 한국산 섬유제품에 대한 문호도 확대하기로 했다. 대신 한국은 미국산 쇠고기 관세를 15년에 걸쳐 단계적으로 철폐하기로 했다. 저작권보호기간도 70년당시 50년으로 늘리고 법률·회계시장을 단계적으로 개방하기로 했다.[69]

개성공단 원산지 인정 문제는 양국이 '한반도 역외가공지역위원회'를 설치해 한반도 비핵화 문제 등이 진전될 경우 원칙적으로 한국산으로 인정할 수 있도록 협정문에 명시했다. 한·미 FTA의 공식 영문명은 코러스Korea-USA FTA다. 양국 협상팀은 2일 오후 합의문을 발표하면서도 이 표현을 썼다. 코러스는 합창·화합을 의미하는 'chorus'와 발음이 같다.

하지만 이 같은 내용의 FTA를 체결하기 위해 노무현은 외로운 길을 걸어야 했다. 그 길은 멀고 험난했다. 그러나 반전의 드라마였다. 임기 내내 행정도시와 부동산정책으로 온 나라가 대립과 반목을 하는 사이 국정지지율이 바닥에 떨어지면서 정책을 추진할 동력이 약화됐기 때문이다. 역대 대통령

중에서 시장경제와는 가장 거리가 멀어 보이는 행태를 보여왔던 그였기에 극적이었다.

협상이 막바지 교착상태에 빠지자 조지 W. 부시George W. Bush 미 대통령과 직접 전화 담판을 벌였다. 2006년 2월 3일한국 시간 김현종 통상교섭본부장과 랍 포트먼 미국 무역대표부USTR 대표가 미 워싱턴 국회의사당에서 한·미 FTA 협상 개시를 공식 발표했을 때부터 반대론자들의 방해도 본격화했다.

대미 협상보다 더 어려웠던 국내 설득

'한·미 FTA 추진 공청회'는 농민단체 등의 항의시위가 이어지면서 무산됐다. 협상 타결이 막바지에 이르던 2007년 3월 27일 고위급 협상이 진행 중이던 하얏트호텔에서 위협적인 기습시위도 벌어졌다.

한·미 FTA 저지 범국민운동본부 소속 회원과 대학생들이 "우리 경제 망치는 FTA 필요 없다. 국민 동의 없는 FTA 협상 중단하라"고 외쳤다. 이들은 호텔 손님을 가장해 두 차례 몰려간 뒤 '한·미 FTA 스톱STOP!'이라는 현수막을 펼치고 유인물을 뿌리며 "누구 맘대로 협상을 하느냐. 국민투표 실시하라"고 주장했다.

이처럼 막무가내식 반대가 극심했기 때문에 노무현은 협상 타결 이후 국내 반대론자들 설득에 정치력을 걸었다. 청와대가 앞장서 홍보전에 나섰고 FTA 추진위원회를 만들어 후속 조치를 준비했다.

그는 협상에 생명을 불어넣는 비준의 길은 더욱 험난하다는 것을 알고 있었다. 2002년 10월 타결된 한·칠레 FTA의 비준동의안도 의원들의 단상 점거 등으로 번번이 무산되다 1년 4개월 후인 2004년 2월 처리된 전례가 있기 때문이다.

돌아보면 반대론자들은 우리 근현대사에서 언제나 단골손님처럼 나타났다. 반대론자들은 최강국 미국과 일 대 일로 맞붙어 한국이 얻는 것보다 잃을 게 더 많다고 주장한다. 그러나 빗장을 잠그고 쇄국의 길을 걸었을 때는 어김없이 쇠락의 길로 밀려났다는 것을 한반도의 역사는 잘 보여준다.

흥선대원군의 쇄국정책과 다른 길

조선 말 병인양요1866년와 신미양요1871년등은 모두 통상요구를 거부하다 발생한 사건들이었다. 흥선대원군은 정치적 기득권을 지키기 위해 철저히 쇄국정책을 취했다. 흥선대원군은 경기도 강화도와 서울 마포에 척화비를 세우고 외국과의 통상을 금지했다. 강화도 척화비에는 "서양 오랑캐가 침범하였을 때 싸우지 않음은 곧 화의하자는 것이요 화의를 주장함은 나라를 파는 것이다洋夷侵犯 非戰則和 主和賣國"라고 쓰여 있다.

이 같은 세도 정치가들의 쇄국정책은 결국 18세기 정조 때까지 우리와 크게 차이가 없던 일본이 선진 문물을 활발하게 받아들여 산업화에 성공했던 것과 대비된다.

반대론자들은 1960년대 '한강의 기적'을 만들 때도 그 길을 가로막았다. 경부고속도로·포항제철을 건설할 때, 자동차·반도체산업에 뛰어들 때 반대론자들은 번번이 부정적인 면을 내세웠다.

1980년대 이후에는 일부 정치인과 시민단체가 반대론의 선봉에 섰다. 청계천 복원을 반대했고, 여의도광장의 공원화를 반대했고, 고속철도와 영종도국제공항의 건설을 막고 나섰다. 하지만 이런 정책들은 현재 국민에게 없어서는 안 될 사회적 자산이자 국가경쟁력의 원천이 되고 있다.

노무현은 당시 국제 정세의 결정적인 변화와 흐름을 절묘하게 읽어냈다. 노무현은 21세기 한국 경제의 운명을 좌우할 FTA에 적극적인 자세를 취했다. 주변에는 정치적으로 미국과 거리를 둔 사람들이 많았지만 미국과 FTA

를 해야 한다는 동물적 감각을 발휘한 것이다. 노무현은 2007년 7월 1일 워싱턴주 동포간담회에서 개방은 피할 수 없는 선택이자 도약의 기회라는 점을 강조했다.

> "전 세계에서 한국은 개방도가 가장 높을 것입니다. 수출해서 먹고살고, 무역으로 먹고사는 나라인데 능동적으로 개방해 나가지 않으면 경제가 한계에 부닥치고 위축되는 것입니다. 한국은 두려워하면서도 더 이상 개방을 늦출 수 없어 부득이 개방을 했습니다. 부득이 했던 모든 개방은 성공했습니다."

한국은 전통적으로 외세와의 협상이 어려운 정치 풍토를 갖고 있다. 내부의 반대론자들로 인해 사안을 객관적으로 다루지 못하고 정파의 이익과 표 계산을 앞세우는 집단이기주의와 파당정치가 뿌리 깊기 때문이다. 이들을 설득하는 것이 정치 지도자의 역할이다. 이런 면에서 노무현의 집념과 끈기는 평범하지 않았다.

미국이 FTA 체결을 희망하는 20여 개국 중 한국을 먼저 선택한 것은 한국을 동북아의 핵심국가로 보고 있다는 의미다. 1953년 한·미 상호방위조약으로 안보동맹을 맺은 양국이 경제동맹까지 맺게 되면 한국은 안보와 경제에서 둘도 없는 우군을 얻게 된다.

한·미 FTA는 북미자유무역협정NAFTA 이후 타결된 세계 최대의 FTA라는 점에서도 이 같은 의미를 뒷받침한다. 한·미 양국을 합친 경제 규모는 유럽연합EU과 NAFTA에 이은 세계 3위에 해당한다. 세계 최대시장을 우리 기업들이 안방처럼 드나들게 됨으로써 한국 경제는 미국 내 3억 명의 소비자를 갖게 된 것이다.

더구나 한국은 세계 경제의 G2로 떠오른, 중국이 주도하는 동아시아경제권에 흡수될 수도 있다. FTA는 경제적인 동기에서만 이뤄지는 게 아니라는 점을 시사한다. 미 무역대표부USTR의 웹사이트에는 FTA 정책 목표가 '아시아·중동·라틴아메리카에서 미국의 전략적·경제적 이득을 높이기 위해'라고 나와 있을 정도다.

FTA의 국제 정치적 가치가 커지고 있는 건 세계적 추세다. 과거 냉전 시대의 이념적 동맹 관계를 대체하는 도구로 활용되고 있는 것이다. 동아시아에서 패권경쟁을 하는 중국과 일본도 FTA를 매개로 총성 없는 패권 다툼을 벌여왔다. 중국은 홍콩·마카오에 이어 2004년 아세안동남아국가연합과 FTA를 체결했다. 그러자 일본 역시 싱가포르·태국·인도네시아·아세안 등과 잇따라 FTA를 체결했다.

FTA는 국민소득 2만 달러의 벽을 넘어 3만 달러 수준의 선진국에 진입하기 위한 지름길이다. 경제뿐 아니라 사회·문화, 안보까지 고속도로이기 때문이다.

이런 시급성에도 불구하고 한·미 FTA는 노무현 임기 내에 국회 비준을 받지 못했다. 미국 의회에서도 부정적인 기류가 있었지만 한국 내 반대 의견에 가로막힌 것이다. 삼성경제연구소는 2006년 5월 "만약 비준이 차기 정부로 넘어간다 해도 2009년 중반에는 발표가 가능할 것"이라고 전망했다. 상당히 넉넉한 기간을 잡았지만 국회 비준은 이명박 정부로 넘어와서 격렬한 진통을 겪은 끝에 2011년 11월 22일 통과됐다.

반대론자 설득도 문제였지만 미 무역대표부USTR가 2007년 6월 16일 주미 대사관을 통해 추가 협상을 제안해 온 것도 임기 내 비준을 지연시켰다. 미국은 한·미 FTA 중 노동·환경·의약품·필수적 안보·정부조달·항만 안전·투자 등 7개 분야에 대한 추가 협상을 제안했다. 우려했던 자동차·농산물·개성공단 등의 재협상 문제는 포함되지 않았다. 미 의회의 신新통상정책 입장을 반영해 노동분야에서 1998년 국제노동기구ILO에서 선언한 결사의 자유 같은 5개 핵심 협약을 FTA 협정문에 반영하고, 위반 시 무역보복이 가능하도록 규정하자는 게 추가 협상의 핵심이었다. 이후 한·미 FTA 재협상은

2010년 12월 이명박 정부에서 타결됐다. 결국 노무현이 앞에서 끌고 이명박이 이어받아 진전시킨 것이다. 하지만 그 진통은 이명박 정부 말기까지 지속됐다. 이런 우여곡절을 거쳐 한·미 FTA는 2012년 3월 15일 0시부터 발효됐다.

...
이기지 못한 부동산시장과의 전쟁

노무현은 자신이 가난한 농부의 아들로 태어났다는 말을 자주 하며 평범한 집안의 보통 사람이라는 점을 강조했다. 서민의 대변자임을 자임했고 노동자들의 편이라는 점을 숨기지 않았다. 그래서 그는 부동산정책도 서민의 입장에서 접근했다. 집권 초기 가파르게 오르던 집값은 그가 반드시 넘어야 할 산이었다.

그 문제는 임기 내내 그를 괴롭혔다. 역대 어느 대통령보다 치열하게 부동산과의 전쟁을 벌였지만 부동산 가격은 좀처럼 잡히지 않았다. 집값은 그가 취임하기 전부터 이미 가파르게 상승하고 있었다. 그를 지지한 많은 서민과 젊은층은 부동산 거품만큼은 잡겠다는 그의 약속을 굳게 믿고 있었다.

하지만 집값은 외환위기 극복으로 경제가 안정세를 보였던 2001년부터 상승 탄력을 받고 있었다. 노무현이 취임 직후 강력한 부동산 억제정책을 펴면서 2004년부터 안정세를 보이는 듯했다. 강력한 의지에 따라 2003년 10·29 대책을 내놓은 결과였다.

당시 노무현 정부는 3주택 보유자 중과세와 주택거래신고제·종합부동산세를 도입했다. 이듬해 3월 30일부터 시행된 주택거래신고제는 투기지역과 투기과열지구에 대해 주택 매매계약 체결 즉시 취득자가 실거래가와 계약내용을 시·군·구에 신고하게 했다.

이 여파로 2004년 전국 집값 상승률은 소폭의 마이너스로 돌아섰다. 이어 2005년에는 종합부동산세가 도입됐다. 현행 재산세와 별도로 국세청 기준시가가 일정 규모를 초과하면 누진적으로 물리는 국세였다. 주택의 경우 국세청 기준시가로 9억 원 초과, 나대지는 공시지가로 6억 원 초과, 빌딩·상가·사무실 등의 부속토지는 40억 원을 초과하는 경우 과세 대상에 포함됐다.

그러나 그 효과는 오래가지 못했다. 그러자 노무현은 주택에 이어 땅을 많이 가진 사람에게도 세금을 무겁게 물리는 방안을 검토했다. 이어 8·31 조치가 나왔다. 서울 강남을 중심으로 아파트 가격이 폭등하자 2005년 8월 31일 정부가 내놓은 고강도 부동산 가격 안정 대책이다. 핵심은 세제 개편과 주택공급 확대, 부동산 대출 억제 등 3가지였다. 집권 전반기 내내 '세금 폭탄'을 때려 수요 억제에 전념했지만 시장이 갈수록 악화하자 공급확대라는 시장원리를 일부 수용한 것이다.

이 대책을 마련하는 과정에서 달리 묘안이 없자 노무현 정부는 1989년 노태우 정부가 도입했다가 실패한 토지공개념제도의 부활까지 검토한다는 얘기가 나돌았다. 8·31 조치 마련을 위한 당정협의에서 안정적인 주택공급 대책에 이어 토지투기로 인한 차익환수 문제를 논의했기 때문이다.

당시 행정자치부가 '인구 1%가 전국의 사유지 52%를 소유하고 있다'는 자료를 공개한 것도 이 같은 조치를 위한 사전 정지작업이 아니냐는 관측도 가능하게 했다. 그러나 당시 재정경제부 관료들은 토지공개념의 부활에 대해 사실상 반대 입장을 보였다. 토지공개념은 노태우 정부가 끝난 뒤 위헌·헌법 불합치 등으로 이미 판정이 났기 때문이었다. 그래서 위헌 시비가 없어진 개발부담금제 도입과 개발이익환수제의 재시행이 강력히 논의됐다.

개발이익환수제는 1980년대 후반에도 위헌 시비를 피해 2004년 말까지 시행됐던 제도다. 정부는 이를 통해 각종 개발사업으로 땅값이 뛰었을 경우 개발이익을 직접 환수할 수 있었다. 그러나 노무현 정부는 기반시설부담 금제를 도입키로 하는 등 개발이익환수 장치를 이미 만들어 놓고 있어서 중복의 우려가 있었다. 결국 기반시설부담금제도가 8·31 조치를 통해 2006년 7월부터 시행됐지만 부담금이 분양가로 전가되면서 이중부과 논란에 휩싸였다. 이 제도는 결국 도입 1년여 만에 폐지됐다.

부동산과의 전쟁은 노무현 집권 4년 차에서도 치열하게 벌어졌다. 노무현 정부는 차츰 전투에서 밀리고 있었다. 재정경제부, 건설교통부, 환경부, 기획예산처, 주택공사, 토지공사 관계자들은 2006년 11월 14일 정부 과천청사에서 부동산 특별대책반 회의를 열었다. 회의는 박병원 재경부 차관이 주재했다.

노무현 정부 출범 이후 계속된 '부동산 광풍'으로 한국 경제 자체가 멍들고 있다는 우려가 증폭되고 있을 때였다. 정부가 부동산정책에만 매달리다 보니 경기활성화와 성장잠재력 확충에 제대로 신경 쓰지 못하고 있었기 때문이다. 또 부동산 안정정책을 제대로 쓰지 못한 결과 가계부채가 급증하면서 소비부진과 경기 침체 장기화로 이어질 것이란 우려가 커지고 있었다.

이런 혼란은 외국 언론의 도마에도 올랐다. 블룸버그통신의 경제칼럼니스트 윌리엄 페섹은 당시 '한국, 일본식 잃어버린 10년에 빠질 위험 직면'이란 제목의 칼럼에서 "1997년 외환위기를 잘 극복해 일본의 모범이 됐던 한국이 이제는 일본의 전철을 밟을 우려가 커지고 있다"며 "현재 한국에서 가장 심각한 위험은 정책 마비policy paralysis"라고 지적했다.

그는 "노무현 정부는 경제에서 점수를 받지 못하고 있다"며 "낮은 지지율과 대선을 앞둔 내분 등은 현 정부가 경제 활동을 촉진하고 소비자 신뢰를 높이는 데 필요한 만큼 (정책을) 조율하지 못할 것이라는 점을 의미한다"고 설명했다.

'세금 폭탄'에도 강남 집값 폭등

"집값이 안정될 것"이라는 노무현 정부의 '양치기 발언'이 반복되는 사이 가계부채는 사상 최악의 수준으로 불어났다. 2006년 6월 말 가계부채는 517조 원으로 참여정부 출범 전391조 원보다 126조 원 증가했다. 노무현 정부 출범 이후 5~6개월마다 '규제 폭탄'이 나왔지만 집값 급등이 이어지자 빚을 내서라도 집을 사는 사람들이 급증했기 때문이다.

이에 따라 금융자산 대비 금융부채비율은 2005년 말 43.2%에서 2006년 6월 말 44.3%로 올랐다. 당시 주택·금융 전문가들은 "현재 가계의 주택 관련 대출은 소득 대비 능력을 넘어섰다"며 "위험한 상황이 될 수도 있다"고 우려했다.

빚더미에 올라 소비를 줄이는 '하우스 푸어House Poor'들도 급증했다. 2005년 말 서울 압구정동 아파트 급매물을 빚까지 내 6억 원에 산 김모 씨는 "집값은 10억 원으로 올랐지만 빚을 갚느라 생활은 도시 빈민 수준"이라고 말했다. 집값은 올랐지만 대출금을 갚느라 허리띠를 졸라맨 것이다. 특히 주택담보대출은 대부분 10년 이상 장기대출이기 때문에 소비 위축이 장기화될 수밖에 없다.

문제는 한번 오른 집값은 좀처럼 잡히지 않는다는 점이다. 집값만 오른다면 빚을 내서라도 집을 사겠다는 수요가 그치지 않기 때문이다. 당시 한 시중은행 관계자는 "정부가 추가 부동산 대책을 내놓겠다는데도 집값 안정에 대한 신뢰가 없기 때문인지 집을 사기 위한 대출신청이 늘고 있다"고 말했다.

이처럼 온갖 대책을 강구했지만 노무현은 안타깝게도 집값을 잡지 못했다. 거대한 지진이나 태풍 같은 자연적인 현상을 인공적으로 막을 수 없는 것처럼 인위적인 수요억제정책으로 넘치는 수요를 제압할 수는 없었다.

노무현 정부는 억제만으로는 역부족이자 신도시 건설에도 나섰다. 노태우 정부에서 추진된 1기 신도시분당, 일산, 평촌, 산본, 중동에 이어 2003년부터 건설된 2기 신도시였다. 판교, 광교, 동탄, 위례, 한강경기 김포, 인천 검단, 양주 옥정, 파주 운정 등 수도권 10개 지역과 아산·도안 등 12개 신도시다.[70]

역대 대통령들도 부동산과의 전쟁 패배

역대 대통령 가운데 부동산과의 씨름에서 이긴 대통령은 사실상 한 명도 없다. 노무현의 뒤를 이은 이명박도 부동산시장 안정을 약속했지만 사상 초유의 '전세대란'으로 서민과 중산층의 주거 생활을 궁지로 몰아넣었다.

주택시장은 국민소득 증가에 따른 고급화, 노후화에 따른 신축, 고령화·핵가족화·1인 가족화와 같은 인구 구조 변동에 따라 새로운 수요가 끊임없이 증가해 왔다. 박정희·전두환·노태우 정부는 절대적인 주택보급부족 문제까지 작용하면서 근본적으로 주택난에 시달렸다.

그러나 김영삼·김대중·노무현·이명박 정부에서는 갈수록 주택 고급화와 인구 구조 변동에 따른 수요가 폭발적으로 늘어났다. 아무리 세금 폭탄을 때리고 영구임대아파트를 공급해도 시장의 절대적인 수요를 충족시킬 수 없었던 것이다.

이런 메커니즘 때문에 국내 주택시장은 언제나 5년, 10년 주기로 파동을 겪었다. 10년 주기설은 주택시장의 경기순환 과정에 10년 단위로 상승장이 돌아온다는 것이다. 그러나 이런 순환도 알고 보면 수급 구조의 변동이 원인이었다.

중동건설 특수가 있던 1970년대 말, 서울올림픽을 앞두고 집값이 급등한 1980년대 말이 10년 주기설에 해당된다. 1990년대 말에는 외환위기가 발생하면서 시기가 1~2년 늦춰진 2000년대 초 주택시장이 뜨거웠다.

5년 주기설은 10년 순환 중에 5년꼴로 주택시장이 작은 사이클을 그린다는 것이다. 국민은행이 발표하는 전국 주택 가격 지수는 1986년부터 5년 단위로 집값이 상승과 하락을 반복하는 패턴을 계속해왔음을 보여준다.

더 세밀하게 보면 대통령 집권 4년 차 상승론도 있다. 1986년 국민은행이 전국 주택 가격 조사를 시작한 이래 역대 대통령 재임기간 중 4년 차에 집값과 전셋값이 오르는 양상을 보였다.

김영삼이 취임한 1993년 전국의 집값은 2.9% 떨어졌다. 분당·일산 등 신도시가 본격적으로 입주를 시작하고 노태우 시절 도입한 부동산공개념 여파로 부동산시장이 냉각돼 있었기 때문이다. 1994년과 1995년에도 집값은 마이너스를 기록했다. 그러나 4년 차인 1996년 전국의 집값은 1.5%, 전셋값은 6% 이상 올랐다.

김대중 정부 때도 이런 패턴이 반복됐다. 외환위기 여파로 12% 이상 급락했던 전국 집값은 슬금슬금 상승세를 보이다 4년 차인 2001년 9.9% 상승했다. 전셋값은 16.4% 오르면서 10년 만에 사상 최고치를 기록했다.

노무현 정부에서도 마찬가지였다. 2003년 5%가량 올랐던 집값은 주택거래신고제, 종합부동산세 도입 등 강력한 부동산 안정 대책으로 둔화되는 듯했다. 그러나 4년 차인 2006년 총부채상환비율DTI, Debt-to-income ratio 도입 등 주택대출 규제 조치까지 나왔지만 집값은 오히려 11% 급등했다. 세금폭탄에 매달려 근본적인 공급 대책이 부족한 결과였다. 그러자 노무현은 김대중 정부 후반기인 2002년 도입된 주택담보대출 인정비율LTV, loan-to-value ratio도 계속 강화했다.

이명박 정부 취임 첫해에는 각종 규제 완화정책을 내놓으면서 집값이 3.1% 올랐다. 그러나 2009년과 2010년에는 집값 상승률이 2%대로 떨어졌고, 수도권은 마이너스 상승률을 보였다. 하지만 집권 4년 차인 2011년 부산·대구·김해 등 지방에 국한됐지만 집값이 오름세를 보였고, 수급 불균형이 여전했던 수도권에서는 보합이거나 하락했다.

이처럼 김영삼 정부부터 이명박 정부에 이르기까지 20년가량 집권 4년 차에는 어김없이 집값과 전셋값이 뛰었다. 다만 노태우 정부 4년 차인 1991년 전국 집값은 0.5% 하락했다. 취임 첫해부터 3년 연속으로 10% 이상 급등하자 200만 호 건설로 공급을 대폭 확대한 결과로 분석됐다. 역시 공급이 유력한 해법이다.

4년 차 상승론은 집권 초기에는 정부가 부동산시장을 규제하지만 선거철이 다가오면 결국 다시 규제를 완화하는 과정이 되풀이된 데도 원인이 있다. 김대중 정부 때는 IMF 체제에 따라 2~3년간 주택공급을 줄였다가 경기회복에 따라 주택수요가 급증해 집값 급등으로 이어졌다. 노무현 정부도 같은 패턴을 반복했다. 2003년 10·29 대책이 발표된 뒤 건설사들은 주택건설을 줄였고 그 여파가 2006년부터 나타났다. 사상 최고 수준으로 집값이 오르자 노무현 정부는 공급확대정책을 강화하고 나섰으나 균형이 깨진 수급 구조는 개선되지 않았다.

이명박 정부는 시장원리를 최대한 존중하면서 과도한 규제를 손질했다. 노무현 정부가 도입한 기반시설부담금제도를 2008년 3월 폐지했다. 조세저항이 거세던 종합부동산세도 2008년 말 세대별 합산이 위헌이라는 판결에 따라 개인별 합산으로 완화했다. 규제 일변도에서 벗어나 공급확대에도 관심을 가졌다. 공급확대는 임대주택인 시프트와 보금자리주택을 통해 추진했다.

공공택지 분양 가격 인하로 부동산시장 안정을 유도하겠다는 정책이었다. 이를 위해 개발제한구역도 과감하게 풀었다. 수도권에서 주택 32만 가구를 공급하겠다는 정책이 바로 보금자리주택이었으나 급등하는 전셋값을 잡지는 못했다.

노무현의 세금 폭탄정책은 광복 이후 한국 경제가 부동산으로 불로소득을 얻는 오랜 관행에 종지부를 찍었다. 그 효과는 이명박 정부 들어 본격화됐다. 비생산적인 부동산 소유욕과 경쟁적인 부동산 투기 바람도 급격히 잦아들었다. 박정희·전두환·노태우를 거치면서 촘촘해진 과세 인프라 위에 노무현의 종합부동산세 도입, 과세표준 현실화, 총부채상환비율 도입 등으로 부동산 투기의 구멍을 완전히 틀어막았기 때문이다.

세상에 완벽한 제도는 없는 법이다. 하나를 얻으면 다른 하나를 잃는 정책의 역설이 작용하는 까닭이다. 노무현의 보유세 강화정책은 부동산시장을 유리알처럼 투명하게 만들었지만 부동산시장을 과도하게 위축시키는 결과를 초래했다. 가족 구성원의 변화는 물론 주거환경 변경에 따른 자연스런 주거생활의 흐름을 가로막는 또 다른 부작용도 낳았다.

이명박 정부 들어 서민은 물론 중산층도 급등하는 전셋값으로 고통을 받았다. 이명박 정부는 이 문제에 효과적으로 대처하지 못했다. 이를 푸는 것은 다음 정부, 또 그 다음 정부가 백년대계의 문제로 보고 해결해야 할 몫이다. 5년에 불과한 집권 기간 중 단박에 풀 수 있는 사안이 아니기 때문이다. 미래의 대통령들이 어떤 해법을 갖고 나올지 주목되지만 결코 쉬운 일이 아님은 분명하다.

...

동반성장과 분배를 역설

노무현은 한국 경제의 핵심적인 문제는 양극화의 문제라고 판단했다. 2004년 8월 30일 열린우리당 이부영 당의장과의 오찬에서 양극화 해소의 필요성을 역설했다. 그는 "대기업과 중소기업, 수출과 내수, 정규직과 비정규직, 대기업 근로자와 중소기업 근로자 사이의 양극화 문제는 단기적이고 즉흥적인 처방보다는 구조적이고 근본적인 해결을 해나가야 한다"고 강조했다. 그의 지적은 정확했다. 고도성장을 이룩한 한국은 앞만 보고 달려오다 외환위기를 계기로 신자유주의가 절정기를 이루면서 적자생존의 사회로 빠르게 변화해 왔다. 노무현은 자본주의 시장경제의 큰 흐름 속에 이 같은 결과가 피할 수 없는 구조적 문제로 고착화하고 있다는 점을 지적하면서 정부 차원에서 적극적으로 해결할 것을 주문했다. 그의 이런 생각은 다음 해 1월 1일 밝힌 신년사에서 더욱 정교해진다.[71]

> "존경하는 국민 여러분, 2005년 새아침이 밝았습니다. 올해에는 여러분의 가정마다 기쁨과 축복이 가득하시길 기원합니다.
> 지난 한 해 저와 정부는 원칙과 일관성을 가지고 열심히 노력했습니다만, 국민 여러분의 어려움을 다 풀어드리기에는 여러 가지로 부족한 점이 많았습니다. 무엇보다도 서민생활의 어려움을 속 시원히 풀어드리지 못한 점, 매우 송구스럽게 생각합니다.
> 국민 여러분, 지금 우리 경제를 어렵게 하는 원인이 무엇인지는 분명히 드러나 있습니다. 그중에서도 대기업과 중소기업, 첨단산업과 전통산업, 정규직과 비정규직, 수도권과 지방, 그리고 상ㆍ하위계층 간의 심화된 격차는 더 이상 외면할 수 없는 시급한 과제입니다. 이 문제를 푸는 데는 여와 야, 진보와 보수, 성장과 분배가 따로 있을 수 없습니다. 대한민국 공동체의 공존과 번영을 위한 협력이 필요합니다.
> 경쟁력을 갖춘 대기업과 첨단산업은 더욱 촉진시켜 성장을 앞서서 이끌도록 하고, 기술과 경쟁에서 뒤처진 중소기업과 서민계층에게는 폭넓은 지원을 해서 더불어 발전해나가야 합니다. 바로 '동반성장'입니다. 대기업은 중소기업에게, 정규직은 비정규직에게, 수도권은 지방에, 중산층 이상은 서민계층에게 용기를 북돋우고 손을 잡아 이끌어주어야 합니다. 상생과 연대의 정신, 그리고 양보와 타협의 실천이 절실히 요구되는 때입니다. 올해를 그 귀중한 기회로 삼아야 하겠습니다.
> 저는 어려운 때일수록 빛을 발하는 위대한 우리 국민의 저력을 믿습니다. 저와 정부도 최선을 다하겠습니다. 자신과 희망을 가지고 다시 한번 뜁시다. 2005년 새해를 우리 경제가 새롭게 도약하는 해로 만들어 나갑시다. 국민 여러분, 새해 복 많이 받으십시오."

노무현의 문제 의식은 틀리지 않았다. 그러나 분배 문제에서도 그는 부동산정책에서처럼 점진적인 접근보다는 성급한 자세를 보였다. 노무현 정부는 2006년 8월 30일 1600조 원이 필요한 복지사회 비전을 내놓았다.[72] 이는 즉각 세상을 놀라게 했다. 더 정확히 표현하자면 여전히 복지보다는 성장을 중시하는 보수 진영의 기득권층을 놀라게 했다.

> "전 국민이 집 걱정, 병원비 걱정, 먹거리 걱정 없는 사회를 건설하겠다. 2010년대 선진국에 진입하고 2030년 1인당 국민총생산은 8만 4000달러로 스위스와 비슷한 수준에 이른다. 삶의 질은 2030년 세계 10위로 현재의 미국을 앞선다. 노인연금혜택은 2005년 17%→2030년 66%, 같은 기간 치매·중풍 등 장기요양서비스 수혜율은 11%→100%, 정규직 대비 비정규직 임금 수준은 63%→85%로 높아진다."

당시 기획예산처가 발표한 '비전 2030-함께 가는 희망'에 나타난 한국의 미래상이다. 예산처는 이 같은 복지 중심 재정계획을 달성하기 위해 2030년까지 1100조 원의 돈이 필요하다고 밝혔다. 그러나 재원조달 방법에 대해서는 "방향 제시로만 봐주고 재원조달은 국민이 세금을 더 낼지, 국채를 발행해 조달할지 의견을 수렴해야 한다"며 구체적인 방법을 제시하지 못했다. 국채를 발행할 경우에는 이자가 늘어나 실질적인 필요 재원은 1600조 원에 달한다.

노무현은 이날 보고회에서 "아직 충분하지 않지만 이제 더 이상 발표를 늦출 수 없는 시기가 왔다"며 "준비와 대응에 관심을 가져주고 내용이 착실하게 추진되도록 노력해 주기 바란다"고 당부했다. 이에 대해 한나라당 유승민 의원은 국회 예결위에서 "이번 계획대로 정책을 추진한다면 막대한 세금 부담으로 현재의 20대와 30대는 세금 폭탄 선언서를 받은 것이나 다름없다"고 비판했다.

비전 2030은 노무현 정부의 분배정책을 망라한 계획이다. 그러나 이 계획은 먼 미래 세대의 일인데다 재원조달이 불투명하기 때문에 장밋빛 선거공약과 다르지 않다는 지적을 받았다. 부동산·교육·연금·실업 등 산적한 민생 과제도 풀지 못하면서 생색만 내고 실제 부담은 차기 정부에 떠넘기는 정책이라는 것이다.

복지 부문의 기대치가 높아질수록 이를 원래대로 줄이기 힘들다는 점을 고려하면 정부가 이런 비전을 내놓은 것 자체가 차기 정부에 큰 부담이 될 수 있었다.

정부는 돈을 어떻게 마련할 것인지에 대한 구체적 계획은 세우지 못했다고 밝혔다. 그러면서도 이런 비전을 내놓은 것이다. 노무현은 양극화 해소 차원에서 분배정책과 사회복지에 대한 집착이 강했다. 그러나 재원조달방법이 불투명한 계획은 실효성이 없다. 노무현 정부의 연평균 경제성장률은 4.3%였다. 외환위기 이후 잠재성장률이 크게 둔화돼 이명박 정부의 연평균 성장률은 4%를 넘어서지 못했다. 성장 없는 복지는 환상에 그칠 수밖에 없다. 이런 점에서 비전 2030은 재원에 대한 구체적 대안이 없다는 점에서 한계를 드러낸 것이다.

역대 정부 줄곧 장기 국가 비전 제시

정부가 장기 미래 구상을 내놓은 것이 처음은 아니다. 김영삼도 집권 4년 차인 1996년 '21세기 경제 장기 구상'을 발표했다. 그러나 불과 1년 뒤의 결과는 외환위기였다. 경제협력개발기구OECD에 가입한 뒤 곧 선진국이 될 것처럼 잔뜩 바람을 잡으며 환율과 물가를 억지로 낮추다 외환위기를 맞게 된 것이다.

비전 2030에 대해서는 여당조차 못마땅해 했다. 당시 열린우리당 강봉균 정책위의장은 "이번 정부에선 할 게 아무것도 없다"며 "토론자료로만 삼을 내용"이라고 신중한 입장을 보였다. 현재의 선진국보다 더 살기 좋은 나라를 만든다는 목표는 현실성이 없다. 경제성장률을 과장하고, 소요 재원은 축소한 채 추진한다면 국가재정을 파탄낼 수밖에 없다.

비전 2030 보고회의 참석(2006)

당시 비전 2030은 노무현의 지시로 변양균 기획예산처 장관발표 당시 청와대 정책실장 시절인 2005년 7월 전문가 60여 명으로 구성된 '비전 2030 수립을 위한 민간작업단'이 발족되면서 작업이 시작됐다.

예산처는 비전 2030의 50개 정책과제를 설정해 7개 분과를 만들고 여기에 한국개발연구원KDI·조세연구원KIPF, 현 조세재정연구원·산업연구원KIET·노동연구원·대외경제정책연구원KIEP 등 11개 국책 연구 기관이 참여했다. 당시 권오규 경제부총리, 현정택 KDI 원장과 청와대 정문수 경제보좌관, 윤대희 경제정책수석 등도 비전 2030의 전도사 역할을 맡았다.

그러나 임기 5년 차가 되자 관변 연구소들은 정부정책에 대한 경계주의보를 내놓기 시작했다. 2007년 1월이 되자 재정정책부터 증세·분배정책까지 다양한 분야에서 참여정부의 정책 방향을 우려하는 보고서들이 공개된 것이다.

KDI는 1월 29일 '위험 요인을 고려한 재정의 지속 가능성' 보고서를 통해 국가재정이 악화될 가능성이 있다고 경고했다. KDI는 재정 건전성을 침해할 수 있는 요인으로 재정수입 감소, 연금·의료비 등 재정지출 증가, 복지지출 급증 등을 꼽았다.[73]

노무현, 균형발전에 눈 돌리다 2003~2008   361

과도하게 분배를 강조하는 듯한 정책 방향에도 우려가 제기됐다. KIEP는 '사회경제정책의 조화와 합의의 도출' 보고서에서 분배에 대한 정부의 지나친 개입을 경고했다. KIEP는 일부 유럽 국가의 후유증을 지적하면서 "정부가 무상주택과 무상교육 등 너무 광범위한 분야까지 개입해서는 안 된다"고 밝혔다. 분배정책을 추구하되 성장친화적인 정책이 얼마든지 가능하다는 점을 강조한 것이다.

한국조세연구원은 정부가 세금을 깎아 주는 감세정책이 경기부양에는 더 효과적이라는 분석을 내놓았다. 복지와 분배를 위해 증세를 주장해 온 노무현 정부 입장과는 대비됐다. 정부와 한국은행이 설립한 국제금융센터KCIF도 "환위험 회피를 하는 경우가 많아 정부의 환율 안정 대책의 효과는 제한적"이라는 보고서를 냈다. 정부의 해외 투자 활성화 대책의 허점을 지적하는 내용이다.

이런 흐름에 대해 관변 연구소의 한 관계자는 "참여정부 들어 청와대와 아마추어들이 대거 포진한 각종 위원회가 일방적으로 정책을 주도하면서 상당한 후유증을 낳았다"며 "이에 대한 반작용으로 전문가들이 제 목소리를 내기 시작한 것"이라고 말했다. 그만큼 노무현의 이상과 현실에는 괴리가 있었다는 방증이다.

비전 2030 발표의 안이함은 곧바로 확인됐다. 재정경제부·기획예산처·국회예산정책처NABO 등에 따르면 노무현 정부 들어 4년간 새로 발생한 국가채무가 정부 수립 이후 김대중 정부까지 54년간1948~2002년 쌓인 국가채무보다 많은 것으로 나타났다. 노무현 정부 출범 직전인 2002년 말 133조 6000억 원이었던 국가채무는 2006년 말 283조 8000억 원으로 늘어날 것으로 전망됐다. 2007년도 예산안으로는 국가채무가 2007년 말 306조 원 규모로 커질 것으로 예상됐다.

노무현 정부 5년 동안 늘어난 국가채무는 165조 3000억 원에 달했다. 이 돈이 모두 노무현 정부의 책임은 아니다. 김대중 정부 때 예금보험공사·자산관리공사 등에서 쓴 공적자금을 2003년부터 국채로 전환한 금액이 54조 원에 이른다. 또 환율 급락을 막기 위해 외환시장에 투입한 돈이 58조 원에 이른다. 노무현 정부에서 새로운 사업을 벌이느라 늘어난 국가채무, 즉 순수 재정사업으로 인한 국가채무는 17조 원뿐이라는 게 예산처의 설명이다.

그러나 나라의 빚이 눈덩이처럼 커지고 있어 재정을 건전하게 만들기 위해 절약해야 할 시점에 장밋빛 공약을 내놓으면 채무가 더 증가할 것이라는 우려가 컸다. 재정사업은 초기엔 큰돈이 들어가지 않지만 시간이 지날수록 많은 예산을 잡아먹는다. 새만금이나 경부고속철도가 그런 예다.

그런데도 2017년까지 10조 5417억 원을 당초 예산으로 책정한 호남고속철도 건설사업이 경제적 효과보다는 정치적 배려로 결정됐다. 노무현 정부 때 마련돼 차기 정부에서 시행된 근로장려세제EITC 역시 매년 예산이 눈덩이처럼 불어난다.

더구나 국가균형발전의 총사업비 66조 6000억 원, 농업농촌 대책 119조 원, 신행정수도건설 45조 6000억 원, 국방 개혁 67조 원 등의 예산이 들었으며, 이게 또 전부가 아니었다. 공공 기관 지방이전, 자치경찰교육, 주한미군 재배치, 용산기지 이전, 육아지원 대책, 빈곤아동 대책, 문화중심도시 등에도 막대한 예산이 들어갔다.

균형발전에 천문학적 재정 투입

이런 사업 중 1조 원 이상이 들어가는 국책사업만 따져도 2004년 10월 현재 972조 원의 예산이 필요했다. 이후에는 1000조 원을 넘어섰을 것으로 추정된다. 재경부와 예산처 관계자들도 "국별로 담당이 다르기 때문에 전체 규모를 파악하기 쉽지 않다"고 말할 정도로 굵직굵직한 국책사업이 너무 많다.

물론 이들 사업에 필요한 예산 전부가 빚이 되는 것은 아니지만 이 중 상당 규모가 국가채무로 이어져 후손의 부담이 될 수밖에 없는 실정이다.

정부 예산을 쉽게 끌어쓰려는 정부부처의 행태도 국가채무 증가의 한 원인이다. 특히 헌법재판소는 당초 200억 원으로 잡혔던 도서관 신축 예산을 세 배 규모인 613억 원으로 늘려 달라고 요구해 결국 155억 원을 추가로 받아냈다.

예산처가 2006년 밝힌 '국가재정운용계획 수립 현황'을 보면 '나랏돈은 먼저 보는 게 임자'라고 여기는 공직사회의 방만한 분위기를 알 수 있다. 이에 따르면 2007~2010년 각 부처의 지출 요구액사회보험 제외은 1004조 원으로 4년간 총수입 전망915조 원보다 89조 원 많았다. 예산처가 2006년부터 예산낭비신고센터를 운영하고 예산의 타당성을 더욱 강하게 검증하겠다고 나설 정도였다.

정부 지출이 국민의 소득 증가 속도나 조세부담능력 이상으로 늘어나면 나라 살림의 만성적인 적자 구조가 심화한다. 경기 침체로 세금을 늘리기 힘든 상황에서 분배정책이 확대되면 국민이 천문학적인 국가채무를 떠안게 된다. 양극화 해소가 급선무라는 노무현의 상황 인식은 타당했다. 그러나 급진적인 정책은 혼란과 또 다른 부작용을 초래한다. 노무현이 제기한 문제의식을 점진적인 접근으로 현실화한다면 양극화 문제의 해법이 될 수 있다.

변양균 당시 청와대 정책실장은 2012년 1월 『노무현의 따뜻한 경제학』을 펴내 비전 2030의 의미를 다시 한번 강조했다. 그는 "비전 2030으로 인한 증세 논란에 대해 더욱 적극적으로 대응하지 못했던 게 아쉬움으로 남는다"며 "당시 우리 사회가 직면했던 구조적 문제들을 모두 포괄한 국가 발전 패러다임이었기 때문에 현 정부가 추진하는 정책들도 대부분 그 틀에서 자유로울 수 없다"고 주장했다.[74] 그의 주장대로 이명박 정부에서는 복지확대가 가장 뜨거운 경제정책 이슈로 떠올랐다. 노무현이 던진 화두를 받아 본격적인 논의를 벌인 형국이 된 것이다. 결국 이명박 정부는 복지예산을 한층 확대했지만 저성장의 덫에 걸려 성장과 복지의 우선순위를 놓고 깊은 고민에 빠진 가운데 치열한 논쟁을 벌어야 했다.

…

완급 조절 필요했던 꿈과 비전

노무현 정부의 경제정책은 집권 후반기로 접어들자 더욱 혼란스러운 양상을 띠기 시작했다. 2006년 국정감사에서는 경제 리더십은 오간 데 없고 경제정책은 뒤죽박죽이 됐다는 지적이 쏟아져 나왔다.

2006년 11월 1일 국회 재정경제위원회의 재정경제부 국정감사에서 여야 의원들은 한목소리로 정부의 경제 실정과 정책 혼선을 질타했다. 경제사령탑인 재경부가 갈팡질팡하다 보니 경제정책이 총체적인 난맥상에 빠져 민생·경제정책이 제자리에서 맴돈다는 지적이었다.

한나라당 서병수 의원은 "(정부의 올해 목표치인) 40만 개 일자리 창출은 공허한 메아리일 뿐이며, 양극화와 집값 상승도 확산 일로"라며 "이는 정부의 정책 조정능력 부재不在 때문"이라고 꼬집었다. 산업자원부 장관 출신인 열린우리당 정덕구 의원도 당시 국감에서 "금리정책 등에서 (부처 간) 공조가 제대로 안 되니 정부가 샅바 놓친 씨름꾼처럼 허둥댄다"고 꾸짖었다.

특히 경제 부문의 혼란은 재경부가 청와대 코드code만 바라보며 리더십을 잃었기 때문이라는 지적을 받았다. 당시 유행어가 됐던 '코드정책'은 어떤 정책을 펴거나 인사권을 행사할 때 노무현과 성향이 맞느냐를 기준으로 이뤄졌음을 의미한다. 코드의 사전적인 의미는 사회의 규약이나 규칙을 뜻한다. 청와대에 새로 들어온 사람에겐 "대통령과 코드가 맞느냐"는 말이 인사말이 됐을 정도였다. 노무현과 성향이 맞느냐는 의미였다. 정치·외교·사회·문화

분야에서도 이 같은 코드정책이 일반화되면서 인사에서도 코드인사가 확산됐다.

이런 코드정책은 국민의 가려운 곳을 긁어주는 민생정책과도 괴리가 있었다. 당시 권오규 경제부총리가 이끌던 재경부는 2007년 1월 50일째 인터넷 홈페이지를 통해 일반인을 상대로 설문조사를 하고 있었다. '정부가 올해 최우선순위를 둬야 할 분야'라는 주제였다. 국민이 원하는 정책을 파악해 우선순위를 조정하자는 취지였다.

국민은 복지보다 경기회복

조사 결과 응답자들이 가장 바라는 정책으론 단연 '경기회복'이 꼽혔다. 전체 응답자 850명 가운데 절반에 가까운 374명에 달했다. 온 나라를 떠들썩하게 만든 '부동산시장 안정'에 24%가 응답했지만 경기회복이 더 시급한 정책과제로 꼽혔다. 셋째 관심사는 '서민경제 안정'이었다. 국민이 바라는 정책의 우선순위 1~3위가 모두 민생과 관련된 것이다. 노무현 정부의 역점사업인 '사회복지시책의 강화'를 최우선 과제로 꼽은 응답자는 2%에 불과했다.

정부는 분배와 형평을 강조하며 이런저런 복지정책을 만들어 내느라 바빴지만 정작 국민의 관심권에선 벗어나 있던 셈이다. 빈부 격차가 심해지고 체감경기가 바닥을 치고 있는 현실에서 국민은 생활에 직결된 경기회복을 원하고 있다는 뜻이기도 했다. 이는 정부가 생각하는 정책 우선순위와 국민의 정책수요가 상당 부분 어긋나 있음을 보여줬다.

경기회복의 특효약처럼 꼽히는 '투자 활성화'를 선택한 응답자가 3%에 그친 것도 눈에 띄는 대목이다. 그동안 정부가 각종 투자 활성화 대책들을 내놓았지만 별 효과가 없었기 때문에 이 같은 응답이 나온 것으로 분석된다.

이런 결과를 보면 국민이 절실하게 바라는 정책은 결코 거창하지 않다는 것을 알 수 있었다. 노무현 정부가 내세운 '국민과 후손의 미래를 위한 일'과 같은 추상적 구호엔 관심이 없었던 것이다. 그런데도 주요 경제정책을 책임 지는 관료들이 노무현 코드에만 열중하느라 현실과 이상의 괴리에 대해서는 진지한 고민을 하지 못했다. 심지어 '공무원은 영혼이 없다'는 자조적인 표현까지 나왔다.

현실과 괴리된 코드정책은 확실히 문제를 키웠다. 정부의 국내 경제정책 은 부동산정책밖에 없다는 얘기가 나올 정도로 노무현은 집값 안정에 총력 을 기울였다. 그러나 공급확대보다 대출 규제와 세금강화 등 수요억제에 초점을 맞추다 보니 집값은 오히려 큰 폭으로 올랐다.

2003년 2월 노무현 정부가 출범한 이후 부동산 가격이 급등했던 2006년 10월까지 3년 8개월 새 서울과 인천·경기 등 수도권 아파트값은 평균 54.5% 올랐다. 헌법보다 고치기 어렵게 만들었다는 집값 대책이 무색한 실정이 었다.

결국 시장원리 채택한 부동산정책

집값이 계속 오르자 정부는 뒤늦게 신도시 계획을 발표하는 등 공급확대 쪽으로 방향을 틀었다. 그러나 이 과정에서 "집값을 잡겠다"는 '양치기 소년 식 발표'는 계속됐다. 정부 고위 관계자들의 말도 계속 바뀌었다.

"부동산 가격은 (2003년) 10·29 대책 이전 수준으로, 지금보다 20~30% 가량 내려갈 것"2006년 5월 17일 김용민 재정경제부 세제실장, "지금 집을 사 봐야 비싼 값에 살 수밖에 없다"2006년 10월 23일 추병직 건교부 장관는 식의 발언이 "공급 확대 대책의 효과가 발휘되면 집값은 반드시 안정될 것"2006년 11월 2일 박병원 재경부 차 관이라는 식으로 슬그머니 꼬리를 내리는 모습이었다. 공급이 확대되면 집값이 안정된다는 얘기는 너무나 당연하다.

이러다 집권 5년 차를 맞이한 노무현 정부의 2007년 경제 운용 방향은 집값과 금융시장 안정, 일자리 창출 등 잔뜩 쌓인 숙제를 마무리하는 데 맞춰졌다.

거시경제지표로는 반드시 나쁘다고 할 수 없었다. 2006년 성장률이 5.2%에 달했기 때문이다. 그러나 막상 서민생활은 외환위기 무렵보다 어렵다는 자성의 목소리가 정부 내부에서도 나왔다.

정부는 우선 성장의 고용창출 효과가 떨어져 성장률이 높은데도 일자리는 늘지 않았다는 점을 인정했다. 또 소비자물가는 안정됐다지만 피부에 와닿는 집값이 너무 많이 오른 것도 문제점으로 꼽혔다. 서민생활이 어렵다는 주장이 나올 때마다 "거시경제지표가 좋으므로 경제에 별다른 문제가 없다"던 주장과는 상반된 것이다.

이런 배경에서 5년 차 경제 운용 방향에는 주택공급확대 계획을 실행한다는 의지가 강하게 나타났다. 집값과 가계빚 같은 언제 뇌관이 될지 모를 위험변수를 잘 수비해 막판에 골을 먹지 않겠다는 의도였다.

단추는 잘못 끼워져 있었다. 부동산값은 천정부지로 뛰었고, 집을 사두려는 수요로 가계빚 규모는 위험수위에 다가서고 있었다. 또 이미 나온 정책을 녹음기 틀듯 나열한 것도 많았다. 일자리 창출이 단적인 예다. 정부는 2007년 30만 개의 일자리를 만들겠다고 했다. 이 중 4만 개는 정부가 직접 돈을 대는 사회적 일자리이고 26만 개는 2007년 본격적으로 추진할 '기업 경영 환경 개선 대책'과 '서비스업 경쟁력 강화 대책'을 통해 만들겠다는 것이었다.

이런 목표 달성을 위해 동원한 정책은 이미 2006년 하반기 잇따라 발표한 기업 환경 개선 대책과 서비스산업 경쟁력 강화방안이었다. 당시 덩어리 규제를 풀지 않고 과감한 개방도 미뤄 그 효과가 매우 의심스럽다는 비판을 받았던 것들이다.

노무현의 꿈과 이상은 원대했다. 그는 정의롭고 이상주의를 추구하던 사람이었다. 그래서 언제나 서민을 먼저 생각하고 약자를 배려하는 자세를 보였다. 그러나 방법론이 너무 급진적이었다. 좋게 말하면 선각자라고도 할 수 있다. 많은 반대파들이 그의 순수한 꿈과 이상을 이해하지 못했다고 할 수도 있다. 관행과 관습, 고정관념이 그와 국민 사이를 가로막고 있었던 것이다. 이는 사회적 혼란과 반발을 불러왔다. 만약 참모들이 노무현의 순수한 구상을 집행하는 과정에서 조금 더 완급을 조절했더라면 더욱 생산적인 결과를 만들어 냈을지도 모른다.

이명박

저성장 시대로 접어들다

재임기간 2008년 2월~2013년 2월

1941년 12월 19일	일본 오사카 출생
1960년	동지상업고등학교 야간 졸업
1965년	고려대 경영학 학사 졸업
1965년	현대건설 입사(공채)
1977년~1988년	현대건설 대표이사 사장
1978년~1981년	인천제철 대표이사 사장 겸임
1978년	한국도시개발(現 현대산업개발) 대표이사 사장 겸임
1978년	한국철강협회 부회장
1980년	해외건설협회 업계대표 부회장
1982년~1987년	현대엔지니어링 대표이사 사장 겸임
1982년~1992년	대한올림픽위원회(KOC) 상임위원
1983년~1992년	한국능률협회 부회장
1983년~1990년	동남아 경제협력 건설분과 위원장
1984년~1992년	아시아수영연맹 회장
1985년~1986년	한라건설 대표이사 회장 겸임
1986년~1999년	주한 부탄왕국 명예총영사
1987년~1992년	현대엔지니어링 대표이사 회장 겸임
1988년~1992년	현대건설 대표이사 회장
1988년~1992년	현대엔진공업 대표이사 회장 겸임
1988년	한무쇼핑(현대백화점) 대표이사 회장 겸임
1989년~1992년	한·소 경제협회 설립준비위원장 겸 부회장
1989년~1991년	현대종합목재 대표이사 회장 겸임
1990년~1992년	현대자원개발 대표이사 회장 겸임
1991년~1992년	동북아 경제협력 민간협회 한국측 회장

1992년~1995년	14대 국회의원(민자당→이후 신한국당, 전국구)
1992년~1994년	6·3 동지회 회장
1992년~2007년	미국 아칸소주 명예대사
1993년~1996년	한국청년실업인협의회 회장
1993년	세계한인상공인총연합회 이사 겸 운영이사회장
1994년~2002년	동아시아연구원 이사장
1996년~1998년	15대 국회의원(신한국당→이후 한나라당, 서울 종로)
1996년	한국국악협회 고문
1997년	한나라당 종로지구당위원장
1999년~2002년	아태 환경NGO 한국본부 총재
2000년~	캄보디아 훈센 총리 경제고문
2000년~2002년	한국장애인정보화협의회 명예회장
2001년	한나라당 국가혁신위원회 미래경쟁력분과 위원장
2002년~2006년	서울특별시장(32대, 민선3기)
2007년	한나라당 제17대 대통령후보
2008년~2013년	제17대 대통령

"정치권의 경쟁적인 포퓰리즘이
국가부도 사태를 낳은 국가들의 전철을 밟아선 안 된다."

2011년 8월 15일 광복절 축사

2008년 새 정부가 출범할 당시 이명박은 준비된 경제 대통령이라는 평가와 기대를 한 몸에 받으며 새로운 지도자로 등장했다. 어떤 경우라도 경제만큼은 잘할 것으로 예상됐다. 하지만 이런 기대가 깨지는 데는 많은 시간이 걸리지 않았다.

취임 첫해부터 리먼 브라더스 파산을 신호탄으로 미국발 글로벌 금융위기의 충격에 시달려야 했다. 100년에 한 번 있을 만한 경제위기라는 우려도 있었다. 이명박은 이 위기에 잘 대처하는 것처럼 보였다. 안으로는 '일자리 나누기'와 중소기업에 대한 집중지원을 통해 대량실직과 기업의 줄도산 없이 모범적으로 글로벌 금융위기를 극복하는 모습을 보여줬다. 대외적으로는 금융위기 수습과정에서 주요 20개국G20 서울 정상회의 개최를 주도하며 강력한 글로벌 리더십을 발휘했다.[75] 그동안은 주변국들이 우리의 운명을 결정했지만 G20회의를 통해 우리 스스로 세계의 질서를 결정짓는 과정에 참여한 것이다.

그러나 이명박의 리더십은 오래가지 않아 흔들리기 시작했다. 선진국들의 경제불안이 지속되고 강대국들의 부침에 따라 국제 질서가 거대한 지각

변동의 소용돌이에 빠져들었기 때문이다. 중국의 부상과 미국의 쇠퇴, 유럽의 불안과 미국의 침체는 한국 경제를 흔드는 요인이 됐다. 세계 경제가 흔들리면서 국제 공조 체제도 틈새를 드러내고 한국 경제도 침체와 혼돈에서 벗어날 수 없었다.

설상가상으로 2011년이 되자 글로벌 재정위기가 본격화하면서 한국 경제를 다시 한번 흔들어 놓았다. 미국발 금융위기에서 벗어나 간신히 기력을 차릴 즈음 유럽발 재정위기로 2차 충격을 받은 것이다. 이런 대외 경제 환경의 악화 때문에 'MB노믹스이명박의 경제정책'의 상징이던 '747공약7% 성장, 4만 달러 국민소득, 7대 경제 강국'[76]은 궤도 진입을 시도해 보지도 못한 채 날개를 접어야 했다.

내부적으로는 외환위기 이후 김대중·노무현 정부를 거치면서 본격화된 양극화 후유증이 극심해졌다. 성장률이 크게 둔화되면서 경제 파이가 줄어드는 국면에서 재정확대에 기반한 복지 수요가 폭발적으로 분출했다. 이는 성장과 분배에 대한 논쟁을 촉발시키면서 극한의 정치적 갈등과 대립을 불러왔다. 이명박은 임기 전반기에 747공약의 실현 수단으로 감세를 통한 경기부양을 시도하면서 전통적인 성장 위주의 경제정책을 시도했다. 하지만 대외 경제 환경이 계속 나빠지고 내부에서는 양극화 해소에 대한 욕구가 분출하자 점차 성장에서 분배로 무게중심을 옮기면서 복지 강화에 대한 사회적 요청을 수용하고 나섰다.

이명박은 임기 중반을 넘어서자 더욱 적극적으로 정책의 우선순위를 양극화 해소에 두기 시작했다. 2010년에는 대기업과 중소기업의 동반성장을 촉구하면서 그해 12월 '동반성장위원회'를 출범시키고, 임기 후반에 접어든 2011년 8월에는 광복절 축사를 통해 더욱 적극적으로 대기업의 양보와 역할을 강조한 '공생발전'의 개념을 제시했다. 진보 정권으로 불린 김대중·노무현 시절과 비교해도 훨씬 적극적으로 분배와 복지를 강화하는 입장을

제1차 녹색성장위원회 회의(2009)

나타내기 시작한 것이다.

그러나 이런 노력만으로는 '성장 없는 분배', '성장 없는 복지'가 환상이라는 경제 현실을 벗어날 수 없었다. 건국 이후 경제 발전과 위기가 반복되는 과정에서 오랫동안 누적된 구조적인 양극화 문제도 사태를 어렵게 만들었다. 5년 단임의 대통령이 정책의지만으로 해결하기에는 경제 문제가 너무 복잡하고 커진 것이다. 이런 환경에서 대통령 혼자 바꿀 수 있는 여지는 크지 않다. 1987년 민주화 이후 5년마다 대통령이 바뀌는 '87년 체제'의 굴레에서 이명박도 벗어날 수 없었다.

그럼에도 이명박은 집권 후반기에 들어서자 적극적으로 동반성장·공생발전 정책을 구체화하고 나섰다. 2011년 국회에서는 이명박 정부의 핵심 경제정책이었던 감세정책이 중단되고 소득세 과세표준 최고구간이 신설돼 부유층에 대한 과세가 오히려 강화됐다. 중소기업 고유영역을 지정해 대기업의 진출을 제한하는 조치까지 이뤄졌다. 사실상 약육강식의 논리와 정글의 법칙이 지배하는 신자유주의적 관점에서 보면 이명박 정부에서 이뤄진 이런 변화들은 지극히 좌파에 가까운 정책들이다.

하지만 더 왼쪽으로 가라는 압력은 그치지 않았다. 야당은 물론 여당 내부에서조차 이런 목소리가 터져나왔다. 밖에서의 글로벌 경제 침체와 안에서의 복지 확대 요구가 한꺼번에 몰아치면서 대통령의 리더십 발휘는 더욱 어려워지는 것처럼 보였다. 노무현이 "대통령 하기 힘들다"고 말했을 때 많은 사람들이 그가 무책임하다고 비판한 바 있지만 갈수록 대통령의 입지는 좁아지고 있는 것이다. 과거 권위주의 시대처럼 대통령 말 한마디에 움직이는 시대가 아닌데다 대통령이 쓸 '당근과 채찍'도 많지 않기 때문이다. 그래서 대통령은 소통 전문가여야 한다는 지적이 나오기도 했다.

일부 여당 정치인들도 대통령의 소통부족 문제를 지적했다. 대통령이 새벽 일찍 일어나 국가 전반의 모든 것을 꼼꼼히 챙기고 열심히 일하는 모습을 보이지만 소통이 부족해 반발이 끊이지 않는다는 것이다. 한 여당 정치인은 "자기 혼자만 잘나고 똑똑하다고 해서 되는 게 아니고 같이 가야 하는데, 나 혼자 가야 하니까 따라와라 해서는 국가를 이끌기 어렵다"고 꼬집기도 했다.

이런 비판이 내부에서 나올 정도로 이명박은 소통이 부족한 지도자라는 이미지가 박혔다. 미국산 쇠고기 수입 재개와 한·미 자유무역협정FTA, 4대강 사업, 행정수도 개정안 등은 모두 반대의 목소리에 발목이 잡혔다. 노무현 정부 때 못지않게 나라가 시끄럽게 대립하고 분열했다. 그러나 이명박의 정책들이 본질적으로 잘못됐기 때문에 그런 것은 아니었다.

그런데도 효과적으로 반대 세력을 설득하지 못했다. 노무현 정부 때 추진된 국가균형발전 사업에는 66조 원의 예산이 책정됐다. 이명박이 추진한 4대강 사업에 투자된 22조 원의 3배에 달하는 규모였다. 국가균형발전이나 4대강 사업이나 모두 국가를 위해 필요하다는 게 정책입안자들의 주장이다. 해당 지역 주민들이 환영한 것도 공통점이다. 그럼에도 불구하고 4대강 사업은 정치적 공세의 표적이 됐다. 전체주의 또는 일당 독재가 아닌 민주주의 절차를 거쳐야 하기 때문에 반대세력의 등장은 불가피하다. 소통과 설득의 리더십만이 이런 갈등 극복의 열쇠가 된 것이다.

"서민을 따뜻하게, 중산층을 두텁게"는 이명박 정부의 정책 기조로 채택됐다. 이 슬로건처럼 한국 사회는 외환위기 이후 양극화가 심화돼 있었다. 이명박 정부는 이를 해소하기 위해 다각적인 노력을 했지만 현실과 이상의 갭은 깊고, 그 간극을 메울 소통도 부족했다. 747은 이명박 정부가 성장 위주로 가겠다는 슬로건이었다. 결과는 반대였다. 성장률이 둔화되면서 모든 계획이 흔들렸기 때문이다.

성장이 없으면 복지 확대도 어렵지만 이미 우리 사회는 천문학적인 재정이 필요한 복지정책이 확대되고 있다. 아슬아슬한 길을 걷고 있는 것이다. 스웨덴의 복지를 거론하고 있지만 그렇게 되기 위해서는 성장이라는 바퀴가 함께 굴러가야 하기 때문이다. 스웨덴은 꾸준한 성장을 통해 모든 국민이 많은 세금을 내고 모든 국민이 복지를 누리는 시스템으로 가동되고 있다.

'스웨덴 패러독스'로 불리는 이 같은 스웨덴 복지의 비밀은 지속적인 성장에 숨어 있다. 우리나라에서도 결국 복지의 열쇠는 새로운 일자리 창출에 있다. 그 길을 찾는 것이 5000만 한국인의 미래를 결정지을 것이다.[77]

···
미국발 글로벌 금융위기

역대 대통령 가운데 특정인의 이름 뒤에 고유 경제정책을 의미하는 '노믹스nomics'를 붙인 경우는 많지 않다. 김대중과 이명박 두 대통령만 각각 DJ노믹스와 MB노믹스로 불렸다. 그만큼 이들에게 거는 국민의 기대는 컸다. 김대중은 외환위기를 극복하는 시점에, 이명박은 중진국에서 벗어나 오랫동안 선진국 진입의 문턱을 맴돈 한국 경제가 다시 한번 업그레이드하는 시점에 각각 국가 최고지도자로 등장했기 때문에 큰 관심을 받았다. 외환위기 이후 심화된 고용불안과 경기 침체에 대한 돌파구를 마련해 줄 것이란 기대도 한껏 고조됐다.

MB노믹스의 큰 틀은 성장과 비즈니스 프렌들리였고 성장을 뒷받침했던 논리는 감세였다. 이명박은 '747공약'을 내세웠다. '7% 경제성장, 1인당 국민소득 4만 달러, 7대 경제 강국 달성'이었다. 공약대로만 되면 한국은 사실상 주요 7개국G7에 진입하는 것으로 모든 국민들이 경제성장의 과실을 공유한다는 기대와 꿈에 부풀었다. 일각에서는 장밋빛 구상이라는 비판도 있었지만 해보지도 않고 비관할 일도 아니었다. 세계 최고 수준의 숙련된 기술인력과 글로벌 시장을 지배하는 주요 제조업의 역량으로 꿈꾸지 못할 목표는 아니었다. 그 핵심 수단은 감세減稅, 친시장·규제 완화, 서비스업 선진화, 공기업 선진화였다.

그러나 747공약은 대외 경제 환경의 급격한 변화라는 역풍을 맞아 날개가 꺾이면서 일찌감치 당초 계획했던 궤도에서도 크게 벗어났다.

747공약 불발의 가장 큰 대외요인은 2008년 9월 15일 대마불사의 신화가 깨지면서 표면화된 미국발 경제위기였다. 대마불사는 '너무 크기 때문에 망하지 않는다too big to fail'는 의미다. 1997년 외환위기 때 국제통화기금IMF

의 지침으로 국내 대기업과 시중은행 가운데 부실한 곳들이 대거 정리되면서 이 신화는 무너졌다. 미국에서도 이 신화는 더 이상 존재하지 않는다.

미국 초대형 투자 은행인 리먼 브라더스의 파산을 신호탄으로 세계는 순식간에 불황의 소용돌이에 휩싸였다. 이 충격으로 세계 경제의 엔진인 미국 경제가 급격히 위축되면서 1929년 대공황과 1970년대 두 차례의 오일쇼크에 이어 전 세계는 본격적인 동시 불황의 터널에 들어가기 시작했다. 한국 경제 역시 큰 충격을 받았다. 2000포인트를 웃돌던 종합주가지수KOSPI는 경기후퇴 우려로 반토막 이하로 곤두박질쳐 900포인트대로 추락하고 소비심리도 빠르게 식었다.

한번 식기 시작한 경기는 좀처럼 되살아나지 않았다. 삼성경제연구소와 LG경제연구원은 이명박 정부의 마지막 연차인 2012년 경제성장률이 3%대 중반에 그칠 것으로 전망했다. 성장동력인 수출이 글로벌 경기 침체로 둔화되고 내수도 어려울 것이란 판단에서다. 암울한 상황이 여과 없이 예고됐다. 이 전망이 얼마나 정확했을지는 차치하고 이명박 정부의 대내외 경제 여건은 집권 기간 내내 좋지 않았다.

이 같은 경제위기는 747공약을 뿌리째 흔들어 놓았다. 경제성장률 둔화로 저성장 함정에 갇히면서 '혹시나 내일은 오늘보다 좋아지겠지'라던 희망은 물거품이 되기 시작했다. 그러면서 경제양극화 이슈가 본격적으로 부각되기 시작했다. 글로벌 경제의 불확실성은 기업들의 투자 분위기를 냉각시켰고 고용 여건의 악화로 이어졌다. 이미 구조적인 양극화 시대로 접어든 것이다.

이는 분배 정의에 대한 욕구를 자극해 성장보다 분배를 우선시해야 한다는 사회적 담론으로 발전했다. 결국 다시 복지 포퓰리즘을 자극하면서 각계각층에 무상복지 욕구를 분출시켰다. 기득권층이면서 분배와 복지를 중시하는 '강남좌파'의 등장으로 이 논쟁은 더욱 가열됐다. 여당도 분위기에 편승해 정체성을 상실한 채 급진적인 무상복지정책을 쏟아내면서 야당과 복지예산 증액경쟁에 나섰다.

따라서 MB노믹스의 핵심이었던 감세정책은 크게 후퇴했다. 소득세·법인세 최고세율 인하 철회로 감세정책이 막을 내린 것이다. 규제완화·친시장 정책도 물가난의 여파로 후퇴하면서 오히려 '기업 팔 비틀기'와 '기업 배싱 bashing·때리기' 논란이 일었다.

서비스업 선진화는 일부 정치인과 시민단체의 반발로 파행을 겪었다. 노무현 시절 의료산업 경쟁력 강화를 위해 추진된 투자개방형 의료법인 도입이 우여곡절 끝에 해법을 찾게 된 것이 대표적인 사례다. 외국인 의료인력이 한국에서 일하려면 정부가 인정하는 커리큘럼을 갖춘 대학을 나와 한국면허 시험을 통과해야 한다. 하지만 투자병원에 한해 외국인이 면허증·졸업증명서·성적증명서 등을 제출하면 이런 절차를 생략하도록 정부가 투자병원 추진 10년 만에 특례를 인정한 것이다. 공기업 선진화 역시 공기업들의 반발과 민영화 무산으로 빛이 바랬다.

격렬한 반대에 부닥친 감세정책

이 중에서도 정책 후퇴의 상징은 추가감세 철회였다. 정부와 한나라당은 2011년 9월 7일 '민생예산 당·정·청 회의'를 열어 2012년 7월부터 시행할 예정이던 소득세·법인세 추가 감세를 철회키로 했다.

이명박 정부는 출범 직후 공약에 따라 소득세와 법인세 인하를 추진했다. 그는 후보 시절 "우리나라 법인세를 경쟁국 수준인 20%로 낮추겠다"고 밝혀왔다. 이윤추구가 가능하다면 국적이나 국경을 따지지 않고 투자에 나서는 기업의 특성상 높은 법인세와 소득세는 국제경쟁 차원에서도 기업들에게 불리하다. 법인세 수준은 국내 투자를 고려 중인 해외 기업에도 상당한 영향을 미친다.

세금 부담을 줄여주면 개인은 소비를 늘리고 기업은 투자를 확대해 경제가 선순환 구조에 들어설 수 있다는 점도 감세정책의 배경이었다. 이런 필요성에도 불구하고 감세정책을 철회함에 따라 경제정책의 신뢰도는 금이 갔다.

이명박 정부는 당초 구간별로 8~35%인 소득세를 2년에 걸쳐 2%포인트 내리고, 2억 원 초과 기업의 법인세율도 25%에서 2009년 22%, 2010년 20%로 내린다는 계획을 세웠다.[78] 그러나 정치권의 부자감세 논란으로 소득세 최고구간과 2억 원 초과 기업에 대한 법인세 추가감세의 시행시기는 2012년으로 2년간 유예됐다. 부자들에게 도움을 줘선 안 된다는 반대 논리에 무릎을 꿇은 것이다. 이에 따라 소득세는 4개 구간 중 최고구간과표 8800만 원 초과을 제외한 나머지 구간에 대해서는 2%포인트씩 낮췄다. 법인세도 과표 구간 2억 원 이하에 대해서는 13%였던 세율을 2008년 귀속분 11%, 2010년 귀속분은 10%로 낮췄다.

정부는 이후 2012년으로 유예된 소득세 최고구간과 2억 원 추가 기업에 대한 법인세 추가감세를 2012년 7월부터 시행할 예정이었으나 9월 7일 철회했다. 감세 철회로 2012~2013년 3조 원가량 더 걷히는 세수 증가분으로 재정건전성을 높이고 서민·중산층의 복지재원을 확충하는 데 적극 활용하기로 했다. 2년간 소득세는 6000억 원, 법인세는 2조 4000억 원이 더 늘어난다고 봤다.

더 나아가 '한국판 버핏세'로 불리는 소득세 과표 최고구간 신설 방안이 2011년 12월 31일 국회 본회의에서 전격 통과됐다. 야당 일각의 급진적인 발상으로만 여겨졌던 '부자 증세'가 여야 합의로 실현된 것이다. 이에 따라 과세표준 3억 원 초과 부분에 대해 근로소득자와 개인사업자는 38%를 세금으로 내야 한다.

정부는 또 임시투자세액공제제도의 명칭을 고용창출투자세액공제로 바꾸고 고용을 유지하는 기업에 대해 기본세액을 현행 2~3%에서 3~4%로 늘리기로 했다. 고용을 늘리는 기업에는 2% 세액을 추가 공제해 기업의 실질적인 혜택을 늘렸다.

아울러 일감 몰아주기 기업에 대해서는 일감을 받은 법인의 지배주주와 특수관계자가 30% 이상 출자한 법인에는 증여세를 과세키로 했다. 다만 기업을 상속하는 기업들에 대해서는 중소기업과 매출액이 1500억 원 이하인 중견기업을 대상으로 기업 상속재산 공제율과 공제한도를 대폭 확대하기로 했다.

이처럼 추가감세를 중단키로 한 것은 재정건전성 확보가 절실하다는 판단에 따른 것이다. 복지 수요가 급격히 늘어나고 양극화 해소를 위한 서민과 중소기업 지원이 늘어나기 때문이다. 또한 이명박 정부 경제정책의 핵심 중 하나였던 감세를 접게 할 정도로 경제 여건이 어려웠다는 점을 드러낸 것이다.

747공약은 대외 경제 환경이 급변하면서 좌절됐고 정책 신뢰성도 크게 흔들렸다. 하지만 비전 자체를 부정적으로 봐선 안 된다. 비전이 있어야 목표 달성을 위해 노력하고 도약도 가능하기 때문이다. 어느 나라 어느 시대에서나 정부는 국민에게 비전을 제시한다. 기업과 국민은 그 비전을 나침반 삼아 미래에 도전한다.

747공약이 사실상 무산된 뒤에도 2011년 7월 25일 박재완 기획재정부 장관은 한국의 1인당 국민소득이 2014년이면 3만 달러, 2018년이면 4만 달러를 넘어설 것으로 전망했다. 그는 대한상공회의소 주최 제주포럼에 참석해 이 같이 밝혔다. 미래 비전으로 제시한 것이지만 장밋빛이라는 지적을 피할 수 없다. 경제성장률이 둔화되고 있어 4만 달러를 달성하기도 어렵지만 설령 달성한다고 해도 양극화 현상을 해소하지 않으면 국민의 체감소득은 낮을 것이기 때문이다.

국내외에서 장밋빛 경제전망 제시

  민간경제단체도 비전 차원에서 더 적극적인 전망을 제시했다. 전국경제인연합회전경련는 2011년 9월 23일 '한국경제비전 2030 총론 심포지엄'에서 2030년 1인당 GDP 10만 달러 달성이 가능하다고 주장했다. 전경련은 "경제·사회제도 개혁으로 1993~2002년 총요소생산성 평균증가율 3.6% 수준이 지속된다고 가정하면 2030년 총 GDP 5조 3000억 달러, 1인당 GDP 10만 9000달러 수준이 가능하다"고 밝혔다. 목표를 달성하면 한국 경제는 세계 10대 경제 강국에 진입할 수 있다. 그러나 여기에는 도달하기 쉽지 않은 전제 조건이 붙어 있다. 온 국민이 총력을 기울여야 한다는 것인데 치열한 국제 경쟁도 변수다.

  전경련은 "2030년 경제 비전 달성을 위해서는 인프라 확충과 산업기술 역량 강화, 사회적 자본 축적을 통해 성장 기반을 구축하고 성장주체인 기업의 글로벌 경쟁력을 확보해야 하며, 이를 바탕으로 제조업과 자원에너지산업 등 주력산업 강국, 신성장산업 선도국으로 자리 잡아야 도달할 수 있는 목표"라고 한 발 물러섰다.

  국제 기구도 한국에 대한 미래 비전을 긍정적으로 제시한다. 아시아개발은행ADB은 2011년 10월 25일 '아시아 2050: 아시아 세기의 실현' 보고서에서 한국의 2050년 1인당 국내총생산GDP은 9만 800달러에 달해 세계에서 미국9만 4900달러 다음으로 높아질 것"이라고 전망했다. ADB는 보고서에서 한국을 '중진국의 함정Middle-Income Trap'을 성공적으로 벗어난 모범국가로 꼽았다. 브라질·남아프리카공화국 등 많은 나라가 1인당 GDP 4000~5000달러 수준에 진입한 뒤 정체에 빠졌다. 이를 두고 '중진국의 함정'이라고 부른다. 한국은 1986년 1인당 GDP가 4600달러에 도달한 이후에도 고성장을 거듭했다. 이는 미국보다 높은 고등교육 등록률95%, 세계에서 가장 높은

대통령 경제사

수준의 연구개발비 지출GDP의 3% 등에 기인한 것이다. 보고서는 한국의 성장 추세가 지속될 경우 2030년엔 1인당 GDP가 5만 6000달러로 일본5만 3000달러을 제치고, 2050년엔 미국과 비슷한 수준이 될 것이라고 전망했다.

그러나 이는 말 그대로 전망일 뿐이다. 2011년 경제성장률은 2분기와 3분기 연속 3%에 머무르며 전망치를 크게 밑돌았다. 사실상 2분기 연속 성장률이 하락한 것은 경기 하강을 의미한다. 저성장 터널에 본격 진입한 것이 아니냐는 분석도 나왔다. 2011년 성장률은 결국 3.6%를 기록했다.

사람으로 치면 장년기를 지나 노년기로 접어들고 있다는 의미다. 글로벌 재정위기로 수출증가세가 둔화하는 데다 고령화에 대비해 차츰 지출을 줄이는 성향이 확산되면서 내수도 활력을 찾기 어려워졌다. 747공약이 좌초한 배경들이다.

...

명암 엇갈린 4대강 사업

2011년 7월은 보기 드물게 오랫동안 많은 비가 내렸다. 충남 공주시 신관동 금강둔치공원 일대는 장마철이 되면 평소 200mm의 비에 잠기던 곳이었다. 그러나 그해 300mm의 집중폭우에도 멀쩡했다. 주민들은 폭우 직후 "예전에는 뚝방까지 물에 잠겼는데 이제는 물이 안 차 피해가 없어 좋다"고 말했다.

이 지역 주민은 "나라에서 보洑·댐 공사를 해둔 덕에 아무리 비가 와도 잠기는 일이 없어 즐겁게 공원을 활용하고 있다"고 말했다. 상습 침수지역이던 금강둔치공원은 장마 때마다 하천이 역류했지만 4대강 준설 작업 이후로는 더 이상 범람하지 않게 됐다. 본류 바닥을 3m 준설한 덕에 100년 만의 호우가 왔지만 늘 범람하던 지천은 든든히 버텼다. 너저분하게 방치돼 있던 비닐

하우스와 폐기된 생활쓰레기가 말끔히 치워지면서 하천 생태계도 호전되거나 복원되었다.

실제 공주지역은 2010년 집중호우 기간 중 368㎜의 강수량을 보였으나 2011년에는 742㎜가 내려 전년의 배 이상을 기록했다. 기록적인 강우량과 폭우가 쏟아졌지만 예년보다 피해가 줄어든 것은 4대강 준설이 효과를 발휘했기 때문이라는 게 정부 측 주장이다. 생태계 파괴를 우려했지만 오히려 생태계가 보호되는 효과를 거뒀다는 얘기다.

국토해양부에 따르면 막대한 재산피해를 봤던 2002년 루사2조 8727억 원와 2003년 매미2조 209억 원에 비해 2011년 메아리980억 원의 피해는 미미했다.

이명박은 2011년 8월 8일 71차 라디오·인터넷 연설을 통해 "우리가 4대강 사업을 추진하면서 기존 방재시설의 4배인 200년 빈도로 시공한 결과 강 주변 상습침수 구역이 피해를 면할 수 있었다"며 "앞으로 4대강처럼 기후변화 시대에 맞춘 새로운 재난 기준과 종합적이고 장기적인 대응을 해 나가겠다"고 말했다. 또 "안전과 방재기준을 강화하겠다"고 말했다.

정부의 이 같은 자평이 가능한 것은 4대강 강바닥을 준설해 수위를 2~3m 낮춘 덕분이라고 분석하고 있기 때문이다. 정부는 비슷한 장맛비가 내렸던 예년에 비해 피해가 10분의 1에 그쳤다는 평가도 했다. 이런 평가는 지방공무원들의 증언을 통해서도 뒷받침되고 있다. 전북 익산 지방국토관리청은 "지난해 침수됐던 구진포 일대가 올해는 피해를 입지 않았다"고 발표했다.

공무원들의 속성상 이 같은 정부 평가에는 어느 정도 자화자찬과 업적 부풀리기 측면도 있을 수 있다. 수질 개선과 물 자원 확보에도 얼마나 도움이 될 것인지도 1~2년 내에 단정 지을 수 있는 일이 아니다. 본류가 정비됐을 뿐 지류·지천 정비까지 손을 대려면 더 많은 예산과 노력이 필요한 것도 현실이다.

이런 한계점에도 불구하고 4대강 정비 사업으로 강 주변에서 물난리 피해가 완화된 것은 사실로 보인다. 747공약이 대외 경제변수 때문에 흐지부지된 것과 달리 4대강 사업은 토목공사여서 처음부터 성과가 예측 가능했다. 사업은 온갖 반발 속에 속전속결로 진행됐다. 2009년 11월 착공에 들어간지 2년 만인 2011년 10월 16개 보 공사가 마무리됐다. 금강 세종보湺를 시작으로 11월까지 16개 보가 순차적 개방되자 지역주민들은 박수를 쳤다.

4대강 중에는 낙동강에 가장 많은 8개 보가 들어섰고 자전거길도 598㎞로 가장 길게 만들어졌다. 한강과 금강에는 보가 3개씩, 영산강에는 2개의 보가 들어섰다. 전남 나주에 세워지는 영산강 죽산보는 전국 16개 보 가운데 유일하게 통선문通船門을 갖춰 1977년 이후 34년 만에 황포돛배 운항이 재개되기도 했다.

지방자치단체들은 정비된 강을 중심으로 관광·레저 명소 만들기에 나섰다. 개발사업이 본격적으로 추진되면서 고용창출이 이어졌다. 수변 신도시, 수변 전원주택단지, 수상 레저·관광시설 등 4대강 주변이 지역개발의 중심

4대강 새물결 맞이 기념행사(2011)

이 되고 있다. 추석 연휴에 맞춰 보가 임시 개방됐던 2011년 9월 정부 설문 조사에선 95%가 '만족한다'는 대답을 내놓았다.

하지만 그 과정은 순탄치 않았다. 4대강 반대론자들은 보마다 수문을 만들기 때문에 강에 살고 있는 생물들의 생태계가 파괴된다고 주장했다. 또 4대강에 설치된 16개 보가 물 흐름을 막아 홍수 피해를 키우고 대재앙을 불러올 것이라고 주장했다. 공사 중단의 위기를 겪기도 했다. 경기도 여주의 이포보湺 현장 농성이 대표적이다. 환경단체 회원들과 이들을 찾아가 응원했던 야당 정치인들은 "보를 세우면 물이 썩고 환경이 오염된다"며 2010년 7, 8월 공사 중이던 이포보 위에서 40여 일간 농성을 벌였다. 서울중앙지법 민사17부는 2011년 9월 15일 이포보 등의 4대강 사업 시공사인 상일토건과 BNG컨설턴트가 반대 농성을 벌인 시위자들과 이 농성을 지지한 환경운동연합을 상대로 낸 손해배상 청구소송에서 "시위자들과 환경연합은 1500만 원을 배상하라"고 판결했다.

과학보다 이념이 된 4대강 대립

일부 환경단체는 4대강 공사로 여주 습지에서 자생하는 단양쑥부쟁이가 멸종할 것이라고 주장했지만 그렇지 않았다. 반대론자들은 4대강 예산 때문에 서민 복지가 어려워졌다고 주장하고 있다. 그러나 물난리·가뭄 피해는 언제나 농민·저소득층이었다는 점을 감안하면 논리적이지 않다는 지적도 있다.

이명박 정부는, 4대강 사업은 서울 한강과 울산 태화강처럼 환경 살리기 사업이고 시민 휴식공간과 관광지를 만드는 사업이라고 주장한다. 4대강 강바닥을 깨끗하게 준설해 물을 담을 그릇이 커지자 홍수 피해가 줄고 물 이용여건도 개선됐다. 울산 태화강과 서울 한강에서 요트가 뜨고 세계적인 강으로 변모한 것도 정비사업으로 담수 능력을 키운 덕분이라고 말한다.

이에 대해 반대론자들은 환경 파괴와 함께 투자의 우선순위를 문제점을 지적하고 있다. 흐르는 강물을 막아 수질을 오히려 악화시키고, 4대강에 막대한 예산이 투입되면서 복지 예산이 줄어들었다는 논리다. 그러나 긍정적 효과 역시 부정할 수 없다. 우선 4대강 사업은 침체에 빠져 있던 지방 건설회사는 물론 건설일용직 고용 창출을 통해 지역별 경기부양 효과를 본 긍정적 측면도 있었다. 무엇보다 홍수가 발생하지 않고 있다는 점은 주목할 만하다.

물론 이명박 정부가 그동안 일자리 창출에 최상의 노력을 하지 않고 성과도 없었다는 지적에도 일리가 있다. 산업 경쟁력 제고에 성과를 내지 못하면서 가시적인 경기 활성화를 이끌어내지 못했기 때문이다. 그러나 세계적으로 불황이 지속되고 있어 일자리 창출이 어려운 것도 현실이었다. 노무현 정부 때 집값 잡기에 나섰지만 세계적으로 저금리 기조에 의한 집값 급등 현상이 나타나 세금폭탄으로도 단기적으로는 집값을 잡지 못한 것과 같은 이치다.

투자 우선순위 논란은 역대 모든 정부에서 겪었던 일이다. 경부고속도로·포항종합제철·인천국제공항·고속철도·서울올림픽과 같은 대형 국책사업은 모두 시급하지 않고 시기상조라는 비판을 받았던 사업들이다. 청계천 복구와 여의도광장 공원화도 극렬한 반대를 넘어 이뤄졌다. 새만금 사업과 시화호 개발사업도 마찬가지였다. 하지만 이런 사회 인프라들이 없는 대한민국의 존재와 발전은 상상할 수 없다. 장마 때는 넘치고 장마 후에는 바닥이 썩어가는 강을 살리는 것은 국가 의무라는 차원에서 4대강 정비는 언젠가는 해야 할 과제였다.

4대강 정비로 2011년 8억㎥, 2016년에는 10억㎥의 물 부족 해소와 가뭄 대비를 위한 용수 확보량이 13억㎥ 증대될 것으로 평가됐다. 16개 보는 주변 경관을 종합적으로 고려해 해당지역의 랜드마크로 조성돼 관광지로도 활용되고 있다. 기존 고정 보와는 달리 4대강 보는 가뭄·홍수에도 수위조절을 통해 부분·완전 개폐가 가능하다. 수문의 하단부를 들어 올려 강바닥에 쌓인 퇴적 오염물도 방출할 수 있다는 것이 국토해양부의 설명이다. 방치된 수변 공간은 시민들의 여가·레저 공간으로도 되살아났다. 상·하류를 연결하는 자전거길 설치1728㎞, 도로·제방 등으로 인한 단절을 극복해 강과 도심의 연결성도 강화됐다.

국토해양부에 따르면 지류·지천 살리기가 가능해졌고 4대강 상류 유역의 산림이 정비되었으며, 저수지 수변 개발도 소득이었다. 4대강을 활용한 녹색성장산업 활성화의 발판이 마련된 것도 성과로 꼽힌다. 정부는 당초 4대강 정비는 녹색 뉴딜사업이 될 것이라고 예상했다. 34만 명가량의 일자리 창출 효과와 40조 원 규모의 생산유발 효과도 예측됐다. 강을 중심으로 문화·관광자원이 개발되고 지역경제가 활성화될 것이라는 기대효과도 꼽혔다. 전 국토의 70%를 차지하는 4대강 주변 개발이 지역발전의 촉매가 된 것도 성과라고 할 수 있다.

이런 기대효과들의 실현 여부를 판단하기까지는 수 년, 수십 년의 긴 세월이 필요하다. 하지만 퇴적물이 쌓여 썩어가는 강을 살리고 물길을 열어 수변 환경을 개선해 시민들의 접근성을 높인 것은 일단 이명박 정부의 핵심 성과라고 할 수 있다. 재임 중 치적으로 남기기 위해 대운하 건설에 나섰다는 반대론자들의 정치공세 속에 이뤄낸 성과라는 점에서 의미가 크다고 할 수 있다. 과거 정부에서도 고속도로·고속철도·국제공항 건설에 나서자 대통령이 치적을 세우려 한다는 이유로 매도되는 경우가 많았기 때문이다.

그러나 4대강 공사가 완성된 2011년 10월 열린 국정감사에서는 수자원공사의 과도한 부채가 주목을 받았다. 이에 따르면 2010년 수자원공사의 부채총액은 7조 9607억 원으로 2007년의 5배로 불었다. 부채비율도 같은 기간 16%에서 75.6%로 크게 상승했다. 4대강 사업 추진으로 수공의 부담이 가중돼 경영상황이 악화될 가능성이 커진 것이다. 가시적인 성과에 취해 있을 때 제기된 적절한 지적이다.

일부 보에는 작은 균열이 발생해 물이 새고 있다는 사실도 드러났다. 경남 창원 함안보 등에서 보 설치 이후 강물에 의해 강 바닥이 파이는 세굴洗掘 현상으로 거대한 협곡웅덩이이 생긴 것으로 조사되었다. 이에 낙동강지키기 경남본부, 생명의 강 연구단 등 4대강 사업에 반대해 온 단체가 위험성을 제기했으나 4대강 특별점검단의 조사결과 안전에 문제가 없는 것으로 진단됐다. 4대강 보는 예정대로 2012년 6월 준공을 맞이하게 됐다. 앞으로는 철저한 사후관리를 통해 4대강 정비의 효율을 높이는 것이 과제로 남았다.

그러나 문재인 정부에서는 적조를 줄이고 수질을 개선한다는 이유로 4대강 보를 개방해 또다시 논란이 빚어졌다. 특히 금강에 설치된 세종보는 2018년 들어 물을 빼자 7월부터 사막처럼 강 바닥이 드러나 보 주변 주민들로부터 극심한 반발을 불러일으켰다. 하류 지역에서는 물 부족을 겪기도 했다. 4대 강 논란이 과학을 넘어서 이념 투쟁이 된 결과다.

...

서두르다 뒤탈난 자원외교

이명박은 기업인 출신답게 세일즈 외교에 능통했다. 한국은 2009년 중동의 석유 부국인 아랍에미리트UAE에 140만㎾ 원자로 4기를 수출함으로써 '선진국 리그'로 불렸던 해외 원전시장에 진출했다. 이는 선진 산업강국으로서 한국의 위상을 각인킨 것이다. 한국은 미국, 프랑스, 캐나다, 러시아, 일본에 이어 세계 여섯 번째 원전수출국이 됐다. 석유를 팔아 1인당 국민소득이 4만 달러가 넘는 아랍에미리트가 원전을 짓는 이유는 석유 고갈에 대비한 것이다.

석유 한 방울 나지 않는 한국은 에너지 확보가 곧 국가 생존의 기본 조건이 된다. 이명박은 이런 차원에서 취임 초기부터 자원·에너지 개발에 열정을 쏟아부었다. 에너지·자원외교에 적극적으로 나선 이명박은 해외공관에 에너지·자원외교를 전담하는 에너지관을 신설했을 정도다. 외교통상부는 신흥 에너지·자원국들이 몰려 있는 중동·동남아시아·아프리카에 유능한 외교관을 대거 파견했다. 외교관들은 치안 불안 우려가 있는 중동·아프리카 지역 부임도 감수해야 했다.

과정은 순탄치 않았다. 성과가 꼭 좋았던 것도 아니다. 자원의 무기화에 따라 자원부국들은 좀처럼 우리에게 자원 개발의 기회를 주지 않았고, 경쟁국들의 견제도 심했다. 치안 우려 때문에 예멘·수단 지역에는 지원자가 나서지 않아 에너지관 파견에 난항을 겪기도 했다.

자원의 무기화는 이미 1970년대 두 차례 오일쇼크에서 현실화했다. 석유 수출국들은 수출 가격을 자주 바꾸고 수출량을 통제하면서 자원 무기화에 나서고 있다. 이 여파로 2008년에는 원유가 배럴당 152달러까지 치솟기도 했다. 석유뿐만이 아니다. '산업의 비타민'으로 불리는 희토류稀土類·rare earth 없이는 자동차·전자제품·항공기 등 첨단제품 제조가 불가능한 시대가 됐다. 자원 확보가 곧 국가경쟁력을 좌우하는 시대가 되면서 총성 없는 전쟁이 벌어지고 있다. 필수 자원의 안정적인 수급을 위해서는 선제적인 해외 투자 외에는 달리 방법이 없어진 것이다.

식량안보 못지않게 자원안보가 확보되어야만 비로소 미래 생존이 가능하다는 점에서 자원외교 강화는 중대한 의미를 갖는다. 하지만 자원 선점에 나선 강대국과 자원을 무기화하려는 자원부국의 틈새에서 한국이 차지할 수 있는 공간은 크지 않다. 숨 막히는 경쟁과 각축전만 있을 뿐이다.

한국의 에너지 수입률은 96%에 이른다. 해외자원 확보 없이는 국가 생존도 보장할 수 없다. 제철용 유연탄은 톤당 국제 가격이 2007년 89달러에서

대통령 경제사

2010년 203달러로 해마다 급등하고 있다. 이명박 정부는 2030년까지 에너지의 40%를 자주개발로 충당해 에너지 자립 시대를 열겠다고 밝혔다. 25개국에서 210개 석유개발사업을 추진하고 있는 한국석유공사는 2011년 3월 미국 아나다코의 지분을 사들인 데 이어 카자흐스탄 알티우스사를 인수했다. 2010년 국내 공기업 최초로 적대적 인수·합병M&A을 통해 영국 다나 DANA사를 인수했다. 이렇게 애쓴 결과 한국의 석유·천연가스 자주개발률은 2007년 4.2%에서 2009년에는 9%까지 상승했다. 한국석유공사에 따르면 2011년에는 이 비율이 사상 최초로 10%를 돌파했다. 한국전력과 포스코의 호주 유연탄 광구가 본격적인 생산에 들어가면 현재 40%에 못 미치는 유연탄 자주개발률은 50%에 육박하게 된다.

이를 위해 이명박은 수시로 자원외교에 나섰다. 2011년 몽골과 우즈베키스탄, 카자흐스탄 3개국을 순방한 것도 자원외교의 일환이었다. 몽골은 세계 7대 자원부국으로 통한다. 동 매장량이 세계 2위, 석탄은 4위, 우라늄은 14위다. 이명박은 8월 22일 차히아긴 엘베그도르지 대통령과의 정상회담에서 '포괄적 동반자 관계'를 맺고 한·몽 간 '중기협력 행동계획'을 마련했다. 양국은 특히 자원 에너지 분야 협력을 강화하기로 했다. 자원 개발에 한국 기업의 투자를 증대시키기 위한 정부 간 협력을 도모하기로 한 것이다. 지식경제부와 몽골 자원에너지부 간 광물자원의 탐사·개발을 강화한다는 양해각서도 체결됐다. 특히 희토류세계 매장량 16%와 우라늄 부문의 협력을 강화키로 했다.

이명박은 몽골에 이어 23일 우즈베키스탄을 찾아 우즈베키스탄 아랄해 인근의 수르길 가스전을 개발하고 가스화학플랜트를 건설하는 총 41억 6000만 달러 규모의 초대형 프로젝트수르길 프로젝트 계약을 체결했다. 수르길의 가스매장량은 1300억㎥에 달한다. 원유로 환산하면 8억 3000만 배럴이다.

이 프로젝트 계약이 체결된 것은 노무현 정부 시절이던 2006년 3월 한

국가스공사가 우즈베크 국영가스공사UNG와 양해각서MOU를 체결한 뒤 5년 5개월 만이다. 삼성엔지니어링, GS건설, 현대엔지니어링 등 3개 회사도 각각 화학공장 부대설비 등 세 건의 계약문서에 서명했다.

2008년 글로벌 금융위기로 한때 프로젝트가 흔들리기도 했으나 2009년 5월과 2010년 2월 이명박과 이슬람 카리모프 대통령이 교환 방문하면서 사업이 다시 본궤도에 올랐다. 이 같은 자원외교의 성과는 따지고 보면 노태우 정부 시절이던 1992년 양국이 수교했기 때문에 가능했다. 전임 대통령이 뿌려놓은 씨앗을 후임 대통령이 가꿔 결실을 맺은 또 하나의 사례이다.

이명박의 친형인 이상득 한나라당 의원도 자원외교를 위해 전방위로 뛰었다. 그는 리비아·카자흐스탄·볼리비아 등 세계 주요 자원부국을 뛰어다녔다. 그중에도 볼리비아 자원외교는 치열했다. 이상득은 2011년 7월 자원외교를 위해 여섯 번째로 남미 대륙에 갔다. 12일간 페루·볼리비아·에콰도르를 방문하는 일정으로 비행거리만 4만km에 이른다. 볼리비아는 네 차례나 방문했다.

자원외교는 장기간 투자해야 성과

볼리비아에 공을 들인 것은 리튬 매장량이 전 세계 매장량의 절반 정도를 차지하기 때문이다. 리튬은 전기자동차 양산을 위해 필요한 리튬 2차전지의 핵심 재료다. 광물자원공사와 LG상사가 현지에서 뭉쳤다. 볼리비아에 리튬 추출을 위한 1차 가공공장을 짓는 양해각서 체결을 마무리하기 위해서였다. 이 의원은 이어 에콰도르를 방문해 에너지 협력 문제를 논의했다. 갈라파고스제도를 찾아 한국 기술로 신재생 에너지발전소를 짓는 사안을 집중 협의하기도 했다.

이렇게 의욕적으로 추진한 일이었지만 잡음도 많았다. 권력형 비리와 주

　　　　　　　　　　　　대통령 경제사

가조작 의혹도 제기됐다. 민간업자들이 추진한 아프리카 카메룬의 다이아몬드 개발과 동남아 미얀마의 가스전 탐사사업이 대표적이다. 카메룬 다이아몬드 개발사업은 전형적인 주가조작의 추태를 드러냈다.

2010년 말 '씨앤케이CNK'라는 회사는 대규모 다이아몬드 광산개발권을 획득했다고 발표했다. 당시 외교통상부는 이례적으로 홍보자료를 내면서 '민간이 선도하고 정부가 뒷받침하는 자원개발협력의 성공 모델'이라고 발표했다. 씨앤케이 주가는 한때 5배나 치솟았다. 그 사이 전·현직 정부 관리와 친·인척, 씨앤케이 임원들은 주식 투자로 수십억 원의 차익을 남겼다. 이후 씨앤케이 주가는 급락했다. 이 사건 관련자들은 검찰의 조사를 받았다.

미얀마 가스전사업도 의혹을 낳았다. 사업성이 없다는 결론이 났는데도 한 민간기업이 2011년 초 탐사개발권을 획득했다. 이 과정에서 권력형 비리 의혹이 제기됐다. 성과를 내는 데 많은 시간이 걸리는 게 자원개발사업이지만 두 사업 모두 상당 기간 큰 진척을 보지 못했다.

이곳저곳에서 사건이 불거지자 감사원은 한국석유공사, 한국가스공사, 한국광물자원공사 등이 뛰어든 해외자원 개발사업에 대한 감사를 벌였다. 각종 해외자원 개발사업들에 대한 경제성 여부와 실패 원인을 집중 점검했다. 잇따라 의혹이 제기되면서 해외 자원외교에 대한 전반적인 점검도 이뤄졌다.

실패 사례는 폭로 전문 사이트 위키리크스가 공개한 주한 미국대사관의 2009년 2월 26일자 외교전문에도 나타났다. 이에 따르면 당시 한·이라크 정상회담에서 합의된 것으로 발표된 20억 배럴의 유전개발권 취득 등의 MOU가 실제로는 구체적인 합의내용 없이 설익은 상태에서 발표된 것이라고 한국 외교관이 말한 것으로 돼 있다. 실제로 이라크는 불과 한 달 뒤에 한국 기업들을 유전개발 입찰에서 배제한다고 발표했다.

한나라당 김태환 의원이 2011년 9월 29일 국정감사에서 "2003년 이후 2010년까지 대통령과 총리, 특사가 외국을 방문해 체결한 광물자원개발 양해각서 35건 가운데 실제 채굴까지 성공한 것은 단 한 건에 그쳤다"고 지적했다. 그러면서 "해외 광물자원 관련 MOU가 실질적인 성과를 기대하고 체결되기보다는 해외 순방의 홍보수단으로 활용되는 경우가 많다"고 지적했다.

노무현 정부에서 맺은 MOU 15건 가운데 14건은 사업성이 없거나 상대방이 독자 개발로 돌아서면서 사업이 성공한 경우는 한 건에 그친 것으로 분석됐다. 그만큼 자원외교가 어렵다는 방증이기도 하다. 이명박 정부가 중점적으로 추진한 자원외교 역시 알려진 것과 달리 실적이 거의 없는 것으로 밝혀졌다. 물론 MOU 중에는 진행 중인 사업도 많아 성공과 실패를 예단하기 이른 경우도 많다.

2012년 기획재정부와 감사원에 따르면 2008년부터 2010년까지 이명박 정부가 체결한 MOU 20건 가운데 9건은 실패, 10건은 결과를 알 수 없는 '진행 중'으로 나타났고, 채광 가능성이 있는 것은 단 한 건인 것으로 나타났다. 하지만 이런 효과 논란에도 불구하고 자원외교는 끊임없이 추진해야 하는 주요 정부정책이라는 데 반대할 국민은 한 사람도 없을 것이다.

···
세계 3위 경제영토 구축

이명박은 2011년 10월 14일 미국 상·하 양원이 참석한 의회에서 연설을 했다. 한국 대통령으로는 13년 만이었다. 하루 앞선 13일 한·미 자유무역협정FTA이 미 의회에서 비준된 뒤였다. 이명박은 다섯 차례의 기립과 마흔다섯 차례의 박수를 받았다. 이 중에서도 "1953년 10월 이 자리에서 한·미 상호방위조약이 비준됐고 같은 자리에서 한·미 FTA가 비준됐다"고 밝히는 순간 의원들의 박수소리는 최고조에 달했다.

노무현이 뿌린 씨앗을 이명박이 가꾸어 꽃을 피우는 순간이었다. 협정 체결 당시 대통령이었던 조지 W. 부시는 퇴임했고 미 국회 비준은 2009년 1월 취임한 버락 오바마Barack Obama 정부에서 이뤄졌다. 이명박과 오바마는 "한·미 FTA를 통해 양국 내 많은 일자리가 창출되고 경제성장이 촉진될 것"이라고 입을 모았다. 이명박은 "한·미 FTA는 한국의 기회이자 미국의 또 다른 기회이다. 두 나라가 협력하면 Made in KORUS한국+미국 상품, 투자, 서비스가 아시아시장에 보다 활발히 진출할 것"이라고 강조했다.

한국은 이로써 세계 3위 '경제영토'를 가진 국가로 부상했다. FTA 체결국가의 GDP를 합하면 한국은 전 세계 GDP의 61%를 차지해 칠레·멕시코의 뒤를 잇고 싱가포르를 앞섰다. 한국이 FTA를 통해 세계 경제의 61%에 해당하는 국가와 경제장벽을 허물게 된 것이다.

이명박은 2008년 취임 직후부터 전임 노무현이 숙제로 남긴 한·미 FTA 비준에 전력을 기울였다. 소규모 개방경제인 한국으로선 국가 생존을 위해 피할 수 없는 선택이었다.

그는 평소 "우리는 자유무역협정FTA을 가장 많이 체결해 세계에서 경제영토가 가장 넓은 나라가 됐다"고 자부했다. "한·칠레, 한·인도에 이은 한·유럽연합EU FTA의 성과가 기대 이상"이라고 평가했다. 그러면서 "시간을 놓치면 경쟁국에 길을 내줄 수도 있다"며 정치권에 한·미 FTA의 조속한 비준을 요청했다. 미 의회 비준은 한·미 FTA 협상이 타결된 지 4년 6개월 만이었다.

그간 곡절도 많았다. 양국 FTA 협상은 2007년 4월 타결돼 6월 30일 공식 서명됐다. 그러나 미국의 요청으로 곧바로 재협상에 착수해 타결은 2010년 12월 이뤄졌다. 재협상을 마치자 상당한 진전이 예상됐다. 하지만 국내 반대론이 발목을 잡았다. 특히 민주당의 태도 변화는 큰 걸림돌이었다. 민주당의 상당수 의원들은 노무현 정부 때 한·미 FTA를 지지했던 사람들이다. 그러나 정권 재창출에 실패해 야당이 되자 이들의 입장은 돌변했다.

입장 바꾼 노무현 정부의 FTA 지지자들

2010년 12월 타결된 재협상을 통해 노무현 정부 시절 협상안의 이익 균형이 크게 훼손됐다며 '재재협상'을 해야 한다고 주장했다. 명분은 그랬지만 실제 의도는 정치 쟁점화였다. 상당수 민주당 의원들은 노무현 정부에서 요직을 차지하면서 한·미 FTA 체결에 적극 참여했던 이들이다.

2011년 7월 19일 '10+2 한·미 자유무역협정 재재협상안'을 내놓은 민주당은 이 협상안이 "MB정부에서 균형을 상실한 재협상안의 이익 균형 회복을 위해 재검토가 필요한 FTA 관련 조항을 종합해 정리한 것"이라고 주장했다.

그러나 민주당의 재재협상안에 들어 있는 10가지 항목 중 재협상에서 추가된 자동차 세이프가드 관련 항목 등 일부를 제외하면 대부분 노무현 정부 때 체결한 FTA 조항들이다. 민주당 주장은 1995년 세계무역기구WTO 출범 이전으로 돌아가 문 닫고 살자는 것이나 다름없었다.

민주당은 2007년 6월 공식 서명 당시와 2011년 10월 미국이 비준했을 때를 비교했다. 이에 따르면 재협상 결과 한국은 자동차 관세를 양보했지만 한국 측이 필요로 하는 전문직 취업비자 쿼터 확보와 관련해서는 아무런 성과가 없다는 것이다.

재협상 결과 한국산 승용차에 대한 미국의 관세2.5%를 즉시 철폐에서 4년간 유지하는 것으로 바꾸고, 미국산 승용차에 대한 우리 관세8%는 협정 발효 즉시 4%를 낮추며, 나머지 4%는 4년간 유지하다 없애기로 했다. 외형적으로는 두 나라의 관세 철폐기간을 '4년간'으로 맞추는 듯했지만, 우리 쪽 대미 자동차 수출량이 월등히 많은 점을 고려할 때 '일방적인 양보'라고 해석할 수밖에 없다는 것이다. 결국 협정의 가장 큰 성과물을 재협상을 통해 도로 내주면서 우리가 얻는 실익은 거의 없다는 것이 민주당의 지적이었다.

그러면서 민주당은 비준안 처리의 선결조건으로 국내 산업에 피해를 주는 독소조항 해결, 한미 FTA 체결로 피해가 예상되는 중소기업과 농축산업에 대한 대책의 법률 보장, 정부가 제정을 결정한 통상절차법을 '통상조약의 체결과 이행에 관한 특별법'으로 확대 개편할 것 등 3가지를 요구했다.

반대론자들은 한·미 FTA 체결에 따른 금융시장 개방 확대와 관련해 빗장 풀린 금융시장에 파생상품이 범람하면서 투기자본의 놀이터가 될 것이라는 극단적인 비관론도 내놓았다. 마치 미국산 쇠고기를 먹으면 광우병에 걸린다는 식의 논리였다.

광우병 괴담으로 FTA 비준 좌초될 뻔

민주당 등 5개 야당과 시민단체는 투자자-국가소송제도ISD·Investor- State Dispute가 치명적인 독소조항이라 삭제해야 한다고 주장했다. 미국 투자자의 이익을 보호하기 위해 한국의 중소기업과 영세상인을 위협하게 된다는 이유에서다. 그러나 ISD는 한국이 진작 FTA를 체결한 싱가포르나 칠레·유럽연합EU 등과의 협정문에 다 들어 있는 내용이다. 세계적으로 보편화돼 있는 투자자 보호 방식이기도 하다. 더구나 2006~2010년 한국의 대미 투자 규모누계는 203억 달러로 미국의 대한국 투자 88억 달러를 웃돈다. ISD는 해외 투자가 더 많아진 한국에게 오히려 없어서는 안 될 제도라는 의미이기도 하다.

게다가 ISD는 한국이 체결한 85개 투자보장협정 대부분을 포함해 전 세계 2500여 개에 달하는 투자 관련 국제 협정에 규정돼 있다. 그런데 야당과 시민단체는 미국에 대해서만 이 조항을 문제 삼으면서 한·미 FTA 국회 비준을 반대했다. 야당 보좌관들은 국회 회의장을 봉쇄했다. 냉철한 토론과 대화보다는 광우병 괴담처럼 FTA 괴담이 퍼지면서 일부 극렬 세력은 "FTA 무조건 반대" 등을 외치며 국회 담장을 넘어 난입하는 사태가 벌어지기도 했다. FTA가 체결되면 맹장수술에 800만 원이 들게 된다는 괴담까지 나돌았다.

이러는 바람에 2011년 10월 13일 미 의회에서 한·미 FTA가 비준을 통과한 뒤에도 한국에서는 여야가 비준 동의안 처리를 놓고 기존의 입장을 되풀이하며 대립을 계속했다. 국익보다는 정쟁이 우선이었다. 야당은 대선이 다가오자 한·미 FTA 폐기를 주장하고 나서기도 했다.

이처럼 한국이 FTA 비준안의 국회 통과 문제를 놓고 시간을 허비하는 동안 중국과 일본 등 경쟁국들은 한국을 따라잡기 위해 FTA 체결에 박차를 가했다.

일본은 인도와 향후 10년간 양국 교역품의 94%에 대해 관세를 폐지하는 경제동반자협정EPA에 공식 서명했다. 각자 저울질 끝에 서로 이익이 된다고 본 것이다. 한국이 2010년 인도와 FTA를 발효하자 이에 자극받은 결과다.

한·미 FTA 발효가 늦어지는 동안 FTA에 따라 한·미 양국이 얻는 구체적인 이익은 더욱 심도 있게 분석됐다. 한국의 실질 국내총생산GDP은 향후 10년간 5.66% 증가할 것으로 예상되고 있다. 또 고용도 35만 명 증가할 것

한·미 FTA 이행법안 서명식(2011)

으로 추정됐다. 대외경제정책연구원 등 국내 10개 연구 기관들이 한·미 FTA 경제적 효과를 재분석한 결과다.

일본·중국 긴장시킨 한·미 FTA 효과

한·미 FTA가 발효되면 관세 인하 또는 철폐에 따른 자본축적과 생산성 향상 등으로 GDP가 증가한다. 대미 무역수지 흑자는 향후 15년간 연평균 1억 3800만 달러 늘어날 것으로 예상됐다. 산업별로는 제조업에서 연평균 5억 7300만 달러 흑자가 예상된 반면 농업에서는 4억 2400만 달러 적자가 날 것으로 예측됐다.[79]

제조업 중에서는 자동차 쪽의 혜택이 가장 큰 것으로 조사됐다. 자동차의 경우 향후 15년간 연평균 7억 2200만 달러 수출이 증가하면서 흑자 규모가 연평균 6억 2500만 달러가 될 것으로 예상됐다. 섬유는 8100만 달러, 전기전자 1600만 달러, 철강 500만 달러 흑자가 예상됐다. 반면 화학은 8900만 달러, 일반기계 3100만 달러 적자가 예측됐다.

관세 철폐에 따른 가격 하락과 소비자 선택폭 확대로 소비자 후생은 향후 10년간 321억 9000만 달러 늘어날 것으로 조사됐다. 또 외국인 국내 투자 여건 개선으로 외국인 투자는 연평균 23억~32억 달러 증가할 것으로 예상됐다.

이런 전망이 나오자 일본과 중국에선 비상이 걸렸다. 한·중·일 3개국은 2000년 이후 'FTA 삼국지'라고 해도 좋을 만큼 눈에 보이지 않는 전쟁을 벌여왔다. 한국은 세계 경제 규모 2, 3위의 중국과 일본 사이에서 생존하기 위해 가장 먼저 시장을 뚫고 들어가는 선점효과에 주력했다. 먼저 치고 들어가 한국산 제품의 존재감을 높이고 소비자에게 한국산 제품에 입맛을 들이게 한다는 전략이다.

한국무역협회에 따르면 2023년 기준으로 한국이 체결한 FTA는 미국, 중국, EU를 비롯해 21건에 걸쳐 모두 59개국에 달한다.

일본 경제산업성은 "한·미 FTA가 발효되면 일본은 2020년 시점에서 자동차·전자·기계 등 세 분야에서만 1조 5000억 엔의 수출을 잃게 되고 관련 산업을 포함한 국내총생산은 3조 7000억 엔 줄게 된다"고 밝혔다. 일본 언론들은 관세장벽이 없어진 한국을 상대로 이 같은 상황을 만회하기가 쉽지 않을 것이라고 보도했다.

2007년 이후 한국과의 FTA 체결에 적극적이었던 중국도 큰 자극을 받았다. 중국 지도자들은 그동안 여러 차례에 걸쳐 한·중 FTA 체결에 속도를 내자고 제안했다. 중국 역시 미국처럼 한국과의 FTA를 통해 한반도에 대한 포괄적인 영향력을 확대하고자 하는 의도가 있기 때문인 것으로 분석된다. 한국은 미국을 제1의 축으로 중국·러시아·일본 등 주변 강대국들과도 안보·경제 차원의 실리를 추구하는 외교력이 필요하게 됐다.

노무현은 재임 중 "반미면 어떠냐"며 한·미 관계를 불편하게 만들었다. 그러나 백년대계를 위한 개방경제 체제 구축에는 누구보다도 앞장섰다. 그리고 이명박은 노무현이 열기 시작한 길을 더 넓고 탄탄하게 닦아 한·미 '경제고속도로'를 뚫었다. 한·미 FTA는 야당의 격렬한 반대 속에 2011년 11월 22일 국회 본회의에서 비준돼 2012년 3월 15일 0시부터 발효됐다.

미국은 도널드 트럼프 대통령이 2017년 1월 취임하면서 보호무역주의를 내세우기 시작했다. 그 첫 타깃은 한국이었다. 미국은 한·미 FTA 재협상을 요구하며 불균형 시정을 요청해 왔다. 당초 국내 반대론자의 주장과 달리 한·미 FTA는 대미 무역흑자가 크게 불어나는 결과를 불러와 미국의 불만을 사게 된 것이다. 한·미 FTA를 반대했던 문재인 대통령이 재협상을 지휘하게 된 것은 역사의 아이러니가 아닐 수 없다.

...

급격한 양극화 해소 요구

이명박 정부에서는 성장과 분배 논쟁이 가장 첨예한 국내 정치의 이슈로 떠올랐다. 박정희의 개발독재를 통한 산업화 시대를 넘어 전두환·노태우의 고도성장기를 거칠 때 성장과 분배 논쟁은 근로에 대한 정당한 대가를 요구하는 차원이었다. 이 논쟁은 김영삼·김대중·노무현 시대를 거치면서 점차 확대됐지만 여전히 성장제일주의를 뛰어넘지 못하는 수준에 머물렀다.

하지만 이명박 정부로 접어들자 성장과 분배 논쟁이 완전히 새로운 패러다임에서 진행됐다. 개발독재와 고도성장기를 거치는 과정에서 제대로 인정받지 못했던 정당한 내 몫 찾기가 핵심이다. 적극적인 복지정책에 대한 욕구가 분출됐다. 그 배경에는 극심해진 양극화가 자리 잡고 있다. 성장 위주의 경제정책과 적자생존의 신자유주의 확산으로 양극화가 심화되자 정부가 적극적으로 나서 복지를 확대해야 한다는 목소리가 커진 것이다. 자본주의 경쟁에서 낙오한 패자들과 고령자와 같은 약자들도 공존해야 한다는 주장이다.

대학 등록금을 반값으로 내리고, 초등생들의 점심을 무상으로 제공하며, 5세 아동에 대해 무상보육을 실시하자는 목소리가 한꺼번에 터져 나왔다. 1997년 외환위기 극복 과정에서 새로운 취업형태로 등장한 비정규직 보호에 대한 필요성도 본격적으로 제기됐다. 민주당은 '3+1무상급식·무상보육·무상의료·반값 등록금 복지 플랜'을 제시했다. 여기에 필요한 재정은 17조 원으로 추산됐다.

이런 욕구 분출에 대해 이명박 정부는 급격한 변화는 재정 부담을 가중시킨다며 처음에는 신중한 입장을 보였다. 그러나 야당의 정치 공세가 강화되면서 정부는 2011년 7월 이후 빠르게 입장을 바꾸기 시작했다. 집권 여당인 한나라당 황우여 원내대표는 이보다 앞선 5월 22일 대학 반값 등록금을 추진하겠다고 밝혀 정부를 압박했다.

이 같은 이슈가 본격화하자 국가정책조정회의에서도 비정규직 문제가 거론됐다. 김황식 국무총리는 7월 15일 "비정규직 문제는 오랫동안 누적된 사항이지만 당사자들이 양보하고 타협해 현실적인 대안을 마련해야 한다"고 말했다. 그는 "동일한 일을 하는데도 고용형태가 다르다고 임금 등 여러 면에서 차별받는 문제는 개선의 여지가 많은 부분"이라며 이 같이 밝혔다. 정부 차원에서 총리가 비정규직 차별대우 개선의 필요성을 강조하고 나선 것은 처음이다.

김 총리는 참석자들에게 "취약계층의 근로조건 개선은 서민생활 안정과 사회 통합뿐만 아니라 지속적인 성장 기반 조성과 공정한 사회 실현에도 중요한 과제"라고 강조했다. 총리가 해결 방안 마련을 직접 주문함에 따라 비정규직 문제는 2011년 하반기부터 국정 운영의 중심 어젠다에 포함됐다.

대기업 임금의 50%도 못 받는 비정규직

비정규직은 파트타임이나 일용직·임시직·계약직 등으로 일하는 근로자들이다. 정부는 그동안 이들에 대해 개별 기업의 고용 문제라는 입장에서 적극적인 입장 표명을 자제해 왔다. 그러는 사이 비정규직은 전체 임금근로자 2000만 명2017년 3월 기준 중 657만 명32.9%에 달했다.[80] 이후에도 비정규직은 계속 늘어나 2022년 말 기준으로 비정규직은 815만 6000명으로 전체 임금근로자 2172만 4000명의 38%에 이르고 있다. 노동계에서는 고용부 집계에 건설일용직들이 배제돼 있어 이들을 포함할 경우 859만 명50.4%에 달한다고 보고 있다. 2017년에도 비정규직은 여전히 전체 경제 활동 인구의 33% 수준에 달하고 있다.

이들은 정규직 임금의 50~70% 정도만 받으면서도 늘 고용불안에 시달리고 있다. 또 정규직이 받는 산재·고용·실업보험 등의 보호를 받지 못하고 상여금이나 퇴직금, 유급휴가·연월차 같은 혜택도 없다. 비정규직 문제 해결 없이는 공정사회 구현은 물론 사회 통합이나 내수 진작 같은 정부의 정책도 한계가 있을 수밖에 없는 상황이다.

하지만 비정규직 문제는 정규직 중심의 대형 노조와 노동시장의 유연성을 강조하는 기업들 때문에 해결점 찾기가 만만찮은 일이다. 이명박 정부는 2011년 9월 9일 비정규직 종합 대책을 내놓았다. 초점은 비정규직에 대한 사회안전망 강화와 임금격차 해소에 맞춰졌다. 1700만 명의 경제 활동 인구 중 절반에 육박하는 859만 비정규직의 소득격차 문제를 해결하지 않고는 사회 통합이나 내수경기 활성화가 어렵다는 판단에서였다.

이명박 정부는 5인 미만 사업장에서 일하는 비정규직 저소득 근로자에게 국민연금과 고용보험료를 지원하기로 했다. 예산 2500억 원을 풀어 1인당 보험료의 3분의 1인 25만 원씩을 지원하겠다는 것이다. 비정규직 3명에 1명꼴로 이 지원을 받게 된다.

하지만 비정규직 근로자들이 국민연금·고용보험에 가입할지는 불분명하다. 2010년부터 골프장 캐디·학습지 교사 등 특수형태 근로종사자 39만여 명에게 산재보험을 적용했지만 이들의 산재보험 가입률은 2011년 8월 말 현재 8.5%3만 3000여 명에 그쳤다. 한 달에 130만 원을 버는 비정규직에게 보험료 25만 원은 버거울 수밖에 없기 때문이다.

임금격차 해소방안도 내놓았지만 현실성이 부족했다. 정부와 여당은 당초 비정규직 임금을 정규직의 80%선으로 끌어올리는 방안을 추진했다. 하지만 기업의 부담이 가중될 것이란 반대에 부닥쳐 마땅한 해결책을 내놓지 못했다. 그 대신 기업에 대해 정규직에게 지급하는 복리후생과 상여금 등을 비정규직에게도 일괄 적용할 것을 권고했다. 또 사내하도급 근로자의 임금

체불을 원청기업이 연대책임지고 불법파견자가 확인되면 정규직으로 고용할 것을 의무화했다. 하지만 원청기업과 하도급 회사는 별개 회사라는 게 기업들의 입장이다. 재계는 "사내하도급 근로자는 하도급업체의 정규직 근로자인데 원청업체가 책임지라는 건 부당하다"고 반발했다.

복지 확대 수준의 적정성을 둘러싼 논쟁의 결정판은 오세훈의 서울시장 사퇴 사건이었다. 오세훈은 곽노현 서울시 교육감이 초등학생 무상급식을 추진하자 이에 반대하면서 이 논란을 주민투표에 부쳤다. 오세훈은 국가재정을 고려해 소득 하위 50% 가구의 자녀에게만 무상급식을 실시하자고 맞섰다. 점진적으로 복지를 확대하자는 주장이었다.

그러나 2011년 8월 24일 무상급식 주민투표가 무산되자 오세훈은 이에 대한 책임을 지고 이틀 만에 서울시장직을 사퇴했다. 주민투표는 투표율이 33.3%를 넘겨야 개표가 가능하지만 야당이 '나쁜 투표'라고 몰아붙이면서 투표율이 이에 미치지 못해 개표조건을 갖추지 못했던 것이다. 같은 해 10월 26일 치러진 서울시장 보궐선거에서도 복지정책의 범위를 둘러싼 논쟁이 핵심 이슈가 됐다. 투표 결과 역시 복지 확대를 주장한 시민운동가 박원순이 점진적인 복지를 주장한 한나라당 나경원 후보를 압도적인 표차로 제치고 당선됐다. 파장은 컸다. 이후 한국 사회에서 복지 담론이 모든 정책의 핵심 이슈로 떠올랐기 때문이다.

한나라당에서도 복지 확대를 선언하고 나섰지만 주목받지 못했다. 그러자 한나라당은 경쟁적으로 복지 확대정책을 쏟아냈다. 황우여 한나라당 원내대표는 0~4세 무상보육 실시를 추진했다. 그는 "급식은 개인, 보육은 국가여서 프레임이 서로 다르다"고 주장했다. 그는 "급식과 의료는 개념적인 복지분야로 개인과 부모가 책임지는 성향이 강하고, 보육은 교육의 개념으로 국가가 부담해야 할 분야"라며 "급식과 보육은 다른 관점에서 봐야 한다"고 말했다. 하지만 당에선 "지금 그런 말을 하면 서울시민들이 '무상보육은 되고, 무상급식은 안 된다는 말이냐'고 문제를 제기할 수 있다"는 등의 논란에 휘말렸다. 이런 논쟁을 거쳐 2013년부터는 사실상 0~5세 무상보육이 도입됐다.

복지에 관한 보수·진보 경계 허물어져

이명박 정부는 집권 5년 차인 2012년 복지예산으로 92조 6000억 원을 책정했다. 전체 예산 325조 4000억 원 가운데 28.5%에 달해 가장 큰 부분을 차지한다. 복지예산 증가율은 전년도보다 6.4% 늘어난 것으로 정부 총지출 증가율5.5%을 0.9%포인트 웃돌고, 정부 총지출 대비 복지예산 비중은 2년 연속 역대 최고 수준을 유지했다. 복지예산 확대는 전 세계 어디에서도 유례를 찾아보기 어려울 만큼 급속한 저출산·고령화에 대비하고, 갈수록 빨라지고 있는 소득 양극화를 완화하기 위한 것이다.

그러나 이명박 정부는 무분별한 복지 지출의 팽창에 따른 국민 부담과 재정악화를 피하기 위해 필요한 사람에게 필요한 복지급여를 제공하는 이른바 '맞춤형 복지'에 초점을 뒀다. 저출산 문제의 핵심인 보육 문제와 관련해서는 '국가의 책임'을 강화해 부모의 양육부담을 경감했다. 만 5세 아동의 무상교육을 도입하고 보육시설어린이집과 교육시설유치원에 공통과정을 도입했다.

이명박 정부로선 진퇴양난이었다. 복지 확대는 필요하지만 급진적인 확대는 미래 세대에 막대한 부담을 떠넘겨 자칫 유럽 재정위기의 전철을 밟을 수도 있기 때문이다. 한국이 외환위기에서 벗어난 것도 비교적 튼튼한 재정 덕분이었다. 한국의 국가채무비율은 2010년 기준으로 33.5%를 기록했다. 2013년부터는 적자를 메우기 위한 국채 발행을 하지 않아도 되는 균형재정 상태를 회복할 것으로 전망됐다. 그만큼 재정상태가 안정적으로 유지됐다는 의미다.

반면 2011년 유럽 재정위기가 확산되자 아일랜드·포르투갈·그리스가 차례로 유럽연합EU과 국제통화기금IMF에서 구제금융을 받았다. 유럽 국가들이 아시아 금융위기 때 한국의 전철을 밟게 된 것이다. 원인은 과도한 국가채무였다. 그리스는 2010년 기준으로 국내총생산GDP 대비 국가채무가 142%2010년 기준에 달했다. 과도한 국가채무 때문에 2011년 9월 국가 신용등급이 A+에서 A로 강등된 이탈리아는 국가채무비율이 119%였고, 유럽연합의 평균 국가채무비율은 2010년 80%에 달했다.

이처럼 유럽식 복지국가 모델은 한계를 드러내고 있다. 한국도 이를 타산지석으로 삼아 복지정책을 수립해야 한다. 그러나 5년마다 대통령 선거를 치르면서 정치권은 '묻지마' 복지정책 경쟁에 나서고 있다. 2012년 대선 전초전인 19대 총선2012년 4월 11일에서만 한나라당현 국민의힘은 5년간 89조 원, 민주통합당현 더불어민주당은 165조 원의 복지 공약을 내놓았다. 여야는 예산 낭비를 줄이고, 세수 증가분을 활용하면 재원 마련이 가능하다고 주장했으나 기존 예산을 줄이고 세수가 늘어날지는 아무도 장담할 수 없다. 더구나 복지 공약에 밀려 통일·안보·교육 등 핵심 국가 어젠다들에 대한 논의는 뒷전으로 밀려났다. 민심 얻기용 복지 포퓰리즘 경쟁을 벌여서는 서울 강남구 도곡동 타워팰리스와 삼성동 I파크에 사는 65세 이상 노인들 일부에게 매달 9만 1200~14만 5900원씩 기초노령연금이 지급되는 모순을 해소할 수 없다.

전통적으로 보수는 속도 조절을 하고 진보는 급진성을 나타낸다. 그러나 2012년 2월 13일 한나라당에서 새누리당현 국민의힘으로 당명을 바꾼 여당은 야당 못지않은 수준의 복지 공약을 쏟아내기 시작했다. 총선과 대선을 앞두고 포퓰리즘이 앞서면서 여야 구분없이 유권자 구애에 급급해졌기 때문이다. 결국 국민의 현명한 판단이 있을 때만 정치권의 폭주에 제동을 걸고 지속 가능한 '한국식 복지' 모델을 만들어 낼 수 있을 것으로 보인다.

대통령 경제사

급격히 스며든 고령화 충격

99세까지 팔팔하게 살다 이삼일 앓다 죽는다는 '9988234'라는 말이 있다. 이 말이 처음 회자되던 2000년대 초만 해도 우스갯소리였다. 인간이 90세까지 산다는 것은 불가능의 영역이라고 인식됐기 때문이다.

그로부터 10년가량이 흐르자 우리 주변은 90세 전후의 고령자들로 넘치기 시작했다. 한 갑자甲子를 축하하는 환갑연회를 여는 풍속은 사실상 사라졌다. 60세는 젊고 에너지가 넘칠 뿐만 아니라 인생의 새로운 출발에 불과한 연령이기 때문이다. 생명을 연구하는 학자들은 120세 시대에 대비하라고 주문할 정도다.

이명박 정부는 '100세 사회 대비의 중요성을 공론화하고 나섰다. 생애 주기가 길어진 만큼 삶의 방식과 사회시스템, 국가정책의 틀도 질적인 변화가 있어야 한다는 것이다. 이 정책의 컨트롤타워는 기획재정부가 맡았다.

2011년 9월 15일 정부 과천청사에서 열린 경제정책조정회의에서 박재완 기획재정부 장관은 "100세 사회 대비의 중요성을 공론화하고, 2011년 말까지 가시적인 성과를 낼 수 있도록 협조해달라"고 말했다. 그러면서 "100세 시대에 걸맞게 국가정책의 틀도 질적인 변화가 있어야 한다"며 정책수립에 착수했다.

이 같은 조치는 다소 늦은 감이 있다. 민간에서는 은퇴 관련 연구소를 잇따라 만들고 노후시장에 대비하는 등 전인미답의 고령사회 대비에 나선 지 오래다.

고령화도 빠르게 진행돼 2018년에는 노인 인구가 전체의 14%를 넘어서는 고령사회가 되었다. 2000년부터 65세 이상 인구가 총인구에서 차지하는 비율이 7%를 넘는 고령화사회가 된 지 18년 만이다. 2025년부터는 노인 인구 비중이 20%를 돌파하면서 초고령사회로 진입한다. 실질 기대수명이 80세를 넘어서면서 퇴직 후 30년 안팎에 이르는 '제2의 인생'이 펼쳐지고 있다.

더 나아가 국가적으로는 65세 이상 인구 비율이 20%를 넘는 초고령사회 post-aged society·후기고령사회 대비에 나서야 한다. 하지만 여건은 좋지 않다. 자녀 교육이나 부모님 생계 지원으로 빠듯하게 살아 온 은퇴자들 상당수는 노후 대비에 많은 힘을 쏟지 못했다. 이들이 소비를 자제할 수밖에 없고 젊은 세대의 부양 의무는 크게 확대된다. 이는 곧 국가경쟁력의 저하로 이어질 수 있다.

더욱 큰 문제는 100만 가구를 넘어선 은퇴빈곤층에 대한 사회적 대비 부족이다. 은퇴빈곤층이란 은퇴 후 실질적인 소득소득인정액이 최소생활비보다 적은 가구를 의미한다.

'용돈연금' 국민연금 문제 떠올라

이런 인구 구조가 되면 우리도 일본처럼 장기 침체의 늪에 빠져들 수밖에 없다. 15~64세 사이 경제 활동 인구는 줄어들고 의료·연금 등 복지를 통해 소비하는 계층의 비중이 커지면 사회의 활력도 떨어진다. 용돈연금이란 꼬리표가 붙은 국민연금 논란이 떠오르게 된 배경이다.

보건복지부와 한국보건사회연구원이 2011년 베이비부머 2250명을 전화면접 조사한 보고서에 따르면 국민연금 같은 공적연금, 직장 퇴직 이후 받는 퇴직연금, 민간 보험사에서 판매하는 개인연금보험 중 어느 것 하나에도 가입하지 않은 무無연금자 비율이 22%156만 명 추정에 달했다. 특히 전업주부가 많은 여성 베이비부머는 32.5%가 무연금 상태였다. '연금 3종 세트'에 모두 가입해 노후 소득의 포트폴리오를 다양하게 갖춘 베이비부머는 9.6%에 불과했다.

이처럼 준비 없이 노후를 맞고 있는 베이비부머를 위해 복지부와 국민연금공단은 소득과 자산, 건강, 사회적 관계, 여가 등 4개 영역 총 30여 개의 '노후 준비 지표'를 마련했다. 이 지표를 활용해 2012년 3월부터 전국의 국민연금 행복노후설계센터에서 상담서비스도 시작했다. 무연금 베이비부머는 근로능력이 조금이라도 남아 있을 때 노후를 준비하지 않으면 빈곤 노년층으로 전락할 수 있다. 이들에게 그 준비를 전적으로 맡길 게 아니라 정부 차원에서 적극적인 교육과 대비를 해야 한다.

정치권에서는 기초노령연금 지급액 인상을 추진하는 등 고령사회에 대비하고 있지만 문제는 재원 마련이다. 기초노령연금은 국민연금 가입자 월평균 소득의 5%9만 1200원, 부부는 14만 5400원로 책정돼 소득하위 70%2011년 현재 367만 명 노인에게 지급된다. 자식의 부양능력은 따지지 않는다. 2007년 국민연금을 개혁할 때 세트로 도입됐다. 모든 노인에게 월 13만~30만 원을 지급하자는 한나라당의 기초연금제 주장을 타협해 만든 제도이다.

한나라당은 2012년 노령연금 지급액을 연금가입자 월평균 소득의 6%선으로 올리고인상률 20%, 현재 연금을 받는 사람은 손대지 않고 새로 65세가 되는 노인에 한해 최저생계비의 150%1인 가구 기준 80만 원미만인 경우에만 지급하는 방안을 추진하기로 했다.

연금액을 올리려는 이유는 기초노령연금법 때문이다. 기초노령연금법은 현재 연금가입자 월평균 소득의 5%9만 1200원, 부부는 14만 5900원, 2011년 4월~2012년 3월 기준인 기초노령연금을 2028년까지 단계적으로 10%로 올리도록 규정하고 있다. 현행법대로 연금액을 인상하면 올해 3조 8000억 원의 예산지방비 포함이 2028년에는 26조 원으로 늘어난다. 재정에 적지 않은 부담을 주게 된다. 예산은 지자체의 노인 인구 비율과 재정자립도에 따라 정부가 40~90%를 지원하고, 나머지는 지자체에서 부담한다.

2008년 1월 노무현 정부에서 처음 지급된 기초노령연금은 만 70세 이상 노인을 대상으로 처음 시행했다가 6개월 뒤 수혜 대상을 만 65세 이상으로 확대했다. 이 같은 논의 과정을 거쳐 이명박 정부에서 유지되었고, 2014년 7월 박근혜 정부는 기초노령연금을 기초연금으로 명칭을 바꾸고 금액을 월 20만 원으로 인상했다. 2017년 집권한 문재인 정부는 2018년 9월부터 25만 원으로 또다시 인상했고 2019년 4월부터는 저소득 노인 20%에게 기초연금을 월 30만 원으로 우선 인상하고 2021년에는 이를 노인 70%에게 확대 시행했다.

피하기 어려운 국민연금 고갈 가시화

저출산·고령화·저성장 속도가 빨라지면 국민연금의 고갈 시기도 앞당겨질 수 있다. 2023년 국민연금 재정계산위원회의 재정추계에 따르면 국민연금은 2055년쯤 고갈될 전망이다. 이를 회피하기 위해 국민연금의 운용수익률을 높이고 국민연금의 운용 구조를 바꾸는 개혁작업이 필요하다. 하지만 현재 경제 여건으로는 결코 쉬운 일이 아니다.

한국의 경제성장률은 1990년대 이후에는 이미 한 자릿수로 둔화된 데 이어 2010년대 이후에는 5%를 밑돌고 있다. 고용을 늘리기 어려운 상황에서 성장률이 다시 확대되기는 어렵다. 정치권이 양극화 해소와 고령화 대비를 위해 과도하게 복지를 확대하려는 것도 문제다. 성장 없는 복지는 환상에 불과하다는 사실이 복지국가로 칭송 받던 유럽에서 확인됐는데도 여당인 한나라당마저 진지한 검토 없이 복지 포퓰리즘에 나섰다. 한나라당은 2012년 2월 13일 당명을 새누리당으로 바꾼 뒤로는 더욱 적극적으로 복지확대정책을 펴기 시작했다.

민주통합당과 경쟁적으로 복지 공약을 내놓은 결과 정치권 복지 공약에 따른 국민의 추가 부담은 기존 복지예산 92조 6000억 원 외에 5년간 최소

268조 원이 더 필요하다는 분석도 나왔다. 18대 대통령 임기 5년2013년 2월 25일~2018년 2월 24일 동안을 기준으로 새누리당과 민주통합당이 내놓은 공약 266개를 기획재정부가 분석한 결과다. 기존 예산과 합하면 360조 6000억 원이다. 이는 2012년 한 해 예산325조 원을 뛰어넘는다. 연간으로는 53조~70조 원에 달한다.

더구나 복지예산은 한 번 지출로 끝나는 게 아니라 기초노령연금·보육수당·국민기초생활보장처럼 한번 시작하면 갈수록 눈덩이처럼 불어난다. 고령화 등으로 인한 자연발생적인 복지 수요만 추가해도 2050년 국가채무는 GDP의 140%에 육박한다고 기획재정부는 내다봤다. 여기에 5년간 천문학적인 복지예산을 쏟아부으면 국가채무비율은 일시에 급등하게 된다. 국가재정 측면에서 고령화에 따른 복지예산 확대는 시한폭탄처럼 다가오는 재앙이라고 해도 과언이 아닐 수 있다.

한국은행에서는 이런 속도라면 빠르면 2030년에 정부 부채가 GDP를 넘어설 수 있다고 경고하고 있다. 한국은행이 2012년 4월 발표한 '부채경제학과 한국의 가계 및 정부부채' 보고서에 따르면 공기업 채무 등 잠재 채무와 금융성 채무를 포함하고, 고령화로 인한 사회보장성 지출 증가를 모두 감안하면 2030년 정부 부채는 GDP의 106%에 달할 수 있다는 것이다.

이처럼 급속도로 진행되는 고령화와 그에 따른 재정 부담은 한국 경제의 최대 아킬레스건으로 떠오르고 있다. 그러나 양극화로 복지수요는 늘고 있다. 더군다나 우리에게는 어느 날 갑자기 찾아올 통일 재원도 필요하다. 이 숙제는 차기 정부에서 계속 풀어야 할 과제로 남았다.

박근혜
—
기득권이 혁신 가로막다

재임기간 2013년 2월~2017년 3월

1952년 2월 2일	대구광역시 출생
1958년~1964년	장충초등학교
1964년~1967년	서울성심여자중학교
1967년~1970년	성심여자고등학교
1970년~1974년	서강대학교 전자공학 학사
1974년	걸스카우트 명예총재
1982년~1991년	육영재단 이사장
1987년	중국문화대학교 문학 명예박사
1993년	한국문화재단 이사장/영남대학교 이사장
1994년	한국문인협회 회원
1998년~2000년	제15대 국회의원
1998년~2002년	한나라당 부총재
2000년~2004년	제16대 국회의원
2002년	한국미래연합 대표
2003년	한나라당 선거대책위원회 의장
2003년	한나라당 상임운영위원
2004년~2006년	한나라당 대표최고위원
2004년~2008년	제17대 한나라당 국회의원
2008년	카이스트 이학 명예박사
2008년	부경대학교 정치학 명예박사
2008년	국회 보건복지가족위원회 위원
2008년~2012년	제18대 국회의원(대구 달성군)
2010년	서강대학교 정치학 명예박사
2011년	한나라당 평창동계올림픽유치특별위원회 고문

2012년~2012년	제18대 국회의원(대구 달성군)
2012년~2012년	새누리당 비상대책위원회 위원장
2012년~2012년	제19대 국회의원(비례대표)
2013년~2017년	제18대 대한민국 대통령
2014년	드레스덴공과대학교 법학 명예박사
2016년	파리 제6대학교대학원 이학 명예박사
2017년 3월	대통령직 파면

> "열심히 노력하면 누구나 일어설 수 있도록
> 중소기업 육성정책을 펼쳐서
> 대기업과 중소기업이 상생할 수 있도록 하는 것이
> 내가 추구하는 경제의 중요한 목표다."

2013년 2월 25일 제18대 대통령 취임사

국민은 박근혜에게 큰일을 맡겼다. 산업 환경의 급격한 변화와 중국의 추격에 대응해 경제 체제를 혁신해야 했고, 이를 통해 성장과 분배를 조화시켜 나가야 했다. 이를 위해 한편으로는 경제의 파이를 키우고 다른 한편으로는 복지에 대한 요구도 충족시켜 줘야 했다. 이런 시대적 요구를 수용하려면 정치·행정·정책 등 국가의 모든 제도와 관행이 5년마다 원점에서 출발하는 '87년 체제'의 한계를 극복해야 했다.

87년 체제는 압축성장으로 산업화를 이룬 한국이 한발 더 나가는 흐름을 막고 있다. 권력과 부의 축적을 이룬 기득권층은 보수화하여 성장의 과실을 나누기 보다는 이익을 독점하고, 이 과정에서 소외된 계층은 갈수록 진보적 입장을 취하고 있다. 이는 경제 논리가 설 자리를 없애고 과잉 정치를 허용하면서 진영 간 이념 경쟁을 부추기고 있다. 이런 소모전을 펼치는 사이 낡은 제도와 방식은 한국의 경제 발전을 가로막고 있다.

역사의 아이러니는 아버지 박정희가 이루어 낸 개발연대의 성공 신화에
가려 있던 사회적·경제적 불균형을 해소하고 비효율을 걷어내는 것이 박근
혜의 시대적 사명이었다는 점이다. 사상 초유의 저출산·고령화에 대처하고
침체된 경제에 역동성을 불어넣어 힘이 빠져가는 성장동력을 다시 강화하는
것이 그의 몫이었다. 이 문제를 해결하려면 박근혜는 갈등 조정자가 돼야 했
다. 성장 과정에서 상대적으로 소외된 계층이 쏟아내는 다양한 목소리를 들
어야 했고 이는 기득권을 흔들 수밖에 없기 때문이다.

하지만 이같이 성장과 분배를 모두 해결하는 고차원 방정식은 풀기 어려
웠다. 앞서 있는 국가들은 더욱 경쟁력을 높였고 중국을 비롯한 신흥공업국
은 빠르게 한국을 추격해 왔다. 이런 상황에서 수출주도 성장은 한계를 보이
기 시작했지만 포기할 수 없는 한국 경제의 근간이었다. 문제는 기존 관행대
로는 대기업이나 초고소득층은 계속 성장의 과실을 따지만 일반 국민의 삶
은 크게 달라지지 않는다는 점이었다. 끝없이 치솟는 주거비와 사교육비는
삶의 희망보다는 걱정을 먼저 떠올리게 했다.

이같이 박근혜의 시대적 소명은 새로운 먹거리 발굴을 비롯한 성장동력
강화와 소득계층 간 갈등 조정이었다. 사실 이는 역대 어느 대통령 때보다
어려운 과제였다. 이승만부터 노태우까지 한국 경제의 물적 인프라를 마련
했다고 하면 김영삼부터 노무현까지는 세계화에 따른 소프트 인프라 구축이
소명이었다. 이명박에 와서는 누적된 양극화 해소를 비롯해 복지 이슈가 본
격화했다. 그는 기득권층과 소외계층의 잠재적인 갈등을 조정해야 했다. 박
근혜 정부로 들어서면서 이러한 요구가 더욱 본격적으로 달아올랐다.

박근혜는 이런 갈등 조정의 중요성을 제대로 인식하지 못했다. 시대적 소
명을 제대로 이해하지 못했고 국민의 목소리를 진지하게 귀담아 들으려 하
지 않았다. 그래서 이런 구조적 문제 해결에 적극적으로 나서지 않았다. 물
론 참으로 어려운 과제였다. 이런 일들은 고속도로를 건설하고 자유무역협

정을 체결하는 것보다 훨씬 더 복잡한 일들이었다. 국민은 이 같은 고도의 기획력과 조정력을 아우른 리더십이 필요할 때 박근혜에게 대한민국의 선장 자리를 맡겼다.

그 기대는 오래가지 못해 물거품이 됐다. 문제는 처음부터 석연찮은 용인 술에서 비롯됐다. 사람을 뽑고 기용하는 것이 조직의 성패를 좌우한다는 점에서 '인사人事가 만사萬事'라는 말이 있지만 박근혜의 용인술은 많은 허점을 드러냈다. 다양한 인재를 등용하지 않고 막상 기용된 사람들은 제 역할을 하지 못했다. 이들의 손에서 나오는 정책 효과는 결국 떨어질 수밖에 없었다.

국정 운영의 첫 단추는 그가 수정안을 거부해 출범하게 된 세종시 행정체제를 안착시키는 일이었다. 하지만 운영의 묘조차 살리지 못해 정부 시스템의 효율성은 크게 저하됐다. 장차관들은 "대통령은 퇴근 후에도 관저에서 보고서를 읽고 정책 지시를 내린다"고 했다. 누구나 그렇게 믿을 수밖에 없었지만 박근혜는 청와대에 틀어박혀 지내는 날이 많아 외부와의 원활한 소통과 거리를 뒀다.

청사진 자체가 없었던 것은 아니었다. 박근혜는 2014년 2월 25일 취임 1주년을 맞아 '경제 개혁 3개년 계획'을 내놓고 의욕적으로 경제 체질 강화에 나섰다. 창업이나 혁신을 자극하고 경제 구조를 제조업 중심에서 벗어나 서비스업을 활성화한다는 정책 방향도 내놓았다. 이때 '474정책'이 나왔다. 성장률 4%대 회복과 고용률 70%대 달성, 국민소득 4만 달러 국가로의 도약을 뜻한다.

박근혜는 무역투자진흥회의를 직접 주재하면서 기업 투자 활성화를 가로막는 규제를 혁파하고 창조경제센터를 설치해 경제 활성화를 도모하기도 했다. 노무현-이명박 정부의 벤처 암흑기를 해소해 창업 생태계를 상당히 복원시키는 성과를 냈다. 하지만 현장과의 소통 부족이 누적되면서 야당의 발목을 뿌리치지 못했고, 현장을 잘 모르는 탓에 행정부를 장악하지도 못했다. 공무원이 써 올린 보고서를 보고 일을 한다고 했지만 그럴듯하게 작성된 보고서와 현장의 괴리를 파악할 수는 없었을 것이기 때문이다.

결국 경제 각 분야는 중국에 덜미를 잡혔고 기업 경쟁력 약화로 일자리 창출 능력이 약화하면서 실업률은 급격히 상승했다. 비정규직은 물론 인턴 한 명 모집에도 수십 명이 몰려드는 청년 취업난은 국가와 기업의 일자리 창출 능력 상실을 의미했다. '헬조선'이란 자조를 부정할 수 없을 만큼 성장동력이 약화되고 있다는 신호였다. 주력 업종인 조선·해운·철강 분야의 체력이 고갈됐고 한국의 해안 지역은 줄줄이 '러스트벨트공업 쇠락 지역'로 바뀌기 시작했다. 자동차와 스마트폰도 중국에 쫓기는 처지가 됐다.

그러는 사이 한국 경제는 특유의 활력을 잃고 표류하기 시작했다. 한국 경제는 외환위기 직후 고도성장의 막을 내리면서 성장률이 저하되는 추세였다. 박근혜 정부 4년간 연평균 성장률은 2%대까지 주저앉았다. 그래도 정부는 적절한 대처를 하지 못했다. 설상가상으로 2014년 세월호 사태가 발생하고 2015년에는 메르스중동호흡기증후군가 삽시간에 전파되면서 소비심리 위축을 가속화시켰다.

박근혜는 현장의 실상을 제대로 이해하지 못했다. 청와대 참모와 공무원들이 써 준 보고서에 의존하다보니 2015년 광복절 경축사에서는 자화자찬에 빠졌다. 국내총생산 순위가 2013년 세계 14위에서 2015년 11위로 상승했고, 국가신용등급이 일본을 앞질렀다는 수치를 제시했으나 국민이 체감하는 경제 실체와는 거리가 멀었다. 더구나 이러한 성과는 역대 정부에서 누적된 것으로 단임 정권의 성과라고 할 수 없다.

대통령은 일과 외에는 사람을 거의 만나지 않았다. 장차관이나 여야 국회의원, 각계 각층의 여론 지도자들을 만나지 않는다는 것은 심각한 소통 불능 현상을 낳을 수 있다. 그런 의문은 2016년 10월 '민간인 국정농단 사건'이 세상에 알려지면서 비로소 풀렸다. 어릴 때부터 사실상 친자매처럼 알고 지내던 민간인 최순실이 대통령의 공식 연설문을 수정하고 민간재단에 기업들의 출연을 받아 사익을 취한 사실이 드러나면서다. 박근혜는 2016년 12월 9일 국회에서 찬성 234표와 반대 56표의 탄핵 표결 절차를 거쳐 2017년 3월 10일 헌법재판소 심판을 통해 대통령직에서 파면됐다.

박근혜의 실패가 남긴 대가는 가혹하다. 거슬러 올라가면 이미 1997년 외환위기 때부터 선진국에 치이고 중국에 쫓기던 주력 산업의 구조 개편에 차질이 빚어지면서 국가 경제는 성장동력을 크게 상실하게 됐다. 선진국의 혁신과 중국의 추격으로 시간 문제였던 경쟁력 약화 사태가 박근혜 정부를 거치면서 한층 현실화한 것이다.

그 결과는 자명하다. 경제의 기둥인 기업은 규제의 덫에 갇혀 서비스업을 비롯한 신산업으로의 변화에 대응하는 골든타임을 놓쳤다. 공무원의 복지부동을 깨지 못했고 국회의 발목 잡기를 넘어서지 못한 결과다. 무엇보다 실패의 결정적 원인은 대통령의 국정운영 능력 부족이었다. 대중에 대한 설득력도 현안에 대한 판단력도 부족했다.

양날의 칼 '1987년 체제'

　박근혜 정부는 경제 컨트롤타워가 불안했다. 현오석·최경환·유일호 부총리가 차례로 사령탑을 이어나가는 동안 한국 경제는 가랑비에 옷 젖듯 조금씩 활력을 잃고 있었다. 외환위기 같은 소나기는 아니었지만 시나브로 국가경쟁력을 잃고 있었던 것이다. 이미 이명박 정부에서 약화된 성장동력을 물려받았고 박근혜 정부 들어와선 경제성장률이 연평균 2%대로 주저앉았다.

　이럴 때일수록 혁신을 통해 돌파구를 마련해야 했지만 이를 이끌만한 리더십은 구축되지 않았다. 현오석은 2013년 7월부터 '경제 활성화를 위한 경제현장 삼천리길'에 나서기도 했다. 혁신을 가로막고 있는 규제를 풀기 위해 현장으로 달려가 즉석에서 문제 해결에 나섰다. 규제를 쥐고 있는 관계부처 공무원과 애로를 호소하는 민간기업을 함께 불렀다. 박근혜 역시 취임 초기에는 격주로 경제부총리를 독대하며 경제 챙기기에 적극 나섰다. 하지만 1년도 채 안 돼 대화 채널이 사라졌다.

사실상 모든 정책은 청와대 수석을 통해 이뤄졌고 장관은 수석을 통해 대통령의 의중을 전달받아야 했다.

　이런 비정상적인 의사결정 구조는 정책 결정의 동맥경화를 초래했다. 무엇보다 일을 진행하는데 필요한 현장의 목소리가 전달되지 못했다. 대통령은 청와대에서 밤 늦게 보고서를 읽으며 꼼꼼히 정책을 챙기는 것으로 처음에는 알려졌다.

　세종시 수정안을 거부해 충분한 국민

경제활성화를 위한 경제현장 삼천리길 기념 타월

적 지지 없이 세종시 정부청사 시대를 연 데 이어 정부 운영 역시 파행의 원인을 제공한 셈이다. 재임 3년차부터는 세종시에서 대통령 주재 회의도 거의 열리지 않았다. 장관들도 세종시를 멀리하고 공무원 조직은 섬처럼 고립된 세종시에 갇혀 사실상 세상과 담을 쌓고 지내게 되었다.

하지만 청와대가 정부부처 국장의 인사권까지 휘두르면서 공직사회의 복지부동은 극에 달했다. 장관이 차관급 대통령 수석비서관의 눈치를 보는 형국이 될 수밖에 없었다. 민간과 단절되고 청와대 지시만 기다리는 정부 조직은 작동 불능에 빠졌다.

대통령에게는 보고 싶고 듣고 싶은 보고서들만 주로 올라갔다. 박근혜 정부는 2014년 2월 한국 경제의 근본적 체질 개선을 위해 '경제혁신 3개년 계획'을 수립했다.[81] 겉만 보면 성공적이다. 2016년 9월 주요 20개국G20 각국의 성장 전략 이행 상황 평가에서 이행률 96%를 기록해 G20 국가 평균 이행률 55%를 압도했다. 경제 규모가 정부 출범 첫해인 2013년 14위에서 2015년 11위로 상승했고, 국가신용등급도 일본을 앞질렀다. 벤처기업이 크게 늘어나면서 창업생태계도 상당히 복원됐다. 나름대로의 성과로 내세울 만했다.

하지만 외화내빈外華內貧이었다. 속을 들여다보면 한국 경제는 성장동력이 약화하면서 연료가 떨어져 엔진이 꺼진 선박처럼 표류하기 시작했다. 조선·해운 등 수출산업의 주력 업종이 줄줄이 경쟁우위를 잃으면서다. 업종마다 중국의 추격을 속속 허용했고, 자동차와 스마트폰 역시 중국 업체에 쫓기는 상황이 벌어졌다.

기업은 신산업을 개척해야 생존할 수 있지만 규제의 덫에 갇혀 옴짝달싹하지 못했다. 2016년 5월 시작된 20대 국회에 들어와서도 규제가 늘어나 기업의 숨통을 조였다. 공무원의 복지부동과 국회의 발목잡기는 결정타였다. 그럼에도 대통령은 소통과 조정 능력을 발휘해 난마를 풀어내야 했지만 국민의 기대 수준을 충족하지 못했다.

언론은 늘 의문부호를 던졌다. 구중궁궐에서 매일 밤 보고서를 읽는다는 것은 인간의 보편적 생활습관으로 보면 불가능하기 때문이다. 역대 대통령은 공식 일정 외에도 정치인과 장차관, 사회 각계 대표자와 전문가를 만나 저녁을 먹었다. 사실상 비공식적인 자리가 되면서 어려운 일들이 풀렸다. 하지만 그런 자리가 거의 없었다.

이런 체제가 지속되면서 불통은 갈수록 심해졌다. 기계적인 업무 보고 외에는 시중에 돌아가는 상황을 대통령에게 보고하는 것도 어려웠다. 경제사령탑에 힘이 실리지 않자 강력하고 신속한 정책이 나오지 않았다. 경제혁신 3개년 계획은 규제를 혁파하고 서비스업을 강화한다는 목표를 세웠던 만큼 나름대로 의미가 있었다.

빛바랜 경제혁신 3개년 계획

경제혁신 3개년 계획의 핵심은 공공·금융·노동·교육 개혁이었다. 이들 분야는 역대 대통령이 치중해 온 인프라 건설이 아니라 경제 활성화를 위한 소프트 개혁에 초점이 맞춰져 있었다. 내수활력을 제고하고 경제 체질을 개선해 일자리 창출과 민생안정을 추구한다는 실용주의 경제정책이었다.

관건은 얼마나 실질적으로, 얼마나 이행하느냐였는데 집권 2년차를 넘기면서 정책 드라이브는 약화되기만 했다. 공공부문 개혁은 정부 공무원과 공기업 직원의 지지를 받지 못했고 금융은 노동단체의 반발에 발목이 잡혔다. 노동 역시 노동단체의 반발과 야당의 엇박자로 한 발자국도 나가지 못했다. 교육은 좌편향 교과서를 바로잡겠다며 국정교과서 제작을 추진하면서 이념 갈등에 기름을 붓는 계기를 만들었다.

이를 통해 '474'를 실현하기로 했지만 이해당사자의 반발과 야당의 발목잡기로 계획은 좀처럼 속도를 내지 못했다. 그러자 박근혜는 현오석에 이어 최경환을 경제사령탑으로 불러들였다. 최경환은 근로소득 증대세제, 기업소득 환류세제, 배당소득 증대세제 등 경기 활성화를 위한 3대 세제 패키지를 도입해 정책 경색 돌파를 추진했다.[82] 하지만 근본적으로 성장동력을 확충하는 기업혁신 정책이 아니라 가시적 효과가 나타나지 않았다. 근로자의 급여를 올려주거나 주주들에게 배당을 더 많이 하면 세금을 깎아주겠다는 정책이었지만 노동 개혁과 투자 환경 개선 등 규제 혁파가 이뤄지지 않아 효과가 없었다.

이 모든 문제는 기존 체제에서는 한계를 드러낸 국가 의사결정 구조와 밀접한 관련이 있다. 정부 주도의 산업화가 막을 내리고 대통령 직선제 개헌을 통해 민주화의 문을 연 87년 체제 이후 정부의 의사결정권이 국회로 넘어갔다. 이를 분기점으로 정부 관료는 야성적 본능을 잃게 됐다. 고도성장 때는 경제기획원 장관이나 재무부 장관이 구두로 몇 마디 해도 그것이 바로 정부정책이 됐다. 하지만 민주화로 의회 기능이 강화된 87년부터 국회가 정책 주도권을 쥐게 되자 관료사회는 사실상 행정업무만 집행하는 사무직원으로 전락했다. 경제수장에게 남은 것은 통찰과 리더십뿐이었다.

하지만 박근혜는 그런 능력을 갖춘 부총리를 발탁하지 못했다. 자신이 직간접적으로 알고 있는 사람을 위주로 장차관이나 정부 관료로 발탁했기 때문이다. 이른바 '수첩인사'라는 말이 나온 이유도 여기에 있다. 장관과 차관에 임명된 사람 가운데 상당수가 자질 논란에 휘말리거나 박근혜와의 친분 때문에 발탁된 '친박' 출신들로 채워지면서 국정동력 상실을 가속화하는 단초를 제공했다.

더구나 장관은 과도한 국회의 힘에 눌려 수시로 국회에 불려가 국회의원에게 휘둘리기 일쑤였다. 박근혜의 요구대로 세종시에 행정중심복합도시가 예정대로 건설된 것도 관료조직의 효율을 떨어뜨렸다. 장관이 국회로 불려다니는 동안 세종청사에서 근무하는 관료조직의 지원을 받지도 못했다. 장차관은 기획력과 추진력·돌파력을 보여주지 못했다. 그러니 독창적이고 시의적절한 정책카드는 제시되기 어려웠다.

허탕친 세제 개편·공기업 개혁

2013년 8월 시작된 소득세제 개편안이 대표적인 사례다. 정부는 '넓은 세원-낮은 세율'이란 공평과세 원칙에 따라 고소득자의 공제혜택을 줄이는 방향으로 소득세제를 개편했으나 기득권층의 반발로 바로 물러섰다. 이 바람에 소득세 면세자의 비율이 2013년 32.4%에서 2014년 48.1%로 급상승하게 됐다. 연말정산을 한 임금 근로자 1669만 명 중 802만 명이 세금을 한 푼도 내지 않는 비정상 구조가 나타난 것이다.

일본 15.8%, 영국 5.9%, 독일 19.8%, 캐나다 22.6%, 미국 32.9%와 비교하면 터무니없는 결과다. 이런 제도 도입을 지휘한 조원동 청와대 경제수석은 17세기 프랑스 재무상이었던 장 바티스트 콜베르의 말을 인용해 "고통을 느끼지 않도록 깃털을 살짝 뽑는 듯 세금을 걷어야 한다"고 발언한 것으로 드러나 국민 감정을 자극했다. 여기에 더해 최경환 부총리는 담배 증세까지 단행하면서 증세 없는 재정정책의 모순을 드러냈다.

이러한 정책은 모두 철학의 빈곤을 드러냈다. 실질적으로 증세가 필요하고 사실상 증세를 해야 한다면 정공법으로 국민을 설득했어야 했다. 그러나 세율을 올리지 않았다는 이유로 박근혜 정부 관료들은 증세를 하지 않았다고 주장했다. 하지만 증세 논의는 불가피했다. 2012년부터 2014년까지 해마다 수조 원의 세입 결손이 발생하고 자동 지출되는 복지비용이 눈덩이처럼 불어나면서 국가부채가 급증했다. 증세는 경제체력이 저하된 상태여서 실질적으로 거론할 여건은 아니었다. 기업이나 가계나 저성장과 디플레이션에 허덕이고 있는 판에 증세를 하게 되면 기업 투자와 민간 소비를 더욱 위축시킬 수 있기 때문이다.

이런 우려를 해소하려면 정부는 예산에서 거품을 빼는 노력을 했어야 했지만 곳곳에서 퍼주기식 지출이 남발되고 구멍이 뚫린 예산체계를 꼼꼼하게 손질하지 못했다. 결국 2017년에는 사상 처음으로 400조 원의 슈퍼예산이 편성됐다. 국회의원의 2012~2015년 쪽지 예산 규모가 4조 1000억 원이라는 분석도 나왔다. 쪽지예산은 관료의 승진과 보직 로비를 대가로 국회의원이 관료에게 요구해 편성된다. 지역구에 도로를 내고 다리를 놓거나 시설물을 유치하는 데 주로 사용되지만 효율이 낮다.

허점투성이의 정부 관료시스템은 2014년 4월 16일 수학여행 길에 나섰던 학생을 비롯해 304명이 희생된 세월호 사태를 계기로 더욱 적나라하게 드러났다. 해양수산부 산하 공공 기관에는 해양수산부 출신 관료가 장악하고 있었고 이는 정부 공공 기관의 공통적인 현상이었다. 문제는 낙하산이 만연하면서 창의와 혁신이 가로막힌다는 점이다. 현직 관료와 공공 기관의 유착은 감독권을 약화시키기 때문이다. 공공 기관을 감독하는 기획재정부가 낙하산 근절 대책을 내놓기도 했지만 낙하산이 계속되면 무용지물이 됐다.

박근혜는 대통령 당선인 시절부터 일체의 낙하산 인사를 중단하라고 했다. 현오석 부총리는 2013년 11월 15일 빚더미에도 방만경영 관행에 빠져 있던 공기업을 가리켜 "파티는 끝났다"고 선언하며 과도한 복리후생비를 깎는 등 방만경영에 제동을 걸었다.

그러나 박근혜는 막상 취임하자 역대 어느 정권보다 극심한 낙하산 인사를 시행했다. 직무와 전혀 무관해도 대선캠프에서 일했다는 인연이 있거나 친박으로 분류되는 인사는 줄줄이 공공 기관의 기관장이나 감사로 투입됐다. 대우조선해양의 부실화는 낙하산 인사가 빚어낸 참사라고 할 수 있다. 정부 관료 출신 같은 '관피아 관료+마피아' 또는 대선 캠프 등으로 대통령과 인연을 맺은 정치인과 교수 등이 차지하는 '정피아정치인 또는 폴리페서+마피아'가 줄줄이 주요 공공 기관에 투입되면서 도덕적 해이가 만연했다.

이들이 낙하산을 타고 내려오면 공공 기관 직원이 반발하고 이를 무마하기 위해 복리후생 혜택이란 당근을 주면서 공생하게 된다. 국책사업이 떨어지면 이런 기관장은 이유 불문하고 시행에 나선다. 막대한 예산낭비가 발생하고 공공 기관은 천문학적 부채를 떠안은 비효율적 조직으로 전락하는 악순환이 거듭된다. 낙하산 고리를 끊지 못하면서 관료 시스템의 혁신은 이뤄지지 않았다. 330개에 달하는 공공부문의 경쟁력과 효율도 그다지 달라지지 않았다. 과거의 문제점을 고스란히 안고 세월이 흘러갔다.

결국 뽑지 못한 '손톱 밑 가시'

박근혜는 규제 혁파에도 의욕적으로 도전했지만 역시 야당의 반발을 설득하지 못하고 관료조직 장악에 실패하면서 용두사미가 됐다. 박근혜는 재임 중 두세 달에 한 번씩 모두 10차례에 걸쳐 무역투자진흥회의를 열었다. 규제에 막혀 중단된 현장 프로젝트가 진행될 수 있도록 막힌 곳을 뚫고 기업의 애로를 해소하려는 시도였다.

하지만 관료 사회의 무사안일과 역량 부족으로 '파괴적 돌파'를 이끌어내지 못했다. 박근혜는 이명박 정부의 '전봇대 뽑기'보다 더 구체적인 방식으로 접근했다. 기업들이 규제로 막혀 있는 현장을 실질적으로 파고들어 '손톱 밑 가시 뽑기'를 시도했다. 서민의 생계 지원을 겨냥한 '푸드 트럭' 허용이 대표적 사례였다. 음식점이 과잉 상태를 보이는 한국적 현실에 맞지 않아 혁신적인 돌파구는 마련되지 못했다. 하지만 시간이 지나면서 틈새시장을 찾고 있어 나름대로 성과를 거두었다고 볼 수 있다. 그럼에도 한계를 드러냈다. 현실을 알고 통찰력을 갖추었다면 정권 초기에 과감하게 드라이브를 걸어 혁신 동력을 살려 나갔을 텐데 정치적 공세와 보신주의에 빠진 관료주의를 극복하지 못했다.

관료는 재벌과 함께 고도성장의 견인차였지만 민간이 경제를 실질적으로 이끌면서 길을 잃었다. 기득권자로서 정년을 보장받고 매뉴얼에 따라 규정을 집행하고 국회가 요구하는 일을 뒷받침하는 무기력한 집단으로 전락했다. 중소기업보다 높은 임금에다 퇴직 후에도 월평균 300만 원 안팎의 연금을 받는 한국 사회의 새로운 특권층이 된 결과다. 청년의 거의 절반이 공무원 시험에 매달리는 비정상 사회가 된 이유도 여기에 있다.

...

트럼프의 보호무역주의

박근혜 정부는 세계 경제에 격변의 회오리가 몰아치는 시기였다. 박근혜 대통령 임기 내내 강대국들은 역동적인 변화를 시작했다. 중국은 1978년부터 개혁개방에 나섰던 덩샤오핑의 유훈인 도광양회韜光養晦, 어둠 속에서 실력을 기른다를 끝내고 전통적인 대국의 힘을 과시하기 시작했고, 일본 기업은 '아베노믹스아베 신조 총리의 경제정책'로 활력을 되찾았으며, 미국은 도널드 트럼프가 2016년 11월 대통령 선거에서 당선되면서 미국의 이익을 최우선한다는 '아메리카 퍼스트'를 기치로 보호무역주의로 회귀하며 새로운 국제 통상질서를 요구하기 시작했다.

미국에선 최초의 흑인 대통령 버락 오바마가 집권한 뒤 8년 만에 공화당으로 정권 교체가 일어나면서 외교는 물론이고 경제 분야에서 거대한 변화가 일어났다. 무엇보다 부동산 재벌 출신 트럼프가 2017년 1월 미국 제45대 대통령에 취임하면서 세상은 커다란 변화의 소용돌이에 들어가고 있었다. 트럼프는 선거 기간 내내 '아메리카 퍼스트'를 내세우며 세계 무역 구조의 변화를 예고했다. 이는 1980년대부터 30여 년간 세계를 휩쓴 신자유주의의

퇴조를 재촉하는 글로벌 경제와 무역 구조의 패러다임 시프트를 의미했다. 신자유주의는 경쟁 촉진과 자유무역을 중시하는 시장주의 철학이었다. 보호무역주의는 이를 완전히 뒤집는 것이어서 철저한 대비가 필요했다. 하지만 한국은 2016년 말부터 이듬해 초까지 대통령 탄핵으로 정국이 혼란에 빠지고 국가 기능이 거의 마비되다시피 했다. 경제 컨트롤타워가 제대로 작동하지 못해 효과적인 대응에 나서지 못했다.

'아메리카 퍼스트' 시동 건 미국

트럼프는 자국 우선주의 기치 아래 중산층 복원과 일자리 창출을 정책 목표로 삼았다. 트럼프는 이를 위해 법인세율을 최고 35%에서 21% 단일세율로 낮추고 1조 달러 규모의 인프라 투자, 미국 내 쇠락한 공업지역인 러스트벨트Rust Belt를 중심으로 제조업 활성화를 추진하기로 했다. 이를 통해 재임 중 경제 규모를 배로 늘려 위대한 미국을 재건한다는 '트럼프판版 뉴딜정책'이 추진되었다.

'트럼프노믹스트럼프의 경제정책'는 여기에 보호무역주의가 더해진다. 트럼프는 중국산 수입품에 최고 45%의 고율 관세를 물리겠다는 방침을 천명했다. 그는 취임과 동시에 환태평양경제동반자협정TPP 불참 선언과 함께 자유무역협정FTA 재협상을 추진했다. 트럼프는 실제로 2017년 5월 10일 문재인 정부가 출범하자마자 한·미 FTA 재협상을 몰아붙였다. 이를 통해 미국은 자동차 등에서 유리한 결과를 얻어내고 투명성 강화를 명분으로 한국 정부가 외환시장에 개입할 수 있는 입지를 좁혀 놓았다.

애플의 중국 공장을 비롯해 해외로 진출한 미국 기업이 돌아오게 하는 '리쇼어링Reshoring'도 강력하게 추진됐다. 트럼프는 애플 최고경영자 팀 쿡에게 생산 공장을 미국으로 되가져오면 파격적인 세제 혜택을 주겠다며 리쇼어링에 박차를 가했다. 이런 트럼프노믹스는 세계 경제의 분업 구조를 완전히 뒤흔들어놓았다. 특히 한국은 그 충격을 피해가기 어렵다. 미국이 무역장벽을 높이면 해외에 진출한 한국 기업의 수출도 어렵기 때문이다.

물론 경제는 상쇄효과가 있기 때문에 부정적 영향만 있다고 볼 수는 없다. TPP 불발 등으로 일본의 입지가 좁아지면서 한국 제품의 국제경쟁력은 긍정적 효과를 얻을 수도 있다. 미국이 무역장벽을 높여도 상품 경쟁력만 있으면 경쟁의 한 축인 일본에 대해서는 우위에 설 수 있다. 하지만 경쟁우위가 없으면 결국 시장을 잃는 결과만 초래될 수밖에 없다는 것이 현실이다. 무엇보다 미국의 중국 압박은 한국에 불똥을 튀긴다.

한국 수출에서 중국은 25%를 차지하고 미국은 그 다음으로 12%를 차지한다. 그런데 중국은 주로 한국에서 중간재를 수입해 미국에 수출하고 있다. 결국 미·중 무역마찰이 심화되면 한국은 고래 싸움에 새우등 터지는 피해를 피하기 어렵게 되는 것이다. 이같이 예고된 먹구름은 실제로 2018년 7월 6일부터 본격화되었다. 트럼프가 대통령 권한으로 관세를 부과할 수 있는 '슈퍼301조'를 동원해 중국산 제품 500억 달러 상당에 대해 25% 고율 관세 부과를 시작했다. 이는 1930년대 이후 최악의 무역전쟁을 의미했다.

게다가 미국은 금리 인상에 박차를 가했다. 2008년 미국발 글로벌 금융위기 이후 4조 5000억 달러의 유동성을 풀고 제로금리를 단행했던 미국은 2013년부터 금융 완화를 종료하는 '테이퍼링Tapering'에 나섰다. 2015년부터 시작된 금리 인상은 2016년으로 이어지고 2017년에는 모두 세 차례의 금리 인상이 단행됐다. 2017년 말에는 미국이 정책금리를 1.50%로 끌어올려 한국과 같은 수준이 되면서 한·미 금리 역전이 예고됐다.

한국 위협하는 중국의 기술 굴기

중국은 세계의 공장에서 세계 경제의 주도자로 탈바꿈하기 시작했다. 세계의 공장이라 불리면서 '짝퉁 천국'이란 조롱을 받던 중국은 한국이 박근혜 정부를 거치는 동안 추격자의 위치에서 벗어나 어느새 선도자로 치고 나가고 있었다. 중국은 선박과 철강을 비롯한 중후장대 제조업에서 한국을 따라잡았고, 자동차와 휴대전화 같은 고부가가치 제품에서도 독자적 생산 능력을 확보했다. 더 놀라운 건, 한국에선 4차 산업혁명이 규제에 발목 잡혀 앞으로 나가지 못하는 사이 중국에선 생활 속 깊숙이 안착하기 시작했다.

가장 가시적인 현상은 핀테크와 모바일의 결합이다. 중국 어디를 가도 결제 때 현금보다 '모바일 페이'가 일상화했다. 계산대 앞 고객은 스마트폰을 내밀고 가게 종업원은 전자결제 리더기를 들이댄다. 지갑을 꺼내 돈을 세거나 잔돈을 거스르는 모습은 찾아보기 어렵다. 중국판 블랙 프라이데이인 광군제 光棍節·독신자의 날에는 하루에 택배 10억 개를 나르기 위해 고속철도 200편이 긴급 투입되고 고속도로는 과적 트럭으로 몸살을 앓을 만큼 중국 경제는 모바일과 핀테크가 발전했다.

중국이 한국을 뛰어넘는 핀테크·모바일 강국이 된 비결은 과감한 투자와 혁신이었다. 거대한 대륙에 유선망 구축에 어려움을 겪던 중국은 유선망을 건너뛰고 바로 모바일 시대로 진입했다. 여기에 핀테크까지 결합하자 중국 경제는 날개를 달았다. 연간 대졸자 700~800만 명 중 창업자 비중은 10%, 70~80만 명에 달하는 것으로 추산되고 있다. 한국의 한 해 대졸자보다 많은 인원이 신산업에서 '마윈'의 꿈을 키우고 있다.

중국은 기술력이 확보되자 차츰 무역장벽을 쌓기 시작했다. 기술 굴기를 달성하자 자국 기업의 육성에 박차를 가하면서 비관세·반덤핑 같은 무역 규제 장벽을 세우기 시작한 것이다. 중국은 마침 박근혜 정부가 2016년 사드

THAAD·고고도미사일방어체계 구축에 나서자 이를 빌미로 한국 기업에 대한 견제를 노골화했다. 우선 중국 내 배터리 인증 기준을 새로 내놓으면서 연간 8GW 기가와트의 배터리를 생산해야 모범 인증을 받을 수 있도록 강화했다. 이는 기존보다 40배 늘어난 것으로 한국 기업은 직격탄을 맞고 패닉에 빠졌다. LG화학·삼성SDI의 중국 내 생산능력은 3GW 안팎에 불과해 인증 불합격을 피하기 어려웠다. 새로운 인증 기준을 충족시킬 수 있는 기업은 중국의 비야디比亞迪밖에 없었다. 모범인증을 못 받으면서 보조금이 끊긴 한국 업체는 매출이 급락했고 반사이익은 고스란히 중국 업체로 돌아갔다. 전형적인 비관세 장벽의 횡포였다.

반덤핑 관세도 고개를 들었다. 중국 상무부는 태양전지 재료인 한국산 수입 폴리실리콘에 대한 반덤핑 재조사에 착수했다. 이미 1차 조사를 벌여 2.4~48.7%의 관세를 부과해왔는데도 한국산 수입량이 계속 늘고 있다는 이유에서였다. 이 분야의 OCI·한화케미칼의 중국 사업은 가시밭길을 걷게 된 것이다. 한한령限韓令도 극심해졌다. 한류의 공연과 방송이 제한되고 중국인 관광객의 한국 여행도 사실상 제한되기 시작했다.

이보다 더 큰 문제는 한국 기업의 경쟁우위가 거의 사라졌다는 점이었다. 주력 산업 대부분이 따라잡혔고, 중국이 따라올 수 없다던 자동차·휴대전화·TV시장에서도 중국 기업의 시장 점유율이 급상승했다. 여기에 미·중 무역전쟁이 가열되고 실제로 문재인 정부 들어 본격화하면서 한국 경제의 불확실성은 높아져 가기만 했다.

박근혜가 탄핵소추되기 전까지 약 4년은 한국 경제의 경쟁력을 회복시킬 수 있는 마지막 골든타임이었다. 한국 경제의 골든타임은 이미 이명박 정부에서 시작되고 있었는데 시민단체가 발목을 잡고 국회가 정쟁에 빠지면서 산업 구조의 고도화에 전념하지 못함에 따라 본격적으로 후유증이 밀려들고 있을 때 박근혜가 바통을 이어받았다.

설상가상으로 박근혜의 소통 부족과 리더십 부족까지 겹치면서 한국 경제는 구조 개혁의 골든타임을 허비했다. 국가의 핵심 두뇌이자 컨트롤타워라고 할 수 있는 행정 관료 대다수가 세종시에 사실상 '고립'되면서 이런 상황을 더욱 악화시켰다. 긴밀하고 민첩한 대응이 필요한 시기에 한국 경제가 더욱 치명적인 손상을 입을 수밖에 없었다.

박근혜 정부가 이런 식으로 골든타임을 놓치면서 한국 경제는 속절없이 뒷걸음쳤다. 2015년부터 2%대 저성장 체제로 접어들었고 2017년까지 3년 내리 저성장 흐름이 계속됐다. 저성장은 2016년부터 기업의 구조조정 증가로 이어졌고 청년실업률 악화로 이어졌다. 나아가 소비 부진 등 내수 위축으로 이어지는 악순환을 초래했다.

일본 경제 자극한 아베노믹스

아베 신조 일본 총리는 한국인에겐 참 부담스럽다. 전쟁을 금지한 평화헌법 개정에 박차를 가해 불안감을 조장한다. 군 위안부 문제는 피해자가 살아 있는데도 "불가역적으로 합의됐으니 다시는 거론하지 말자"는 궤변도 늘어놓는다. 이런 그를 좋아할 한국인이 어디 있겠나. 하지만 그의 경제정책은 기발하다는 생각이 들 때가 많다.

일본은 2012년 말부터 시동을 건 '아베노믹스아베 총리의 경제정책'를 통해 금융 완화·재정 확장·구조 개혁이란 세 개의 정책 화살을 쏴댔다. 하지만 초반에는 효과가 잘 나타나지 않았다. 일본 경제의 핵심 과제인 디플레이션 탈출조차 이뤄내지 못했기 때문이다. 큰 틀에서 보면 일본 경제를 낙관할 이유를 거의 찾아보기 어려웠다.

그러나 시간이 흐를수록 아베노믹스는 일본 경제를 자극하기 시작했다. 꿩 대신 닭은 잡았다고 볼 수 있어서다. 아베노믹스라도 없었다면 일본 경제의 침체 수렁은 더욱 깊어졌을지 모른다. 하지만 아베의 지휘 아래 일본 경제는 곳곳에서 막힌 곳이 뚫리고 활력을 되찾아 나가기 시작했다. 구조 개혁은 농업에서 신산업까지 경제 전 분야에서 추진됐다.

가장 인상적인 분야는 농업이다. 한국에선 7조 원어치의 쌀 수확을 위해 보조금으로 3조 원의 비용을 투입하지만, 일본은 쌀 집착에서 벗어나 농업의 국제 경쟁력 강화에 박차를 가하고 있다. 아베가 추진한 외국인 근로자 '수입'이 단적인 사례다. 일본에선 농업의 기업화가 급진전되면서 월급쟁이 농부가 일반화하고 있다. 더 나아가 농업 분야에서도 외국인 근로자의 고용을 허용하고 있다. 기존의 3년 한도 취업연수생 제도는 일할 만하면 내보내야 하지만 새 제도는 일손 부족을 해소하고 생산성도 높일 수 있다.

포괄적 증여는 정말 부러운 정책이다. 아베는 총리 취임 직후인 2013년 4월부터 '교육·결혼·육아자금 일괄증여 비과세제도'를 전격적으로 시행했다. 아들·딸이나 손자·손녀에게 최대 2500만 엔까지 비과세로 증여할 수 있는 파격적 소비 증대 방안이다. 이 돈으로 예식 비용과 신혼주택의 월세, 출산 비용, 불임치료비, 육아도우미 비용, 입학금, 수업료, 급식비를 내면 비과세가 된다. 한국에서도 2015년 기획재정부가 국회에 포괄적 증여를 건의했으나 부자들에 대한 특혜라는 이유로 퇴짜를 맞았다. 저출산·고령화 대책이 시급한데도 국회는 무사태평이다. '1억 총활약상'을 신설한 일본과 대조된다. 2017년 일본의 출산율은 1.43명으로 한국의 1.05명보다 높지만 격차 확대가 예상된다.

'고향 납세'도 무릎을 치게 한다. 이 제도는 누구나 3만 엔 상한으로 지자체에 기부하면 2000엔을 뺀 전액을 환급해 준다. 지방 경제 활성화를 위해 2008년 도입됐는데 아베가 기부 상한액을 5만 9000엔으로 늘렸다. 그러자 기부액이 세 배로 뛰었다. 좋은 정책은 전임 정부의 것이라도 장려한 결과다. 앞 정부의 정책을 자주 뒤집는 한국과 대비된다.

즉시환급형 사후면세점은 위력적이다. 아베는 4000개였던 즉시환급형 사후면세점을 2만여 개로 늘렸다. 즉시환급형 사후면세점은 출국 시 세금을 환급받는 번거로움을 덜어주기 위해 물건을 살 때 즉시 소비세를 면세해 준다. 이런 노력에 힘입어 일본 방문 외국인은 급증하기 시작했다. 2015년에는 1년 전보다 47% 증가한 1974만 명을 기록했다. 반면 한국은 6.8% 감소한 1323만 명으로 주저앉아 2008년 이후 7년 만에 외국인 관광객 유치전에서 무릎을 꿇었다.

이런 결과는 일본이 2006년 부터 국가 전략 차원에서 무공해 미래산업인 관광산업 진흥을 준비해 온 성과였다. 아베는 여기에 그냥 숟가락만 얹어 알차게 실행했다고 볼 수 있다. 이런 점에서 보면 한국은 관광산업이 크게 후퇴했다고 평가할 수 있다.

아무런 수출 자원이 없던 박정희 시절에도 관광은 국가의 핵심 성장 전략이었다. 박정희는 1962년 현재 한국관광공사의 전신인 국제관광공사를 설립하고 워커힐·반도·타워·조선 등 관광객 유치를 위한 호텔 건설에 나섰다. 아리랑택시를 도입하고 관광공사원 자격제도를 시행한 것도 이때였다. 일본에 관광공사 지사도 세우며 관광입국 정책을 밀고 나가 1962년 외국인 관광객 10만 명 유치 목표를 바로 달성했다. 이에 비하면 근래 한국 정부의 관광정책은 비전과 전략도 보이지 않을 만큼 크게 후퇴했다고 볼 수 있다.

아베는 2017년 2월에는 '프리미엄 프라이데이'를 도입했다. 아베는 총감독을 맡았다. 일찍 퇴근해 쇼핑과 외식을 하고 여행을 떠나도록 독려하는 제도다. 고육지책이지만 내수 진작을 위해 한번 해보자는 뚝심의 발로였다. 이렇게 활력을 불어넣자 취업희망자의 청년 고용률은 완전고용에 가까운 97%에 이르렀다. 기업은 일손 부족으로 상시 채용전쟁 체제다. 아베의 리더십을 부러워하지 않을 수 없는 이유들이다.

아베노믹스의 이런 성과는 3개의 화살 가운데서도 규제 완화의 역할이 컸다. 박근혜 정부 시절 규제프리존특별법이나 문재인 정부가 2018년 추진한 규제샌드박스 5개 법안의 모델이 된 '국가전략특구' 제도가 대표적이다. 아베가 2013년 도입한 국가전략특구에서는 국내외 기업 인센티브에 차별이 없을 뿐만 아니라 기존 규제가 일정 기간 면제되는 규제샌드박스 제도가 적용돼 신산업의 허브가 되고 있다.[83] 아베는 국가전략특구 법안을 만들면서 "과감한 규제·제도의 완화를 통해 암반 규제를 모두 깨부수고, 일본을 세계에서 가장 기업하기 좋은 나라로 만들겠다"고 선언했다.

아베의 말대로 일본은 국가전략특구법이 시행된 2014년 5월부터 특구가 지정되면서 세제 혜택까지 더불어 세계적인 기업 투자 환경을 갖추기 시작했다. 예컨대 의료혁신 거점으로 지정된 오사카를 중심으로 한 간사이關西 지역에서는 외국 의사 진찰과 외국 간호사 업무가 가능하게 됐다. 이런 개혁이 가능해지면서 일본은 만성적인 '일손 부족 국가'로 탈바꿈했다. 2011년 한국보다 높은 8.2%를 기록했던 일본의 청년실업률은 2017년 4.6%까지 떨어졌다. 반면 한국의 청년 실업률은 7.6%에서 9.9%로 높아졌다.[84]

이같이 세계 주요국은 과감한 제도·규제 개혁을 통해 경제를 업그레이드시켜 나갔다. 유럽 국가들은 노동 개혁을 통해 경쟁력을 회복하기 시작했다. 노동 개혁을 통해 일자리를 늘린 대표 사례는 독일 하르츠 개혁이 꼽힌다. 하르츠 개혁은 독일 사민당 총재였던 게르하르트 슈뢰더 총리가 주도했다. 그는 2003년 '어젠다 2010'을 제시했다. 실무 작업을 맡은 페터 하르츠 이름을 따 하르츠 개혁이라 불린다.

핵심은 노동시장 유연화였다. 기업의 채용 부담을 줄여주기 위해 경직적 고용 관행을 개혁해 해고를 용이하게 했다. 또 50년간 손보지 않은 복지제도에 메스를 대 32개월이던 실업수당 지급 기간을 12개월로 단축해 실업자들이 적극적으로 구직에 나서도록 유도했다. 이 같은 조치에 사민당 정치 기반인 노동계는 크게 반발했고 슈뢰더는 총리직에서 물러나야 했다. 하지만 이 같은 정치 지도자들의 경제 리더십이 있었기에 주요국들은 국가경쟁력을 정비할 수 있었다. 번번이 개혁이 좌초된 한국과는 다른 길을 간 것이다.

...

한계 드러낸 조정자 역할

> "과학기술과 산업이 융합하고, 문화와 산업이 융합하고, 산업 간의 벽을 허문 경계선에 창조의 꽃을 피우자."
>
> 2013년 2월 25일 취임사

> "창의성을 경제의 핵심 가치로 두고 과학기술과 정보통신기술ICT의 융합을 통해 산업과 산업이 융합하고, 산업과 문화가 융합해 새 부가가치를 창출하고, 새 일자리를 만들어내자."
>
> 2013년 3월 3일 기획재정부·금융위원회 업무보고

박근혜 정부 경제정책의 최대 실책은 꺼져가는 성장동력에 다시 활기를 불어넣지 못했다는 점이다. 박근혜 정부가 출범했을 때 한국 경제는 이미 기력을 잃고 있었다. 경제성장률이 연평균 3%대로 주저앉아 있었고 청년 실업률도 높아지는 추세에 있었다. 문제는 정부가 규제를 풀고 막힌 곳을 뚫어줬어야 했는데 그렇게 하지 못하는 바람에 주력 산업이 눈을 뜬 채 손도 쓰지 못하고 경쟁력을 잃기 시작했다는 점이다.

'난세에 영웅 난다'고 했지만 박근혜 정부에는 이런 위기 상황을 이끌 만한 영웅이 없었다. 경제부총리가 개발연대 시대처럼 강력한 경제 리더십을 발휘할 수 있는 정책적 수단이 없었기 때문에 과감한 정책이 나오지 못했다. 2014년 2월 박근혜가 직접 발표한 '경제혁신 3개년 계획'[85]의 방향 자체는 나쁘지 않았다. 공공·노동·금융·교육을 4대 개혁 분야로 설정한 것은 시의적절했다.

하지만 추진력이 미흡했다. 4대 개혁을 추진하려면 소통과 조정의 리더십

이 필요했지만 대통령에게도 그런 능력이 없었고 경제부총리들도 충분한 역량을 발휘하지 못했다. 무엇보다 성장과 분배를 둘러싼 갈등 구조 위에서 대통령이 야당과 노동단체를 효과적으로 설득해야 했지만 그러지 못했다.

공공 개혁은 공무원 연금 개혁을 성과로 꼽을 수 있으나 흉내만 냈다는 지적을 피하기 어렵다. 공무원은 중앙과 지방, 교원과 경찰, 직업군인을 포함해 100만 명을 돌파했다. 이들에게 지급할 연금이 눈덩이처럼 불어나면서 국가부채는 눈덩이처럼 불어났다. 하지만 공무원들의 반발로 공공 개혁은 결국 시늉에 그치고 말았다.

이 바람에 공무원들에게 지급할 연금이 사실상 그대로 유지되면서 2017년 국가부채 1555조 원 가운데 공무원·군인·사학연금 등 공적연금 충당부채는 845조 원으로 국가부채 전체의 절반을 넘어섰다. 국가부채의 시한 폭탄이 공무원 연금인데도 손질을 제대로 하지 못한 채 미봉책에 그친 것이다. 장기간 총리를 역임한 경우 매달 700만 원이 넘는 연금을 받고 하위직 공무원의 연금도 200만 원이 넘는 경우가 일반적이다. 급속한 고령화를 고려하면 2010년대 초반 그리스 재정위기 사태의 그림자가 어른거린다.

노동계 반발에 좌초한 4대 개혁

공공 기관 혁신도 용두사미로 끝났다. 현오석 경제부총리는 2013년 11월 15일 "파티는 끝났다"며 공기업의 방만경영 해소에 팔을 걷어붙였다. 낙하산 인사를 차단하고 과도한 복리후생도 줄여 효율적인 조직으로 만들기 위한 개혁 조치였다.

공기업 개혁은 박근혜 정부 재임 중에는 부총리가 바뀌어도 꾸준히 추진됐다. 유일호 경제부총리는 성과연봉제 도입에 공을 들였다. 연공서열에 따라 임금이 자동적으로 오르는 호봉제가 선진국에선 찾기 힘든 후진적 제도라는 점이 강조됐다. 공공 기관 입사에 성공하면 성과와 무관하게 일정한 소득을 보장하는 임금 경직성이 경쟁력을 해친다는 논리였다.

유일호는 "공공 기관의 생산성이 민간기업의 70~80% 수준에 머물러 있고 내부 경쟁은 부족하다"며 "조직·보수 체계는 직원의 동기 유발을 끌어내지 못하고 있는 가운데 성과연봉제 확대가 일하는 분위기를 만들 것"이라며 도입 의지와 취지를 강조했다. 성과연봉제는 철밥통의 상징이 된 공공 기관의 비효율성을 뜯어고치기 위한 최소한의 장치였던 것이다.

이 제도는 공공 기관 경영평가를 받는 공기업 30곳, 준정부 기관 89곳을 대상으로 추진됐다. '공공 기관 간부급인 1~2급을 대상으로 2010년부터 추진된 성과연봉제의 적용 범위를 4급 이상 일반 직원까지 넓히는 것이었다. 이에 따라 적용 대상은 전체 직원의 7%에서 70%까지 확대되고, 고성과자와 저성과자 간 기본연봉과 성과연봉의 차등 폭도 확대될 예정이었다.

하지만 정부 중심의 속도전이 부작용을 낳았다. 노사합의 대신 이사회 의결만으로 성과연봉제를 추진한 공공 기관 48곳에선 노사 대립이 격화됐다. 공공 기관 노조의 줄소송이 이어졌다. 서울중앙지법 민사합의 41부는 박근혜 정부가 끝난 시점인 2017년 5월 18일 주택도시보증공사 노조가 회사에게 '노조 동의 없는 성과연봉제 도입은 무효'라며 낸 소송에서 원고 일부 승소 판결을 했다. 또 하나의 갈등 조정 실패였다.

노동 개혁은 한 발자국도 나가지 못했다. 기존 노동시장은 고성장을 구가하던 개발연대 시대에 기초가 만들어지고 1987년 민주화 바람을 타고 일어났던 '노동자 대투쟁 시대'를 거치면서 형성된 경직적 구조에 기반하고 있었다. 이런 구조가 정규직과 비정규직을 차별하는 왜곡된 노동시장의 이중 구조를 초래하고 혁신을 가로막는다고 본 정부는 노동 개혁 4대 핵심 과제를 제시했다. 이기권 고용노동부 장관은 "직무·성과 중심의 임금체계 개편, 공정인사 확립, 비정규직 등 취약근로자 보호, 상위 10% 임금 인상 자제를 통한 청년 고용 확대 등 노동 개혁 4대 핵심 실천과제를 흔들림 없이 추진하겠다"고 단호한 자세를 보였다. 하지만 대화 테이블을 박차고 투쟁 일변도에 나선 노동단체의 반발과 저항을 넘어서지 못했다.

금융 역시 초대형 투자은행 출범을 시도했지만 가시적인 성과를 거두지 못했다. 4차 산업혁명의 바람을 타고 핀테크가 강조되고 인터넷전문은행의 출범이 필요했지만 정쟁에 빠져 경제 논리가 실종되고 진영 논리로 가득찬 국회의 문턱에 걸려 신속하게 추진되지 못했다. 이 바람에 한국은 인터넷전문은행이 미국·일본은 물론이고 중국에 비해서도 뒤처지는 등 금융산업 혁신에도 뒷북을 치는 처지에 빠졌다. 교육은 대학수학능력고사의 절대평가 방침이 세워졌으나 세부적인 계획을 신속하게 수립하지 못해 혼란만 가중시키는 결과를 초래했다. 이 혼란은 문재인 정부에서도 이어졌다. 백년대계의 교육정책을 5년 단임 정부에서는 다루기 어렵다는 방증이라고 할 수 있다.

골든타임 또 놓친 산업 구조개혁

4대 구조 개혁이 모두 용두사미로 끝나거나 실패하면서 산업 구조개혁은 좌초될 수밖에 없었다. 대통령과 경제부총리가 계획을 세우고 '나를 따르라'고 하면 모든 것이 가능했던 시대와 달리 이해관계자들의 갈등을 조정하지 못하면 한 발짝도 나갈 수 없는 복잡한 난제들 앞에서 박근혜의 리더십 부족이 만들어낸 결과였다.

아버지 박정희는 안보와 함께 경제를 끼고 살았다. 산업의 중심을 경공업에서 중공업으로 빠르게 이행해 나간 것도 무기를 만들면 북한과의 경쟁에 도움이 된다는 차원에서 이뤄졌다. 정책을 결정할 때는 실무자를 불러 밥을 먹으면서 의견을 들었다. 현장 점검은 필수였다. 도로와 항만 건설 같은 인프라 구축과 공장 건설 자체가 중요한 시절이기도 했다.

하지만 박근혜는 '현장 경영'을 거의 하지 않았다. 산업 구조가 고도화되고 산업 현장도 많아 일일이 현장을 점검하는 것부터 불가능했다. 그렇다면 실물경제에 대한 지식이나 통찰력이라도 있어야 했지만 그런 역량을 보여주지 못했다.

물론 대통령이 모든 현장을 '만기친람'할 수는 없다. 유능한 장관을 뽑아 소신껏 일하도록 맡기는 것이 대통령의 리더십이다. 하지만 박근혜는 적재적소에 필요한 인물을 쓰지 못했다. 정권이 바뀔 때마다 5년만 임기응변으로 넘기면 승진도 하고 연금도 쌓여 아무것도 아쉬울 것 없는 관료들은 그럴듯하게 포장된 보고서와 발표를 했고 박근혜는 본질을 파헤치지 못했다. 결국 인사가 만사라는 국정운영의 원칙을 지키지 못한 것이 박근혜의 실패를 불러왔다.

산업 구조 개편이 지연되는 사이 한국 경제는 계속 기울어갔다. 해운·조선이 대표적이다. 해운업 구조조정은 이명박 정부 시절이던 2009년부터 시작됐다. 글로벌 공급과잉으로 수익성이 크게 훼손돼 상시 구조조정이 불가피하다고 당시 기획재정부·국토교통부·금융위원회가 공동발표했다. 하지만 정부 관료들은 필요한 조치를 취하지 않았다. "내 임기 중에는 그냥 넘어가자"는 보신주의가 만연한 탓이었다. 표밭을 의식한 정치권의 구조조정 반대 로비도 해운업 구조조정의 타이밍을 놓치게 했다.

박근혜는 재임 기간 후반에 해운 부실 사태가 표면화하자 한진해운에 책임을 묻는 방식으로 구조조정을 단행했다. 2016년 8월 31일 한진해운이 법정관리에 들어가자 세계 주요 항구에서는 한진해운의 화물을 압류하는 등 걷잡을 수 없는 혼란이 일어났다. 그 결과 국내 1위, 세계 7위 국적 해운사가 도산하면서 선제적 구조조정 실패가 낳은 또 하나의 정책실패를 기록했다.

박근혜는 국정농단 사태가 불거지기 한 달 전인 2016년 9월 13일 국무회의에서 "한진해운의 경우 경영 정상화를 위한 자구노력이 매우 미흡했다"면서 "한 기업의 무책임함과 도덕적 해이가 경제 전반에 얼마나 큰 피해를 가져오는지 모두가 직시해야 한다"고 한진해운의 소극적인 자구노력에 불편한 심기를 드러냈다. 틀린 얘기는 아니었다.

하지만 이 발언으로 정부의 무능을 감출 수는 없다. 우선 한진해운 부실처리 과정에서 정부가 우왕좌왕하면서 심각한 물류 대란이 일어났다. 더구나 정부는 필요할 때 적절한 경영감독에 실패했다. 그 결과 부실이 눈덩이처럼 커진 뒤에는 이미 손을 쓸 수 없게 된 것이다. 한진해운 파산 이후 한국은 세계에 구축해 놓은 해운물류 시스템 상당 부분을 잃게 됐다.

안팎으로 어려웠던 조선·자동차 산업

대우조선 역시 전형적인 산업 구조조정 실패의 사례로 기억되고 있다. 외환위기 당시 워크아웃에 들어갔던 대우조선은 2001년 워크아웃을 졸업했지만 산업은행 자회사에 편입된 뒤 부실이 심해지면서 '흑역사'가 시작됐다. 대우조선 경영진은 분식회계로 부실을 키웠고 2015년 10월 정부가 4조 2000억 원 규모의 혈세 투입을 결정했지만 세금 먹는 하마가 됐다. 대우조선 지원이 밑 빠진 독에 물 붓기처럼 되자 국회는 2016년 9월 '조선·해운업 구조조정 청문회'를 열어 대우조선해양에 자금을 지원한 경위와 정부 대책을 물었다. 이 자리에서 경제 부처 장관들은 비공개 '서별관 회의'에서 밀실 합의를 통해 지원했다는 지적을 받아야 했다. 서별관은 청와대 서쪽에 있는 별관이다.

이런 곡절을 거쳤는데도 대우조선은 1년 5개월 만에 다시 자금 바닥을 드러냈다. 2017년 들어 정부는 산업은행을 통해 다시 2조 9000억 원의 신규 자금을 투입했다. 부실기업이 적자를 내면 정부가 다시 국민 세금으로 메워주는 악순환이 반복되는 것이다.

대우조선뿐만 아니라 삼성중공업·한진중공업 등 '빅3'가 휘청거리자 중형 조선사는 궤멸 상태에 직면했다. 20여 중형 조선사는 줄줄이 문을 닫고 스웨덴이 겪었던 '말뫼의 눈물' 신세로 전락했다. 말뫼는 스웨덴이 조선업 전성기를 누리던 1960년대 선박 제조로 유명했던 곳이다. 하지만 일본과 한국에 차례로 경쟁력을 잃으면서 조선업이 쇠퇴하자 조선소가 문을 닫고 골리앗 크레인을 현대중공업에 매각했다. 말뫼 주민들이 팔려나가는 크레인을 바라보며 흘린 말뫼의 눈물은 조선업 쇠락의 상징이 된 것이다.

성동조선은 2010년부터 채권단으로부터 출자전환을 포함해 4조 2000억 원을 지원받았지만, 자본잠식 상태를 벗어나지 못했다. 중형 조선사에 대한 기능 재편이 2014년 이전에 이뤄져야 했지만 골든타임을 놓쳐 부실의 늪에 빠져든 결과다. 결국 성동조선은 문재인 정부 들어 2018년 4월 법정관리에 들어가야 했다. 정부가 조선업 불황 여파로 2010년 4월 노사 자율협약을 토대로 한 구조조정을 시작한 지 8년 만이다. STX해양조선은 4조 6000억 원이 투입됐다. 구조조정 골든타임을 놓치면서 그 후유증은 문재인 정부가 고스란히 떠안아야 했다.

한강의 기적을 상징하는 산업의 하나인 자동차산업도 박근혜 정부 후반기 들어 활력이 떨어지기 시작했다. 노동 개혁 4대 핵심과제가 사실상 좌초되면서 가장 큰 타격을 받은 산업이라고 할 수 있다. 현대차는 전통적으로 강성 노조 문제를 떠안고 있었다. 1987년 민주화를 계기로 전투적 노동자 대투쟁이 계속되면서 현대자동차 노조의 파업은 일상화됐다. 임금과 근로조건을 비롯한 근로자 기본 권리를 확보하는 선을 넘어서고 있었다.

중국 자동차산업의 급성장으로 현대차는 안에서는 노조와 싸우고 밖에서는 중국차와 경쟁해야 하는 이중고에 시달려야 했다. 이 여파로 한국은 2016년에는 인도에 5위 자리를 내주면서 자동차 생산 6위국으로 밀려났다. 2017년에는 2년 연속 6위 자리를 지켰지만 7위 멕시코와의 격차가 바짝 좁혀졌다. 내부에선 투쟁적인 노조에 발목 잡히고 밖으로는 중국에 치이면서 급격히 시장점유율을 잠식당하기 시작한 것이다.

현대자동차는 1996년 이후 20년 넘게 국내에 공장을 세우지 않았다. 그 대신 미국·멕시코·중국·유럽으로 자본을 들고나가 자동차를 생산했다. 이들 국가는 현대차 덕분에 수만 명이 일자리를 얻었다. 해외 시장에 접근해야 하는데다 생산성이 국내보다 높아 현대로선 불가피한 선택이었다. 1억 원에 가까운 현대기아차 근로자의 임금은 8000만 원대의 닛산·아우디·폭스바겐은 물론 9000만 원을 갓 넘는 도요타보다 높다. 이런 이유에서 한국 자동차 기업은 갈수록 경쟁력 유지에 어려움을 겪게 됐다.

이는 경쟁국의 비교우위 향상을 의미한다. 심지어 자동차산업의 경쟁력이 약화됐던 영국조차 자동차산업이 부활하고 있다. 노동 개혁을 통해 유연한 노동시장을 구축하면서 영국은 세계에서 가장 기업 규제가 적은 국가로 바뀌었다. 그 결과 닛산·도요타·혼다가 영국에 자동차 공장을 설립하면서 자동차 공장이 17개 브랜드에 걸쳐 24개로 늘어났다. 모든 산업은 국내 시장에서의 라이벌 경쟁에서 시작된다는 점에서 브랜드가 크게 줄어든 한국 자동차산업의 경쟁 환경은 급속도로 악화하고 있는 셈이다.

...

벤처 암흑기에서 탈출

창조경제는 박근혜의 개인적 몰락에 가려 긍정적인 부분까지 빛을 잃은 분야다. 창조경제는 처음부터 부정적인 시각이 많았다. 무엇보다 개념이 명확하지 않고 방법론이 참신하지 않다는 비판에 시달렸다. 특히 대기업을 동원해 지역별로 창조경제센터를 설립하는 것은 구태의연한 방식이라는 지적이 많았다.

하지만 긍정론도 봐야 한다. 한국은 물론 선진국에서도 기업 생태계의 정점에는 대기업이 올라서 있다. 대기업의 정보와 시스템, 맨파워를 활용하면 창업의 속도를 가속화할 수 있다는 사실은 부인할 수 없다. 문재인 정부 출범 이후에도 창조경제센터가 존속한 이유가 여기에 있다. 센터 이용자들 상당수가 필요성을 주장한 결과다.

무엇보다 박근혜 정부는 노무현·이명박 정부를 거치면서 형성된 '벤처 암흑기' 탈출에 성공했다. 이 과정을 알기 위해서는 김대중 정부로 거슬러 올라가야 한다. 외환위기를 당하자 김대중 정부는 코스닥 활성화에 나섰다. 말 그대로 아이디어만 있으면 창업이 가능했고 코스닥 상장도 가능했다. 당시 코스닥에는 한 달에 수십 개의 기업이 기업공개IPO를 통해 자금을 조달해 갔다. 이때의 정책적 결단이 '정보기술IT 코리아'의 토대가 됐다. 수많은 기술기업들이 이때 성장 발판을 마련한 것도 이 같은 벤처 육성 정책 덕분이었다.

한국은 이 같은 벤처기업 활성화 덕분에 인터넷이 이끄는 IT 혁명의 흐름에 제대로 올라탔다. 2000년대 후반부터 세계 메모리 반도체시장을 휩쓸고 스마트폰 제조강국이 될 수 있었던 것도 IT 기반을 탄탄하게 쌓아온 결과라고 볼 수 있다. 미국 나스닥을 벤치마킹했던 코스닥의 활황은 외환위기 극복의 상징이자 한국 산업 구조 재편의 결과였던 것이다.

그러나 산이 높으면 골이 깊어지는 법이라고 했다. 2000년대에 들어서면서 미국을 비롯해 전 세계를 휩쓴 IT 버블 붕괴는 한국을 강타했다. 미국 다음으로 IT 활황이 벌어졌던 만큼 한국은 추락의 골이 깊었다. 쏠림 현상에 휩쓸리면서 바닥을 단단하게 다지지 못했던 부작용이었다. 정부지원금을 부정한 방법으로 받아내는 짝퉁 창업가들이 판을 쳤다. 이런 불운이 겹치면서 한국은 노무현·이명박 정부를 거치면서 10년가량 '벤처 암흑기'의 구렁텅이로 빠져들었다. 노무현 정부와 이명박 정부가 IT 버블의 재발 방지를 위해 강력한 규제를 가하면서다.

이 여파로 좋은 비즈니스 모델이 있어도 자금 조달의 문턱을 넘을 수 없었다. 어렵게 상장을 했으면 활발한 인수합병M&A이 이루어져야 한다. 이를 통해 벤처기업가는 자금을 회수하고 기술이 필요한 기업은 새로운 M&A를 통해 기술을 사들여야 신산업의 융합이 일어날 수 있지만 규제가 이런 흐름을 가로막았다. 과도한 정책 반작용이었다.

한국의 이 같은 '갈라파고스 규제'는 잘 되면 확 몰렸다가 부작용이 나타나면 싹을 밟을 정도로 가혹하게 규제가 가해지면서 굳게 형성돼 왔다. 정부는 개선에 나설 의지를 보이고 있지만 과잉 정치화된 시민단체와 정치권의 이념적 편향이 한국을 세계에서 가장 기업하기 힘든 나라로 만들어 놓은 것이다.

창업생태계가 생명을 회복한 것은 벤처기업들이 거의 10년간 '죽음의 계곡'에서 시간을 낭비하고 나서부터였다. 죽음의 계곡은 벤처기업이 스타트업으로 출발해 자금을 조달한 뒤 IPO를 하기 전까지의 기간이다. 벤처암흑기에는 상당수 스타트업과 벤처기업들이 이 계곡에서 빠져나오지 못했다.

닫힌 벤처 투자 다시 열어

박근혜 정부는 2013년 창업생태계 복원에 바로 착수했다. 이 대책의 취지는 '창업→성장→회수→재투자/재도전'의 과정이 물 흐르듯 막힘없이 순환되도록 하여 국내 벤처생태계를 실리콘밸리에 버금가는 모습으로 재구축Re-building하려는 것이었다. 현오석 경제부총리는 "그간 벤처생태계의 고질적 문제로 제기된 엔젤 투자, 회수 및 재투자, 실패 후 재도전 부분의 병목 현상 해소에 중점을 두었다"고 말했다.[86]

박근혜 정부는 이후에도 창업생태계 복원에 심혈을 기울였고, 그 과실은 2016년부터 바로 가시화되기 시작했다. 신규 벤처펀드 조성이 2015년과 비교할 때 17.9% 증가한 3조 1998억 원으로 사상 처음으로 3조 원대를 돌파했다. 또 신규 벤처 투자액은 3.1% 증가한 2조 1503억 원을 기록했다. 이는 미국과 중국의 벤처 투자가 각각 9.3%, 25.4% 감소하는 등 세계적 흐름이 위축되고 있는 상황에서의 성과였다. 신규 벤처펀드는 다음해에도 크게 늘어나는 등 이 지표들은 2017년에도 크게 개선된 것으로 나타났다.[87]

창업생태계가 활성화되자 설립 3년 이내의 창업 초기 기업인 스타트업에 대한 투자 비중도 늘어났다. 창업초기 기업 투자 비중은 36.8%7909억 원로 전년31.1%, 6472억 원과 비교해 5.7%포인트 증가했다. 2013년 대비로는 2배 이상 증가했다. 반면 후기단계 기업설립 7년 초과에 대한 투자 비중은 6.5% 감소했다. 하루가 다르게 기술이 업그레이드되는 첨단 분야 창업의 관건은 속도라는 점에서 투자 환경이 크게 개선된 셈이다. 이는 벤처펀드가 모험자본의 역할을 충실히 수행한 결과로 볼 수 있다.

민간자본이 2조 원 대를 돌파한 것도 고무적이다. 민간자본의 벤처펀드 신규 출자는 전년1조 4932억 원 대비 35.2% 증가한 2조 188억 원을 기록하며 2조 원을 돌파했다. 2013년 대비로는 2배 이상 증가했다. 기존 벤처기업의 벤처펀드 출자액은 전년1372억 원 대비 51.5% 증가한 2078억 원을 기록해 창업→성장→회수→재투자로 이어지는 벤처투자 선순환 생태계가 활발해지고 있는 것으로 나타났다.

또 기존 창업자 및 벤처기업의 창업투자회사vc, 벤처캐피탈 신설과 투자도 활발했다. 한국투자파트너스㈜는 84개 기업에 총 1482억 원을 투자했고, 스마일게이트인베스트먼트는 40개 기업에 959억 원, SBI인베스트먼트는 34개 기업에 878억 원을 각각 투자했다.

이같이 신규 벤처펀드 조성과 투자액 모두 사상 최고치를 달성한 것은 박근혜 정부의 규제 완화 노력 효과라고 볼 수 있다. 창업 초기 투자 비중 확대, 민간자본과 기존 벤처의 참여활성화 등 질적인 수준도 크게 개선되었다는 것은 벤처 투자 생태계가 다시 살아나게 됐다는 반증이다. 이렇게 탄력을 받게 되면서 모태펀드를 통한 벤처펀드 출자예산 확대와 신규 민간 출자자 발굴이 활발해졌다. 모태펀드는 정부가 벤처캐피털에 출자해 벤처기업 또는 창업투자조합에 자금이 흘러갈 수 있도록 하는 '상위의 펀드'를 말한다.

박근혜 정부는 적자 기업도 성장성이 크다면 코스닥에 입성할 수 있는 길을 열었다. 그동안 이익을 내지 못한 적자 기업은 코스닥 상장이 쉽지 않았다. 상장기업이 부도가 났을 경우 투자자 보호를 위해서다. 그러나 한국거래소는 2016년 말 '테슬라 요건' 신설 등을 담은 상장·공모제도 개편 방안을 발표했다. 이로써 한국의 테슬라법은 이듬해 1월부터 시행됐다. 이에 따라 전자상거래 플랫폼 운영회사 카페24는 적자에도 불구하고 2018년 2월 코스닥 상장을 실현할 수 있게 됐다.

테슬라 요건은 미국의 전기차 제조회사 테슬라 같은 혁신 기업에 공모 자금을 공급해주자는 취지에서 만들어졌다. 테슬라가 2010년 나스닥에 상장했을 당시 누적 적자는 2억 6070만 달러였다. 2017년 4월에는 시가총액에서 세계 최대 자동차 회사 제네럴 모터스를 앞지르기도 했다.

서울의 마지막 논밭 지역이었던 강서구 마곡동이 기업 연구개발R&D의 심장부로 탈바꿈한 것도 주목해 볼 만하다. 테헤란밸리와 판교밸리에 이은 이른바 'M마곡밸리'의 역사는 박근혜 정부에서 탄력을 받았다. 더 거슬러 올라가면 첫 아이디어는 이명박이 서울시장을 지낼 때인 2005년 12월 나왔다. 당시 이명박 서울시장은 마곡을 최첨단 기술을 연구하는 곳으로 육성하자는 계획을 세웠다.

실제 사업은 2014년 10월 LG그룹이 마곡산업단지에 8개 계열사의 연구 기능을 모으는 'LG사이언스파크' 기공식을 열면서 시작됐다. 기공식에 참석한 박근혜는 "우리 기업들이 선제적인 투자와 기술혁신으로 새로운 부가가치를 창출한다면 기업은 물론이고 우리 경제가 추격형에서 선도형으로 도약하는 중요한 계기가 될 것"이라고 말했다.

특히 마곡은 첨단 R&D 시설뿐만 아니라 융복합 연구에 최적화된 환경을 확보했다. 연구동 내부는 특성에 따라 공간 변경을 가능하도록 했고, 단지 중심부에는 정보기술IT, 생명공학기술BT, 나노기술NT, 그린기술GT 등의 융복합 연구 프로젝트를 진행할 수 있는 연구동인 '공동실험센터'와 이를 지원하는 '통합지원센터'를 만들었다.

기공식에서 구본무 LG회장은 "LG사이언스파크를 서울의 국제적인 명품 연구개발R&D 랜드마크로 만들어 창조경제를 실현해 나갈 것"이라고 밝혔다. LG는 이곳에 2020년까지 4조 원을 투입해 축구장 24개 크기인 17만㎡약 5만 3000평부지에 연면적 111만㎡약 33만 7000평 규모로 국내 최대 규모의 융복합 연구단지를 건설해 나간다. 이를 통해 연간 고용 창출 9만 명, 생산유발 24조 원에 달하는 경제효과가 예상된다.

2018년 4월 LG그룹은 연구 인력만 1만 7000명이 집결하면서 마곡밸리 시대를 맞이했다. 코오롱그룹도 같은 달 '미래기술원' 간판을 내걸고 코오롱인더스트리 등 3개 핵심 계열사의 연구 인력 1000명을 한곳으로 모았다. 롯데그룹은 영등포구 양평동에 있던 중앙연구소를 이곳으로 이전하면서 규모를 5배 키워 '롯데R&D센터'로 문을 열었다.

넥센타이어와 이랜드, 귀뚜라미보일러도 R&D센터를 건설하고, 사우디 아라비아의 국영 석유기업 아람코가 최대주주인 S오일, 일본계 도레이, 미국 웰스바이오 등 외국 기업들도 둥지를 틀었다. 마곡은 서울 시내에서도 손 꼽히는 교통요지라는 장점도 있다. 지하철 5·9호선과 인천공항철도가 단지를 관통해 지나간다. 마곡은 주거·근무 환경도 쾌적하다. 호수공원이 문을 열고 식물원까지 들어서면서 서울의 대표적 도심공원이 됐다.

이명박이 밑그림을 그리고 박근혜가 힘을 실어줘 성공한 마곡밸리는 노무현이 총대를 맨 파주 'LCD단지'의 탄생 과정과 오버랩된다. "노무현 대통령의 결정에 정말 감사드립니다.손학규 경기지사 "그렇게 떼를 쓰시더니 오늘 참 기쁘겠습니다.노무현 대통령" 2006년 4월 27일 경기 파주 LG필립스LCD 현 LG디스플레이 파주공장 준공식에 참석한 두 사람이 나눈 대화다. 당시 노무현은 "파주 LCD단지는 국무회의에서 어려운 결정과정을 거쳤는데, 이렇게 직접 와서 보니 참 잘한 결정이었다"고 소회를 밝혔다.

갈등의 벽 넘지 못한 규제 완화

벤처 투자 조성과 신규 투자액이 증가한 것은 정부가 적극적으로 기반을 지원한 데 힘입은 결과라고 할 수 있다. 그러나 융자가 아닌 투자 중심의 선순환 창업생태계를 구축하지는 못했다. 미국 실리콘밸리에서는 아이디어만 있어도 창업할 수 있고, 민간자본의 활발한 투자를 발판으로 성장해 사업화에 성공하면 주주들이 투자금을 회수해 수익을 얻고 다시 재투자에 나서는 선순환 구조가 구축돼 있다. 한국에서도 이를 위해서는 민간이 경쟁적으로 투자하는 환경이 조성돼야 하는데 규제가 발목을 잡고 있다.

이런 선순환을 위해선 한층 과감한 구조 개혁이 필요했지만 박근혜 정부는 여기서 더 나가지 못하고 한계를 드러냈다. 기존 규제는 너무 얽히고설켜 있어 풀기 어려웠다. 이런 이유에서 이명박 정부에서 서비스산업발전기본법이 발의됐고, 박근혜 정부에서는 규제프리존특별법이 나와 돌파를 시도했다. 하지만 규제 완화는 대기업에 특혜를 줄 뿐이라는 이유로 시민단체가 반대하고 정치권의 정쟁에 발목잡혀 물거품이 되고 말았다.

이 중 서비스산업발전기본법은 2011년 12월 발의됐으나 18, 19대 국회에서 처리되지 못해 폐기됐다. 이 법안은 범정부 차원에서 서비스산업 발전 기본계획을 심의하고 관련 정책을 협의하기 위한 취지로 정부가 5년마다 중장기 정책 목표를 정하도록 했다.[88] 19대 국회에서 기획재정위원회 소위원회는 15차례 이 법안을 면밀히 검토하는 축조 심사 대상에 올렸지만 제대로 된 심사는 딱 한 번밖에 이뤄지지 않았다.

규제프리존특별법은 수도권을 제외한 전국 14개 시·도별로 선정된 2개씩의 지역 전략산업에 대해 관련 규제를 선별적으로 풀어주는 내용이 핵심이다. 지방자치단체장들은 모두 찬성했지만 시민단체의 반대와 정쟁의 볼모로 잡혀 무용지물이 됐다. 규제프리존은 전국 단위에 도입하기 어려운 산업 맞춤형의 과감한 규제 완화를 일정 지역에 한정해 시행하는 제도다. 그동안 정부는 지자체의 신청을 받아 지역발전위원회의 심의와 의결을 거쳐 각 시·도별로 지역전략사업을 2개씩 선정했다. 주요 전략산업을 정리하면 다음과 같다

부산은 해양관광, 사물인터넷IoT 융합 도시기반 서비스를 도입하기로 했고 대구는 자율주행 자동차, IoT 기반 웰니스산업을 유치하려고 했다. 광주는 친환경 자동차수소융합스테이션, 에너지신산업전력 변환 및 저장을 특화하고 대전은 첨단센서, 유전자 의학에 집중한다는 방침을 세웠다. 울산은 친환경 자동차부생수소 활용, 3D 프린팅에 주력하고 세종은 에너지, IoT 특화에 나설 계획이었다.

강원은 스마트 헬스케어, 관광을 전문화하고 충남은 태양광, 수소연료전지 자동차부품을 선택하였다. 충북은 바이오의약, 화장품에 집중하고 전남은 에너지신산업전력SI, 화학소재 포함, 드론에 주력하기로 했다. 전북은 탄소산업, 농생명을 특화하고 경남은 지능형 기계, 항공산업항공부품인증을 담당하기로 했다. 경북은 스마트기기와 타이타늄을 제주는 스마트관광, 전기차 인프라를 전략산업으로 육성한다는 방침이었다.

결국 박근혜는 이념의 늪과 정쟁의 문턱을 넘지 못했다. 그럴수록 낮은 자세로 반대 세력을 설득하고 소통과 통합의 리더십을 발휘했어야 했지만 갈등과 분열의 크레바스를 넘어서지 못했다. 제도상으로는 제왕적 권한을 갖

고 있지만 현실에서는 대통령의 헌신적인 노력 없이는 법안 하나조차 통과시키는 못하는 것이 한국 정치의 암울한 현실이다. 그럼에도 이명박·노무현 정부에서 암흑기에 빠져 있던 벤처생태계를 복구한 것은 비록 개인적으로는 실패로 끝난 박근혜가 한국 경제에 남긴 중요한 업적이 되었다.

···

갭투자 심해진 부동산시장

부동산정책의 출발은 나쁘지 않았다. 박근혜 정부 출범 초기에는 과도한 규제로 시장이 얼어붙어 정상적인 거래조차 어려운 상황이었다. 설상가상으로 초저금리가 지속되면서 집주인들이 이자수익률에서 임대수익률로 눈을 돌리면서 2012년을 기점으로 전월세가 폭등하기 시작했다. 규제 일변도의 부동산정책에는 대대적인 변화가 필요했다.

초기에는 큰 변화가 없었다. 부동산은 잘못 건들면 바로 과열돼 걷잡을 수 없다는 우려에서다. 그래서 현오석 경제부총리와 서승환 국토교통부 장관은 거래 정상화에 초점을 맞췄다. 2013년 '4·1 부동산종합 대책'이 출발점이었다. 골자는 공급 축소에 맞춰져 있었다. 우선 공급과잉을 차단해야 시장이 정상화할 기반을 마련한다고 보고 공공주택 공급량을 2016년까지 기존 계획보다 17만 가구 줄여나가기로 했다.

하지만 주택시장은 꿈쩍도 하지 않았다. 그러자 최경환 경제부총리가 경제컨트롤 타워를 맡으면서 방향이 바뀌기 시작했다. 최경환은 "한여름에 겨울옷을 입고 있는 격"이라며 2014년 7월 부총리 취임 직후 부동산 규제의 핵심인 대출 규제를 과감하게 풀었다.

주택담보인정비율LTV을 70%, 소득인정비율DTI을 60%까지 올리는 등 역대 최고 수준으로 완화해 대출 규제의 문턱을 확 낮췄다. 여기서 그치지 않고 전매 제한, 청약자격, 재당첨 제한까지 아파트 청약과 전매에 관련된 규제를 과감하게 풀었다. 시장은 배터리가 100% 충전된 듯 바로 기력을 차리기 시작했다.

문제는 확 풀어놓은 규제의 밸브를 다시 잠그지 않았다는 점이다. 전국 주요 도시에서 슬슬 투기 조짐이 벌어지더니 2016년 들어서는 그 열풍이 서울까지 불어 역대 최고점이었던 2007년 수준을 회복했다. 그러더니 본격적으로 과열 양상이 나타났다.

2016년 하반기는 절정기였다. 서울 강남의 재건축발 청약 열풍이 강북과 수도권 전역으로 전파되기 시작됐다. 마포구 신수동 신촌숲 아이파크는 일반 모집 395가구에 2만 9545명이 몰려 경쟁률이 최고 178 대 1로 치솟았다. 경기도 동탄에선 최고 458 대 1의 경쟁률이 나왔다.

부작용은 도를 넘어서기 시작했다. 청약시장이 로또시장으로 바뀌고, 단기 전매를 통한 'P프리미엄장사'가 판을 쳤다. 전세가와 시가 차액을 활용한 '갭Gap투자'도 만연했다. 이런 투기 광풍에는 서민금융 전용이던 보금자리론까지 수조 원이 이용된 것으로 드러났다.

하지만 정부는 방향 전환에 소극적이었다. 오히려 부동산에 의존해 경기를 떠받치려 한다는 의혹을 불러일으켰다. 2%대 저성장 터널에 갇혀 달리 돌파구가 없던 정부로선 자칫 부동산 경기마저 가라앉으면 내수에 찬물을 끼얹을 수 있었기 때문이다. 이에 따라 경제 장관들이 수수방관하면서 부동산시장은 2017년 들어 더욱 달아올랐다. 2014년 7월부터 완화됐던 대출·청약·전매 규제가 시장 과열 이후에도 유지된 여파였다.

주택 청약시장 과열은 온 사방에서 경고등이 켜진 뒤에야 제동이 걸렸다. 가계부채가 1300조 원을 돌파하고 미국 연방준비제도Fed의 금리 인상을 한 달 앞둔 2016년 11월 들어서야 정부가 '11·3 주택시장의 안정적 관리방안'을 통해 브레이크를 밟았다.[89]

이에 따라 서울 강남 4구강남·서초·송파·강동와 경기 과천시의 주택 분양권 전매가 금지됐다. 서울 전역과 경기·부산·세종 일부 지역 등 37개 자치단체는 '청약제도 조정지역'으로 묶여 한 번 청약받은 사람은 최장 5년간 재당첨이 제한됐다. 청약 1순위 자격도 강화되면서 세대주가 아니거나 5년 내 다른 주택에 당첨된 사람이 세대 내에 있는 사람, 2주택 이상을 소유한 세대에 속한 사람은 청약 1순위에서 제외됐다.

11·3 대책은 전문가들 사이에 주택시장 냉각을 우려하는 소리가 나올 정도로 위력이 컸다. 주택시장을 규제하는 청약과 금융 가운데 청약 관련 수단을 바짝 조였기 때문이다. 청약 문턱을 높임으로써 앞으로 전매를 통해 프리미엄 수익을 노리는 투기꾼이나 가격 상승을 기대하고 청약에 참가하는 가수요는 크게 꺾이기 시작했다. 매달 3조~8조 원을 넘나들던 주택담보대출은 2016년 12월 1800억 원으로 급격히 감소했다.

정부는 그러면서도 LTV·DTI를 포함한 금융 규제는 2014년 7월 완화된 수준을 그대로 유지했다. 투기 수요는 차단하되 실수요자의 내 집 마련 통로는 열어놓겠다는 정책 방향이었다. 그러나 이는 초저금리를 활용한 갭투자를 막지 못했다는 한계를 드러냈다.

더구나 집값의 양극화가 문제였다. 서울은 수요억제책을 가하자 오히려 수요 초과로 집값이 급등했고 비수도권 지역은 공급과잉의 후유증을 겪어야 했다. 특히 2017년부터 2년간 신규 아파트 물량이 76만 가구에 달해 비수도권은 입주대란이 불가피해졌다.

이 같은 양극화는 경제에 깊은 상처를 입혔다. 지표만 보면 부동산이 경제를 지탱해 온 것 같지만 결국 소비를 위축시키는 부작용을 낳았기 때문이다. 대출을 받아 수도권에서 집을 산 사람들은 돈을 벌게 됐지만 소득의 상당 부분을 주택담보대출 원리금 상환에 써야 한다. 또 비수도권 지역에서는 공급과잉 후유증도 계속될 수밖에 없다.

대통령 경제사

눈덩이처럼 불어난 가계부채도 한국 경제의 뇌관이 되고 있다. 초저금리 기조에 대출 규제를 확 풀어놓자 가계부채가 눈덩이처럼 불어났기 때문이다. 2012년 말 964조 원이던 가계부채는 2016년 1300조 원을 돌파해 2017년에는 1400조 원을 돌파했다. 박근혜 정부 5년간 증가폭이 300조 원을 넘어선다는 얘기다. 이는 이명박298조 4000억 원과 노무현200조 7000억 원정부의 증가액을 뛰어넘는 수준이다.

역대 어느 정부도 부동산정책을 제대로 펴지 못했다. 모두 부동산을 시장원리에 맡기지 않고 여론에 따라 냉온탕식의 극단적 규제를 가한 결과였다. 이런 결과는 주택보급률이 100%에 달한 국내 주택시장에서 집은 단순히 주거공간에 머물지 않고 상품의 성격도 갖는다는 사실을 간과한 데서 비롯된 것이다. 국민소득이 3만 달러에 이르면서 내 집 마련 수요 못지않게 더 나은 생활·교통·교육 환경을 찾는 사람이 많다는 얘기다.

일본의 전철 밟고 있는 한국 부동산

부동산은 투기를 막되 냉·온탕식 규제는 자제해야 한다. 무엇보다 주택시장도 수요·공급 법칙에서 벗어날 수 없다는 점을 잊지 말고 대책을 세워야 한다. 서울 강남, 부산 해운대구, 대구 수성구 같은 인기 지역과 신규 분양 아파트는 수요가 넘칠 수밖에 없다는 점을 인정해야 한다. 서울 강북도 주거 환경이 좋은 곳은 집값이 상당히 비싸다.

한국이 10~20년 시차로 전철을 밟고 있는 일본을 보자. 일본은 1990년 거품경제가 꺼지면서 부동산시장이 줄곧 침체 곡선을 그려왔다. 하지만 속을 들여다보면 다른 세상이 있다. 더 좋은 주거 환경과 신규 주택에 대한 수요는 그침이 없다. 삶의 질이 높아지면 이런 현상이 나타난다. 인기지역의 신축 주택은 분양되기 무섭게 팔려나간다.

일본에선 이런 흐름이 저출산·고령화와 맞물려 빈집을 양산하고 있다. 우선 저출산으로 주택 수요가 둔화됐다. 여기에 부모가 별세하면 시골집을 비워두는 경우가 많다. 또 새 집이 계속 나올수록 낡은 집이 외면받으면서 빈집이 900만 채에 육박하고 있다. 한국도 이런 흐름을 피할 수 없다. 거주 환경이 좋은 곳이나 새 집에 대한 수요는 계속될 것이고, 이미 100만 채를 돌파한 빈집이 일본과 같은 이유로 계속 늘어나게 된다.

이런 점을 고려하면 주택시장은 앞으로 세분화시켜 영역별로 관리할 필요가 있다. 우선 주거 환경이 우량한 지역에서는 재건축을 비롯해 적극적으로 공급을 늘려 수요를 충족시켜줘야 한다. 수요가 있는 곳에 공급해야 소비자의 욕구를 충족하면서 시장도 안정될 수 있다.

또 인기가 없어 미분양이 우려되는 지역에는 공급을 자제할 필요가 있다. 수요가 약한 곳에 대량 공급하는 것은 주택시장을 왜곡시킬 뿐이다. 낙후된 지역은 도시재생사업을 통해 살고 싶은 곳으로 바꿔주는 정책도 병행해야 한다. 늘어나는 빈집을 활용하는 것도 중요하다. 정부가 사들여 리모델링한 뒤 임대주택으로 공급해도 좋다. 빈집을 방치하면 주택보급률을 부풀리고 슬럼화를 촉진하는 부작용을 낳게 된다.

무엇보다 중요한 것은 주택시장의 경기 조절이다. 샤워실의 바보처럼 거듭되는 냉·온탕식 정책은 금물이다. 과열되면 찬물을 끼얹고, 냉각되면 김이 날 정도로 가열시켜선 서민만 골병든다. 아베노믹스로 기력을 차릴 때까지 일본의 부동산시장이 돌이킬 수 없이 침체의 나락에 빠졌던 이유도 일률적인 냉·온탕식 정책의 부작용 때문이었다.

분양시장에 뚫린 투기 구멍은 막아야 한다. 다운계약서와 업계약서를 근절하고, 단기·미등기 전매를 통한 'P장사'도 제한해야 한다. 부동산을 통한 부(富)의 세습 차단도 강화해야 한다. 자녀에게 고가 주택을 사주거나 싸게 전·월세를 주는 과정에 철저한 과세가 필요하다. 이같이 정밀 조정을 통한 주택정책이 있어야 실수요자 중심으로 주거환경이 좋은 주택이 계속 공급되며 주택시장이 안정화될 수 있다.

...

탄핵으로 이어진 국정농단

처음부터 석연찮은 용인술과 효과가 의심되는 의사결정이 꼬리를 물었다. 박근혜는 언론이 새로운 정부의 정책에 대해 비판을 자제하는 6개월간의 '밀월기간'이 지나서도 석연치 않은 행태를 보였다. 인사에서는 최고 전문가가 배제되고 대선 캠프 출신이 싹쓸이하다시피 하면서 실무에 밝은 정통 관료는 겉돌았다.

국정 운영의 첫 단추는 그가 취임하면서 본격적으로 가동된 정부부처의 세종시 체제를 안착시키는 것이었다. 세종청사는 정부 기능의 비효율을 우려해 이명박 정부에서 행정부처는 옮기지 않고 기업도시로 만들자는 수정안이 제시됐는데도 박근혜가 "국민과의 약속은 반드시 지켜야 한다"고 고집해 강행된 결과였다.

하지만 박근혜는 세종청사를 효율적으로 활용하지 않았다. 과천청사에 있던 주요 정부부처들이 2013년부터 세종청사에서 문을 열었는데 혼란이 증폭됐다. 장차관은 서울에 올라와 있고 국장은 이들에게 업무 보고를 하기 위해 왕복 5시간 거리의 서울·세종을 오가는 차량에 타고 있는 경우가 많아 '차관車官'이라는 우스갯소리를 들어야 했다.

과제는 산더미처럼 쌓여 있었다. 저성장의 늪에 빠지기 쉬운 상황에서 이를 돌파하려면 산업 구조 개혁이 시급했다. 규제를 철폐해 기업이 창의와 혁신에 나서도록 해야 했다. 국민의 기대감도 컸다. 아버지 곁에서 사실상 퍼스트 레이디 역할을 한 경험과 정치인으로 돌아와 새누리당을 재건한 성과를 보면 역량을 갖추었을 것으로 봤다.

그러나 시간이 흘러도 달라지지 않았다. 가장 큰 문제는 소통 부재였다. 정치인은 물론 정부부처 장관과도 활발한 대화가 없었다. 기업인과의 공개된 소통도 많지 않았다. 아무리 경제는 기업이 주도한다고 해도 대통령은 기업인들과 자주 만나 애로를 경청하고 막힌 곳을 뚫어줘야 한다. 중국을 비롯한 신흥국 기업의 추격을 따돌릴 방법은 없는지, 기업의 애로가 무엇인지 대응책을 마련해야 했다. 하지만 "대통령은 보고서를 읽고 정책 지시를 내린다"는 이야기가 나돌았다. 박근혜의 불통은 그렇게 고착돼 있었다.

대외 정책도 납득하기 어려운 장면들이 있었다. 박근혜는 재임 중 일본에 대해 냉랭한 자세를 유지했다. '영원한 적도 영원한 친구도 없다'는 외교의 기본 전술조차 모르는 행태였다. 물론 일본의 우경화가 이유였다. 비슷한 시기에 집권한 아베 신조 총리가 과거사에 대해 퇴행적인 자세를 보이고 독도에 대한 주장을 강화하는 등 대화를 할 만한 분위기가 되지 못했다. 그럴수록 외교적 노력이 필요했지만 그렇게 하지 않았다.

중국에 대해서는 아무런 전략적 근거도 없이 다가가 동맹국 미국을 당혹스럽게 했다. 박근혜는 2015년 9월 '항일抗日전쟁 및 세계 반反파시스트 전쟁 승전 70주년전승절' 행사를 개최한 시진핑習近平 중국 국가주석과 나란히 톈안먼天安門 망루에 올라 열병식을 지켜보며 밀월을 과시했다. 미국으로선 불편하기 짝이 없는 장면이었다.

그러나 2016년 7월 주한미군의 사드 배치를 결정하면서 양국 관계는 크게 악화했다. 이후 중국은 중국인의 한국 단체관광 제한, 한국 드라마 방영 금지, 롯데마트 영업 정지 등 한국 기업들에 무차별적 제재를 가하며 사드 관련 보복을 했다. 어설픈 줄타기 외교로 중국의 내정간섭을 불러와 외교적 궁지에 몰리게 된 것이다. 경제에서 외교까지 국정 전반에 걸쳐 손대는 것마다 합리적인 의사결정이 내려지지 않았다.

그 비밀은 2016년 10월 최순실 국정농단 사태를 통해 드러났다. 박근혜는 재임 내내 공식 업무 라인에 있는 정부 관료와는 직접적인 소통을 많이 하지 않았다. 국무회의 같은 공식회의 이외에는 장관을 비롯한 정부 관료의 대면 보고도 받지 않았다. 박근혜는 이들을 제쳐두고 '문고리 3인방'과 비선 실세 최순실과 상의해 연설문을 수정하고 정부정책과 인사에 대한 조언을 받고 실제로 의사결정에 반영한 것으로 드러났다.

최순실처럼 전문가도 아니고 조직생활 경험도 없는 사적 조언자에게 한 국가 최고책임자의 연설을 다듬게 하는 것은 상식 밖의 일이다. 버젓이 공조직이 있는데 사조직으로 공문서가 흘러나간 건 경악할 일이었다. 최순실은 더구나 청와대를 드나들며 장차관 인사는 물론 재벌 총수들을 통한 후원금 모집에도 영향력을 미친 것으로 드러났다.

최순실은 미르·K스포츠재단 설립을 주도하면서 재벌을 통해 후원금을 받고 승마와 동계올림픽을 자신의 딸과 개인 이익의 도구로 활용했다는 의혹을 받았다. 어디까지 혼자 했고, 어디까지 대통령과 상의했는지는 다 밝혀지지 않았다. 분명한 건 최순실은 농단을 통해 '국가 사업의 개인 사업화'를 추구했다는 점이다.

최순실이 손을 뻗친 곳은 주로 문화·체육 예산들이었다. 늘품체조에 5억 8000만 원, 동계스포츠영재센터 7억 원, 뮤지컬 '원데이'에 3억 3000만 원의 혈세가 지원됐다. 동계올림픽 빙상경기장은 물론 전국의 스포츠시설에서도 이권을 추구한 것으로 드러났다. 공익이라는 명분으로 나라 곳간에 빨대를 꽂고, 대대손손 부귀를 추구하려고 했던 것이다.

박근혜의 비극은 민간인 최순실이 농단을 벌이고 있어도 문제를 인식하지 못했다는 점이다. 박근혜는 최순실의 실체가 드러나자 "가장 힘들었던 시절에 곁을 지켜주었기 때문에 저 스스로 경계의 담장을 낮추었던 것이 사실"이라고 자신의 실수를 인정했다.

박근혜 대통령 탄핵 집회(2017)

박근혜는 특별검사 조사에서 미르·K스포츠재단에 53개 기업이 774억 원을 출연하는 과정에서 재벌 총수들을 안가로 불러 이들 재단에 기부를 압박한 사실이 드러났다. 이 과정에서 삼성, 현대, SK, LG, CJ, 롯데, 한화, 한진 등 대기업들이 동원된 것으로 밝혀졌다. 이는 국민적인 공분을 일으켰고 박근혜 몰락의 결정적인 도화선이 됐다.

재벌들은 과거부터 정권이 팔을 비틀면 당할 수밖에 없었다. 살아 있는 권력이 휘두를 수 있는 규제 수단은 많다. 공정거래위원회·국세청을 동원할 수 있고 실제로 역대 정부는 이들 권력 기관을 동원했다. 또 검찰은 저승사자와 다름없다. 재벌 총수를 포토라인에 세우고 감옥에 보냈다. 기업은 휘말리는 동안 2~3년간 투자가 사실상 올스톱 된다.

이런 행태가 여전한 상황에서 과거 군사정부 시절이나 있었던 권력의 기

업 옥죄기가 박근혜 정권에서 벌어지고 있었던 것이다. 이재용·정몽구 등 7개 대기업 총수는 2016년 11월 12~13일 줄줄이 검찰에 불려가 새벽 2~3시까지 강도 높은 수사를 받았다. 기부해 주는 대신 기업에게 유리한 내용의 부탁을 했는지, 대가성이 있었는지가 초점이었다.

경제가 가뜩이나 좋지 않은 상황에서 최순실 사태는 대한민국을 블랙홀로 빨아들였다. 분노한 시민들이 촛불을 들고 광화문으로 쏟아져 나왔고 그사이 경제는 계속 표류했다. 정신을 바짝 차려도 위기를 피하기 어려울 만큼 나라 안팎의 경제 환경이 나빠지고 있는 시점이었다. 그런데도 온 나라가 최순실 사태의 소용돌이에 휘말려 들어갔다.

무엇보다 선장 없는 배처럼 경제 컨트롤타워가 사실상 공백 상태라는 게 문제였다. 박근혜는 노무현 정부의 정책실장이었던 김병준 국민대 교수를 총리에 내정하고 경제부총리에 임종룡 금융위원장을 낙점해 국면 전환을 시도했지만 야당의 반대에 가로막혔다. 여야가 거국내각을 요구하면서 청문회에 나설 기회조차 없었다.

그 사이 경제 지표는 계속 악화했다. 2015년 말부터 4분기 연속 0%대 성장에 이어 2016년 말에는 간판 수출기업인 현대차와 삼성전자마저 파업과 갤럭시 노트7 발화사건으로 휘청거렸다. 이 사건을 계기로 삼성전자 스마트폰은 중국시장에서 사실상 존재감을 잃게 됐다. 주택시장이 청약 과열로 달아올라도 경기둔화를 우려해 손을 쓰지 않았다.

촛불은 광화문 광장을 넘어 전국으로 확산됐다. 국민의 지도자이자 국가의 대표자로 뽑은 대통령이 국민의 기대에서 한참 벗어난 역대 최악의 국정을 운영하자 조기 퇴진을 요구한 것이다. 그러나 박근혜는 끝까지 불통으로 일관했다. "돈 한 푼 받은 것이 없고 최순실의 농단을 미처 알지 못했으니 자신은 위법성이 없다"는 주장이었다.

그 사이 한국 경제는 골든타임을 놓치면서 국내외에서 한꺼번에 몰아치는 '퍼펙트 스톰'에 제대로 대처하지 못했다. 경제 활성화에 성공한 미국이 본격적으로 금리 인상에 시동을 걸면서 과도한 부채에 짓눌린 가계와 한계기업은 위기에 내몰리기 시작했다. 국제 경쟁력 약화와 미국 보호무역주의, 중국의 자국산업 보호가 본격화하면서 경제의 버팀목이던 수출 여건도 더욱 어려워졌다.

그렇게 4년이 지나가자 경제 각 분야는 중국에 덜미를 잡혔고 실업자는 100만 명을 돌파했다. 취업준비생 62만 명을 포함하면 실질 실업률은 더 높아진다.

물론 박근혜 개인의 실패가 정부 정책의 완전한 실패를 의미하는 것은 아니다. 박근혜 역시 팔짱만 끼고 있었다는 것은 아니다. 재임 중 무역투자진흥회의를 10차례 열어 신산업 활성화의 관건인 규제 혁파에 나섰다. 노무현·이명박 정부의 10년 벤처 암흑기를 해소해 창업 생태계를 복원한 것은 박근혜의 성과라고 할 수 있다.

하지만 성과는 여기서 그쳤다. 공공·금융·노동·교육 등 4대 개혁을 비롯해 중요한 개혁과제에 도전했지만 목표를 달성하지 못했다. 시민단체와 귀족노조를 등에 업은 야당의 발목 잡기와 공무원의 복지부동이 고착화된 '87년 체제'를 극복하지 못했다.

'군주민수'의 교훈

하지만 누구를 탓하랴. 박근혜 실패의 결정적인 원인은 그의 국정 운영 능력 부족이었다. 갈등 조정에 필요한 통찰과 리더십이 부족했고 소통과 설득의 리더십이 없었다.

박근혜의 비극은 개인적인 문제로 끝나지 않는다는 것이 문제다. 구조 개혁에 실패하면서 국가경제의 성장동력이 약화되고, 국가 경제의 기둥인 기업을 규제의 덫에서 구출하지 못함으로써 국가 경쟁력을 정비할 골든타임을 놓쳐 버렸다. 게다가 정경유착 의혹이 불거져 검찰 수사에 난도질당하면서 기업의 신뢰는 또다시 바닥에 떨어졌다.

물론 이 같은 결과가 전적으로 박근혜 혼자의 책임이라고 할 수는 없다. 문제는 정치 안정 없이는 한국 경제 발전과 안정에는 어떤 처방도 백약이 무효라는 점이다. 박근혜의 실패가 후대 대통령은 물론 정치권의 반면교사가 되어야 할 이유도 여기에 있다.

박근혜는 2016년 12월 9일 국회에서 탄핵소추안이 가결돼 대통령직이 중단됐다. 표결은 찬성 234표와 반대 56표로 나타났다. 나아가 2017년 3월 10일 헌법재판소 심판을 통해 대통령직에서 파면됐다. 박근혜는 1심을 거쳐 징역 24년형이라는 중형을 선고받았다. 2018년 8월 24일 열린 항소심에서는 1년이 늘어나 징역 25년형이 선고됐다.

박근혜는 개인적으로는 아무런 금전적 이득을 취하지 않았다. 그러나 대기업들에 미르·K스포츠재단에 출연금 774억 원을 내도록 요청한 것이 '직권남용·강요'로 인정돼 1심에 이어 2심에서도 유죄 판결을 받았다. 국정농단이 드러난 뒤 탄핵 심판이 나올 때까지 헌법재판소를 비롯해 법정 출석을 거부한 것도 중형을 자초한 배경이 됐다.

재판부는 "피고인의 범행으로 말미암아 헌정사상 초유의 탄핵 결정으로 대통령 파면이라는 사태를 맞이했고, 국민과 우리 사회 전체가 입은 고통의 크기를 헤아리기 어렵다"고 밝혔다. 이어 "그럼에도 불구하고 범행을 모두 부인하며 잘못을 반성하는 모습을 보이지 않았고, 납득하기 어려운 변명으로 일관하며 책임을 전가하는 태도를 보였다"고 지적했다.

박근혜의 실패는 사자성어 '군주민수君舟民水'를 떠올리게 한다. 군주민수는 『순자荀子』에 나오는 말이다. 원문은 '군자주야 서인자수야君者舟也 庶人者水也, 수즉재주 수즉복주水則載舟 水則覆舟'다. "군주는 배요, 백성은 물이다. 백성은 배를 띄울 수도 있지만 뒤집을 수도 있다"는 뜻이다. 어느 대통령이라도 잊지 말아야 할 금언이다.

문 재 인 ——

소주성으로 경제 이끌다

재임기간 2017년 5월 ~ 2022년 5월

1953년 1월 24일	경상남도 거제군 동부면 명진리
1971년	경남고등학교
1980년	경희대학교 법학 학사
1980년	제22회 사법시험 합격
1984년	한국해양대 해사법학과 강사
1988년	한겨레신문 창간위원
1995년	법무법인부산 대표변호사
2003~2004년	대통령비서실 민정수석비서관
2004~2005년	대통령비서실 시민사회수석비서관
2005~2006년	대통령비서실 민정수석비서관
2007~2008년	대통령비서실 실장
2007년	제2차 남북정상회담 추진위원회 위원장
2009년	사람사는세상 노무현재단 상임이사
2010년	사람사는세상 노무현재단 이사장
2011년	혁신과통합 상임대표
2012~2013년	제19대 국회의원(부산 사상구/민주통합당)
2012년	민주통합당 대표대행
2012~2014년	제19대 국회 기획재정위원회 위원
2013~2014년	제19대 국회의원(부산 사상구/민주당)
2014~2015년	제19대 국회의원(부산 사상구/새정치민주연합)
2014~2016년	제19대 국회 후반기 국방위원회 위원
2015~2015년	새정치민주연합 당대표
2015년	새정치민주연합 인재영입위원장
2015~2016년	제19대 국회의원(부산 사상구/더불어민주당)
2015~2016년	더불어민주당 당대표, 인재영입위원장
2017~2022년	제19대 대한민국 대통령
2023년	평산책방 개업

"기회는 평등하고,
과정은 공정하며,
결과는 정의로울 것이다."

2017년 5월 10일 대통령 취임사

"사람이 먼저다"

2012년 제18대 대선에 출마했을 때 등장한 문재인의 정치 구호다. 문재인은 당시 민주통합당 대선후보 수락 연설에서 "기회는 평등하고, 과정은 공정하며, 결과는 정의로울 것"이라고도 했다. 이들 두 캐치프레이즈는 2017년 5월 제19대 대통령에 취임한 문재인의 간판 슬로건이 되었다. 상당수 국민은 큰 기대를 걸었다. 문재인의 말대로만 된다면 대한민국이 잘되고 살기 좋은 나라가 될 것이라 믿었다.

하지만 이상이 늘 현실대로 되기는 어려운 일이었다. 협치와 협력이 실종된 채 극단적 대립이 앞서는 한국 정치 지형 속에서 정치권의 갈등은 오히려 깊어지기만 했다. 문재인은 2016년 11월 18일 열린 박근혜 퇴진결의 대회에서는 "가짜 보수 정치세력, 이 거대한 횃불로 모두 불태워 버리자"고 했다. 대외정책에서도 미국과는 거리가 벌어지고, 일본과는 대립적 관계가 형성됐으나 중국에 대해서는 우호적인 기조로 바뀌었다.

과거에도 순탄한 적이 없었지만, 경제 상황도 녹록지 않았다. 경고음은 온 사방에서 울려 퍼졌다. 저출산·고령화가 세계 최고 속도로 급가속했다. 출산율은 문재인 정부 마지막 해에는 0.78로 추락해 세계적으로 유례없는 상황이 됐다. 경제성장률은 고도성장기의 인구 보너스가 완전히 사라지면서 연평균 2%대 초반까지 주저앉았다.

최저임금을 급격히 올리고 예산 지출을 확장했으나 경제는 위기의 연속이었다. 정책 효과가 나타나지 않자 정부는 재정 확장에 더욱 강력한 드라이브를 걸었다. 경제 성장률이 2%대로 주저앉았는데도 예산 증가율은 연평균 8.7%에 이르는 슈퍼예산이 편성됐다. 이미 해마다 수십조 원씩 나랏돈을 풀었는데도 고용을 개선하지 못하자 문재인 정부는 임기 내내 적극적 재정 확장에 나섰다. 국가채무는 재임 중 400조 원 넘게 불어났다. 정권 출범 때 627조 원에서 임기 말 1033조 원으로 수직상승하면서다.

경제 침체가 지속하면서 가계 소득도 꺾였다. 문재인은 2017년 5월 취임하자 집무실에 일자리 상황판을 내걸고 일자리위원회도 만들며 일자리 창출에 박차를 가했다. 임기 초반 2년간 일자리 정책에 동원된 예산만도 54조 원에 이른다. 일자리 관련 예산을 크게 늘리고 일자리 추경을 거듭했지만, 혁신이 뒷받침되지 않은 탓에 효과가 없었다.

정책실험의 핵심 모델은 소득주도성장이었다. 보편적 경제 상식과는 달리 먼저 소득을 높여줌으로써 소비와 일자리가 늘어나 경제가 성장한다는 정책이었다. 마치 말 앞에 마차를 앞세우는 격이라는 비판이 나왔지만 문재인 정부는 꿋꿋하게 추진했다.

그러나 효과는 좀처럼 나타나지 않았다. 성장은커녕 분배까지 악화하는 결과가 나타났다. 그런데도 문재인은 "올바른 경제정책 기조로 가고 있다"고 밝혔고, 장하성 청와대 정책실장은 "기존 소득주도성장정책에 더욱 속도를 내겠다"고 강조했다. 언론에서는 '양극화 참사에 소득주도성장 필요하다는 청와대 잠꼬대'라는 비판이 나오기도 했다. 청와대 고위 관계자는 "고용과 분배 상황을 심각하게 인식하고 있다"면서도 "양극화가 극심하다는 통계는 문재인 정부가 추진하는 소득주도성장이 필요하고 방향이 틀리지 않았음을 입증하는 것"이라고도 했다. "소득주도성장의 정책 효과는 최소 2~3분기가 지나서 서서히 나타나게 될 것"이라는 주장도 나왔다.

청와대에서는 고용 부진에 대해 "경제 체질이 바뀌며 수반되는 통증"이라는 발언도 나왔다. 온 사방에 경고등이 켜졌는데도 정부는 현실과 동떨어진 소득주도성장정책에 주력했다.

문재인 정부의 정책 기조는 J노믹스문재인 정부의 경제정책로도 불리면서 주목을 받았다. J노믹스에는 당초 소득주도성장·혁신성장·공정경제가 포함돼 있었다. 하지만 혁신성장은 전혀 속도를 내지 못했다. 문재인 대통령이 영국의 적기조례[90]까지 얘기하면서 규제혁파의 필요성을 역설했지만 시민단체와 노동단체의 의견을 중시하는 집권 더불어민주당 내 일부 의원들의 '규제완화 불가'에 발목이 잡혔다.

정책 효과가 집권 3년 차가 되어도 나타나지 않았고 그런 문제를 언론과 전문가들이 아무리 지적해도 문재인 정부는 귀담아듣지 않았다. 윤증현 전 기획재정부 장관은 "나도 그것이 의문이다. 이 정부는 피드백이 없다. 아무리 시장에서 말이 나오고, 언론에서 말을 해도 마이동풍에 내로남불·아전인수다. 소위 '커뮤니케이션소통이 안 된다'. 피드백을 통해 문제가 있으면 바로 수정하거나 고쳐야 한다. 그런데 이게 전혀 작동하지 않는다"고 언론 인터뷰에서 밝혔다.[91]

그 사이 한국은 성장 엔진이 계속 식어가고 있었다. 정책 방향을 틀지 않으면 돌이킬 수 없는 위기에 직면할 것이라는 우려가 나왔지만 문재인 정부는 정책 방향을 바꾸지 않았다.

한국이 근본적으로 직면한 위기는 '인구절벽'의 시대가 가시화됐다는 점이었다. 통계청이 발표한 '2017 출생통계'와 '2017 인구주택총조사' 결과는 만성적 저출산이 노동인구 감소를 초래해 성장동력의 한계를 맞게 되는 시나리오를 보여줬다. 정책실험으로 골든타임을 허비하는 동안 '인구재앙'의 먹구름까지 몰려오고 있었다.

문재인 정부의 경제정책 실험은 2022년 3월 9일 제20대 대통령 선거를 통해 사실상 막을 내렸다. 간발의 차이였지만, 국민이 정권 심판을 호소한 보수 진영의 손을 들어주면서다. 문 정부가 재벌 개혁과 소득주도성장을 내걸었을 때만 해도 국정수행 지지율이 80%를 넘어섰지만 정치적 갈등과 대립, 경제 정책의 부작용이 커진 결과였다.

특히 이명박 정부 때 안정 기조를 보이고 박근혜 정부 후반에 다소 상승 조짐이 있었을 뿐 전반적으로 통제되고 있었던 부동산시장이 문재인 정부에 들어와 폭등세로 반전하면서 서민은 물론 청년과 무주택자는 하루아침에 빈곤감과 상실감에 빠져들었다. 최저임금 과속 인상에 따른 일자리 혼란과 함께 민생은 더욱 피폐해지는 상황이었다.

시민단체와 노동단체의 위세가 과도해지면서 정통 경제학자와 기업인의 목소리는 제대로 반영되지 못했다. 그러다 정권 3년 차를 넘어가고 나서야 변화가 나타나기 시작했다. 정책실험의 부작용이 커지면서 최저임금 과속 인상이 주춤해지고 문재인 정부 내부에서도 소득주도성장을 언급하는 횟수가 급격히 줄어들었다. 탈원전은 에너지전환이라는 말로 바뀌었고, 부동산에 대해서도 공급 방안이 나오기 시작했다.

문재인은 2017년 5월 10일 제19대 대통령 취임사에서 고질적인 정치 갈등을 끝내고 탕평책을 쓰며, 일자리를 챙기고 재벌개혁을 한다고 밝혔다. 선거를 거쳐 2022년 5월 윤석열 정부에 정권의 바통을 넘겨준 그는 취임사에서 밝혔던 정책 의지를 임기 중 얼마나 실현했을까.

"분열과 갈등의 정치도 바꾸겠습니다. 보수와 진보의 갈등은 끝나야 합니다. 대통령이 나서서 직접 대화하겠습니다. 야당은 국정운영의 동반자입니다. 대화를 정례화하고 수시로 만나겠습니다. 전국적으로 고르게 인사를 등용하겠습니다. 능력과 적재적소를 인사의 대원칙으로 삼겠습니다. 저에 대한 지지 여부와 상관없이 유능한 인재를 삼고초려해서 일을 맡기겠습니다.

나라 안팎으로 경제가 어렵습니다. 민생도 어렵습니다. 선거 과정에서 약속했듯이 무엇보다 먼저 일자리를 챙기겠습니다. 동시에 재벌개혁에도 앞장서겠습니다. 문재인 정부하에서는 정경유착이라는 낱말이 완전히 사라질 것입니다. 지역과 계층과 세대 간 갈등을 해소하고 비정규직 문제도 해결의 길을 모색하겠습니다. 차별 없는 세상을 만들겠습니다.

거듭 말씀드립니다. 문재인과 더불어민주당 정부에서 기회는 평등할 것입니다. 과정은 공정할 것입니다. 결과는 정의로울 것입니다."

최저임금 1만 원 달성에 도전

2018년 5월 31일. 문재인은 국가재정전략회의를 주재하는 자리에서 "최저임금 인상은 긍정적 효과가 90%"라고 말했다. 일주일 전 통계청 가계동향조사 발표에서 1분위(하위 20%) 소득이 역대 최대폭(8%)으로 하락해 '소득주도성장 허구론'이 제기된 뒤 나온 발언이었다.

하지만 문재인은 정권 출범 1년 남짓 만에 청와대 일부 수석을 교체했다. 전문가들은 정책 효과가 나타나지 않은 데 따른 교체라고 해석했지만 청와대 관계자들은 부인했다. 2018년 6월 27일 임종석 대통령 비서실장 주재로 열린 현안점검회의에서는 떠나는 수석들이 소회를 밝혔다.[92] 이 자리에서 장하성 청와대 정책실장은 "중요한 것은 흔들리지 않는 것"이라며 "우리 정부의 정체성과 방향성을 흔들고 싶어 하는 사람들은 자기 방식으로 (수석 인사를) 해석하지만 여러분은 결코 책임을 지고 떠나는 게 아니다"라고 말했다. 장 실장은 이어 "새로운 동력을 만들기 위해 떠나는 것이고, 새로운 변화의 시작과 새로운 추진력을 만들고자 하는 것"이라고 덧붙였다.

장 실장은 "만남과 헤어짐, 정부 정책의 부침이 중요한 게 아니다"라며 "우리는 대통령의 비서, 국민의 비서로 청와대에 들어왔다. 훗날 국민의 힘으로 만든 정부가 세상을 바꿨다는 결과를 역사가 기록해야 한다"고도 말했다. 홍장표 경제수석과 반장식 일자리수석 교체를 '경질'이라고 본 여론에 대한 일종의 반론이고, 소득주도성장을 핵심으로 하는 문재인 정부의 경제정책을 계속하겠다는 의사 피력이었다.

홍장표 경제수석은 "지난 1년 정부 정책의 일대 대전환이 일어났다. 그동안 학자로서 주장하던 내용이 중요정책으로 자리 잡아 무한한 영광으로 느낀다. 그동안 입이 있어도 말하기 조심스러웠는데 이제 재갈이 풀렸다. 앞으로는 자유롭게 주장을 펼쳐 나가겠다"고 말했다.[93] 경제수석에서 물러난 그는 대통령 직속 정책기획위원회 산하 소득주도성장특별위원회 위원장을 거쳐 한국개발연구원KDI 원장에 취임한 뒤 윤석열 정부가 들어선 이후에도 한동안 자리를 지키며 소득주도성장의 당위성을 강조했다.

문재인 정부는 2018년 하반기 경제정책 방향에서 일자리 증가 목표치를 32만 개에서 18만 개로 낮추었다. 2년간 세금 54조 원을 일자리 사업에 쏟아부었지만 결과는 오히려 나빠졌다. 경제성장률 목표치를 3%에서 2.9%로 낮추고 투자·소비·수출 등 주요 지표 전망치도 다 내려 잡았다. 경제가 내리막 조짐을 보이고 있는데도 정부는 "경제 회복 흐름이 이어지고 있다"는 주장을 굽히지 않았다. 문 대통령은 "일자리를 민간이 만든다는 건 고정관념"[94]이라고 강조하면서 소득주도성장 정책을 지속했다.

시간이 흐를수록 부작용이 속출했지만 문재인 정부는 정책 기조를 좀처럼 바꾸지 않았다. 2018년 하반기부터는 이 정책을 뒷받침하는 데 더 많은 나랏돈을 풀고 2019년부터는 근로장려세제EITC를 통해 현금성 복지를 더 강화했다. 최저임금 인상에 대한 소상공인의 불만은 '갑甲의 횡포'가 문제라면서 대기업과 임대업자에게 화살을 돌렸다. 프랜차이즈 가맹 수수료 인하, 임대료 인상 억제, 신용카드 수수료 등 소상공인을 달래는 조치들이 꼬리를 물었다. 재벌 개혁에 대한 의지를 밝힌 만큼 전통적인 재계의 대변자였던 전국경제인연합회는 정부의 거의 모든 행사에서 배제됐다.

현실 벗어난 최저임금 인상 속도전

소득주도성장은 특히 민주노총의 기조를 뒷받침하면서 기업의 불안감을 키웠다. 노동계 출신의 여당 원내대표도 민주노총의 폭주에 혀를 내두를 정도였다. 1990년대 대우그룹 노조에서 사무처장을 지낸 홍영표 더불어민주당 원내대표는 최저임금 산입 범위 확대를 거부하는 민주노총을 강도 높게 비판했다. 2018년 5월 최저임금에 정기상여금과 수당숙식비·교통비을 포함시키려는 국회 논의를 중단해달라는 민주노총 요구에 홍 원내대표는 "한국 전체 노동자 1900만 명 중 양대 노총 소속은 200만 명에 불과하다. 민주노총은 너무 고집불통이다"이라고 일갈했다. 최저임금 인상과 근로시간 단축 등 노동 현안에 대해 이익만 관철하려는 민주노총에 작정하고 쓴소리를 했다.

이런 파열음에도 불구하고 2018년 8월 19일 장하성 정책실장은 "소득주도 성장, 혁신 성장, 공정경제 정책들이 효과를 내면 고용이 개선될 것이라 확신한다. 정부를 믿고 조금만 기다려 주시기 바란다"[95]고 밝혔다. 현실을 외면하고 탈 많은 소득주도성장론에서 후퇴할 의사가 없음을 분명히 했다. 실업자는 8개월 연속 100만 명을 웃돌았다. 경제활동의 허리 역할을 하는 40대는 더 참담했다. 1년 새 취업자가 14만 7000명 감소했다. 성태윤 연세대 경제학부 교수는 "정부가 소득주도성장으로는 경제를 성장시킬 수 없다는 점을 국민들에게 밝히고 기업이 일자리를 만들 수 있는 정책을 펴야 한다"고 말했다. 고용 문제 전문가로서 산업인력공단이사장을 지낸 박영범 한성대 경제학과 교수도 이런 주장을 거듭했다. 하지만 문재인 정부는 기조를 바꾸지 않았다.

한국개발연구원KDI은 2018년 9월 11일 "지난 7월 취업자 수 증가 폭의 급격한 위축은 인구구조 변화와 경기 상황만으로 설명하기 어려운 정도"라고 밝혔다.[96] 보고서 작성을 연구진은 "인구구조 변화와 경기 상황 외에도 산업 경쟁력 저하 및 이에 따른 구조조정, 최저임금 인상, 주 52시간제 도입 등이 모두 영향을 미친 것으로 판단하고 있다"며 "다만 (이런 요인들이) 어느 정도까지 고용 악화에 영향을 줬다고 딱 잘라 말하긴 힘들다"고 설명했다. KDI 조차 청와대의 설명과는 궤를 달리한 셈이다.

일자리 논란 와중에 통계청장 교체

이런 우려는 8월 고용동향에서 바로 현실이 됐다. 8월 취업자 수는 1년 새 3000명 늘어나는 데 그쳤다. 금융위기 직격탄을 맞았던 2010년 1월 1만 개가 감소한 이래 최악이었다. 겨우 5000개가 증가해 '고용 참사'라 불렸던 전월보다 상황이 나빠졌다.

전체 실업자는 113만 3000명, 청년15~29세 실업률은 10%에 달했다. 모두 8월 기준으로 19년 만에 최고치다. 외환위기의 여파에 시달리던 1999년 뺨치는 상황이었다. 노동시장의 허리 격인 40대는 외환위기보다 더 심한 고통을 겪었다. 40대의 일자리는 15만 8000개나 사라져 1991년 12월25만 9000개 감소 이후 약 27년 만에 최악으로 치달았다. 1991년은 걸프전으로 인해 세계경제가 마이너스 성장을 했던 때다.

최저임금을 잔뜩 올린 악영향은 한층 뚜렷해졌다. 도·소매, 숙박·음식점, 사업시설관리업 등에서 일자리가 31만 9000개나 증발했다. 청년 실업률이 치솟은 이유 역시 최저임금 때문에 아르바이트 자리가 줄어든 탓이다. 7월 고용 참사를 두고 "생산가능15~64세 인구가 줄었기 때문"이라고 해명하던 장하성 청와대 정책실장의 변명은 더 이상 통하지 않게 됐다. 그는 증거로 고용률이 유지된다는 점을 들었다.

하지만 8월 들어서는 고용률도 꺾였다. KDI에 이어 통계청도 "이런 고용부진은 생산인구 감소로만 설명하기 어렵다"며 똑같은 분석을 내놓았다. 김동연 경제부총리 겸 기획재정부 장관도 고용 악화에 대해 "일부 정책적인 영향이 있었고 그중 하나가 최저임금"이라고 말했다. 상황이 이런데도 청와대에선 고용 참사를 "경제 체질이 바뀌면서 수반되는 통증"이라고 했다. 논란이 증폭되는 와중이던 2018년 8월엔 소득분배 및 고용이 악화되었다는 통계가 이어지자 돌연 통계청장을 교체해 논란을 증폭했다.

나아가 문재인 정부의 경제 기조를 주도한 장하성 청와대 정책실장은 2018년 9월 3일 JTBC 뉴스룸에 출연해 "2018년 (최저임금이) 16.4% 오른 건 생각했던 것보다 높았다"며 "저도 깜짝 놀랐다"고 했다. 그러면서 "소비는 굉장히 견고하고 좋다. 수출도 상당히 증가세에 있다"고 덧붙였다. 서울 강남조차 저녁엔 불 꺼진 상점이 하나둘씩 늘어나고 자영업자는 도산 도미노에 휘말리고 있던 시점이라 공감을 받지 못했다.

최저임금 과속에 자영업자 직격탄

자영업자들은 권리금이 뚝 떨어져 폐업조차 하기 힘든 상황에 몰렸다. 당시 서울 강남역이나 신촌·홍대 같은 핵심 상권에서도 장사가 안돼 권리금이 0이 된 사례가 수두룩했다. 폐업하려고 해도 눈덩이처럼 불어난 빚더미와 적자가 발목을 잡았다.

물론 최저임금 탓만으로 돌릴 수는 없다. 자영업자가 워낙 많아 경쟁이 심한 데다 경제의 디지털화가 가속하면서 영세 자영업자를 궁지로 몰았다. 전세계적으로 자영업의 종말apocalypse라는 말이 나올 정도였다. 여기에 정부가 최저임금을 2년간 29% 올려 기름을 부었다. 금리마저 급격히 오르면서 600조 원이 넘는 부채를 짊어진 자영업자를 압박했다. 위기를 감지한 정부와 여당은 2018년 8월 수조 원 규모의 자영업자 지원책을 내놨지만 최저임금 속도 조절에 대해선 언급이 없었다.

최저임금 인상 1년 만에 일자리에서 큰 혼란이 빚어졌지만 정책 전환 조짐은 없었다. 2018년 최저임금 16.4% 인상 충격을 간신히 버텨 낸 영세기업과 자영업자들에게 2019년 또 10.9% 인상 쓰나미가 덮쳤다. 여기다가 2018년 7월부터 주 52시간 노동이 획일적으로 시행됐다. 급격한 고용환경 변화로 일자리를 잃고 실업급여에 의존하는 사람이 늘어나면 복지비용 부담

대통령 경제사

이 기하급수적으로 치솟게 된다는 전망도 나왔다. 이런 우려에도 경제 담당 부처와 통계청은 "폭염에 따른 위축", "도·소매업종의 과당경쟁", "경제활동 인구 감소" 때문이라며 최저임금 과속 인상의 충격을 인정하지 않았다.

정권 바뀐 뒤에도 1만 원 도달 못 해

최저임금은 윤석열 정부로 넘어와서도 1만 원에 도달하지 못했다. 2023년 에는 9620원에 머물렀고, 2024년에는 9860원으로 결정됐다. 문재인 정부가 2017년 집권 직후 1만 원을 선언했지만, 7년이 흘러도 1만 원과는 거리가 멀었다. 노동의 대가로 주고받는 임금은 정부가 인위적으로 결정할 수 없다는 경제의 현실을 적나라하게 보여줬다.

오히려 부정적 여파는 적지 않다. 식당을 비롯한 자영업자는 직원을 줄이거나 아예 직원 없는 자영업자로 바뀌었고, 그 자리에는 주문과 결제를 처리하는 키오스크가 속속 들어섰다. 음식을 나르는 로봇을 도입하는 매장도 빠른 속도로 늘어나 고용 없는 사회를 촉진했다. 4차 산업혁명과 함께 본격화한 인공지능AI과 로봇 도입의 효과가 맞물린 것도 있지만, 최저임금 과속 인상이 결국 경제활동의 원동력인 고용 축소에 기름을 부은 것으로 볼 수 있다. 전경련은 2022년 당시 최저임금이 9620원에서 1만 원으로 오르면, 일자리가 최대 6만 2000개 줄어든다는 분석 보고서를 내놓았다.[97]

2024년도 최저임금이 9860원으로 결정됐지만, 취약계층 사이에선 불안감이 잦아들지 않았다. 주휴수당까지 합칠 경우 실질 최저임금이 대략 1만 1800원까지 올라가자 자영업자 중심으로 "차라리 알바생을 쓰지 않겠다"는 기류가 강해졌다. 주휴수당은 일주일에 15시간 이상 일하는 근로자에게 주말에 일하지 않아도 하루 일한 것으로 보고 줘야 하는 수당이다. 주휴수당을 포함하면 최저임금은 1만 원을 훌쩍 넘는다.

2024년 최저임금 인상률은 2.5%로 팬데믹이 있었던 2021년1.5%에 이어 역대 두 번째로 낮은 수준이다. 하지만 문재인 정부 초기 2년간 두 자릿수 인상률2018년 16.4%, 2019년 10.9%로 올린 점을 고려하면 최저임금의 절대 금액은 매우 높아졌다. 2023년 최저임금은 문재인 정부가 출범한 2017년6470원과 비교하면 48.7% 오른 금액이다. 인건비 절감을 위해 '나 홀로' 장사하는 자영업자는 증가 추세다.

키오스크를 쓰는 자영업자 비율은 2020년 3.1%에서 2022년 6.1%로 증가했다. 한국지능정보사회진흥원은 국내 요식업의 키오스크 대수가 2019년 5479대에서 2022년 2만 1335대로 4배가량 증가한 것으로 추정한다. 통계청이 집계한 '고용원 없는 자영업자' 수도 2018년 398만 7000명에서 2022년 426만 7000명으로 28만 명 늘었다. 편의점은 심야 영업을 포기하거나 무인점포로 전환하고 있다. 주요 편의점 4개 사의 무인점포는 2019년 208개에서 17배 늘어 2022년 상반기 말 기준 3530곳으로 집계됐다.

청와대 집무실에 걸린 일자리 상황판

문재인은 1호 공약으로 '일자리 정부'를 내걸었다. 대통령 취임 첫 외부 행사가 '비정규직 제로' 선포였다. 2017년 5월 24일 청와대 여민관 집무실엔 일자리 상황판이 설치됐다. 하지만 이 상황판은 처음 공개된 이후 외부에 공개되는 일은 많지 않았다.

결과적으로 문재인 정부의 일자리 정책은 어떻게 됐을까. 소득주도성장이라는 간판 아래 공공부문 비정규직 제로에 이어 최저임금 1만 원 달성, 공무원직 17만 4000개를 비롯해 5년간 일자리 81만 개 창출, 주 52시간제 도입이 속속 추진됐다.

문재인은 "정부가 최대 고용주", "민간·시장이 일자리를 만든다는 건 고

정관념"이라면서 이 정책을 5년 내내 관철했다. 결과는 이미 알려진 대로다. 최저임금 과속 인상으로 자영업자는 알바를 내보내고 문을 닫기 시작했고 코로나19 사태로 더 힘들어졌다.

　퇴임 석 달을 앞둔 2022년 2월 16일 발표된 '1월 고용동향'은 비정규직 제로 정책의 현실을 보여준다. 1월 취업자 수는 전년 동월 대비 113만 5000명 늘어나 21년 10개월 만에 최대를 기록했다. 이에 대해 문재인은 "청년층, 30대 민간일자리, 제조업, 상용직, 주 36시간 이상 취업자가 크게 증가했다"고 평가했다.

　하지만 전문가들은 착시현상이라고 지적한다. 비교 대상인 2021년 1월 취업자 수는 코로나19 충격 여파로 98만 2000명 감소했다. 이 탓에 1년 만에 수치가 급반등하는 기저효과가 크게 나타났다. 30대와 40대 일자리 역시 인구감소 효과를 반영해도 개선된 게 없다는 전문가들의 분석이다. 오히려 한국경제연구원이 발표한 '전일제풀타임 환산취업자 통계' 기준에 의하면

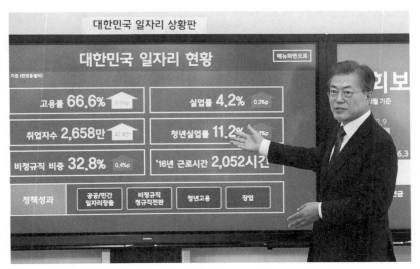

일자리 상황판(2017.5.24)

2021년 취업자는 2017년에 비해 209만 2000명 줄었다. 이 중 '경제 허리'로 불리는 30·40세대가 193만 7000명에 달한다.

2022년 1월 고용동향에서 더 큰 문제는 양질의 일자리 대신 초단기 알바가 급증했다는 사실이다. 주당 17시간 이하 초단기 취업자는 215만 명[98]에 달했다. 1980년 통계 집계 이후 최대치다. 근로 형태가 다양화하는 추세라고 보기도 어렵다. 경제 허리를 중심으로 전일제 근로자가 줄어들고 있다면 고용의 질은 하락했을 수 있기 때문이다.

결국 초단기 일자리 215만 명은 소득주도성장을 근간으로 막대한 세금을 투입해 만들어 낸 일자리 정책의 실상이라는 게 고용 전문가들의 분석이었다. 박영범 한성대 경제학과 교수는 2021년 7월 "문 정부는 일자리의 양과 질에서 모두 실패했다"고 지적[99]했다. 그러나 그때마다 정부는 아전인수식 통계 해석을 내세우며 비판에 귀를 닫았다.

임기 5년이 막을 내릴 때쯤, 정부 내부에서조차 소득주도성장을 언급하거나 문서에서 쓰는 일이 줄어들기 시작했다. 한국 경제의 근간을 5년 내내 뒤흔들고 국민 경제활동에 큰 영향을 미친 거대한 정책실험은 결국 논란과 혼선만 남긴 채 막을 내렸다.

'정부가 최대 고용주'라면서 크게 늘린 공무원 조직은 규제를 양산해 오히려 경제활력을 떨어뜨리는 것으로 분석되고 있다. 민간연구기관인 파이터치연구원은 '공무원 수 증가에 따른 경제 활력 저하 효과' 보고서2023년 9월에서 그 이유를 설명했다. 문재인 정부에서 공무원 수가 전임 정부 대비 13만 266명12.6% 증가하는 바람에 규제량14.7%도 크게 늘었다고 지적했다.

이 여파로 문재인 정부에서는 실질 국내총생산GDP이 23조 1000억 원 -1.3% 줄어들고, 민간 일자리는 18만 8000개-0.7% 감소한 것으로 분석됐다. 2008년 글로벌 금융위기를 겪었던 이명박 정부에서 5년간 실질 GDP와 민간 일자리가 각각 1조 7000억 원0.1%, 1만 6000개0.1% 감소한 것과 대조를 이뤘다.

파이터치연구원은 "2008~2018년 경제협력개발기구OECD 31개국의 공무원 비중과 상품시장규제 지수를 활용한 분포도에 노벨 경제학상을 수상한 로버트 루카스가 개발한 동태 일반균형 모형을 대입해 이 같은 결과를 도출했다. 공무원 수가 늘어날수록 규제 장벽이 높아지기 때문에 경제 활력 저하를 초래할 수밖에 없다"고 설명했다.

문재인은 이런 비판적 여론에 동의하지 않았다. 퇴임 직전이던 2022년 4월 15일 청와대에서 진행된 JTBC와의 인터뷰에서 그는 "소득주도성장, 최저임금 인상, 노동시간 단축이 경제적으로 나쁜 영향을 미쳤고, 일자리도 줄였다는 평가는 전혀 잘못됐다"고 했다. 이어 "5년을 보면 고용은 크게 늘었고, 우리 경제는 훨씬 성장했고, 분배도 대단히 개선됐다"며 "온당한 평가를 받아야 한다는 주장을 꼭 하고 싶다"고 말했다.

그러나 윤석열 정부가 들어서자, 감사원은 문재인 정부에서 소득주도성장의 효과를 부풀리며 소득, 고용, 집값 통계에 대한 조작 시도가 있었다고 발표했다. 관련자 22명에 대해선 검찰에 수사를 의뢰했다. 최달영 감사원 제1사무차장은 2023년 9월 15일 서울 종로구 감사원 제3별관에서 '주요 국가 통계 작성 및 활용 실태' 수사 요청 관련 발표를 했다. 최 사무차장은 "(문재인 정부의) 청와대와 국토교통부 등은 통계청과 한국부동산원을 압박해 통계 수치를 조작하거나 통계 서술 정보를 왜곡하게 하는 등 각종 불법행위를 했다"고 말했다.

...

시장 꺾지 못한 부동산 정책

부동산정책은 문재인 정부의 최저임금 1만 원 달성을 통한 소득주도성장과 함께 핵심 간판정책의 하나였다. 최저임금을 올려 소득을 높여 경제성장을 도모하고, 부동산은 세금을 높여 가격을 억제함으로써 내 집 마련을 돕고 주거를 안정화한다는 구도였다. 이를 위해 다주택자에 대한 종합부동산세 중과라는 정책 카드를 꺼내 들었다.

2019년 11월 19일 문재인은 국민과의 대화에서 "부동산 문제는 자신 있다고 장담하고 싶다. 전국적으로 부동산 가격이 하락했을 정도로 오히려 안정화되고 있다"고 말했다.

결과는 반대로 나타났다. 집값이 폭등하자 서민은 상대적으로 더 가난해지게 됐다. 문재인 정부 5년 임기 중 채 3년도 걸리지 않은 시간에 벌어진 일이다. 정통 경제학자들이 예견한 대로였다. 문재인 정부 출범 직후 조세개혁 방향을 논의하는 대통령 직속 재정개혁특별위원회는 종합부동산세 과표 계산의 기준이 되는 공정시장가액비율을 공시가격의 80%에서 2019년 90%로 올리기로 했다. 전문가들은 이대로 되면 종부세 부담액이 평균 20~30%에서 최대 50%까지 늘어나면서 집값 충격이 예상된다고 했다.

종부세는 보유주택 공시가격에서 다주택자의 경우 6억 원을 초과하는 금액에서 공정시장가액비율을 곱해서 나오는 과표에 0.5~2%의 세율을 곱해 산출했다. 다만 집값이 폭등하고 윤석열 정부가 출범하면서 기본공제 기준을 올려 국민의 세 부담을 완화시켜 나갔다. 1주택 보유자는 당초 9억 원에서 2022년 11억 원, 2023년 12억 원으로 상향 조정되었다. 다주택자에 대해서도 공제 기준을 2023년 6억→9억 원으로 상향했다.

다주택자에겐 종부세 중과로 압박

종부세는 노무현 대통령 때인 2005년 부동산 과다 보유자에 대한 과세 강화와 투기 억제 등을 이유로 도입됐다. 하지만 재산세에 더해 부과하면서 이중과세 논란이 있는 데다 미실현 소득에 대한 과세라는 점에서 합리성을 결

486   대통령 경제사

여했다는 지적이 많았다. 고가 주택에만 과세한다는 점에서 징벌적 성격도 문제였다. 종부세는 '낮은 세율, 넓은 세원'이라는 조세원칙에도 반한다. 과거 미실현 이익에 대한 과세 논란이 있던 토지초과이득세가 헌법불합치 판정으로 폐지된 점도 고려해야 했지만 반영되지 않았다.

집값이 급등한 서울의 주택 보급률은 96.1%2016년 기준에 불과했다. 종부세 중과세 정책의 여파로 주택 공급이 충분하지 않게 되면서 서울 주택보급률은 2021년에는 94.2%로 한층 더 줄어들었다. 통계청 추계에 따르면 1인 가구가 늘면서 서울의 가구 수는 매년 1만 가구씩 증가할 것으로 예상됐다. 서울에 꾸준히 주택을 공급해야 하는 이유였다. 특히 집값 상승의 진원인 강남 4구는 2017년 주택 수가 오히려 줄었다. 새로 들어서는 것보다 멸실되는 아파트가 더 많기 때문이다. 소비자가 선호하는 주거지인 강남의 주택 수는 오히려 줄고 있으니 수요가 치솟아 값이 뛸 수밖에 없었다.

세금폭탄이 집값 상승에 기름을 붓자 문재인 정부는 거듭 추가 대책을 내놓았다. 문재인 정부는 2018년 9월 13일 여덟 번째 부동산 대책을 내놓았다. 세금폭탄과 다주택자에 대한 금융규제가 골자였다. 최대 2%인 종합부동산세율을 3.2%까지 올리고, 재산세와 종부세를 합한 보유세 부담 상한도 다주택자는 최고 300%까지 늘렸다. 한 해 사이 세금이 3배로 뛸 수 있게 했다. 시간이 흐를수록 세금을 더 많이 내도록 하는 장치였고 "세금 내기 버거우면 팔아치우라"는 게 정부의 방침이었다.

정부 각료 중에도 다주택자 다수

공급대책도 거론됐지만 미흡했다. 9·13 대책에서 김동연 경제 부총리 겸 기획재정부 장관은 "서울과 수도권의 수요가 많은 곳에 공공택지 30곳, 주택 30만 호를 추가 공급하겠다"고 밝혔다. "상업지역의 주거비율을 높이겠다"는 말도 덧붙였다. 하지만 이미 한 달 전 8·27 대책 등을 통해 알려진 내용을 되풀이한 셈이었다. 서울 도심 재건축·재개발 같은 필수 공급책이 빠졌기 때문이다. 사실상 택지가 바닥난 서울에서 재건축·재개발 없이는 주택 실수요 충족이 어렵다는 현실은 충분히 고려되지 않았다.

문재인 정부는 9월 21일 서울과 수도권의 주택공급 대책을 발표했다. 9·13 대책이 세금과 대출 규제 등을 동원한 수요 억제책이었다면, 9·21 대책은 획기적인 공급 확대가 골자였다. 줄곧 수요 억제에만 매달리던 정부가 공급 확대로 방향을 튼 것은 평가할 만했다. 하지만 공급 계획은 공공택지 17곳, 3만 5000호에 불과했다. 무엇보다 집값 과열이 가장 심각한 서울 도심의 공급 물량이 기대에 못 미쳤다. 서울에만 11곳, 1만 호를 짓겠다고 했지만, 서울 내 대규모 택지 공급 계획은 빠졌다. 그나마 서울 인근에 미니 신도시 4~5곳을 세우는 방안이 눈에 띄었지만 효과가 금세 나타나지는 않았다.

정부 각료와 청와대 수석들도 다주택자에게는 주택 매도 압력이 가해졌다. 문재인은 2020년 7월 16일 제21대 국회 개원 연설에서 "정부는 투기 억제와 집값 안정을 위해 필요한 모든 수단을 강구할 것"이라며 "부동산 투기를 통해서는 더 이상 돈을 벌 수 없다는 점을 분명히 하겠다"고 강조했다. 나아가 다주택 보유를 투기로 규정했지만 정작 청와대 참모 중 37%가 다주택자라는 사실이 알려지면서 논란이 더 커졌다.

4년 만에 서울 아파트값 2배 상승

이런 식으로 문재인 정부는 30여 차례에 가까운 집값 대책을 쏟아냈다. 이 과정을 거치면서 서울 아파트 평균 매맷값은 2021년이 되자 12억 원을 돌파했다. 2017년 6억 원이던 서울 아파트값이 문재인 정권 집권 4년 만에

대통령 경제사

두 배로 뛰었다. 문재인 정부 들어 거듭된 부동산 정책 실패로 집값이 과열된 여파였다. 한번 올라간 집값은 좀처럼 내리지 않는다. 전국에 빈집이 150만 채에 달해도 그렇다. 주택의 양극화 현상이다.

문재인 정부의 부동산 정책은 사실상 복합골절 상태로 막을 내리고 있었다. 문재인이 "부동산만큼은 정부가 할 말이 없다"고 털어놓은 건 이미 집값이 폭등한 뒤인 2021년 5월 10일 취임 4주년 기자회견 때였다. 많은 국민이 혀를 찼지만 상황은 돌이킬 수 없었다. 문재인은 임기 중 마지막 국회 연설에서도 "여전히 최고의 민생문제이면서 개혁과제"라며 부동산 문제에 대한 낭패감을 드러냈다. 그 후유증은 심대했다. 집값을 잡아준다는 정부 말만 믿고 집을 팔거나 매입을 미룬 사람들의 박탈감은 이루 말할 것도 없다.

그렇다고 집 있는 사람들도 좋기만 한 것은 아니다. 이들에겐 징벌적 세금폭탄이 현실적 고민이다. 실수요자인 1주택자의 양도소득세 비과세가 당장 문제로 떠올랐다. 집값이 문재인 정부 4년간 두 배 안팎 오르면서 비과세 기준이 유명무실해지면서다. 이런 우려 때문에 더불어민주당은 2020년 4월 재보선 참패의 한 원인으로 부동산 정책 실패를 꼽고 1주택자 양도세 비과세 기준을 기존 양도가액매매가액 9억 원에서 12억 원으로 올리는 방안을 당론으로 채택해 그해 12월 8일부터 시행했다.

집값은 두 배나 뛰었지만, 증여세는 자녀의 경우 10년간 5000만 원까지 비과세된다. 그 초과분은 그대로 과세 대상이 된다. 집값이 폭등했으니 세금도 많이 늘어난다. 결국 팔지도 증여하지도 못하면 상속에 이르게 되지만, 이 또한 그 문턱을 넘기 어렵다. 한국경제연구원은 이 기준으로는 지금 당장 서울 시내 아파트의 40%가 상속세 과세 대상에 포함되고, 2030년이면 그 비중이 80%로 높아질 것이라는 분석을 내놓았다. 집 한 채 가진 평범한 중산층도 상속세를 내야 하는 시대가 됐다.

그야말로 '살아서는 보유세, 물려주면 증여세, 사후에는 상속세'를 피할 수 없는 세금 감옥이 되고 있다. 이래서는 경제활동 위축을 피하기 어렵다. 외국과 비교해도 한국은 정상이라고 할 수 없다. 미국은 매입 가격을 기준으로 재산세를 부과한다. 거주하는 동안에는 가격이 올라도 영향을 받지 않는다. 거주자의 경제적 안정을 위해서다.

상속세는 명목상 일본이 세계 최고로 높고, 한국이 두 번째다. 하지만 실질적으론 한국이 최고다. 일본은 증여에 대해 주택 취득자금은 1200만 엔1억 2400만 원까지 공제하고, 매년 110만 엔1140만 원까지 비과세한다. 상속에 이르기 전에 증여를 통한 절세가 가능하도록 했다. 한국도 집값 급등에 따른 세제 현실화가 필요하다.

결국 젊은 층과 무주택자의 패닉 바잉이 번지면서 가계부채도 급증했다. 2022년 글로벌 금리 인상이 본격화하기 직전까지 저금리 기조가 이어지면서 한국의 가계부채는 국내총생산GDP 규모를 넘어서게 됐다. 치솟는 집값을 보고 나만 뒤처질 수 없다는 포모FOMO 증후군이 한국을 휩쓸면서 너도나도 '영끌'로 주택 구매에 나서면서다. 집값을 잡겠다면서 내 집 마련의 꿈이 되레 아득해진 급진적 주택정책의 아이러니였다.

...

큰 비용 뒤따른 탈원전 후폭풍

문재인 정부는 출범 직후 24기였던 원전을 2038년까지 14기로 줄이고 7% 수준인 태양광·풍력 등 재생에너지 비중을 2030년까지 20%로 확대한다고 발표했다. 문재인은 2017년 6월 19일 고리 원전 1호기 영구 정지 선포식에서 '탈원전'정책을 선언하며 "원전과 함께 석탄화력 발전도 줄이겠다"고 말했다. 이에 따라 원전 24기 중 가동 중단이 속출하면서 2018년 5월에는 원전가동률이 54.8%까지 내려앉았다.

당시 문재인은 "2011년 일본 후쿠시마 원전 사고로 5년 동안 1368명이 사망했다"고 밝혔다. 하지만 방사능 사망자는 없었다. 1368명은 지진, 쓰나미의 희생자였다. 외교 문제까지 일으킨 심각한 오류였다. 그만큼 탈원전에 대한 의지가 강했던 것으로 볼 수 있다.

그러나 석탄화력 발전량은 바로 줄어들지 않고 오히려 늘어났다. 안전하고 깨끗한 에너지를 늘리겠다고 했지만 현실은 거꾸로였다. 미세먼지의 주요 원인인 석탄 발전을 줄이겠다는 대선 공약을 내걸었던 문재인 정부가 탈원전 정책을 강행하면서 생긴 부작용이다. 한전은 값싼 원전 활용이 어려워지면서 영업손실이 눈덩이처럼 불어났다.

이 손실은 시작에 불과했다. 국제유가가 급등하고 2022년 2월 러시아가 우크라이나를 침공하면서 국제 에너지 가격이 날개를 달자 탈원전 충격이 가중됐다. 한국전력의 적자는 2022년 순식간에 30조 원을 넘기고 이후에도 수십조 원에서 줄어들지 않았다.

탈원전 강행은 근본적으로 막대한 비용을 수반했다. 대다수 국민이 납득하지 못하는 가운데 탈원전을 강행한 문재인 정부는 공론화를 통해 정당성 확보를 시도했다. 하지만 신고리 5·6호기 공론화 기간의 건설 중단으로 공사가 지연되면서 1228억 원의 손실이 발생했다. 건설이 백지화된 신규 원전 4기에 투입된 937억 원과 조기 폐쇄가 결정된 월성 1호기의 수명 연장에 투자된 7000억 원도 무용지물이 됐다.

원전가동률이 급락하면서 한국수력원자력 부채는 1년 만에 2조 8000억 원 증가했다. 남동발전과 중부발전 등 발전 공기업들은 자금난 해소를 위해 채권 발행에 나서야 했다. 선진국들은 전기차와 빅데이터 등 4차 산업혁명으로 늘어날 수밖에 없는 전력 수요에 대응해 값싸고 안정적인 전력 공급을 위해 원전을 다시 늘리고 나섰다. 이명박 정부 당시 한국형 원전을 도입한 아랍에미리트UAE를 비롯해 산유국조차 화석연료가 고갈되는 미래를 대비해

고리 1호기 영구정지 선포식(2017)

앞다퉈 원전 건설에 나서는 세계적 흐름과도 역행했다.

일본은 오히려 동일본 대지진 이후 멈춘 원전을 속속 재가동했다. 영국 정부도 25년 만에 원전 건설에 정부 자금을 투입하기로 했다. 대만도 탈원전을 멈추고 원전을 재가동해야 한다는 여론이 높아졌다. 동유럽의 체코·슬로바키아·폴란드도 원전 건설에 나섰다. 오일머니가 넘치는 중동에도 원전이 확산했다. 사우디아라비아는 향후 20년간 원자력 용량을 17GW 증설할 계획이며 최초 원자로 2기에 대한 입찰에 나섰다.

재생에너지는 막대한 투자비를 수반했다. 태양광·풍력 설치비 68조 원은 차기 정부에 넘겨졌다. 문재인 정부에서는 전체 92조 원 중 24조만 부담한다는 방안이었다. 이를 통해 2030년까지 재생에너지의 발전 비중을 7%에서 20%로 늘린다는 방안을 내놓았다.

국민에게 제시된 탈원전 비용 청구서

문재인 정부 5년간 이뤄진 탈원전 정책으로 생겨난 추가 비용이 2017년부터 2030년까지 47조 원을 넘어설 것이란 서울대 원전 싱크탱크 연구 결과가 나왔다. 이른바 '탈원전 청구서'가 앞으로도 계속 밀려든다는 분석이다.

서울대 원자력정책센터는 2023년 5월 21일 '탈원전 비용 추정 결과' 보고서를 통해 5년간 탈원전 비용으로 22조 9000억 원이 이미 발생했고, 이에 따른 파급효과로 2023년부터 2030년까지 발생비용이 24조 5000억 원에 달한다고 밝혔다. 문재인 정부 당시 건설 중인 원전 공사가 중지되거나 신규 원전 건설 계획이 백지화되고, 월성 1호기를 조기 폐쇄하는 등 일련의 탈원 전 정책에 따른 조치를 비용으로 계산한 결과다.

센터는 구체적 탈원전 비용을 추산하기 위해 '2017~2022년 발생비용'과 '2023~2030년 발생 예상비용'으로 시점을 구분하고, ①원전용량 감소 ②목 표 대비 이용률 저하 ③계속운전 절차 지연에 의한 운영기간 감소 등 3가지 요인으로 나눠 계산했다.[100]

그 결과 2017~2022년 기간엔 '원전용량 감소'에 의해 14조 7000억 원, '이용률 저하'에 의해 8조 2000억 원의 비용이 각각 발생한 것으로 추산됐 다. 총합 22조 9000억 원 수준이다. 이는 박근혜 정부 시절인 2015년 확정 된 7차 전력수급기본계획과 실제 원전 운영에 따른 실적을 비교한 결과다.

연도별 비용은 2017년 1조 9000억 원, 2018년 3조 7000억 원, 2019년 3조 1000억 원, 2020년 1조 4000억 원, 2021년 3조 2000억 원, 2022년 9조 6000억 원에 달했다. 2022년에는 러시아의 우크라이나 침공에 따른 글로벌 에너지 대란 영향으로 비용이 커졌다.

이는 국회 입법조사처가 2023년 3월 '탈원전 정책에 따른 전력구매비 상승 분석'과도 맥락을 함께한다. 조사처는 한국전력공사가 2018년부터 2022년 까지 탈원전 정책으로 전력 구매에 들어간 누적 추가비용이 25조 8088억 원에 달할 것으로 분석했다.

센터는 또 2023년부터 2030년까지 향후 8년간 25조 원에 가까운 추가 비용을 예상했다. '원전용량 감소' 요인에 의해서만 19조 2000억 원이 발생 할 것으로 봤다. 이는 신고리 5·6호기 및 신한울 3·4호기 건설 지연, 천지 1·2호기 및 신규원전 1·2호기 건설 취소, 그리고 월성 1호기 폐지에 따라 원전 용량이 크게 감소하는 데 따른 결과다.

논쟁 극심한 4대강 보 해체 추진

탈원전 못지않게 정치화된 논란은 4대강에 설치된 보洑 해체 과정에서 빚어졌다. 사전에서 보를 찾아보면 '논에 물을 대기 위해 둑을 쌓고 흐르는 냇물을 막아두는 곳'이라고 정의돼 있다. 수천 년에 걸친 농경사회에서 보는 물을 다루는 핵심 장치였다는 사실을 엿볼 수 있게 해준다. 하지만 문재인 정부는 탈원전과 마찬가지로 보 해체를 정책으로 채택했다. 균형 잡힌 여론이나 객관적인 근거는 반영되지 않았다.

오히려 현지 주민의 반발에도 불구하고 강력하게 밀어붙였고 그 과정은 불공정하고 불합리하게 이뤄졌다는 사실이 2023년 7월 20일 감사원 감사 결과 드러났다. 감사원에 따르면 금강·영산강 보 해체 및 상시 개방 결정은 부적절한 정책 수준을 넘어섰던 것으로 밝혀졌다. 감사원은 김은경 당시 환경부 장관과 4대강 조사·평가단 단장 및 담당 팀장에 대해 2023년 1월 검찰에 수사를 요청하면서 범죄의혹까지 제기됐다.

문재인 정부는 2017년 6월 4대강 보를 상시 개방한 이후 금강의 세종보와 영산강의 죽산보를 해체하기로 2021년 1월 확정했다. 이 과정에서부터 전문가 사이에선 "잘못된 자료로 밀어붙인다"는 지적이 제기됐다. 더욱 심각한 대목은 보 처리 방안을 마련하기 위해 4대강 조사·평가단에 기획·전문위원회를 설치하면서 특정 시민단체의 의견이 대폭 반영됐다는 점이다. 43명의 전문위원 중 과반인 25명58.1%이 시민단체 추천 인사로 선정되면서 일방적으로 보 해체를 밀어붙였던 것으로 드러났다. 보 처리 방안을 결정하는 기획위원회는 '보 해체' 상태를 모델링하지 않고 '보 설치 전'과 '보 개방 후' 측정자료를 활용했다. 한 위원은 "우리가 설치 전 수치를 쓰는 게 아무 생각 없는 국민이 딱 들었을 때 '그게 말이 되네'라고 생각할 것 같다"고 말했다.[101]

지자체와 주민 반발로 실제 해체는 보류되는 곳이 많았지만, 세종보·공주보·죽산보는 전체 또는 부분 해체되고 말았다. 백제보와 승촌보는 상시개방되었다. 감사원 감사 결과 과학적 근거가 부실하고 전문가 구성도 의혹투성이 방식으로 금강·영산강 보의 해체와 상시 개방이 결정됐다는 사실은 국민적 충격이었다. 금강과 영산강의 수위가 낮아지면서 인근 농가가 지하수 고갈에 시달렸다는 주장이 사실로 확인되었다. 더구나 2023년 7월 폭우 피해가 금강 유역을 강타하자 보 해체가 피해를 키웠다는 지적이 나왔다. 문재인 정부 당시 보 해체를 강행했던 민주당 진영은 윤석열 정부가 수해 책임을 이전 정부로 돌리기 위한 물타기 전략에 불과하다고 반발했다.

···

세계 흐름 타지 못한 규제 혁파

한국에서는 글로벌 100대 신기술 중 상당수가 규제에 막혀 상용화할 수 없다. 우버나 에어비앤비가 한국에서 창업했다면 규제 탓에 사업을 시작도 하지 못했거나 조건부로만 가능한 것으로 조사됐다. 먹고 사는 문제조차 사사건건 정치 논리가 개입하고 정치화하면서 한국이 어느새 외딴섬 갈라파고스처럼 바뀌면서 나타난 현상이다. 문재인 정부에서는 진영 간 끝없는 정쟁으로 주요 정책의 정치화 현상이 더욱 심화했다.

그 여파는 5년 정권이 바뀌어도 지속되고 있다. 한국경제연구원의 '글로벌 100대 유니콘 기업과 국내 신산업 규제 개선방향' 보고서[102]에 따르면 2023년 5월 말 기준 글로벌 100대 유니콘 기업의 국가별 비중은 미국 59개, 중국 12개, 영국 7개, 인도 6개, 독일 3개, 캐나다 2개, 이스라엘 2개 순으로 나타났다. 한국 스타트업은 금융 애플리케이션 '토스'를 운영하는 비바리퍼블리카 1곳만 포함된 것으로 조사됐다.

보고서 분석 결과 100대 유니콘 기업 중 17개는 한국에서는 창업이 아예 불가능하거나 제한되는 상황이 계속됐다. 8곳은 한국에서는 사업을 아예 할 수 없고, 9곳은 제한적 서비스만 할 수 있다. 공유 숙박, 승차 공유, 원격의료, 드론, 로보택시, 핀테크, 게임 등이 국내 규제로 인해 영업에 제한을 받을 것으로 조사됐다.

신기술 및 서비스의 경우 보통 2년 정도인 규제 샌드박스 기간이 끝나면 다시 사업에 제약을 받는 문제도 지적됐다. 한경연은 민간 스타트업 투자와 인수합병M&A 활성화를 위해 기업형 벤처캐피털CVC 활성화가 필수적이라고 강조했다.

왜 이렇게 될 수밖에 없는지는 문재인 정부 초기 상황을 보면 이해할 수 있다. 더불어민주당은 야당 시절 발목 잡던 원격의료를 러시아에 수출하는 방안을 추진했다. 2018년 6월 18일 청와대는 "국내선 규제 때문에 힘들지만 러시아와 기술 협력 추진하겠다"[103]고 발표했다. 청와대 관계자는 "러시아 일부 지역엔 인구가 흩어져 있어 원격 진료의 필요성이 높다고 보고 진출을 추진하게 된 것이다. 우리와는 상황이 다르다"고 했다. 이는 국내에선 탈원전하면서 해외에 수출하겠다는 것과 같은 모순적 정책이었다. 한국에서 규제가 얼마나 정치화되어 있는지 보여주는 사례 중 하나다.

19세기 영국의 적기조례 휘날리는 한국

2018년 국회에 상정된 인터넷전문은행 특례법을 비롯한 혁신법안들도 국회에서 발목이 잡혀 진통을 겪거나 결국 좌초되고 말았다. 규제프리존 및 지역특구법이나 서비스산업발전기본법 등 새로운 산업을 키우자는 법안도 줄줄이 기득권에 발목이 잡혔다.

인터넷전문은행 특례법은 문재인 대통령의 '규제혁신 1호 법안'이었다.

문 대통령은 2018년 7일 '인터넷전문은행 규제혁신' 행사에서 19세기 영국의 '적기조례붉은 깃발법'에 빗대며 인터넷은행의 혁신을 가로막는 낡은 규제의 문제점을 신랄하게 비판했다.[104]

하지만 여당의 일부 강경파 의원과 시민단체의 반대가 결국 걸림돌이 됐다. 대기업의 사금고화를 막기 위해 은행 대주주 자격을 제한하는 문제를 둘러싸고 지루한 공방이 이어졌다. 여당이 내부 반발로 당론조차 채택하지 못하는 상황이 지속했다. 진통 끝에 2018년 9월 20일 '인터넷전문은행 특례법'안이 국회 본회의에서 통과되었고, 2019년 1월 17일부터 시행되었으나 여전히 적지 않은 한계를 남겼다는 비판이 이어졌다.

인터넷전문은행 특례법 제정안은 산업자본의 인터넷전문은행 지분 상한을 기존 은행법 기준 4%에서 34%로 상향하는 내용이 핵심이었다. 하지만 자산 10조 원이 넘는 공정거래법상 상호출자제한 기업집단은 원칙적으로 제외했다. 대기업에 대한 대출도 금지됐다. 금융과 기술이 변화무쌍하게 융합하는 시대에 아날로그 시대의 규제를 하다 보니 대상이 좁혀져 유명무실한 법이 되고 말았다는 지적이 나오게 된 배경이다.

인터넷전문은행의 법적 기반이 마련된 것은 다행이나 비금융주력자의 지분보유 한도를 발행주식 총수의 100분의 34로 완화하는 데 그치고 그나마도 상호출자제한 기업집단에 대해서는 이를 적용하지 않으며, 인터넷전문은행의 법인 대상 신용공여를 원칙적으로 금지하는 등 필요 이상으로 과도한 제한을 설정했다는 지적이었다.[105]

'의료계의 붉은 깃발'이라 할 수 있는 유전자 치료 관련 규제도 끝내 풀지 못했다. 정부가 암·후천성면역결핍증에이즈 등으로 제한된 유전자 치료 연구를 모든 질환에 허용하는 방안을 추진했으나 국가생명윤리심의위원회를 통과하지 못했다. 미국·유럽연합EU·일본은 활발하게 유전자 치료제를 만들고 있는데, 한국은 한발도 나가지 못했다.

대통령이 나서도 안 되는 규제 혁파

서비스산업발전기본법도 박근혜 정부에 이어 문재인 정부에서도 헛돌기만 했다. 문재인은 혁신성장과 규제 개혁을 강조했지만 편향된 시민단체와 이익집단, 그리고 국익보다는 득표와 진영 논리로 정책을 결정하는 정치인들이 번번이 발목을 잡았다. 글로벌 경쟁 시대에 해외에서 자유롭게 할 수 있는 산업이 한국에서는 금지되거나 불완전하게 되면서 시도조차 못 하는 일들이 줄을 이었다.

한국은 스위스 국제경영개발원IMD의 2017년 조사에서 빅데이터 활용과 분석 수준이 63개국 중 56위에 그칠 정도로 빅데이터 후진국이다. '4차 산업혁명의 원유'라는 데이터의 활용을 위해 개인정보 보호 규제는 기술적으로 풀어야 한다. 하지만 한 발짝도 나가지 못했다. 문재인이 직접 붉은 깃발을 뽑겠다고 했지만 소용없었다.

문재인은 2018년 8월 31일 개인정보 데이터 규제혁신을 발표했다. 여당인 더불어민주당은 시민단체의 요구를 받아들여 당초 청와대와 협의해 대통령 직속의 개인정보보호위원회에 각 부처의 규제 권한을 이관하고 개보위를 독립기관으로 확대해 개인정보를 일괄 관리하려 했다. 하지만 방송통신위원회, 행정안전부, 금융위원회 등 개인정보 주무 부처들이 반대하면서 제동이 걸렸다. 정치권이 시민단체에 휘둘리고 관료들은 철밥통처럼 규제를 끌어안고 있으니 규제 혁파 요구는 찻잔 속 태풍에 그쳤다.

권력의 핵심에 진출한 일부 시민단체의 시대착오적 반대에 이끌려 다녔던 이 문제는 2018년 11월, 개인정보보호법, 신용정보법, 정보통신망법 등 3개 법안의 개정안이른바 '데이터 3법'으로 구체화되어 발의되었다. 정부는 이를 '데이터 3법'이라고 홍보했으나 시민단체들은 '개인정보 도둑법'이라 비판했다. 데이터 3법은 시민사회의 반대와 국회 논의 과정에서의 논란에도 불구하고, 결국 2020년 1월 9일 국회를 통과했다.

규제 피해 일자리 계속 해외로 증발

한국경제연구원의 의뢰로 최남석 전북대 무역학과 교수가 진행한 '직접투자의 고용 순유출 규모 분석'광물업 제외[106] 연구 결과에 따르면 2001~2017년 외국인의 국내 직접투자 규모는 총 1505억 9320만 달러약 167조 5349억 원에 그친 데 반해, 내국인의 해외 직접투자 규모는 3054억 7910만 달러약 339조 8455억 원에 달했다. 순유출 규모만 1548억 8590만 달러약 172조 3106억 원에 이르렀다. 이로 인해 유발된 일자리 순유출 규모는 212만 8302개로 집계됐다. 외국인의 국내 직접 투자로 214만 224개의 일자리가 생긴 반면, 국내 기업의 해외 직접 투자로 427만 536개의 일자리가 빠져나간 결과다. 해마다 13만 개 가까운 일자리가 국내에서 사라지고 있다는 계산이다.

규제가 암반처럼 확고한 데다 최저임금 인상, 근로시간 단축, 법인세 인상, 재벌 개혁 등 기업을 압박하는 정책이 본격화한 2017년에는 일자리 순유출 규모가 43만 8579개로 2001년 이래 가장 나빴다. 업종별로 보면 서비스업이 137만 6503개로 가장 많았으며, 산업의 근간인 제조업에서도 54만 7547개에 달했다. 특히 서비스업의 일자리 순손실은 2015년만 해도 4만여 개에 그쳤으나 2017년 24만여 개로 급격히 증가했다.

유턴법을 만들었지만 효과가 좀처럼 나타나지 않았다. 2013년 '해외진출 기업의 국내복귀 지원에 관한 법률'유턴법을 제정했지만 2014년 17개, 2015년 2개, 2016년 11개로 늘다가 2017년 다시 4개로 줄어들었다. 2018년부터 좀 더 늘어났지만 2010년대 이후 유턴 기업이 급등하기 시작한 미국·일본과는 비교가 안 됐다.

미국은 정부의 기업 복귀에 대한 정책적 인센티브와 첨단 기술을 적극적으로 활용하려는 기업의 전략이 결합되면서 유턴기업이 늘어났다. 2010년부터 7년간 미국의 유턴 기업 수는 1600여 곳으로, 그중 50% 이상이 중국에서 철수했다. 유럽연합은 2016년부터 2년간 160여 개 업체가, 일본은 2015년 중 724개 업체가 본국으로 돌아왔다.

수소차도 결국 자동차를 생산하는 재벌에 이익이 된다는 이유로 지원에 제동이 걸렸다. 은산분리도 재벌 독점 때문에 반대한다는 것과 같은 논리였다. 국가 경쟁력이 뒷걸음질하고 일자리가 위축되는 것은 정치 논리에 밀려 고려 대상이 되지 못했다.

2017년 '수소전기차 굴기'를 선언한 중국은 2025년 5만 대, 충전소 300기, 2030년 100만 대, 1000기를 달성할 계획을 내놓았다. 또 전기차보조금은 계속 줄이되 수소전기차는 그대로 유지한다는 방침을 세웠다. 미국은 2030년 100만 대를 목표로 세웠다. 이 무렵 캘리포니아주에만 수소전기차 4000여 대가 보급됐다.

조선 산업 역시 한국 독주가 막을 내렸다. 성동조선은 법정관리에 들어갔고, STX조선해양은 자구책을 피할 수 없었다. 조선소가 밀집한 거제도는 조선업체의 쇠락과 함께 상권이 위축되기 시작했다. 2022년부터 다시 일감이 늘어나기 시작했지만 먼저 일감을 잃은 근로자들이 떠난 뒤여서 조선소는 심각한 구인난에 직면했다. 산업 생태계가 한번 무너지면 다시 복원하는 게 얼마나 어려운 일인지 보여주고 있다.

한국GM은 2018년 군산공장을 폐쇄하는 결정을 했다. 이 과정에서 구조조정 진통이 컸다. 산업은행과 미국GM은 한국GM에 총 71억 5000만 달러를 지원하기로 했다.[107] 이중 미국GM은 64억 달러를, 산업은행은 7억 5000만 달러를 부담하기로 했다.

한국GM 경영 부실의 근본 원인은 고비용·저효율 구조였다. 한국자동차산업협회가 발표한 '한국GM 글로벌 생산 경쟁력 분석 결과'에 따르면 2016년 기준 한국GM의 1인당 평균임금은 르노삼성보다 2120만 원 많았다. 그러나 군산공장 매각 등 구조조정으로 경영 효율을 높인 한국GM은 2022년 판매량이 늘면서 흑자전환에 성공했다.

규제 안 풀리자 해외로 나간 기업들

네이버는 2018년 9월 일본 모바일 메신저 자회사 라인에 7517억 원을 투자했다. 1999년 창업 이래 최대 규모의 해외 투자였다. 네이버는 그해 8월 말 보유한 현금과 현금성 자산 약 1조 4000억 원 가운데 절반 이상을 쏟아부었다. 일본 라인은 모회사의 투자금에 일반 투자자 자금까지 1조 5000억 원을 확보해 간편 결제 서비스인 라인 페이와 보험·대출·증권과 같은 핀테크 사업에 집중 투자한다고 언론에 보도되었다.[108]

국내 대형 인터넷 기업들은 신규 사업의 핵심 거점으로 서울이 아닌 도쿄를 줄줄이 선택했다. 네이버 관계자는 "일본에서 핀테크 시장을 개척한 뒤 태국, 인도네시아, 대만 등 동남아 지역으로 진출할 계획"이라고 말했다. 카카오도 2018년 초 블록체인분산 저장 기술 개발 자회사 '그라운드X'를 일본에 설립했다. 설립 후 4개월간 직원 약 100명도 채용했다. 그라운드X를 블록체인 기술 개발의 전초기지로 삼기 위해서다.

서울 대신 도쿄에서 대규모 투자에 나선 것은 규제 탓이 컸다. 국내에서 규제가 풀리기만 기다리다가는 사업 기회를 놓쳐버릴 수 있다는 우려 때문이었다. 대통령이 적기조례를 언급할 정도로 규제 개혁에 의지를 가져도 국회에서 번번이 발목이 잡혔다.

이와 달리 일본은 2005년 대기업의 은행 지분 소유를 100% 허용하는 규제 개혁을 단행하면서 8개의 인터넷전문은행이 자산 200조 원대 규모로 성장했다. 중국도 알리바바·텐센트 등 IT 기업들이 금융 혁신을 주도하며 단숨에 미국을 뺨치는 핀테크 강국으로 부상했다. 그 사이 한국에선 블록체인, 바이오, 차량 공유 등 수많은 신기술 분야에서 국내 규제에 막힌 대기업과 유망 스타트업들이 길을 잃고 해외로 유랑했다.

심지어 디지털에 소극적이었던 일본조차 2011년 동일본 대지진 이후 지역단위 규제개혁 방식으로 국가전략특구를 통해 규제를 걷어내고 혁신에 나섰다. 한국이 특혜 시비로 밤낮을 지새운 규제 샌드박스와 관련해서도 일본은 전 산업에 걸쳐 기업이 하고 싶은 사업을 할 수 있게 했다. 김대중 정부에서 정보기술IT 혁명의 흐름을 타고 선진국 문턱에 진입한 한국이 낡은 규제에 얽매여 경쟁력을 잃는 시간이 계속됐다.

...

미국 주도 공급망 재편 가속화

2017년 1월 출범한 도널드 트럼프 미국 행정부는 2018년 7월 6일 오후 1시를 기해 중국을 겨냥해 무역전쟁의 포문을 열었다. 미 대통령 권한으로 관세를 부과할 수 있는 '슈퍼 301조'를 동원해 500억 달러 규모의 중국 상품에 25% 고율 관세를 부과하면서다. 중국의 지식재산권 침해와 갈수록 불어나는 미국의 무역적자가 배경이었다.

트럼프 대통령은 또 중국이 보복 조치에 나설 경우 최대 5000억 달러의 중국 상품을 관세 대상에 추가하기로 했다. 2017년 중국의 대미 수출액이 4298억 달러중국 해관총서 기준인 점을 고려하면 사실상 중국의 대미 수출을 전면 차단하겠다는 의도였다.

이에 중국 상무부는 즉각 "국가의 핵심 이익과 국민의 이익을 수호하기 위해 어쩔 수 없이 필요한 반격에 나설 수밖에 없다"며 보복 관세 부과를 단행했다. 양국 갈등은 무역전쟁으로 보였지만 실상은 국제 사회의 주도권을 둘러싼 패권전쟁이었다. 미국은 관세 부과 대상에 중국 정부가 '중국 제조 2025' 계획을 앞세워 집중 육성하려는 하이테크 제품을 대거 포함시켜 중국의 기술 굴기 꺾기에 나섰다. '중국 제조 2025' 계획은 통신·로봇·항공장비 등 첨단 제조업에서 선진국을 앞서겠다는 목표다.

미국 입장에서는 트럼프 대통령이 줄곧 강조해 온 '미국 우선주의America First'의 실행이었다. 중국으로선 중국 건국 100주년이 되는 2049년까지 미국을 제치고 세계 최강국이 되겠다는 시진핑 주석의 '중국몽' 실현을 위한 전면전이었다.

미·중 간 통상 전쟁 발발로 한국 경제는 고래 등에 낀 새우 처지가 됐다. 한국 경제의 무역 의존도는 GDP 대비 70%에 가깝고, 한국의 수출에서 중국이 차지하는 비중은 25%에 달했다, 미국은 12%였다. 특히 한국무역협회에 따르면 한국은 2017년 중국에 총 1421억 달러를 수출했는데 이중 반도체를 비롯한 중간재 비중이 78.9%였다.

중국은 한국산 반도체, 석유화학 제품, 기계류 등 중간재를 수입해 완제품을 만들어 미국에 수출한다. 미국의 관세 부과로 수출이 타격을 받으면 한국 기업도 연쇄적으로 피해를 보게 되는 구조다. 미국이 공청회 등을 거쳐 2차 관세 부과 대상에 포함해 놓은 중국산 메모리 반도체는 실제로는 삼성전자와 SK하이닉스가 현지 생산하는 제품이다. 미국의 중국산 제품 수입이 10%만 감소해도 중국 경제 전체가 충격을 받고, 그 여파로 한국의 대중 수출도 크게 줄어들 수밖에 없는 산업구조다.

실속 없었던 한·미 FTA 재개정

미국은 트럼프 대통령이 2017년 1월 취임하면서 보호무역주의를 내세우기 시작했다. 트럼프는 "부자 나라 한국을 왜 미국이 공짜로 보호해 주느냐"

면서 자유무역협정FTA에 대해서도 불만을 터뜨렸다.

FTA 재개정안은 치열한 협상을 거쳐 2018년 9월 24일 양국이 서명하고 그해 12월 7일 국회에서 비준을 받았다. 이 과정을 통해 FTA는 또 정치화하는 양상을 보였다. 한국과 미국이 서로 일방적으로 이익을 본다고 주장했다. 문재인 정부는 실리도 없는 투자자-국가분쟁해결ISDS 조항의 개정을 조건으로 자동차 산업과 의약 분야에서 적지 않은 양보를 했다. 재개정 협정의 실익이 무엇이냐는 비판이 나왔다.

협상 과정에서 외국의 거대 자본이 한국 정부를 상대로 ISDS 조항을 남용할 수 있다는 우려가 거듭 제기됐다. ISDS는 국제무역 조약에서 외국의 투자자가 상대방 국가의 법령이나 정책 등으로 인하여 이익을 침해당했을 때, 투자자에게 국제법에 따라 해당 국가를 상대로 국제중재기관에 중재를 신청할 수 있는 권리를 부여하는 규정이다. 흔히 ISD라고도 하나 이는 잘못된 약자로 ISDS가 온전한 명칭이다.

트럼프 정부는 국내법으로 대응할 수 있다면서 ISDS의 폐지를 검토했는데도, 한국은 ISDS 개정을 지렛대로 FTA 재개정을 시도했다. 미국이 중시하지 않는 만큼 협상의 지렛대가 될 수 없는데도 투자자 보호는 시장 경제의 기본 책무라는 원론에 치중해 독소조항이 될 수도 있는 ISDS를 그대로 존치하게 된 협상 결과에 이르게 됐다.

이런 우려는 현실이 되어 한국 정부를 괴롭히고 있다. 미국 사모펀드 엘리엇을 비롯해 해외의 거대 자본이 ISDS를 통해 줄줄이 한국 정부를 상대로 배상금 청구 소송을 내면서다. 엘리엇은 박근혜 정부 당시였던 2015년 삼성물산·제일모직 합병 과정에서 국민연금의 찬성으로 손해를 봤으며 국민연금이 '사실상의 국가기관'이란 이유로 정부의 배상책임이 인정된다고 주장했다. 이에 엘리엇은 문재인 정부 임기 중이었던 2018년 한국 정부2015년 박근혜 정부를 지칭가 국민연금에 삼성물산·제일모직 합병에 찬성 의결권을 행사하도록 부당한 압력을 넣어 피해를 입었다며 7억 7000만 달러의 배상금을 요구하는 ISD 소송을 제기했다.

이에 국제상설재판소PCA는 2023년 6월 20일 한국 정부에 대해 엘리엇에 배상금 5358만 달러와 지연이자, 법률비용 2890만 달러 등을 지급하라고 명령했다. 한국 정부는 같은 삼성물산 합병 건으로 또 다른 미국계 펀드 메이슨으로부터 2억 달러를 배상하라는 ISD 소송에도 휘말려 있다. ISD 남용을 막기 위한 근본 대책이 시급해졌다.

한·미 FTA의 정치화는 쇠고기 협상이 절정이었다. 이명박 정부 때였던 2008년 5월 미국산 쇠고기 수입은 이명박 정권 퇴진 운동으로 전개됐다. 2010년 11월 11일 민주당은 한·미 FTA 비준동의안 거부를 당론으로 채택했다. 이런 정치적 논란을 거치면서 한·미 FTA는 2011년 발효 이후 한국에는 남는 장사가 된 것으로 나타났다.

끝 안 보이는 미·중 기술 전쟁

중국의 국내총생산GDP은 2020년 사상 처음으로 미국의 70%를 넘어섰다. 중국 국가통계국이 발표한 공식 환율미 달러당 6.98위안 기준으로 중국의 GDP는 2020년 14조 7300억 달러를 기록했다. 이는 미국 GDP의 70.4%에 달한다. 코로나19 충격에도 2020년 성장률이 3%에 달한 결과다. 코로나19 피해가 컸던 미국은 성장률이 2.3% 감소해 GDP가 20조 9349억 달러를 기록하며 중국의 추격을 또다시 허용했다. 이 추세로는 10년 내 미·중 경제 역전이 예상되기도 했다. 블룸버그는 "서방에 대한 기술 의존도를 끊고 미국을 추월하겠다는 단계로 접어들고 있다"고 풀이했다.

중국의 추격이 좁혀지자 미국의 견제는 더욱 치열해졌다. 미국은 중국이 장악하고 있는 글로벌 공급망 재편에 나섰다. 글로벌 무역 질서의 지각변동이었다. 트럼프에 이어 2021년 1월 조 바이든 대통령이 들어서자 중국에 대한 압박은 더 본격화했다. 기술 수준에서 두 세대 앞섰다고 자부해 온 미국의 첨단기술이 자칫 중국에 역전될 처지에 빠졌다는 분석까지 나오자 미국은 초당적으로 중국 견제의 고삐를 죄고 나섰다.

바이든은 '반중 테크 전선'을 구축에 심혈을 기울였다. 그야말로 미·중 간에 '테크 워기술 전쟁'가 불을 뿜었다. 미 국가안보회의NSC는 2021년 3월까지 최근 2년간 인공지능AI 경쟁력을 분석한 보고서[109]를 내놓았다. 그 결과는 충격적이었다. 중국은 이미 AI 초강국이 됐으며, 일부 분야에서는 미국을 앞선다고 결론지었다.

더구나 미국은 대만에 대한 반도체 조달 의존도가 높아 중국이 코앞에 있는 대만을 전격적으로 무력 침공해 흡수하기라도 하면 미국의 첨단기술 경쟁력은 졸지에 중국에 뒤처지게 된다고 경고했다. 이 보고서 작성에는 에릭 슈미트 전 구글 회장이 책임자로 참여했다. 브루킹스연구소도 비슷한 전망을 내놓았다.

이에 앞서 2018년 3월 미국기업연구소AEI[110]는 강대국 간 새로운 경쟁시대가 도래했다는 보고서를 통해 미국이 중국과 러시아 같은 전체주의 국가의 세력 확장과 핵무기 확산에 대응하기 위해서는 완전히 새로운 판을 짜야 한다고 주장했다. 기존 시스템으로는 미국의 지위 대응이 불가능하다면서 대통령의 적극적인 역할과 결단을 촉구했다. 이 시기를 전후로 미국은 중국에 대해 더욱 강력하고 적극적인 기술 차단 정책에 나섰다. 트럼프에 이어 바이든 정부에서는 중국 억제책이 더욱 강화됐다.

설령 중국이 대만을 무력 침공하지 않더라도 대만에 대한 우회적인 무역 제재 부과를 통해 대만을 강압적으로 압박할 수단은 얼마든지 있다는 연구 보고서도 나왔다. 홍콩에 대한 민주화 탄압이 생생한 사례가 되고 있다고 근거를 제시했다.[111] 이 보고서들은 2021년 바이든 정부 출범 이후 미국이 반도체·과학법, 인플레이션감축법IRA을 잇달아 내놓고 반도체와 배터리 공장을 미국 본토에 유치하는 근거가 되었다. 더 나아가 중국의 대만 침공설이 거듭되면서 미국의 핵심 산업 리쇼어링이 속도를 냈다.

바이든 대통령은 중국 견제에 총력을 기울였다. 미국·일본·호주·인도와 함께 중국을 에워싸는 '쿼드Quad' 연합을 꾸리고, 2021년 2월에는 '반도체·희토류 공급망 정비 100일 대책'[112]에 착수했다. 이런 대응에도 상황은 녹록지 않다는 분석도 나왔다. 보스턴컨설팅그룹은 "지금 추세로는 2030년 글로벌 반도체 생산에서 중국이 25%를 차지해 1위가 되고, 미국은 대만·한국·일본에 이어 세계 5위가 된다"고 내다봤다.

이런 분석은 미국의 글로벌 공급망 재구축으로 이어졌다. 바이든 대통령은 2021년 4월 10일 LG와 SK의 배터리 영업비밀 분쟁에서 합의를 끌어낸 데 이어, 12일 백악관 반도체 대책회의를 주재했다. 미·중 기술패권 경쟁이 가열되는 국면이었다.

바이든 정부는 2022년 10월 미국인의 중국 기업 취업을 제한하고 첨단기술과 제조장비의 수출을 통제한 데 이어 2023년 8월에는 중국 관련 기업에 대한 투자에도 제동을 걸고 나섰다. 반도체, 인공지능, 양자기술을 비롯해 군사기술로 전용될 수 있는 모든 첨단기술 분야에서 중국의 기술 추격을 전면적으로 차단하겠다는 방침에서다.

논물 틀어막고 반도체 일으킨 대만

미·중 경쟁의 틈에 낀 한국 경제는 거친 바다로 내몰렸다. 한국 경제의 버팀목인 반도체 산업이 휘청거리기 시작했다. 특히 대만의 TSMC가 4차 산업혁명의 바람을 타고 시스템반도체를 위탁생산하는 파운드리의 최강자로 떠오르면서 반도체 산업에 지각변동이 일어났다. 미국뿐 아니라 주요국은 반도체 자체 생산을 선언하고 나섰다.

중국의 침공설에 시달리고 있지만 대만은 반도체 산업 육성을 통해 침체된 경제를 극적으로 반전시켰다. 대만은 지난 20~30년간 중국 경제에 치이고 일본 대기업의 하청 기지 역할을 하면서 침체를 거듭해 왔다. 1인당 국민소득이 2003년 한국에 뒤진 이후 계속 뒤처져 있었다. 하지만 2019년 이후 급성장세를 보였다.

일등 공신은 TSMC를 비롯한 첨단 제조업이다. 중소기업을 기반으로 한 산업생태계가 반도체를 중심으로 첨단제조기술을 떠받쳐 대만 경제의 약진을 도왔다. 뉴욕타임스NYT는 "반세기만의 가뭄으로 논이 말라비틀어져도 대만 정부는 논에 물을 끊고 반도체 공장에 먼저 용수를 공급하고 있다"면서 대만의 반도체 집중 전략을 주목했다.

무적함대처럼 보였던 삼성전자의 위상에도 불확실성이 나타나기 시작했다. 중국의 맹렬한 추격 속에 미국·일본·유럽이 경제·안보 차원에서 반도체 자체 생산에 박차를 가하고 나서면서다. 특히 TSMC의 질주가 본격화했다. 미국의 역내 생산 강화에 따라 TSMC는 2024년 완공을 목표로 120억 달러를 투자해 애리조나 공장 건설에 나섰다. 2030년까지 133조 원을 투자해 파운드리 분야에서도 TSMC를 제치고 세계 1위가 되려고 했던 삼성전자로선 힘겨운 방어에 나서야 했다.

반도체는 백신과 함께 반드시 확보해야 할 핵심 자산으로 떠올랐고 이 과정에서 한국의 반도체 독점이 흔들리게 됐다. 중국의 대만 무력 통일 가능성까지 제기되면서 반도체는 지정학적 문제이자 기술과 경제는 물론 안보 차원의 핵심 자원으로 떠올랐다.

죽었던 반도체 부활 기회 잡은 일본

이런 흐름이 이어지면서 일본은 반도체 부활의 기회를 잡았다. 일본 정부가 파산한 반도체 회사들을 끌어모아 출범시킨 엘피다 메모리가 2012년 파산하고 도시바는 누적 적자를 못 이겨 2017년 반도체 사업 부문을 SK가 포함된 해외 사모펀드 컨소시엄에 매각한 이후 일본은 반도체를 체념하고 있었다.

그러나 미·중 대립은 잠들어 있던 일본의 반도체 부활 꿈을 꾸게 하고 있다. 일본은 2021년부터 대만 TSMC, 미국 마이크론, 한국 삼성전자에 보조금을 지급하며 일본에 반도체 공장을 잇따라 유치하고 나섰다. 1980년대 일본의 추격을 따돌리기 위해 일본 반도체 산업을 견제했던 미국이 이번에는 중국의 반도체 기술 견제 전략에 나섬에 따라 일본이 가미카제神風 같은 반도체 부활의 기회를 잡게 되었다.

일본은 홋카이도와 구마모토에 반도체 공장을 건설하고 나섰다. 구마모토에 들어서는 대만 TSMC 공장 건설은 2024년 말 완공을 목표로 심야에도 불을 밝혔다. 자존심은 완전히 갖다 버렸다. 일본은 1980년대 세계 반도체 시장을 주름잡았다. 당시 일본의 기업 가치는 세계 시가총액의 절반을 차지했다. 믿기 어렵지만 사실이었다. 그만큼 일본의 저력은 강했다. 우호 관계가 각별했던 대만엔 반도체 기술을 많이 전수해 줬다.

이제는 체면도 다 내려놓고 대만에서 반도체 생산기술을 역수입하고 있다. 대만은 이에 적극 호응하고 있다. 중국의 위협에 대한 헤지hedge 차원이다. 일본은 중국 견제에 나선 미국의 '칩4' 동맹과 인도·태평양 경제프레임워크IPEF에 신속하게 참여했다.

일본의 간판 기업들이 참여해 홋카이도에 공장을 짓기로 한 '라피더스'는 한때 반도체 최고 강자였던 IBM의 지원을 받는다. 메모리 반도체는 삼성전자·SK하이닉스가 주도하고 있어 일본의 목표가 아니다. 하지만 챗GPT 같은 분야에서 수요가 폭발하는 로직반도체·이미지센서 등 시스템반도체비메모리 반도체는 일본에 새로운 기회다. 라피더스는 단박에 2나노미터nm, 10억분의 1m 미세공정에 도전한다.

또 대만의 기술을 도입하는 TSMC 구마모토 공장에는 12nm 및 16nm, 그리고 22nm 및 28nm 반도체 라인 등 총 2개의 라인이 구축된다. 이 공장은 최근 수요가 늘어나는 12인치 웨이퍼를 월 5만 5000장 생산할 수 있다. 이를 통해 수요가 급증하는 이미지센서와 차량용 마이크로컨트롤러유닛 MCU 등을 생산할 예정이다.

라피더스는 홈페이지에 "설계, 웨이퍼 공정, 3D 패키징까지 세계 최고의 공정 단축 서비스를 개발해 고객에게 제공한다"고 경영 방침을 밝히고 있다. 메모리 반도체에선 삼성전자에 밀려났지만 시스템반도체만큼은 일본의 저력을 발휘하겠다는 다짐이 읽힌다. 일본은 개발력·기술력·제조력을 아우른 '모노즈쿠리'의 전통이 있다.

일본은 특히 전통적인 일본의 강점인 소재·부품·장비의 강점을 살리면서 경제 안보를 강화하기 시작했다. 이런 흐름은 2023년 일본 정부가 반도체 소재 '포토레지스트' 세계 1위 업체를 직접 인수해 육성하는 기술 국유화로 이어졌다. 미·중 경쟁이 일본의 반도체 부활 기회를 제공한 셈이다.

· · ·

순탄치 않았던 대북·대외 관계

문재인 대통령은 2018년 4월 27일 판문점 평화의 집에서 북한 김정은 국무위원장과 남북정상회담을 가졌다. 이날 판문점 군사분계선에서 김정은을 만난 문재인은 "김 위원장은 남측으로 오시는데, 나는 언제쯤 넘어갈 수 있을까요?"라고 하자 김정은이 "그럼 지금 넘어가 볼까요?"라고 해서 문재인이 10초가량 군사분계선을 넘는 장면은 세계적인 이목을 끌었다. 첫 남북 영부인 간 만남도 이뤄졌다.

북한의 사회주의 적화통일 방침과 그 방침을 뒷받침하는 대남 기만전술은 한 번도 바뀐 적이 없다. 북한의 노동당 방침이자 북한 헌법에 그렇게 되어 있어서 바뀔 수 없다. 판문점 도보다리 회동은 우리 국민에게 이런 현실을 잠시 망각하게 했다. 더구나 늘 그랬듯이 남북정상회담이 성사되면 금세 통일이 이루어질 것 같은 분위기가 됐다. 남북 정상 공동명의로 '한반도의 평화와 번영, 통일을 위한 판문점 선언'이 도출됐다.

드디어 한반도에 평화의 시대가 열리는가 싶었다. 즉각 경제협력이 추진됐다. 문 정부는 H라인·삼각지대로 '경제통일' 밑그림을 그렸다. 100대 국정과제 중 '평화와 번영의 한반도' 항목에 '한반도 신경제지도 구상 및 경제통일 구상'이 있다. 동해안·서해안·비무장지대DMZ의 3대 벨트와 남북한 하나의 시장 지향 등 '3+1 구상'으로 제기됐다.

H라인은 목포-서울-개성-평양-신의주로 이어지는 서해안벨트, 부산-금강산-원산-나선으로 이어지는 동해안벨트가 양 축이다. 서해안벨트는 중국으로 연장되며 산업·물류 위주다. 동해안벨트는 러시아로 이어져 에너지·자원을 개발한다. 이 동서축을 평화지대가 된 DMZ가 잇는다.

구상에 그친 한반도 H라인

정상회담에서 김정은에게도 'H라인' 구상이 제시됐다. '판문점 선언'에는 동해선·경의선 철도 및 도로들의 연결과 DMZ의 평화지대화를 명시했다. 남북 간 끊긴 철도와 허리를 잇는다면 단절된 경제의 '맥'이 흐를 수 있다는 구상이다. 김정은은 직접 "북한의 교통이 민망하다"고 밝히며 사실상 적극

적인 경제협력을 요청했다.

남북 정상은 '판문점 선언' 1조 6항에 '남과 북은 민족경제의 균형적 발전과 공동번영을 이룩하기 위해 10·4 선언에서 합의된 사업들을 적극 추진해 나간다'고 했다. 2007년 노무현 대통령과 김정일 국방위원장 사이에 체결된 '10·4 남북공동선언'은 서해평화협력 특별지대 설치, 개성공단 추가 개발, 신규 경협 등 19개 의제를 담았다. 이 틀에 따라 2018년 문재인 정부의 남북

경협 구상이 만들어졌다.

북한 / 환동해 경제벨트 / 동해 / 평양 / 서울 / 서해 / 한국 / 접경지역 평화벨트 / 환서해 경제벨트 / 남해

한반도 신경제지도

대통령 직속 북방경제협력위원회는 2018년 6월 18일 회의를 열고 북·중·러 접경지역 경제특구 개발과 3국 간 가스관 연결, 철도 개발 등을 본격 추진하기로 했다.

문재인 정부는 2018년 9월 11일 '판문점 선언 비준 동의안'을 국회에 제출했다. 4·27 남북 정상회담에서 합의된 각종 경협 사업을 국회 동의와 예산 지원을 받고 추진하겠다는 의지였다. 그러나 2018년과 2019년에 걸쳐 2년간 정부가 쓰겠다는 '6438억 원'은 2008년 통일부가 '10·4 공동 선언 이행 비용' 자료에서 추계한 14조 3000억 원의 4.5%에 불과하다. 최근 정부·민간 추계와도 상당한 차이다. 더구나 민간에서는 북한 인프라 구축에 70조 8000억 원에서 112조 원이 소요된다고 추정했다.

현실적으로 북한 인프라 구축을 뒷받침할 재원이 문제가 되기 시작했다.

더구나 비준안에 명시된 남북 철도·도로 연결 사업은 유엔 안보리의 대북 제재가 해제되지 않고는 추진하기 어려운 사업이었다. 우리 정부가 현금을 차관 형식으로 제공하거나 건설 장비 등이 북으로 넘어갈 경우 제재 위반 논란이 불거질 수밖에 없었다.

안보 전문가들은 "정부가 실현되지도 않은 북한 비핵화를 가정하고 비준 동의안을 국회로 보낸 것은 명백한 과속"이라고 했다. 정부가 '재원은 일단 정부 기금으로 투입하고, 더 필요하면 국회에 요구하겠다'고 밝힌 것도 논란이 됐다.

예산 전문가들은 "처음엔 소액 예산으로 시작해도 예산이 매년 눈덩이처럼 불어날 수 있다"고 지적했다. 이런 논란이 증폭되면서 판문점 선언 비준안은 좀처럼 국회 문턱을 넘지 못했다.

핵무기, 미사일, ICBM 거머쥔 북한

과거에도 남북 정상회담이 열렸지만 결과는 알려진 대로다. 북한은 시간을 벌고 핵 개발의 완성도를 높였다. 1차 정상회담은 2000년 6월 13~15일 평양 백화원 영빈관에서 김대중 대통령과 김정일 국방위원장 사이에서 열렸다. 6·15 남북 공동선언을 했고, 이를 통해 낮은 연방제로의 통일, 경제협력, 이산가족 상봉을 약속했다.

2차 정상회담은 평양 백화원 영빈관에서 노무현 대통령과 김정일 국방위원장 사이에서 열렸다. 10·4 남북 공동선언을 통해 상호 존중과 신뢰의 남북관계, 평화체제 구축, 남북 경협 확대 발전, 서해평화협력특별지대 설치를 합의했다. 3차 남북 정상회담에서는 4·27 판문점 선언을 통해 비핵화를 통한 핵 없는 한반도 실현, 종전 선언 및 평화체제 구축, 10.4 선언 적극 추진, 8.15 이산가족 상봉을 추진했다.

고 정주영 현대그룹 명예회장은 1998년 소 떼를 몰고 판문점을 통해 북한을 방문하고, 금강산 관광사업을 시작했다. 2005년 누적 관광객 100만 명을 돌파하며 확대되던 금강산 관광사업은 2008년 관광객 피격 사건을 계기로 중단됐다.

문재인 정부에서 남북 관계의 결정적 두 장면은 2018년 4월 27일 판문점 도보다리 회동과 함께 2020년 6월 16일 개성공단에 있던 남북공동연락사무소 건물 폭파라고 할 수 있다. 북한은 이 기간 중 핵 개발의 완성도를 높였다. 국제사회에서는 인정하지 않고 있지만 사실상 핵보유국으로 꼽히고 있다. 어디서든 쏠 수 있는 고체 연료 기반의 대륙간탄도미사일ICBM도 완성 단계에 이른 것으로 군사 전문가들은 추정하고 있다. 북한은 열차, 바다와 호수, 저수지를 비롯해 예상치 못한 장소에서 미사일을 발사하는 능력도 거듭 과시하고 있다.

한국은 문재인 정권을 거치면서 과도한 정치적 양극화를 겪었다. 정치적 내전이라는 말까지 나왔다. 2017년 문재인 대통령을 단독 인터뷰한 CNN 핸콕스 특파원이 2021년 9월 언론[113]에 털어놓은 소회에서도 극명하게 드러난다. 그는 먼저 한국에 대한 인상을 묻는 질문에 "세계적 뉴스가 끊이질 않는 동시에 거주하기 매우 안전한 곳"이라고 답했다. 또 "한국은 작은 나라지만 크기를 넘어서는 지정학적·국제적 중요성을 지니고 있는 곳"이라고도 했다. 그는 "내가 처음 왔던 2011년에 비해 세계화가 많이 진행됐다"며 "K-팝이 세계적으로 명성을 누리며 사랑받는 걸 목도하며 감회가 새로웠다"고 했다.

핸콕스 특파원은 "한국에서 가장 중점을 둔 것은 북한 관련 보도였다"며 "북한에 대해서는 함부로 예측해선 안 된다는 걸 배웠다"고 말했다. 그에게 문재인 정부의 공과功過를 묻자 "문 대통령 재임기간 동안 정치지형이 양극화됐다. 중도 세력이 거의 사라졌고, 대통령과 정책에 대해 친문과 반문으로 나뉘게 됐다"고 답했다.

대통령이 추구해야 할 열 가지 경제정책

Ten Presidential Economic Agenda

대한민국은 숨가쁘게 달려 왔다. 건국 이후 수없이 많은 위기를 만나면서도 무에서 유를 창조하며 산업화와 민주화를 동시에 달성했다. 그러나 압축성장의 파티는 끝났다. 5년마다 정권이 바뀌는 '1987년 체제'가 30년을 넘기면서 한국 경제와 사회에 쌓인 모순이 일제히 터져 나오고 있다. 저성장 흐름에 따른 고용불안과 소득 양극화는 사회통합을 저해할 만큼 악화해 있고 저출산·고령화에 따른 개인적 걱정과 사회적 부담도 커지고 있다.

고령화에 따라 의료비와 복지수당이 눈덩이처럼 불어나면서 젊은 세대의 노인부양 부담도 무거워지고 있다. 청년실업도 심각하다. 한국뿐만 아니라 양극화는 세계적인 현상으로 나타나고 있다. 인류를 행복하게 만들어 준 자본주의가 정책의 실패와 정치의 실패에 따라 위기를 맞이한 것이다. 일자리 창출 없는 산업 구조의 고도화와 첨단화도 이런 위기를 가중시키고 있다.

다행스럽게도 대한민국은 이 자본주의 위기를 가장 잘 극복할 수 있는 역량을 가지고 있다. 건국 이후 역대 대통령들이 헤쳐나온 위기 극복의 전략과 경제정책을 온고지신의 자세로 활용한다면 앞으로 더욱 전진할 수 있는 저력을 발휘할 수 있기 때문이다. 역대 주요 대통령들은 전임자의 경제정책과 업적을 디딤돌 삼아 더 높은 단계로 나아갈 수 있었다.

이승만이 청사진을 만들고 박정희는 경제 발전의 구체적인 로드맵을 만들어 산업의 인프라를 구축했다. 전두환은 이를 발판으로 삼아 성장의 안정화를 추구했고 노태우는 경제 규모에 걸맞은 산업 인프라를 확충했다. 김영삼은 전임자들이 쌓아온 경제적 실체를 발판으로 한국을 개방의 무대로 나아가게 했고 김대중은 외환위기를 극복했다. 노무현은 성장 일변도 경제정책의 문제점을 본격적으로 시정하고 나섰다. 하지만 이명박을 거쳐 박근혜 정부에 접어들면서 성장동력 약화와 양극화 심화 문제에 동반 직면하기 시작했다.

여기에 대처하려면 지방 소멸을 부르는 수도권 집중을 완화하고 고비용 구조의 부동산시장을 안정시켜야 한다. 지역 균형발전과 정파를 초월한 탕평책도 지속 번영의 핵심 동력이다. 양극화가 심화된 채 경제의 파이를 더 키우지 못한다면 포용적 성장을 생각해야 한다. 양극화를 더 이상 방치하면 경제성장을 저해함으로써 성장에서 소외된 계층을 보듬는 것은 더욱 불가능해진다.

더구나 이제는 고성장이 끝나고 저성장 시대로 접어들었다. 성장률이 낮다고 언제까지 복지 확대를 미룰 수 없는 이유다. 2010년대부터 성장률은 연평균 2%대로 접어들었다. 생산성의 비약적인 향상으로 공급과잉이 심화되고 수요부족까지 겹치면서 수출과 내수가 동반 침체하고 있기 때문이다. 1~2%대 저성장 경제 구조는 앞으로도 계속될 가능성이 크다.

대한민국이 지속적으로 발전하기 위해서는 10가지 국가 과제를 실천해야 한다. 더 이상 방치해서는 때를 놓칠 수도 있고 백년대계를 내다보고 추진해야 할 과제들이어서 5년 단임제 기간 내에 결실을 볼 수 있는 사안들이 아니다. 헌법 개정으로 87년 체제의 한계를 메울 제도적 보완을 하든지, 그것이 어렵다면 정파를 초월해 추진되어야 할 정책들이다.

01 일자리 창출

경제정책의 최우선순위가 돼야 한다. 그러나 이만큼 어려운 일이 없다. 국내 제조업에서는 더 이상 일자리 창출을 확대하는 분야를 찾아보기 어렵기 때문이다. 국내 제조업은 현재 반도체·철강·조선·자동차·화학·스마트폰 등 고부가가치 첨단업종의 경쟁력을 조금씩 잃고 있다. 중국의 기술 굴기에 따라 중국 대륙에서 경쟁력을 잃고 세계시장도 잠식당하고 있다.

그렇다면 국내 기업들은 서비스산업과 4차 산업 분야로 외연을 넓혀야 한다. 제조업은 시장 접근을 위한 최소한의 해외 진출을 제외하고는 국내에도 공장을 지을 수 있도록 정부가 지원해야 한다. 이러한 환경을 만들어주는 것은 정부의 몫이다. 중소기업이 성장할 수 있도록 창업 생태계를 건강하고 풍부하게 만드는 것도 중요하다.

김대중 정부 시절 뜨거웠던 벤처 창업 열풍도 다시 일으켜야 한다. 당시 외환위기로 일자리를 잃거나 구직에 실패한 청년실업자들은 창고에 들어앉아 정보기술 개발 하나로 창업에 성공했다. 코스닥의 수많은 기업들이 당시 창업으로 탄생했다. 창업에 대한 두려움을 떨치도록 재정과 세제의 지원이 실질적으로 확충돼야 한다. 치열한 경쟁이 필요한 대기업에 가는 것보다 중소기업에 들어가도 사회적으로 인정받고 경제적 보상도 충분한 환경을 만들어줘야 한다.

의료·보건·가사·육아·요양 등 사회적 일자리 창출도 적극적인 대안이 될 수 있다. 제조업에서 더 이상 일자리가 늘어나지 않고 세대 간, 소득계층 간 양극화가 심화돼 있는 만큼 부유층과 중산층이 지갑을 열 수 있는 환경을 만들어줘야 한다. 사회적 일자리는 현재 소비성 지출에 맞춰진 복지예산 증가를 억제함으로써 망국적인 포퓰리즘을 해소할 수 있는 효과도 거둘 수 있다. 경제협력개발기구OECD에 따르면 2023년 한국의 전체 산업 대비 보건복지 분야 취업자 비율은 10.1%에 달하지만 고령화가 진전될수록 북유럽 수준으로 더 늘어날 가능성이 크다.

일반 서비스 분야에는 사무업무와 관광에서 새로운 일자리 창출의 여지가 있다. 세계적인 수준의 제조업 발달과 더불어 대한민국에는 홍콩·싱가포르에 못지 않은 국제화된 인력들이 늘어나고 있다. 이들이 인천 송도 같은 전국의 국제 비즈니스 도시에 진출해 의료·법률·금융 등의 업무에 종사하게 해야 한다. 외국인 고객 유치를 전문으로 하는 투자개방형 의료법인 등 새로운 일자리는 얼마든지 있다.

이들 분야는 정보기술·생명공학기술과 결합돼 제3의 융합형 일자리를 만들 수 있을 것이다. 한류를 더욱 체계적으로 공급하는 문화콘텐츠기술도 미래의 성장산업이 될 수 있다. 여기에 세계적인 경쟁력을 확보하고 있는 제조업이 계속 선두 자리를 지키는 노력을 한다면 대한민국은 연간 5% 성장률을 실현해 저성장의 함정에서 빠져나올 수 있다. 일자리를 만들어야 이 같은 성장이 가능하며, 성장해야 복지도 가능하다.

02 고용의 유연성 확보

사회적 일자리와 3차 산업에서의 일자리 창출만으로는 잠재성장률 달성조차 어렵다. 냉정하게 판단하면 경제는 장기적으로 뒷걸음칠 수도 있다. 제조업 뒷받침 없는 경제성장은 근본적으로 불가능하며 오래 지속될 수도 없기 때문이다. 세계를 지배했던 영국이 제조업이 쇠퇴하자 반도체 설계와 인공지능(AI) 기술을 비롯한 4차 산업 육성과 금융업 강화로 경제의 체질을 업그레이드할 수밖에 없었던 배경이기도 하다.

그렇다면 대한민국에서도 결국 성장과 복지의 두 마리 토끼를 다 잡으려면 제조업의 업그레이드가 전제돼야 한다. 이를 위해서는 창의적이고 혁신적인 인재가 마음껏 아이디어를 내고 실현할 수 있는 환경이 필요하다. 제조업은 치열한 경쟁과 글로벌 경제의 부침에 따라 과도한 설비와 인력을 보유한 채로는 경쟁력을 발휘하고 생존하기가 쉽지 않다.

돌파구는 전면적인 일자리 혁신이다. 리스킬링, 업스킬링, 크로스 스킬링을 비롯해 파괴적 기술 혁신에 대응하는 인적 자원의 고도화가 시급하다. 기술 변혁기에 기존 기술의 생명은 반감기가 급속로 짧아진다. 챗GPT가 보여준 대로 생성형 AI 시대로 접어든 만큼 모든 근로자가 새로운 기술을 빠르게 익혀야 생존이 가능하다.

이를 위해서는 쉽게 고용하고 쉽게 해고할 수 있는 고용시장의 유연성이 필요하다. 다만 절차는 합리적으로 이뤄져야 한다. 경기 후퇴에 따라 생산이 줄고 공장 가동률이 떨어졌는데 많은 근로자를 그대로 껴안고 급여를 지출해야 한다면 냉혹한 비즈니스의 세계에서 생존할 수 있는 기업은 없다.

구직자들에게 일자리를 제공하려면 성과에 따른 보상 체계를 구축해 시간제·파견제 등으로 일해도 누적적으로 경력을 인정받으면서 전문성을 쌓고 실질적인 보상의 수준도 높여야 한다. 일할 의욕과 능력만 있으면 얼마든지 취업할 수 있는 환경과 제도를 구축하는 것은 정부의 몫이다.

03 '일하는 복지' 정책

최대의 복지는 일자리 창출이다. 일시적으로 실업자가 된 근로자가 적성과 능력에 맞춰 언제라도 새로운 일자리를 찾을 수 있고, 노후에 필요한 사회보장제도의 틀이 마련돼야 한다. 성장 일변도로는 더 이상의 성장을 기대할 수 없는 시대가 됐다. 일부 기득권층과 다수 서민으로 나눠지는 경제적 양극화 구조로는 시장 규모를 더 이상 키울 수 없기 때문이다. 사회 통합을 위해서도 복지를 통한 분배 확대가 필요하다.

안타깝게도 급격한 포퓰리즘적 요구가 분출하면서 이명박 정부 후반부터 소비성·시혜성 복지정책이 봇물처럼 쏟아져 나왔다. 김대중 정부에서 시작된 국민기초생활보장은 꼭 필요한 제도이지만 허술한 제도 설계 때문에 상당수 수급자들이 시혜성 혜택의 수렁에 빠져들고 있다. 앞으로 대통령은 이들 정책을 정교하게 손질해 꼭 필요한 국민에게 혜택을 제공해야 한다.

이 같은 시혜성 보장제도는 국가재정을 취약하게 만들고 국민의 근로의욕을 저하시키는 요소를 담고 있다. 이들 부분에 대한 지원은 꼭 필요한 사람에게 집중하는 방향으로 손질해야 재정건전성을 확보하면서 실질적인 보장 효과도 높일 수 있다.

실업자가 다시 일터로 복귀하기 위한 복지, 고령자가 치료를 받고 돌봄 서비스를 받기 위한 복지, 아이를 맡기고 직장에 나가야 하는 가정을 위한 복지처럼 시혜가 아니라 필요에 의한 복지정책 위주로 과감한 정비가 이뤄져야 한다.

04 인구 증대 정책

한국에서도 고도성장은 막을 내렸다. 수출과 수입을 합한 무역 규모는 1조 달러에서 제자리걸음하고 있다. 경제의 활력을 잃고 저성장에 빠져들면서다. 이는 주요국과 달리 침체를 겪고 있는 한국 경제의 체력 저하 여파다. 여기서 생산성을 더 높이려면 경제 활동 인구가 늘어나야 한다. 그러나 극심한 저출산으로 노동력 부족 위기가 다가오고 있다. 이에 대처하려면 우선 여성의 근로가 획기적으로 늘어나야 한다.

다행히 2013년부터 0~5세의 영유아에 대해서는 사실상 무상보육이 실시되고 있다. 그럼에도 불구하고 출산율은 계속 줄어들고 있고 2023년 2분기 출산율은 0.7까지 떨어졌다. 이 문제를 해결하기 위해서는 주거비와 교육비 등 결혼의 문턱을 낮춰야 한다. 그래야 청년의 결혼과 여성의 경제 활동이 활발해져 저성장의 함정에서 벗어날 수 있을 것이다.

외국인의 이민도 적극적으로 받아야 한다. 과거 로마가 번창한 원동력은 외국인에 대한 문호 개방이었다. 미국이 초강대국을 유지하는 것도 전 세계로부터 다양한 문화와 경험을 가진 외국인 이민을 받아들이는 효과가 결정적인 원동력이 되고 있다. 보수적이고 배타적인 일본조차 외국인 이민을 적극적으로 받아들이고 있다. 글로벌 시대의 흐름이라는 점에서 마다할 이유가 없다.

05 주택 문제 해결

역대 모든 대통령이 주택 문제만큼은 해결해준다고 호언장담했다. 그러나 어느 대통령도 주택 문제를 근원적으로 해결하지 못했다. 무한정 만들어낼 수 있는 소비재가 아니라 공급량이 유한한 자본재의 속성을 심도 있게 고려하지 않았기 때문이다. 주택 문제 해결 없이는 우리 사회의 고비용 구조도 없어지지 않는다. 젊은 시절 내내 주택 마련을 위해 소비를 줄이는 탓에 생활형편이 빠듯한 하우스 푸어들의 양산을 막기 어렵다.

주택 마련 이후에도 주택담보대출 상환을 위해 허리띠를 졸라매야 한다. 이는 결국 소비 지출을 억제시키므로 합리적인 소비를 가로막는다. 우리나라 가계 자산에서 부동산이 차지하는 비율도 70~80%에 달한다. 평생을 근로해 집 한 채에 몰아넣은 뒤 생을 마감하는 구조가 고착화되고 있는 것은 역대 정부가 번번이 부동산정책에 실패했다는 사실을 의미한다.

이를 해소하기 위해서는 주택 가격을 세금으로 억제하는 정책 틀을 유지하면서 동시에 공급을 최대한 확대해야 한다. 재개발이든 재건축이든 뉴타운이든 어떤 형태라도 관계없이 국민소득 수준 향상에 부합되는 주택을 지속적으로 공급해야 한다. 주택 역시 노후화되기 때문에 길게 보아도 태어나서 30~40년이면 수명이 끝난다.

무심코 생각하면 불멸의 자본재처럼 보이지만 생명이 길지 않은 소비재의 성격을 갖고 있다. 따라서 실제로는 끊임없이 슬럼화하는 만큼 신규주택 공급이 불가피해진다. 게다가 국민소득 수준 향상에 따라 소득계층에 관계없이 누구나 개선된 주거 환경을 추구한다. 결국 주택정책의 핵심은 투기를 차단하되 수요를 충족시키는 신규 공급에 맞춰져야 한다.

06 학교 교육 정상화

교육은 대통령 경제정책의 핵심에 포함된다. 교육은 좋은 인성을 갖고 문제를 스스로 해결할 수 있는 인재를 육성하는 과정이기 때문이다. 그러나 우리의 교육 현장은 혼돈과 무질서로 병들어 있다. 학생들은 교실에서 성실하게 배우려 하지 않고 교사는 열정을 갖고 학생을 지도하려는 모습이 보이지 않는다. 선의의 경쟁과 배움의 경쟁이 정글의 무한 경쟁으로 폄하되면서 교실은 더 이상 배움의 전당 역할을 하지 못하고 있다.

능력과 노력의 차이를 인위적으로 무시한 평준화는 결국 온갖 형태의 변형된 교육 시스템을 만들어 놓았다. 외고·국제고·과학고 같은 특목고와 자율고로 상당수 중산층·부유층 자녀가 몰리면서 평범한 학생들은 제한된 교우 관계를 형성하는 청소년 시절을 보내고 있다. 공부 잘하는 아이, 운동 잘하는 아이, 노래 잘하는 등 다양한 특성을 가진 아이들이 함께 어울려 지내던 모습은 없어지고 특목고와 일반고로 이분화된 교육 체계가 운영되고 있는 것이다.

교실이 이렇게 되면서 학교 불신만 심화됐다. 학부모들은 자녀가 공부를 잘하면 잘하는 대로, 못하면 못하는 대로 아이들을 학원과 과외로 내몰고 있다. 교실에서 배움을 충족하지 못한 데 따른 기현상이다. 교육정책의 목표는 학원에 가지 않아도 되는 학교 교육의 정상화에 맞춰져야 한다. 특목고를 가지 않아도 되는 교실 정상화가 필요하다. 난수표 같은 대학입학제도의 단순화도 고교 교육을 정상화하는 길이다. 교육이 정상화되면 고비용 구조를 줄일 뿐 아니라 경제를 이끌고 나갈 고급 글로벌 인재를 육성할 수 있다

07 의료 보장 확대

100세 시대가 도래하면서 국민은 의료비 걱정을 많이 한다. 자칫 치매나 뇌졸중에 걸려 쓰러지면 인생이 불우하게 될 뿐 아니라 경제적으로 어려움을 겪게 되기 때문이다. 이 같은 장수 리스크는 누구도 피해갈 수 없게 됐다. 사람들이 소비를 자제하고 미래에 대비하는 이유다. 암이나 중대한 질병에 걸리게 되면 일터에 나갈 수 없게 되고 생계까지 위협받는다.

그 결과 빈곤층으로 전락해 사회 불안 요인이 된다. 이런 불안이 증폭되면서 우리 국민 상당수는 소비를 자제하고 미래에 대한 대비를 늘리게 된다. 중대한 질병에 걸려도 사회보장제도에 따라 치료비를 지원받을 수 있다면 얘기가 달라진다. 몸이 아프다는 이유로 사회생활에서 낙오되는 걱정은 하지 않아도 되지 않기 때문이다.

이런 문제를 풀기 위한 관건은 의료재정 건전화다. 재분배의 수단이라는 점에서 노후에 거액의 연금을 받는 부유층 퇴직자가 자식에 얹혀 혜택을 보는 관행은 근절해야 한다. '의료 쇼핑'이란 말이 나올 정도로 병원을 내 집 드나들듯 하는 그릇된 시민의식도 개선돼야 한다.

08 재정 안정 확보

대통령 경제 이슈의 관건은 결국 재정이다. 돈을 버는 것은 좋은 제품을 만들어 해외에 수출하는 기업의 몫이다. 그러려면 기업이 돈을 잘 벌 수 있도록 경쟁력 확보를 제도적으로 지원해야 한다. 그런 다음 정부는 탄탄한 재정을 확보해야 한다. 그리스·이탈리아·스페인 등 유럽의 복지국가들이 휘청거린 것은 재정 관리에 실패했기 때문이다.

한국은 재정이 건전한 편이라는 평가를 받아왔다. 하지만 국가채무는

2023년 말 1100조 원을 넘어서고 국내총생산GDP 대비 국가채무 비율은 50%를 넘어서기 시작했다. 재정에 빨간 불이 켜진 것이다. 재정적자는 한번 시작되면 눈덩이처럼 불어난다. 양극화를 해소하는 수단으로 소비성 복지예산이 확대되면 재정 기반은 금세 위협을 받게 된다. 이런 위험을 피하기 위해서는 철저한 예산 심사와 관리가 필요하다.

더구나 북한 급변사태에 대비하기 위해서도 충분한 재정건전성을 유지해야 한다. 통일 재원을 별도로 만들 여력은 없지만 언제라도 통일이 되면 북한 경제 정상화를 위해 막대한 재정이 필요하다. 중국·러시아와 외교적으로 우호관계를 유지해야겠지만 통일 이후에는 국경을 맞대야 하기 때문에 평화 목적의 군사비 증가에도 대비해야 한다.

09 금융산업 발달

어떤 산업이 발전해도 산업의 혈맥인 금융을 장악하지 않고서는 고비용 구조에 얽매여 있거나 대외경제 변수에 쉽게 흔들릴 수 있다. 현재 한국의 금융산업은 취약하기 짝이 없다. 제조기업으로 치면 금융 분야에는 글로벌 기업이 하나도 없는 게 현실이다. 해외 진출을 기준으로 제조업과 단순 비교하면 국내 시중은행은 1970년대 수준에 머물러 있다.

우물 안 개구리처럼 국내에서만 영업을 하고 있는 국내 은행들은 외환위기 이후 개인을 주요 영업 대상으로 공략해 왔다. 그 결과 가계부채는 2023년 2분기 1862조 6000억 원으로 치솟았다. 이는 금융시장의 뇌관이 되고 있다. 대외 변수에 취약한 국내에 경제위기가 닥치면 언제라도 폭발할 수 있다. 수출에 의존해 굴러가는 한국 경제의 특성상 세계 경제가 둔화되면 위험성이 커진다.

이런 우려에서 벗어나기 위해서는 국내 금융산업을 고도로 발달시켜야 한다. 국내 제조업이 선진국이 가지 않는 동남아시아·동유럽·남미에서 발품을 팔고 시장을 개척한 것처럼 금융업도 그간의 경험과 노하우를 살려 해외로 진출하는 시도를 해야 한다. 그러면서 국내에서도 다양한 금융상품을 개발해 외국인들이 몰려드는 금융허브를 지향해야 한다.

10 기업생태계 유지

한국의 미래 경쟁력은 IT·BT·CT산업 등 지식정보 집약적이면서 부가가치가 큰 신산업에서 찾아야 한다. 여기에 철강·자동차·조선·화학·신소재 산업 등 핵심 제조업의 경쟁력을 유지해야 한다. 그러나 이것만으로는 미국·중국·일본·유럽연합 기업들과의 경쟁에서 살아남을 수 없다.

여기서 더 나아가려면 한국만의 기업 생태계를 구축해야 한다. 그 중심은 세계무대에서 경쟁력을 갖춘 글로벌 기업들이 되어야 한다. 정보통신기술의 발달로 이제 세계시장은 시간과 공간을 초월하며 모든 기업이 글로벌 무대에서 경쟁해야 하는 시대가 됐다.

이런 시대에는 대기업뿐만 아니라 중소기업도 글로벌 경쟁을 피할 수 없다. 미국·일본·독일 기업이 어떤 경제 환경 변화에도 위력을 발휘하는 것은 바로 중소기업의 저력에서 나온다. 기업 생태계의 선두에 대기업이 서 있다면 허리와 무릎에는 글로벌 강소기업이 버티고 있어야 한다. 튼튼한 기업생태계 구축의 지름길은 중소기업을 강력한 글로벌 강소기업으로 키우는 것이다. 대기업의 성장과 신산업 진출을 막는 소극적인 방법은 기업생태계를 위축시킬 뿐이다.

주(註)

이승만, 시장경제 씨앗 뿌리다 1948~1960

1　Rhee Sygman, 『Neutrality As Influenced by the United States』, Princeton University, 1912.

2　이승만 담화문, 대통령기록관, 1949년 3월 7일.

3　이승만 담화문, 대통령기록관, 1948년 9월 30일.

4　이승만 담화문, 대통령기록관, 1950년 2월 15일.

5　한국은행 경제통계시스템(http://ecos.bok.or.kr).

6　이승만 담화문, 대통령기록관, 1958년 3월 4일.

7　김안호·이계수·채종훈, 『한국경제의 이해』, 무역경영사, 2010.

8　법률 제31호 「농지 개혁법」, 1949년 6월 21일.

9　한국은행, 『일제시대 및 해방 이후 한국의 화폐』, 2004.

10　야지마 긴지(矢島鈞次) 지음, 이정환 옮김, 『이병철의 기업가 정신』, W미디어, 2010.

11　정주영, 『시련은 있어도 실패는 없다』, 제3기획, 1991.

12　유광종, 『General Paik: 6.25전쟁의 파워 리더 백선엽을 말한다』, 책밭, 2011.

13　이승만 신년사, 대통령 기록관, 1958년.

14　이승만, 『독립정신』, 동서문화사, 2010.

15　김영희, 『이 사람아, 공부해: 유민 홍진기 이야기』, 민음사, 2011.

박정희, '한강의 기적' 일으키다 1963~1979

16　그레고리 맨큐, 『맨큐의 경제학』, 교보문고, 2009.

17　스위스 국제경영개발원 IMD.

18　국가기록원 홈페이지(http://theme.archives.go.kr).

19　세계은행, 『아시아의 기적(The East Asian Miracles)』, 1993.

20　김정렴, 『최빈국에서 선진국 문턱까지』, 랜덤하우스, 2006.

21　박정희, 『국가와 혁명과 나』, 향문사, 1963.

22　우드로윌슨센터, 『한반도에서의 데탕트 부상과 추락: 1970~1974』, 2011.

23　내무부, 『새마을운동 10년사』, 1980.

24　영남대 박정희리더십연구원이 리서치앤리서치에 의뢰해 2010년 4월 13일부터 4일간 전국의 만 19세 이상 남
　　녀 1500명을 대상으로 실시한 여론조사(95% 신뢰수준, 최대허용 표본오차 ±2.53%P)에서 '정부수립 후 국
　　가발전에 가장 큰 영향을 끼친 정책'을 조사한 결과다.

25　Jeffrey Sachs, 『The End of Poverty. How We Can Make It Happen In Our Lifetime』, A Perigee
　　Book, 2005.

26　외무부, 『한국외교 30년, 1948~1978』, 1978.

27　이노키 다케노리(猪木武德), 『전후세계경제사(戰後世界經濟史)』, 中公新書, 2009.

28 김흥기 편, 『祕史 경제기획원 33년 영욕의 한국경제』, 매일경제신문사, 1999.

29 국토해양부, 『국책사업 갈등사례』, 2011.

30 강경식, 『국가가 해야 할 일, 하지 말아야 할 일』, 김영사, 2010.

전두환, 경제 개발 열매를 맺다 1980~1988

31 한국은행 경제통계시스템 ECOS.

32 한국경제 60년사 편찬위원회, 『한국경제 60년사』, 한국개발연구원, 2010.

33 김흥기 편, 『祕史 경제기획원 33년 영욕의 한국경제』, 매일경제신문사, 1999.

34 민간보유 현금과 요구불예금의 합계인 통화(M1)보다 넓은 의미의 통화지표. M1+저축성예금+외화예금의 합계로 즉시 현금화할 수 있는 모든 화폐를 의미한다. 우리나라는 총통화가 다른 통화지표보다 경제 성장·물가 등 실물 경제와 밀접한 관계를 맺고 있다고 보아 통화 관리의 중심지표가 되고 있다.

35 한국은행 경제통계시스템 ECOS.

36 전두환 치사, 대통령기록관, 1986년 11월 28일.

37 한국무역협회 KITA.NET.

38 한국은행 경제통계시스템 ECOS.

39 국민연금공단

40 최저임금은 2017년 5월 집권한 문재인 정부의 '소득주도 성장'정책의 핵심 수단이 되었다. 이에 따라 최저임금 1만 원 달성 정책이 추진되면서 2018년 7530원, 2019년 8350원으로 급격히 인상됐다.

노태우, 산업화와 민주화 만나다 1988~1993

41 노태우, 『노태우회고록』, 조선뉴스프레스, 2011.

42 중앙일보, '한국 사회의 갈등 인식에 관한 여론조사', 1989.

43 서울이코노미스트클럽, '경제 민주화에 관한 경제계 의견조사', 1987.

44 김동호, 『반퇴의 정석』, 중앙북스, 2017.

45 경제기획원, 『토지공개념 자료집』, 1990.

46 이장규·김왕기·허정구·김종수·남윤호, 『실록 6공경제』, 중앙일보사, 1995.

47 Henry George, 『Progress and Poverty』(1879), Cosimo Classics, 2005. 19세기 말 미국의 경제학자 헨리 조지(1839~1897)는 이 책을 통해 토지 공유의 필요성을 설파하고 그 방법으로 단일토지세를 주장했다. 한국에서 토지공개념은 이때 처음으로 공론화된 뒤 노무현 정부와 문재인 정부에서 다시 등장했다.

48 1989년 1월 6일부터 12일까지 7일간 국내 대기업으로는 최초로 소련을 방문한 정주영 현대그룹 명예회장은 한 달 후인 2월 7일 방소 일정을 일기 형식으로 작성한 비망록을 공개했다

49 첸치천(錢其琛) 지음, 유상철 옮김, 『열 가지 외교이야기』, 랜덤하우스중앙, 2004.

50 대통령기록관 홈페이지(http://www.pa.go.kr).

51 노태우 치사, 대통령기록관, 1991년 11월 28일.

52 한국거래소, 『한국거래소 55년사』, 2011.

53 강성진, 『증권 반세기-강성진 회고록』, 굿모닝북스, 2014.

김영삼, 선진국 문턱에 다가서다 1993~1998

54 김영삼 특별담화, 대통령기록관, 1993년 3월 19일.

55 김흥기 편, 『祕史 경제기획원 33년 영욕의 한국경제』, 매일경제신문사, 1999.

56 전게서.

57 전게서.

58 전게서.

59 이제민, 『한국의 외환위기: 원인, 해결과정과 결과』, 경제발전연구, 2007.

60 정덕구, 『한국 경제의 미래설계: 키움과 나눔을 넘어서』, 21세기북스, pp. 123-132, 2006.

김대중, 신발끈 다시 조여매다 1998~2003

61 한국은행 경제통계시스템 ECOS.

62 김대중, 『대중참여 경제론』, 산하, 2009.

63 한국은행 국제수지통계에 따르면 외환보유액은 2017년 12월 말 기준으로 3893억 달러를 기록했다.

64 한국은행, 2021년 7월말 외환보유액.

65 기획예산처, 『2차 공기업 민영화 및 경영혁신 계획』, 1998.

66 영국 주간지 《이코노미스트》, 2002년 4월 18일자.

노무현, 균형발전에 눈 돌리다 2003~2008

67 금융감독원, 『2001~2003년 신용카드사 경영실적』, 2004.

68 전게서.

69 산업자원부, 한·미 자유무역협정 타결, 2007년 4월 2일 발표.

70 노무현 정부의 부동산정책을 답습한 문재인 정부에서도 수요 억제만으로는 주택시장 안정이 어렵게 되자 2018년 12월 남양주 왕숙, 하남 교산, 인천 계양, 경기도 과천에 3기 신도시 건설을 발표했다.

71 노무현 신년사, 대통령기록관, 2005년 1월 1일.

72 대통령자문 정책기획위원회, 『사회비전2030 선진복지국가를 위한 비전과 전략』, 2006.

73 한국개발연구원, 『위험 요인을 고려한 재정의 지속 가능성』, 2007.

74 변양균, 『노무현의 따뜻한 경제학』, 바다출판사, 2012.

이명박, 저성장 시대로 접어들다 2008~2013

75 이명박, 『대통령의 시간』, RHK, 2015.

76 이명박 정부는 '7%대 성장에 1인당 국민소득 4만 달러, 7대 경제 강국'이라는 야심찬 계획을 세웠다. 그러나 2008년 9월 리먼 브라더스 파산을 신호탄으로 본격화한 미국발 금융위기가 덮치는 바람에 경기부양에 급급한 경제정책을 펴나가야 했다. 대외 변수에 취약한 한국 경제의 운명이었다.

77 유모토 켄지(湯元健治) 지음, 박선영 옮김, 『스웨덴 패러독스』, 김영사, 2011.

78 기획재정부 세제실, 2008.

79 한·미 FTA는 2011년 11월 22일 국회 본회의에서 비준돼 2012년 3월 15일 0시부터 발효됐다.

80 통계청, 국가통계포털.

박근혜, 기득권이 혁신 가로막다 2013~2017

81 기획재정부, 『경제혁신 3개년 계획』, 2014.

82 기획재정부, 『2014년 세법개정안』, 2014.

83 일본 총리관저 국가전략특구(http://www.kantei.go.jp/jp/headline/kokkasenryaku_tokku2013.html), 2017.

84 통계청, 『2017년 연간 고용동향』, 2018.

85 기획재정부, 『경제백서 2016』, 2018.

86 기획재정부·미래창조과학부·법무부·산업통상자원부·금융위원회, 『벤처·창업 자금생태계 선순환 방안』, 2013.

87 중소벤처기업부, 『2017년 벤처펀드 조성 및 벤처투자 동향』, 2017.

88 기획재정부, 『서비스산업발전기본법』, 2012.

89 기획재정부·국토교통부, 『11·3 주택시장의 안정적 관리방안』, 2016.

문재인, '소주성'으로 경제 이끌다 2017~2022

90 1861년 영국에서 보행자나 마차의 안전을 배려한다는 명분으로 증기자동차가 마차를 앞지르지 않도록 붉은 깃발을 갖고 운행하도록 만든 규제. 19세기 적기조례는 규제의 대명사로 쓰이고 있다.

91 중앙일보, "지금은 부동산 아니라 '규제 기득권층과 전쟁' 벌일 때", 2020년 1월 10일

92 https://www.mk.co.kr/news/politics/8372323 2018년 6월 30일

93 https://www.news1.kr/articles/?3356308 2018년 6월 30일

94 한국경제, "일자리 줄이는 '거꾸로 정책'들", 2018년 1월 31일

95 동아일보, "장하성, '최저임금 탓' 나올 때마다 반박…소득주도 성장 고수", 2018년 8월 20일

96 한국개발연구원, '경제동향 9월호', 2018년 9월 11일

97 전국경제인연합회, '최저임금 상승이 일자리에 미치는 영향', 2023년 6월

98 통계청, 2022년 1월 고용동향, 2022년 2월 16일

99 박영범 외 24인 공저, '혼돈의 시대, 명쾌한 이코노믹스', 박영사, 2023년 3월

100 서울대 원자력정책센터, '탈원전정책의 비용 평가', 2023년 5월 3일

101 감사원, '금강·영산강 보 해체와 상시 개방 관련 공익감사청구', 2023년 7월 20일, p. 37

102 한국경제연구원, '글로벌 100대 유니콘 기업과 국내 신산업 규제 개선방향' 보고서, 2023년 7월

103 조선일보, 민주당이 野시절 발목잡던 원격의료… 靑은 "러시아 수출, 2018년 6월 19일

104 중앙일보, "대통령이 없애자는 '붉은 깃발', 국회가 걸림돌 돼서야", 2018년 8월 31일

105 이한준, '인터넷전문은행 설립 및 운영에 관한 특례법에 대한 비판적 고찰 – 소유 및 지배구조 규제를 중심으로', 한국상사법학회, 2019, vol.37, no.4, 통권 101호 pp. 203-238

106 한국경제연구원, '직접투자의 고용 순유출 규모 분석', 2018년 6월 22일

107 중앙일보, "한국GM 정상화 7조7000억 투입", 2018년 4월 27일

108 조선일보, "규제 안 풀리니⋯네이버·카카오, 서울 대신 도쿄에 투자", 2018년 9월 12일

109 Eric Schmidt, 'National Security Commission on Artificial Intelligence : America and the New Innovation Race', 2021년 3월

110 Strange Luke, 'National Security Council: A Tool for Decision', American Enterprise Institute, 2018년 3월

111 R. D. Blackwill and P. Zelikow, 'Three Scenarios For A Military Conflict Over Taiwan, Council on Foreign Relations', 2021년 8월. pp. 30-40

112 The White House, Building Resilient Supply Chains, Revitalizing American Manufacturing, and Fostering Broad-Based Growth, 100-Day Reviews under Executive Order 14017, June 2021

113 https://www.chosun.com/international/2021/09/20/7HS26EBUPJBR7NOUZTKDEYOAFE/ 2021년 9월 22일

대통령 경제사